探知新视界

CAMBRIDGE

巴比伦城
神话与奇迹之地

[英国] 斯蒂芬妮·达利　著

萧谙　译

译林出版社

图书在版编目（CIP）数据

巴比伦城：神话与奇迹之地 ／（英）斯蒂芬妮·达
利（Stephanie Dalley）著；萧谙译. —南京：译林出版社，2024.5
书名原文：The City of Babylon: A History
ISBN 978-7-5753-0099-5

Ⅰ.①巴… Ⅱ.①斯… ②萧… Ⅲ. ①巴比伦－历史
－通俗读物 Ⅳ.①K124.3-49

中国国家版本馆 CIP 数据核字（2024）第 061438 号

本书封面贴有Cambridge University Press防伪标签，无标签者不得销售。

著作权合同登记号　图字：10-2023-288号

巴比伦城：神话与奇迹之地　［英国］斯蒂芬妮·达利／著　萧　谙／译

责任编辑　荆文翰
装帧设计　iggy　朱懿悦
校　　对　梅　娟
责任印制　董　虎

原文出版　Cambridge University Press, 2021
出版发行　译林出版社
地　　址　南京市湖南路 1 号 A 楼
邮　　箱　yilin@yilin.com
网　　址　www.yilin.com
市场热线　025-86633278
排　　版　南京展望文化发展有限公司
印　　刷　南京爱德印刷有限公司
开　　本　652 毫米 ×960 毫米　1/16
印　　张　33
插　　页　4
版　　次　2024 年 5 月第 1 版
印　　次　2024 年 5 月第 1 次印刷
书　　号　ISBN 978-7-5753-0099-5
定　　价　109.00 元

前　言

　　巴比伦从一座不起眼的城市发展为一个城邦，然后是一个王国，再到一个帝国的首都，接下来在外族统治下成为学术、宗教和贸易的一个象征。书中它的历史取材于巴比伦丰富的楔形文字文献，年代跨度从公元前 2000 年至公元 116 年，但也存在不可避免的缺损，这在一定程度上影响了叙事的流畅性。考古工作对本书同样做出了贡献。我在努力避免学院化风格的同时结合最新研究，并概述尚未解决或仍有争议的问题。亚述学研究在最近几十年大步前进，而直到现在，我介绍的很多材料仅在专业出版物中披露过。

　　对于希望获得更多插图的读者，我推荐 2008 年至 2009 年间三场以巴比伦为主题的大型展览图录：法国展在巴黎卢浮宫举办，德国展是在柏林帕加马博物馆，而英国展是在伦敦大英博物馆。每本图录均包含主要针对展出文物的主题各异的有趣

论述。¹

如今相关出版物汗牛充栋，一份完整的参考文献目录将超过本书所允许。我尽量提供最新的资料来源，其中可以找到早期论著。这样一来的不幸后果是，早期学者的开创性研究貌似被忽视了。若我没有提及某项证据或阐释的来源，乃意在从众多而非全部细节中提炼出一段清晰的叙事，希望学界同仁不至感到冒犯。苏美尔学家埃德蒙·佐尔贝格尔的妙语涌上心头："不要将抽屉里的资料悉数堆砌到作品里。"

我感谢剑桥大学出版社的迈克尔·夏普对本书诸多周到的帮扶和兴趣，以及剑桥大学出版社的代表提供合约；感谢阿尔文·哈里森的精心编辑；感谢朱迪丝·威尔逊鼓励我着手这项大工程；感谢艾利森·威尔金斯绘制地图和平面图，以及牛津大学沃尔夫森学院的洛恩·蒂森基金会对这项写作的支持；感谢迈克尔·麦克唐纳向我提供阿拉伯半岛的最新发现；感谢金特·维特曼提供对阿默斯特35号纸莎草卷的年代判定；感谢罗伯图斯·范德斯皮克、沃特·亨克尔曼、克里斯托弗·梅特卡夫和亚当·霍韦帮助编撰参考文献；感谢迈克尔·罗尔夫和埃利泽·佐莫尔向我提供尚未发表的材料；感谢维勒曼·德瓦尔检查了莱顿大学图书馆收藏的有字棕榈叶中脉，证实确为铭刻；感谢卡罗勒·伊伦布朗指教阿拉伯语资料；牛津大学考古研究所的兰·卡特赖特在绘制插图方面提供了专业帮助；感谢贾尼丝·克维亚特科夫斯基对初稿的审读；我的姐妹科琳娜·雷德曼优化了参考文献的构成；埃利泽·佐莫尔慷慨地适时分享了她对《古勒基沙尔史诗》的研究；感谢蒂姆·克莱登方方面面的支持；以及特别是我鼓舞人心但一贯严苛的丈夫克里斯托弗·达利对我写作风格的优化。书中依然存在的错误完全由我个人负责。我希望向在过去半个世纪中所有曾为我提供专著、抽印本和电子书的学者致以诚挚的感谢，你们对我在学术旅途上持续前进帮助良多。

巴比伦傲立于一个智识和宗教社会的中心，它在犹太教、基督教和伊斯兰教这些重要一神教出现之前已经发达许久。这本书便是关于它的故事，提取自考古学家和释读楔形文字学者的精彩发现。

如需巴比伦神庙、宫殿和城墙建筑的详尽指南，强烈推荐奥洛夫·佩德森于 2021 年出版的《巴比伦：伟大的城市》。

凡　例

字母 š 发音类似英语中的 sh，但它在本书中不会用于神名，例如沙马什（Shamash）和乌拉什（Urash），有个例外是阿舒尔神（为避免尴尬，拼写为 Ashshur），也不会用于地名，例如埃什努纳（Eshnunna）。城市名阿舒尔（Ashur）在此使用传统的拼写，以将它与同名神灵区分开来。Š 保留在王室名字中的使用，除了阿舒尔巴尼拔（Ashurbanipal）这一传统拼写。《圣经》人名例如尼布甲尼撒（Nebuchadnezzar），遵循约定俗成的写法。字母 ḫ 代表三种不同的闪米特语辅音，除此之外它还与英文字母 s 连用代表 š；ṭ 和 ṣ 是 t 和 s 的"重读"形式。

公元前年代以 BC（基督诞生之前）标识，公元年代则用 AD（基督纪元）。公元前 2 千纪指公元前 2000 年至公元前 1000 年之间的时期。公元前 18 世纪指公元前 1800 年至公元前 1700 年之间的时期。公元 2 世纪是从公元 100 年至 200 年的时间段。

　　人名和地名中的长元音未标注，例外是 Bēl，即巴比伦语的"主宰"，相当于西闪米特语中的 Ba'al，但有所区别，正如希腊语转写展示的那样。有时会使用希伯来语《圣经》人名拼写方式的英文转译，如果它们在现代英语口头和文学中足够普及。模棱两可的人名在索引中酌情进行了解释。

　　在国王列表中，// 表示外国国王的统治期与巴比伦国王部分重合。

年　表

巴比伦历代国王

本书在公元前 2 千纪遵循传统的"中限年代值"。*

很多年代数据可能需要些许校正。

省略了那些事迹不详或无足轻重的国王的名字。一份完整的王表请参阅，例如科隆的《古代近东艺术》（1995: 234—238）中沃克撰写的附录，但未包含塞琉古王朝后期和帕提亚王朝统治者，对于他们下表遵循 Wiesehöfer 2001: 316—318。

---

* 古代近东从青铜时代中期直至巴比伦第一王朝末期由于缺乏绝对纪年资料，其历史建立在浮动或相对年代学的基础上。目前，关于这一时期绝对年代的主要观点相差 56 或 64 年。这是因为该分析的关键来源是安米-撒杜喀在位时期的金星泥板中的预兆观测，而这些观测是金星从地球可见度的八年周期的倍数。由于这一天文现象存在不连续性，导致出现年代学的上限、中限和下限。——译注

第 3 章
公元前 1894 年—
约公元前 1732 年

第一王朝，前段，下讫大叛乱
苏穆-拉-埃勒，苏穆-阿布姆，阿皮勒-辛，
辛-穆巴利特，汉谟拉比，萨姆苏-伊卢纳

亚摩利国王
青铜时代中期

第 5 章
约公元前 1732 年—
公元前 1592 年

第一王朝，后段，从大叛乱至王朝终结
萨姆苏-伊卢纳，阿比-埃舒，安米-撒杜
喀，安米-迪塔纳，萨姆苏-迪塔纳

亚摩利国王
青铜时代中期

第 6 章
约公元前 1595 年—
公元前 1223 年

早期加喜特国王和海兰第一王朝
（约 36 位国王列出 14 人）
阿贡二世·卡克里梅
佩什加勒达拉梅，阿亚达拉加拉马（位置
先后不明）
布尔纳-布里亚什一世，卡拉-因达什，库
里加勒祖一世
卡达什曼-恩利尔一世，布尔纳-布里亚什
二世
库里加勒祖二世，**纳兹-马鲁塔什**，卡达
什曼-图尔古
卡达什曼-恩利尔二世，库杜尔-恩利尔，
沙加拉克提-舒里亚什
卡什提利亚什四世
青铜时代中期至晚期

公元前 1222 年—
公元前 1155 年

晚期加喜特诸王
阿达德-舒马-伊迪纳
阿达德-舒马-乌素尔
梅利-西帕克

马尔杜克-阿普拉-伊迪纳一世

恩利尔-纳丁-阿希

青铜时代晚期

公元前 1157 年—— 公元前 1026 年	**"伊辛"第二王朝**（11 位国王列出 3 人） 伊提-马尔杜克-巴拉突 尼布甲尼撒一世 阿达德-阿普拉-伊迪纳
公元前 1025 年—— 公元前 1005 年	**海兰第二王朝**（3 位国王列出 1 人） 辛巴尔-西帕克
公元前 1004 年—— 公元前 985 年	**巴齐王朝**（3 位国王，省略）
公元前 984 年—— 公元前 979 年	**埃兰王朝**（1 位国王） 马尔-比提-阿普拉-乌素尔 *铁器时代早期*
第 7 章 公元前 978 年—— 公元前 783 年	**巴比伦国王**（12 位国王列出 5 人） 纳布-穆金-阿普利 马尔-比提-阿海-伊迪纳 沙马什-穆丹米克 纳布-阿普拉-伊迪纳 马尔杜克-扎基尔-舒米 *铁器时代晚期 I 段至 II 段*
公元前 769 年—— 公元前 703 年	**迦勒底和海兰国王，以及亚述宗主** （23 位国王列出 18 人） 埃里巴-马尔杜克 纳布-舒马-伊什昆 纳布-纳锡尔 纳布-穆金-泽里 提格拉特-皮勒塞尔三世

薛西斯
　　贝勒-西曼尼
　　沙马什-埃里巴
阿塔薛西斯一世
大流士二世
阿尔塞斯（阿塔薛西斯二世）
阿塔薛西斯三世·奥库斯
大流士三世

晚期巴比伦 / 阿契美尼德时期

公元前 331 年— 公元前 305 年	**马其顿-希腊国王** 亚历山大三世（大帝） 亚历山大四世（以及安提柯）

公元前 305 年—　　**塞琉古-希腊国王**（列出 6 位，下讫第
约公元前 164 年　　一次帕提亚征服）
　　　　　　　　　塞琉古一世
　　　　　　　　　安提奥库斯一世
　　　　　　　　　安提奥库斯二世
　　　　　　　　　塞琉古二世
　　　　　　　　　塞琉古三世
　　　　　　　　　安提奥库斯四世

晚期巴比伦 / 希腊化 / 塞琉古时期

第 11 章　　　　**晚期塞琉古诸王**（列出 2 位）
公元前 145 年—　　德米特里二世（第一统治期）
公元前 125 年　　　安提奥库斯七世
　　　　　　　　　德米特里二世（第二统治期）

公元前 247 年—　　**帕提亚（安息）诸王**（列出 8 位）
公元 127 年　　　　阿萨息斯一世
　　　　　　　　　米特里达梯一世
　　　　　　　　　弗拉特斯二世
　　　　　　　　　埃兰 / 米桑的叙斯保西尼斯

阿塔巴努斯二世
米特里达梯二世
戈塔泽斯一世
奥斯罗伊斯

罗马皇帝

公元 116 年   图拉真

注:"王朝"一词意味着所有国王均有血缘关系。巴比伦王表有时或许暗示列名的国王是由神谕选出的,并非皆为亲属。

书面语言及其字体

约公元前 3200 年—公元之初

苏美尔语　　　　　　　美索不达米亚南部语言，以楔形文字字体书写，其口头语言的地位于公元前 2000 年左右让位于阿卡德语，但继续作为高级书面语言，直至楔形文字消亡。它与任何已知语言均无亲缘关系。它内容广泛的叙事文学与巴比伦和亚述文学有所差异。

约公元前 2100 年—约公元前 1500 年

亚摩利语　　　　　　　一种西闪米特语言，其口头使用遍及近东大部，但可能没有文字，巴比伦人或可听懂，讲亚摩利语的人群至巴比伦第一王朝时期已经很难能区分出来。

约公元前 2350 年—公元初期

阿卡德语	对所有巴比伦和亚述方言的统称；一种东闪米特语言，以楔形文字书写，标示元音。
巴比伦语	美索不达米亚中部方言，用于各种类型文本，其中一种文言体用于宗教及其他精英文献。
亚述语	对具有独特语法和语音特征的全部亚述方言的统称，以楔形文字书写，主要见于商业、通信和法律文本，约公元前 600 年以降不再使用。

约公元前 1500 年之后

阿拉姆语	一种西闪米特语言，使用遍及古代近东，以字母体书写，大体不使用元音。用于行政、法律和短篇王家铭文，以及一些半史实的叙事文学。

公元前 1800 年—公元前 330 年

埃兰语	伊朗西南部语言，特别是胡齐斯坦地区，可能是达罗毗荼语族的一个分支，与泰米尔语有亲缘关系。以一种改进的楔形文字书写。用于行政管理和王家铭文。尚未发现叙事文学。

公元前 1500 年—公元前 1200 年

| 赫梯语 | 安纳托利亚中部的印欧语，与波斯语和希腊语有亲缘关系，以一种改进的楔形文字书写。用于行政、占卜、仪式、土地授予、条约、包括年代记在内的王家铭文，以及部分源自阿卡德语的文学作品。 |

关于上述语言以及希腊语、乌加里特语、胡里语、卢维语、古波斯语和乌拉尔图语的详细介绍，请参 R. D. 伍达德的《剑桥世界古代语言百科全书》（2004 年）。

注：东闪米特和西闪米特的称呼乃根据特定语言特征，比如字体。东闪米特巴比伦语以楔形文字书写，标示元音；西闪米特语系大部分与此不同。

从夏宫向西眺望幼发拉底河，夏宫由尼布甲尼撒二世建造，是亚历山大大帝的宾天之所。笔者于 1967 年拍摄

目 录

1

绪论：大地与生民

在这个世界里，每一粒灰尘，

当初全是活人的身体；

悬挂在稀薄的云朵里的雨珠，

哪怕是最最微小的一颗，

也都在人类血管中流动过……

你决计找不到一寸土地，

早先不曾建立过城市。

——珀西·比希·雪莱《麦布女王》*

　　巴比伦是美索不达米亚中部最负盛名的城市，周边地区因其得名巴比伦尼亚，而古代的王国、文化和语言如今皆以巴比伦命名。它是聚集在这片沃土上的众多伟大城市之一，巴比伦

---

* 译文引自［英］雪莱著，邵洵美译，《麦布女王》，上海译文出版社，1983年，第23—24页。——译注

在此崛起，主宰其余城市，并维持主导地位将近两千年。早在巴比伦上升为强国之前，其他名城已拥有雄才大略的国王、华美宏伟的建筑、渊博深邃的读写文化以及无所不能的神祇。因此巴比伦能够实现并延续其杰出地位如此之久实是出人意表。

整体而言，美索不达米亚文明令人赞叹之处在于其不断裂的城市和读写传统，而它们均非始于巴比伦。在超过一千年的时间里，这片土地孕育了伟大的苏美尔城市，诸如乌尔、乌鲁克和拉加什，它们的统治者是建筑、艺术、文学的先驱，拥有一部博大精深的文化史。由泥砖精心堆砌而成的纪念建筑傲立于每座城市的中心。该地区密布着拥有稠密人口和丰富物资的古老大城，它们被纵横交错的运河网络联通起来，享有灌溉和水运之利。灌溉保障了粮食供应，令干旱时期各地不至人去城空。巴比伦尼亚地区继承了诸多早期的文学和建筑，因为在公元前18世纪崛起之前，巴比伦城在古代苏美尔之地只是一座小型聚落。巴比伦兴盛起来后，南方一众苏美尔古城，以及它们以苏美尔语为中心的读写文化，继续保持繁荣之态。

在巴比伦以北，相距不远的是几座重量级的古城，特别是基什和西帕尔，巴比伦语——也被称为阿卡德语——在那里超越苏美尔语成为书写楔形文字的主流语言，直到引入字母书写。苏美尔语（非闪米特语言）的主要中心大多位于南方城市。在北方城市以及巴比伦本身，苏美尔语因其年代悠久而得到研习和尊崇。在它们的文学作品中，苏美尔和巴比伦尼亚各城的国王都满足了人们对来自传奇往昔的那些本土英雄和伟大创举的需求，通过史诗故事、颂诗和王家功业录发展书面文学。他们的语言同样用于法律契约、信件和行政档案。有些类型的铭文是苏美尔语和巴比伦语双语对照的。线性字母书写在公元前2千纪兴起，但它们由于几乎总是书写在难以保存的有机材料上，因此痕迹罕见。

苏美尔人与巴比伦人混居在美索不达米亚城市社区。二者语言上的关系有些类似古希腊语与拉丁语，包括对古老主题和形式的精巧改编与改造。苏美尔人的冒险家国王毕尔伽美斯变成了巴比伦人的英雄国王吉尔伽美什，两座不同的城市——乌尔和乌鲁克——对他声索所有权，而巴比伦诸王公开模仿他。为赓续古老传统的生命，巴比伦人开始擅长撰写双语铭文和翻译古苏美尔文献。他们将其技艺推广到巴比伦尼亚之外，教授不识字的邻邦发展他们自己的读写文化，后者总是以楔形文字书写。[1]

巴比伦城位于幼发拉底河支泓 * 畔的一块冲积平原上，地理坐标为北纬33°，东经44°，位于现代伊拉克中部，在今天巴格达以南85公里。如今波斯湾北端远在巴比伦城以南差不多450公里；但两河三角洲边缘的海岸线在古代可能随时间推移发生变迁，但变迁的程度一直以来是研究中争论最为激烈的课题之一。[2]公元前2000年前后。从东安纳托利亚的凡湖至波斯湾这片区域发生了一场气候变化，造成该区域降水量减少了20%—30%，干旱状态可能持续了约两百年，导致边缘地带的聚落废弃。[3]该时期行将结束时，巴比伦第一王朝兴起。巴比伦城横跨幼发拉底河支泓的区位无疑令其免于饥荒，只要挖掘和

---

* 幼发拉底河流经美索不达米亚冲积平原时，主河道分裂为众多支泓。——译注

维护灌溉运河，做好防洪防汛，但附近其他大城同样如此。水利管理是巴比伦诸王的一项重要职责。

两条大河——幼发拉底河和底格里斯河——源头距离很近，随后分道扬镳，流经迥异的地形区，直到伊拉克南部沼泽才再度汇合：无论因自然原因还是人为改道，它们的河床均多次变迁，因此景观随之持续变化。归咎于下美索不达米亚近乎三角洲的地形，我们无法确知自然河流和人工运河在任何特定历史时期的流向。在不同时代，不同地区沦为沼泽地，良田变为大片积水的芦苇荡。[4] 整片区域非常低洼，河流带来的泥沙淤塞运河，需要频繁疏浚；因此运河及其堤岸甚至高出平原的水平面。废弃的运河在景观上留下了许多道绵延的长长堤岸。两条大河的泛滥时间略有先后，但对作物播种和早期生长而言都太迟了；两河的水流难以控制，变幻莫测的洪水摧毁作物和城市。[5] 地下水位高，田间多余的水难以排出，再加上夏季巨大的蒸发量，导致间歇性的局部盐碱化，可能造成歉收。当巴比伦开始建立集权政府时，南方土地难于治理；与乌鲁克和拉尔萨等竞争对手城市相比，巴比伦城的地理位置并没有特别的优势。根据《阿特拉哈西斯史诗》记载，众神发现维护运河的工作过于辛苦，于是他们创造人类代替自己劳作：

> 众神的负担如此沉重，工作如此艰苦，劳动如此繁多。众神不得不挖掘运河，疏浚沟渠——那些大地的命脉。三千六百年来他们肩负重任，夜以继日，辛勤劳作。他们长吁短叹、彼此埋怨，在挖出的泥堆前牢骚满腹。[6]

附近城市基什、博尔西帕和西帕尔均密切介入巴比伦这个伟大王都的事务。每座城市都拥有一段可追溯到太古的光辉历史，以及一位极具声望的守护神：在基什，是以神谕闻名的战神扎巴巴；在博尔西帕，是创世神图图，后来被纳布取代；在西帕尔，是法律和正义的主宰、太阳神沙马什。这些城市以巴比伦为枢纽，通过水路、巡游大道以及诸神互相拜访的节庆和祭典联系在一起。不远处还坐落着其他许多城市，它们的声望和延续性各不相同。

在巴比伦之外，新月沃地东起伊朗西部山麓，穿越现代土耳其东南，向西延伸至阿玛努斯山脉和黎巴嫩群山间的河谷。这片广袤的弧形土地上生长的野生植物在新石器时代得到驯化，它们成为美索不达米亚繁荣的主要源泉：小麦和大麦，兵豆和鹰嘴豆，苦野豌豆，芝麻和亚麻。[7] 绵羊、山羊和牛的驯养，不仅可以提供稳定的肉食、毛织物和皮革供应，还令巴比伦因纺织业而闻名。[8] 今天该地区最为知名的是石油，这种储量丰富的资源甚至依然可以从地表油苗获取。古代对它的使用是通过沥青的形式，后者是珍贵的防水材料：用于涂抹船舶、调配灰浆和密封容器。

溯幼发拉底河而上，通过乘船或骑驴[9]可达叙利亚西北部，那里有通往黎巴嫩和半沙漠化的叙利亚中部的道路，途经巴尔米拉抵达大马士革。与之相反，底格里斯河得到众多发源自扎格罗斯山脉的湍急支流的补水，它们连接或横穿通往东部和北部山区的陆地道路。因此这对源头和下游如此贴近的双子河，沿着它们的中游河道，提供了前往不同地区从事资源开发、贸易和移民的迥异通路。这些差异也意味着巴比伦人将遇到五花八门的民族、语言和物产。有时他们无力抵抗入侵，不得不将外族移民吸纳进多元而交融的人口中。这与尼罗河流域的埃及差异巨大：那是一条孤零零流过两岸干旱沙漠的大河，那样的环境不会带来一个相对多样化的移民群体。

在巴比伦尼亚的两河以东，周遭的丘陵和扎格罗斯山脉间分布着敌对的外国城市。最为顽固的是统治着被称为埃兰的边界模糊之地的王侯联盟，其中一座王都是伊朗西南部的苏萨，地处美索不达米亚冲积平原边缘。[10] 埃兰人既不是闪族人，也不是伊朗人——他们的语言或许与所谓的达罗毗荼语族有亲缘关系，该语族包括泰米尔语。[11] 在公元前 3 千纪晚期，他们接纳了巴比伦语言和文字用于书写和教育，还谙熟巴比伦文学，直到发展出自身的传统：用一种改进的楔形文字记录他们的语言。在巴比伦第一王朝肇建时，埃兰的聚落尚稀疏分散，他们民众中的投机者见风使舵，或是成为流寇，或是作为精通箭术的外国佣兵为任何恩主效劳。几个世纪前，当他们的王都苏萨由乌尔国王任命的总督统治时，埃兰人起兵造反，洗劫了乌尔，他们将在其整个历史中持续作为美索不达米亚东部边界上一个模糊的存在，根据任何特定时期的力量对比，扮演商人、入侵者或是外国佣兵的不同角色。后来他们联合组建了一个与巴比伦尼亚对峙的集权王国，不止一次成功地短暂获取对巴比伦的统治权，我们主要是从巴比伦档案中获悉这些的。埃兰人从苏萨出发进入美索不达米亚有两条主要路线：要么径直向西渡过河流和沼泽地带抵达底格里斯河下游，要么沿着山麓穿行高地抵达代尔城，后者是通向迪亚拉河谷的门户，直通肥沃的平原和埃什努纳城——"高贵的圣地"。两条路线都很容易进入巴比伦尼亚腹地；但是埃兰人或许更青睐劫掠和偶尔的远程遥控，他们从未在巴比伦建立起长寿的王朝，直到公元前538年居鲁士征服巴比伦。

其他各族裔和语言群体对巴比伦尼亚的多元化有所贡献，并在那里建立了成功的王朝。来自西部沙漠的顽强战士、入侵的（西闪族的）亚摩利部落被阻挡了数个世纪，直到他们建立巴比伦第一王朝，并在该城的历史上发挥了奠基性的作用。加喜特人（非闪族）可能来自伊朗和伊拉克之间的扎格罗斯山脉。他们在巴比伦第一王朝时期在民兵中服役，最终夺取了巴比伦的统治权，成功地融入巴比伦传统，导致他们的起源几乎无迹可寻。这些族群——埃兰人、亚摩利人和加喜特人——都没有对与他们族裔或语言群体之外的王朝联姻表现出抗拒。

当居鲁士大帝征服巴比伦时，他表现得像一位由巴比伦诸神选任的国王，将自己融入了美索不达米亚传统。作为一个有着波斯血统的埃兰人，他与之前的异族篡位者，例如在巴比伦建立新朝的加喜特人几无二致。波斯人大流士一世虽然在公元前521年开启了巴比伦城一段相对沉寂的时期，但他授权当地祭司接管昔日由国王承担的若干职责。之后是亚历山大大帝，在他于巴比伦英年早逝之前，明确试图振兴巴比伦城既有的荣光，而非将马其顿文化强加于民众。当他的继业者成功恢复稳定的统治时，塞琉古王朝对城市尊崇有加，商业活动继续开展，尽管楔形文字的使用因阿拉姆语字母体的流行而衰落。阿契美尼德王朝的波斯诸王和亚历山大的后继者们都没有像之前的异族国王，特别是加喜特人所做的那样吸收巴比伦文化。无论如何，重要的是波斯语和希腊语都没能取代巴比伦语文学，后者一直延续到帕提亚（安息）国王统治巴比伦之时。甚至在始于公元前141年的帕提亚统治之下，巴比伦影响力的衰落也是缓慢的，在公元之初依然有迹可循。源自巴比伦的楔形文字文化知识成为祭司和神庙的专利，在数学和天文学方面仍有创新，数个世纪后才最终消亡。它以楔形文字书写的最出色的文学作品，极少被翻译成字母体书写的非闪族语言。

底格里斯河以北是亚述里亚，其传统首都是阿舒尔城。*巴比伦第一王朝开创之时，阿舒尔城居民依托安纳托利亚城镇建立了商业殖民地，他们主要通过锡矿石和纺织品的贸易获利，使用驴子商队翻山越岭运输商品。他们的主流语言是巴比伦语的一种方言。最终他们建立了其他王都，例如底格里斯河上游的尼尼微，从那里起步，他们东征西讨，建立起帝国，保留阿舒尔城作为主要礼仪中心。他们是巴比伦文化的忠实崇拜者，即便在他们统治巴比伦城的时代，依然对其仰慕有加。

更北方是印度-雅利安系的赫梯人，他们是安纳托利亚高原艰苦环境孕育的粗犷民族，在巴比伦第一王朝下半叶，他们发展为一个集权国家，显然满足于劫掠美索不达米亚肥沃

---

* Assyria 既可以指美索不达米亚北部的高原山地区域，也可以指代统治该地区的前后数个本土政权（通译亚述），为避免混淆，当用作地理单元名称时，译作"亚述里亚"。此外，Assyria 一词意为"Ashur 之地"，Ashur 既是亚述人的国族主神，也是他们最早的首都，亦用于人名。本书将 Ashur 译作"阿舒尔"，指代神祇时，后缀"神"字，指代城市时，后缀"城"字，以示区分。——译注

低地的城市，而非直接统治那里。但是通过来访学者，他们接受了巴比伦文字和语言的教化。通过书吏课程，他们研习了一些楔形文字文学的伟大作品，并创造性地将其改编为自己的文明。

巴比伦以南是历史更为悠久的几座大城市，包括月神之城、"迦勒底人的"乌尔和乌鲁克，那是传奇英雄吉尔伽美什和伟大女神伊南娜的故乡。它们临近海洋，可达港口和波斯湾；它们被盛产鱼类、鸟类和芦苇的沼泽环抱，因此该地区通常被称为海兰（Sealand）。这里枣椰树密布，提供了从食物到绳索的诸多资源，在苏美尔神话《伊南娜和她的园丁舒卡莱图达》中，一只渡鸦使用桔槔浇灌了第一株枣椰树，[12]并使用背带爬上了树干，经恩基神的授意，枣椰树的诞生得到纪念：

> 脆弱的树叶包裹着枣椰树的核心。它干燥的棕榈叶可用于编织，它的嫩芽仿佛勘测员闪亮的量绳；它们适宜国王的园地。它的枝条（做成扫帚）在国王的宫殿中用于清扫，椰枣与脱粒的大麦堆放在一起，适宜献给诸神的庙宇。[13]

巴比伦文学《枣椰树与柽柳之争》强调了枣椰树的诸多用途：

> 在很久很久以前，那些白昼中，那些黑夜里，
> 当众神令大地坚实，为先民创造城市之时，

当他们播种山峦，挖掘河流，赋予土地生机之时……

他们宠爱黑色脑袋的民众，授予他们一位国王……

国王在他的宫殿里种下一株枣椰树；

他在周围又种上一株柽柳……

树木互不待见，柽柳与枣椰树成为对头……

"你，柽柳，是无用的树种。为什么，柽柳，你的枝条上

结不出果实？我们枣椰树的果实适合国王享用，

国王品尝，公众宣称椰枣是我的礼赠。

得亏有我，果园园丁得以获利，供养王后。

身为人母，她如此喂养她的宝贝：让他食用我丰产的

　　赠礼，

由此茁壮成长。

我的果实永远为王室服务"。[14]

　　生殖力旺盛的女神本人有时被想象成一株雌性枣椰树。枣椰树在巴比伦周边也能舒适地生长，但在纬度更高的地区，便无法结出成熟的果实。[15] 在南方沼泽地，许多聚落以芦苇秆建房，它们在沼泽地中的芦苇荡里俯拾皆是，在今天的地表调查或发掘中却难觅踪影，因为它们是极易朽烂的有机物，痕迹无存。在冲积平原上，运河的有效开凿、树木的人工培植和鱼塘的开辟或许对当地小气候有积极影响，在夏季的酷热中提供荫蔽和本地水源。

　　在西方，位于幼发拉底河中游的马里是"马里和哈拿"早期诸王的都城。[16] 尽管马里在约公元前 1760 年遭巴比伦洗劫城

市后迅速衰落，它的势力转移到邻近城市，该地区由此被简称为哈拿，这个王国又延续了五百年。该国的主要城市为哈兰和古扎纳（《圣经》中的歌散）。哈拿不仅从幼发拉底河两岸贸易，还从通往巴尔米拉的沙漠道路以及前往哈布尔河沿岸肥沃土地的贸易中受益，哈布尔河发源于北方被称为图尔阿布丁的绵延山脉，最终汇入幼发拉底河。哈拿在书写记录方面维持了一种非常保守的传统，将公元前18世纪早期的书吏习俗延续了数百年之久。[17]

这些族群都仰慕和效仿巴比伦读写文化，还根据自身需要改编了一些巴比伦文献。虽然深植于古代苏美尔书面文学，但巴比伦人已经发展出一系列文体，不再只是简单模仿早前的作品：他们善于创新，创作出受到整个已知世界推崇的科学和叙事作品。

巴比伦尼亚边缘地带的众多游徙部落不仅包括史前的狩猎-采集者，还有游牧民，既有半游牧化的帐篷居民（居住在美索不达米亚），亦不乏穴居者（居住在山区和崎岖地带），后者在挖掘和疏浚运河、制作泥砖、收割粮食这类季节性劳动中能帮上忙，以此交换谷物、啤酒、油料和椰枣等日常主食。制作帐篷是一项创造，在缺乏洞穴和岩棚的地区，它引导并扩展了半游牧生计模式。在本地区大部或全部历史之中，美索不达米亚城市在城墙外设有帐篷营地。游牧的帐篷居民依赖与城市的共生关系：他们可以于每年特定时间在田地里放牧畜群，并提供劳动力，特别是在耕耘和收割的环节。《汉谟拉比法典》第58条提到了如何规范这一互动关系以实现互惠共赢：

如果当羊群必须从灌区公用田里离开，结束放牧期的信号已经在城门上被挂起之后，牧羊人仍把羊群放到地里，并让羊群啃吃农田，牧羊人应该看守他使羊啃吃过的那块田，并且在收获时，他应以每顷 60 升的标准给田主量出大麦作为赔偿。*

畜群被允许食用大麦嫩苗，只会对庄稼收成造成小幅损失，特别是在有意密集播种以便在作物未成熟时放牧的情况下。[18] 近代人所熟知的沙漠贝都因人的生活方式，由于依赖骆驼，直到公元前 1000 年左右驯化骆驼用于运输后才发展起来；这只是改变部分城市功能的诸多重大变化之一。[19]

巴比伦的竞争者众多，然而正如我们将要看到的，它通过各种不同策略——建筑的、宗教的、文学的、教育的和法律的——成功从中脱颖而出。尽管这座城市遭受过一些战败和随之衰落的惨痛篇章，但它每一次都能实现复兴，立足于其根系深厚的文化，乞灵于过往成功和繁荣的历史，这同时也帮助其征服者适应他们的新环境。王朝多次更迭，其中一些由外族的移民或入侵者建立：亚摩利人，接下来是来自伊朗西部的加喜特人，后来是源自伊朗西南部的波斯人，再往后是马其顿人。尽管有这些族群拥入，巴比伦却继续维持和调试自己的传统楔形文字书写与文学：在文化上，这座城市没有向征服者屈膝，

---

* 译文引自吴宇虹等著《古代两河流域楔形文字经典举要》，黑龙江人民出版社，2006 年，第 26—28 页。——译注

反而降服了他们。

所以谁才是真正的巴比伦人？是那些端坐在巴比伦王座之上的君主，无论其族源为何？事实上，答案是这座城市自身，它的神庙、学者和书面文化，将传统之脉赓续两千载，向统治者灌输强烈的责任意识，但也能够独立于王室赞助而茁壮生长。安顿下来的异族变成了巴比伦人。

君主制是巴比伦唯一的政体。显然王权表面上是世袭的；这是诸神在历史之初从天国下达的一种制度，并将沉重的责任附加其上，由国王和他的顾问们分担。如果一位国王被证明不胜其任，诸神将从他那里撤回王权：在巴比伦《吉尔伽美什史诗》中，乌鲁克的年轻国王行为暴虐，他的臣民向诸神祈祷，而非废黜他。好国王向顾问团寻求建议，这群人在国王缺席时代表他施政。通过公共庆典、祷告、王家艺术和宗教祭仪等途径，国王与诸神保持密切联系。他们的主要责任是供养诸神和臣民，通过贸易创造财富，以及保护土地免遭洪灾和入侵。在早期，合法继位（不必是长子）在官方层面如此重要，而世系又如此关键，篡位者通常要篡改他的族谱以证明他不是"无名者之子"。"子嗣"一词含义宽泛，不仅限于直系子孙，也可以是与统治者有任意亲缘的男性，包括收养关系。

每位统治者都有责任敬畏他的王室祖先和诸神，因为他的成功取决于已故先王的支持。这一责任对国王行使权力施加了有力控制。在王家碑铭中，已故先王的影响表现为国王声称能够读懂持续展示或在修复重要建筑时发现的旧铭文。直系继嗣的联系随时间推移而削弱，所以最终一位国王可能承认自己是

"无名者之子"，但从在新制神像或奠基铭文上使用古风书体来看，各个时期对当地遗产和往昔历史重要性的强调是显而易见的。古老雕像基座上的铭文得到复制和研习，以传承过往功业的声名。楔形文字书写和雕像一道，扮演了确认延续性、稳定性和王朝统治的重要角色。

意欲扩大并维持对一个分布广泛的城市群的统治，而非仅仅去劫掠它们，统治者必须使用通用语言进行清晰的交流，以及道路、运河和河流组成的通畅网络。或许古代美索不达米亚最伟大的成就是依托系统性的教育，通过书面文字将巴比伦语传播到本土之外，传播到语言和口音完全不同的各民族之中：埃兰人、赫梯人、加喜特人等等。这种统一使得商业合同、条约和信件推动了总体经济，有利于中央集权。巴比伦既非首个，也不是唯一一座拥有和使用书面语言的城市：例如附近的基什和西帕尔，在这一点上别无二致。相反，居住在环绕美索不达米亚的群山和沙漠中的民众，因崎岖的地形彼此隔绝，据推测缺乏共同的母语。甚至邻近地区的城市居民，例如埃兰人，也没有发展出独立的读写文化。巴比伦尼亚的独到之处是在前希腊世界孕育出了迄今为止最为丰富而多样的文学成果。正如菲尼指出的，"尽管没有比一个民族拥有一种读写文化看上去更自然的事了，但没有什么是必然而至或意料之内的"，[20] 因此该成就更显得非同一般。

在近现代，人们普遍将不同语言与假定的族属或生物特征的人群相联系，但这种联系在古代巴比伦明显是错误的。[21] 举例来说，亚摩利人讲一种与巴比伦语有关的语言，他们于公元前 2000 年左右定居在美索不达米亚中部的城市，据我们所知，他们之前没有书写传统。苏美尔故事《马图的婚礼》讲述了亚摩利人的神如何成功俘获一位城市姑娘的芳心，并融入城市生活，享受丰盛食物、盛大节庆和售卖啤酒的酒馆，尽管他相貌丑陋、个人习惯令人作呕、生活方式招人厌弃。亚摩利人由此将自己深深植入苏美尔人和巴比伦人培育的文化遗产中，此外还经常为自己和孩子选取巴比伦名字。美索不达米亚后来的闯入者——加喜特人、埃兰人、迦勒底人——表现出对根基深厚的古代文学相似的接纳和尊崇，即便他们中无人源自说闪族语言的族群。最重要的是，在巴比伦尼亚，上古时代的楔形文字文本得到阅读、引用和修订，确保民众在变革与动荡不安的时代得到安抚，因为国泰民安与往昔伟大诸王的成就密不可分。

文明和主要城市中央治理的起步，是通过将土地划分为得到运河网络浇灌的田地，以及对食物的有效仓储实现的。周边地区的未开化民众被鄙视为不谙耕种之人，放牧者——例如牧羊人和牧牛人——技艺被认为复杂度稍逊，但颇为实用："高地马图人（西亚摩利人）对农业一无所知"，将威猛的公牛、牛犊和肥美的绵羊作为祭品送到城市神庙，但相比生活在由华美神庙装点的城市中的人民，他们的境遇不佳，城市居民则享用佳肴、啜饮美酒，为节庆沐浴，身穿精致衣袍，与友人聚餐庆贺。[22] 社会中的城市和非城市群体并非截然区分，例如定居的农人主要生活在村庄和农场，受惠于与游牧民的共生关系，游牧民经常与农人和城市居民缔约。来自山区的未开化民族比城市居民体格更为矫健，适合守御和战斗，经常为大城市效命，组建防守要塞的民兵团。国王需要驾驭臣民中的不同群体，利用他们的潜力，通过律法约束他们的行为。

在公元前 19 世纪巴比伦开始记录其最初几位国王的存在之前，它是一个无足轻重的城市，在早先时代的主要神话和史诗中不见记载。吉尔伽美什之名，以及关于他的众多故事，没有与巴比伦扯上关系，洪水传说的各种版本、埃塔纳、安祖、伊什塔尔下地府、涅加尔以及埃列什基伽勒等神话都与巴比伦不沾边。甚至在公元前 19 世纪左右成书的、以创造人类和大洪水为中心情节的《阿特拉哈西斯史诗》中，依然不见巴比伦的身影。巴比伦通过后来的作品——特别是《创世史诗》——将自己植入神话的往昔。这表明早期神话的传统何等强大，以及巴比伦诸王如何接受和尊崇古老城市的悠久地位，以至于最终调整了《苏美尔王表》，巴比伦由此替代其他版本，窜入其间，成为人类历史上首个拥有国王的城市。在此之前，数个城市声称自己为最早之城，都在文本中插入自己的名字。基什可能是最早的，随后是埃里都，巴比伦是最后一个宣布该荣誉的。[23]

一个部分中央化的教育体系有助于巴比伦语言的稳定，并使之成为王室统治的工具，但这并没有阻止它随时间推移而变迁，到了这段历史终结时，改变已如此之巨：语法和词汇与最初形式几乎毫无相似之处。词条式的"辞书"文献不断更新以与词汇变化保持同步。因此用"巴比伦语"称呼整个历史阶段，尽管方便，却有误导之嫌。其复杂的前字母书体使用的楔形字符拥有各种不同音值的音节、词符（代表整个词汇的符号）和定义符（提示类别，比如"制陶业的一种产品"）。[24] 这一书写系统得到巴比伦众多邻居和竞争对手的使用。对它的接纳是自愿的,与声望而非征服有关,此外这个系统通常会得到改造和简化。

巴比伦的书面记录可以划分为三大类别。最先吸引早期西方学者注意力的是纪念铭文和王家铭文,其中一些镌刻在石头上,另一些则书写在黏土上。书写这些文本是为了展现国王的功业、公共形象、声望和权威,蕴含今日我们称之为意识形态的倾向性,涉及王室活动的成功或失利时,它们并不总是可靠的;偶尔有公然相反的明确证据浮现,有时表明不同版本都是可接受的,无需协调一致。每座城市都有自己的王表,每一份王表都遵循诸位国王前后相继的传统模式,都附有国王统治的年数;诸神负责终结一个王朝,再将王权转授其他城市。这便是《苏美尔王表》的传统,它可以追溯到传说时代,那时若干远古国王以行星为名。在巴比伦第一王朝时期,传统得到中央管控,导致晚出的巴比伦王表各版本中的国王几乎都是通过当时的铭文知晓的。它们不含神话材料,也许忽视了联合执政和时代重叠。约在公元前 2 千纪伊始,开启了编年史传统,在编年史中,按年代顺序简述每位国王统治时期的主要事件。在事件记录上,编年史可能比王家铭文更客观公正,这也表现出对撰写国王相关事迹的永久记录的浓厚兴趣。

第二类是文学内容的文献,书写在未经烘烤的黏土上。[25]它们通常以学堂为年轻书吏开设课程使用的简短摘录形式出现,或是来自他们导师图书馆中的文本,包含颂诗、叙事诗、手册、辞书和祭仪文本,其中一些写有咒语。现代学者不得不通过各种摘编、不同年代和不同版本的残篇，克服书吏学徒们的俗体字和笔误来重建作品原貌。据发现，这些作品上的批注传统存续于公元前8世纪至公元前2世纪之间。[26]

第三类是档案文献，包括法律契约、官方信件和商业及行政文书，例如物品运输协议。[27]聚焦王室庄园的法律文档难以释读，但备受关注，因为土地所有权对描述经济至关重要。有多少土地——如果有的话——是真正由私人所有者终身持有的？[28]来自国王家族和官员的信件对当地琐碎事务的关注一如对国际事件，但其中一些现在弄清楚了是学堂背景下部分虚构的文本，它们别出心裁地赋予国王丰富多彩的形象。行政文书通常出土于宫殿而非神庙，表明统治者最终负责记录和分发货物，这些活动记录在每日、每月和每年的档案中，通常注明日期。数量惊人的奢侈品——主要是金属、宝石和纺织品——被记录在案，它们的价值不光基于物品本身，还考虑了与物品出产地的距离和耗费的劳动力。很难回答在特定时期，有多少贸易是由国王或神庙的代表资助和开展的，又有多少是私人活动。所谓的"配给制"对应专业工人的薪水。许多产品并非用于日常消费，而是在节庆和宴会上炫耀性消费的奢侈品。在节日上，民众和国王均向神庙捐献金属通货，神庙由此成为金库。[29]每一类文献都有自己的术语，在不同时代和地点有所差异。

为何泥板上的文本很多无法确定年代？原因有这么几个：许多文本未注明年份，或年份缺失；很多文本是抄录本，要么使用了时兴字体，要么模拟更早的字体；有些故意使用古老的音节形式或选择古体的音值。

古代巴比伦人意识到石头和黏土甚至可以从"大洪水之前"的传奇远古幸存下来：

> 于是，制作一些石板，制作一些泥板，在它们之上书写……如果主以洪水审判我们种族，泥板将被溶解，而石板将会留存；如果主以烈焰审判，石板将被炙碎，而泥板将会烤干。[30]

曾几何时，以铰链连接、像书页一样开合的上蜡木质或象牙材质的写字板，以及纸莎草、皮纸、铜／铅／木棍或是枣椰树叶中脉*均普遍用于书写。书写在写字板上的伟大文学作品精美而完整的抄本，或许还包括官方信件均未能流传下来，因为它们是有机材质，因此我们必须通过泥板的只鳞片爪复原整部作品。出土泥板汗牛充栋，但只属于特定地点和时期。在大量出土的泥板材料中存在很大的间隔，此时我们不能推断书写的消失，因此有时有机书写材质更受青睐。当阿拉姆语最终成为书写的主流语言时——可能最早在公元前7世纪——楔形文字和泥板都在很大程度上被书写在有机材质上的字母体取代：字母用墨水写在皮纸和陶片上，或者刻在黏土或枣椰树叶中脉上。[31]泥板和楔形文字书写只能告诉我们故事的一部分，在随后章节会强调这一事实。但巴比伦尼亚那些受人尊崇的机构内，

---

* 叶中脉是叶片的纵向脊柱，用来固定小叶片。据估计，叶中脉占叶片的23%，枣椰树叶中脉是修剪叶片的主要成分，每年每棵枣椰树的叶中脉重量近8公斤，晒干后可以用于制作板条箱、家具、鸟笼和绳索等，古代曾用于书写。——译注

睿智的老学者确实继续同时在黏土和皮纸上书写记录。纸莎草在巴比伦尼亚罕见使用，而皮纸（动物皮革制成）可能直到当地历史晚期才启用。[32] 根据材料的价值和制备所需的时间及投入的成本，写字板是最高级的媒介，皮纸和黏土次之。

巴比伦是一座什么样的城市？有个问题适用于古代近东的所有大城：它们是从原始村落发展为城镇然后扩张并演变为城市的吗？它们是拥有运河和河流之利的集市城镇吗？它们被城塞环绕吗？或者它们最初作为游徙人口用于祭拜的仪式中心，是间歇性聚集的神圣之地，一群精英首先定居下来，为其神祇的需求效劳，并祭祀祖先？如果是后者，那些宗教中心可能亦是墓地，著名领袖要么长眠于此，要么以雕像、人俑或立石代替，死者的灵魂蕴于其中。[33] 巴比伦第一王朝的某位国王曾召唤他遥远的传说祖先出席一场葬礼盛宴，据推测这是践行一项悠久传统。[34] 一位祖先的墓室可以是一座典型的武器储存库，供在世的后人使用；一封信件显示，一位国王开启某位先王的墓室取走青铜武器的行为是被允许的。[35]

在美索不达米亚之外的地方，有些早期遗址是集会的特殊地点，但显然未发展为拥有王宫的城市，而是继续作为纯粹的崇拜中心。其中一些遗址与下美索不达米亚的情况有所差异，因为它们依托散发超自然气息的自然地貌，例如山峦、独特的岩层、河源处的泉眼。在巴比伦尼亚，不得不设计和建造人工场所，以创造用于宗教活动的触动人心的环境，这需要想象力，并将自然的理念转化进人造环境。最突出的例子是塔庙，它象征一座接近天界的山峰，拥有像树一般直抵地府的根系；巴比伦的塔庙是人造山峰的杰出范例，它毗邻城市守护神的圣所。希腊文献对其功能有一定认识："所有人都承认它的高度惊人，在上面迦勒底人[36]可以观测群星，由于建筑物的高度，他们对群星升落的观察十分精确。"[37]

在塔庙之巅是一间设有桌椅的屋子；[38]人们可以想象天文学家轮班坐在那里，在夜空下拥有对苍穹的清晰视野，记录他们观测的结果。每座神庙都是一位用雕像代表的神灵和他神圣家族的居所。他们在那里接受衣食供奉，聆听信徒的祈祷。神庙和宫殿是对权力的两种建筑学表述；城墙和城门保障宫殿安全，外围还有一圈城塞。国王居住在"宫殿"，它指代一座大型行政建筑，容纳了办公室和工坊，后者用于诸如纺织、酿酒和分配沥青之类的活动。由神庙控制的那部分财富较少用于个人挥霍，而是用于娱神、招待外国使节、祭祀祖先和维持民兵团的衣食供应。当仪式中心为了献祭和世俗再分配而储存食物和其他物品时，必须为宫殿添设一道开有城门的防御墙，墙内的区域可以用来安置精英，也有了在夜里驱入绵羊和其他家畜的安全空间。

我们不能排除这样一种可能性，即巴比伦单纯由一个小型农业聚落发展起来，它通过河流和运河与其他中心建立便捷的联络，通过农民的劳作而日益繁荣。选择锄头象征城市神祇，以及被称为"田地"的星座——现在我们将其划入天马座的一部分[39]——对巴比伦的特殊意义，有助于突出巴比伦位于美索不达米亚中部的事实，该地区当今被视为灌溉农业的诞生地。一首苏美尔歌谣称颂锄头，它出现在创世过程中，制作出第一块泥砖，并为第一座城市和神庙的建造出了力：

> 锄头令万物繁荣，锄头令万物滋长。
>
> 锄头意味着优质大麦，锄头是监工。
>
> 锄头意味着砖模，锄头养活民众。
>
> 锄头代表年轻人的力量。
>
> 锄头和篮子是建造城市的工具。
>
> 它建造适宜的居所，它耕耘齐整的农田。
>
> 锄头啊，你开拓肥沃的农田！
>
> 锄头为它的主人战胜了抵抗主人的田地，
>
> 不服从主人的田地。
>
> 它铲除了邪恶的细茎针草，将它们连根拔起，斩断茎秆；
>
> 它消灭杂草，
>
> 锄头是由诸神之父恩利尔决定命运的工具。
>
> 无人不知的锄头！ [40]

巴比伦的区位与其他城市类似，位于河道的堤岸上，这意味着它至少拥有一座码头，在此聚集船运、贸易和节庆活动。因此它的情况与附近其他城市并无不同，所以我们必须寻找解释巴比伦何以超越其他城市的各种原因。每座城市拥有自己的农田疆界，但其边界并不必然与邻近城市接壤。在运河流域之外是牧场和草原，其使用权由粗略议定时间表的数个游牧部落分享。商人、外交使团和军队的车马不可避免地经行空旷的乡间，在那里他们容易遭遇劫掠和伏击，中央政府对此鞭长莫及。

肥沃的土壤和规范的灌溉令当地不难产生粮食盈余，连接各座城市的运河令分配变得简单。要塞守卫着中继点。这些因素对贸易达到一定规模极为关键，无论面向本地市场还是向较贫瘠的地区出口。种植谷物、油料作物、椰枣和其他各种食物，以及繁殖和饲养牲畜获取肉食、奶制品和皮革，对维持大城市的信仰、不失诸神的眷顾举足轻重。这是社会和文化发展背后的驱动力。神庙是集会场所，节日便是市集，神庙和节庆规模越大，市场就越大，吸引买卖双方到场。正如许多档案详细揭示的，神灵享有定量的日常膳食，并第一个"享用"；呈献给神像的饮食供奉被交付给神庙职员及其家属，还有宫殿，确保虔敬、忠诚与食物之间的重要联系。一年中定期和不定期的节日意味着民众访问不同城市接受诸神的施恩，同时抓住物品交易的机会。这使得中心神庙成为本地贸易的焦点，而文献将节日描述为伴随着音乐与宴飨的欢乐时光。

我们希望知道任何特定时期各座城市的人口规模，但无论是将现代考古学家发掘出的城内砖构住房作为样本，还是通过地面和空中调查进行描摹，都无法得到可靠数字。除其他不确定因素外，皮革或织物制作的帐篷几乎不会留下可复原其存在的痕迹。但是记录在案的各种军队和征召兵群体的规模至少提供了一个相对的人力指标，以及它在几百年间的增长情况。《阿特拉哈西斯史诗》的主题恰是反复出现的人口过剩，只能通过饥荒、疫病或洪水解决。舒适的城市生活、充足的食物使得人们很容易养育大家庭，但无限制的人口增殖带来的问题在上古已得到认识，避孕措施应运而生。[41]

涉及流行病的文献证明它有时与大规模的军队移动有关，后者将疾病传入缺乏免疫力的人口。在城市，清洁水源的供应是避免传染病的最佳途径。即便在巴比伦最早的王朝，大型建筑和街道均有通过相连的陶管系统供应的清洁水源。在若干城区发掘中出土的猪崽乳牙表明生活垃圾主要由不挑食的猪崽来处理。[42] 从一封信中我们了解到，当时人们已知晓病人使用过的水壶被健康者分享会造成传染。马里的一位国王听闻一个女子染上热病，写信给妻子：

> 她经常出入王宫，接触过很多其他女子。现在，采取严格措施：谁也不许使用她喝过的水杯；谁也不许坐她坐过的座椅，还有谁也不许躺她躺过的床铺。她不得再与更多女子接触。热病是会传染的。[43]

这种理解并不排斥其他有效替代手段：疾病同样可以归咎于恶魔和邪恶的魔法，而伟大神灵自己也可能毫无缘由地撤销他们对一位虔诚之人的庇佑。咒语有效且广受欢迎；它们是诗体的个人创作，并非广泛传播的重复之作，而是极其复杂的文学作品。

绵羊和山羊产出大量可供纺织的羊毛。部分工作是在王宫工坊完成的，公元前 18 世纪汉谟拉比时代的一篇行政文书列出了为国王和诸神生产的特种织物所需的工人数量和工时：专业工人需要劳动数千日。[44] 其他文献显示矿物和植物染料通过远方贸易而来。在特殊的日常祭仪中，神灵的雕像穿着最精美的衣物。社会地位通过服装和室内陈设来展现，二者位列最珍贵的外交礼物。

冶金术、玻璃制造、宝石切割和雕刻以及车轮制造中的技术进步，可以从文献并结合物质和图像证据获得蛛丝马迹。进口原材料令自主创新、工艺和发明蓬勃发展。最终巴比伦成为宝石集散市场。青金石从阿富汗输入，再出口黎凡特和埃及，它因为象征夜空和天界的形象而备受珍视。玛瑙可以切割再进行人工镶嵌，为神像和珍贵的献礼制作眼石。专业而高度技术化的玻璃器皿在公元前 2 千纪取得长足进步，因其成分不同而有别于其他地区生产的玻璃产品。[45] 在巴比伦尼亚，一种制作彩釉砖的技术发展起来，为当地精美砖工——包括拱顶和拱门——的广泛声望增光添彩。

巴比伦成为一座拥有精美建筑的多彩城市，利用它的显赫地位进行奢侈品贸易，供国内消费或换取声望。它的宗教庆典成为世界上最为奢华的，它的声望吸引了最上等的外交赠礼，它的法律和金融专长为其商人提供保障。在青铜时代结束前夕，巴比伦市民免于服劳役和缴税，并被禁止携带武器进城。武装部队驻扎在邻近城市基什或环绕巴比伦的要塞中。武器禁令使得市民和来访者可以享受由维持法律和秩序的统治者提供的相对和平的生活。

巴比伦建筑、文学和天文学一直存续到公元之初，现在可以通过对楔形文字文献的最近研究获得信息并确定年代。证据的出现较为缓慢，因为绝大多数学者未曾料到该文明会延续到

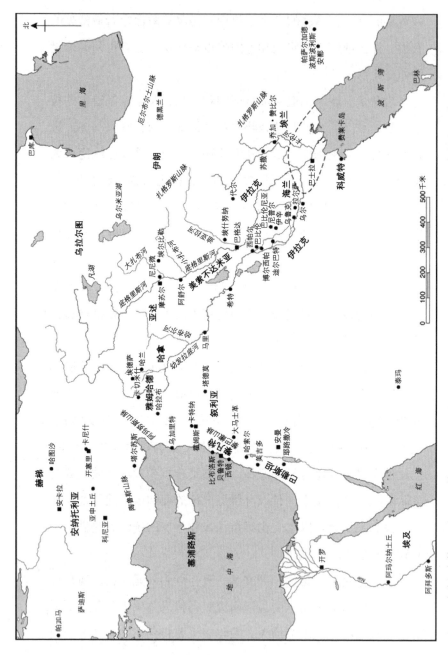

图 1.1 古代近东简图。这是公元前 2 千纪和公元前 1 千纪早期巴比伦人所知的世界。艾莉森·威尔金斯和笔者绘制。现代城市以方点标注

那个较晚的时期。早期考古学家没有发现或认识到晚期地层的重要性，更不用说在巴比伦遗址上，侵蚀和劫掠摧毁或扰动了证据，此外陶器年代和其他遗物的年代序列至今尚未建立起来。《圣经》和古典文献，以及楔形文字档案，被天真地用来提取所谓的历史事实。环境状况的变更，包括盐碱化、地下水位高度变化、波斯湾北端的海岸线进退、运河和底格里斯河河道的重大变化，如今得到现代科技的研究，取得了显著成果。

2
发现与发掘

从丘顶放眼望去，一个荒凉的世界。到处都是丘堆，数一数，大概有六十座。也就是说，六十处古代村落。这里曾是世界上最繁忙的地方……这里是文明的源头。

——阿加莎·克里斯蒂《说吧，叙利亚》[*]

现代学者对巴比伦历史的追踪尝试始于几乎完全无知并背负成见和偏见的状态。在 1899 年至 1917 年间对这座古城开展的发掘中，《圣经》和古典文献依然主导着人们对巴比伦的认识。《旧约》有数卷内容聚焦尼布甲尼撒二世攻陷耶路撒冷、洗劫圣殿并将民众迁移至巴比伦。稍晚时代的作家和《圣经》文本编辑者自然而然地强调巴比伦这一耶路撒冷的终极敌人固有的邪恶，这个观点随着主要一神论者——犹太人、基督徒和穆

---

[*] 译文引自 [英] 阿加莎·克里斯蒂著，何懿和译，《说吧，叙利亚》，上海译文出版社，2016 年，第 43 页。——译注

斯林——使用巴比伦的名字和名声诋毁异教信仰和活动更加深入人心。相反，埃及则被视为天性仁慈。从欧洲前往巴比伦遗址的早期访古者在调查饱受侵蚀和洗劫的砖块废墟时，几乎无法确认城市的规模。每个人都试图辨认哪座砖堆下隐匿着巴别塔的遗迹，哪座又是尼布甲尼撒的王宫。

《但以理书》（2: 32—35）的写作时间比尼布甲尼撒二世生活的时代晚几百年，它提供了一个极端的视角，将巴比伦的宗教刻画得如它的一尊复合材质雕塑般脆弱：

> 这像甚高，极其光耀，站在你面前，形状甚是可怕。这像的头是精金的，胸膛和膀臂是银的，肚腹和腰是铜的，腿是铁的，脚是半铁半泥的。你观看，见有一块非人手凿出来的石头打在这像半铁半泥的脚上，把脚砸碎；于是金、银、铜、铁、泥都一同砸得粉碎，成如夏天禾场上的糠秕，被风吹散，无处可寻。*

对这一图景的字面阐释，影响了对巴比伦文化的早期观感。尼布甲尼撒的真实生平与后来《但以理书》成书之间的年代鸿沟被忽视，只因人们急于寻找"真实"历史而非宫廷逸闻。

希腊和罗马历史学家与巴比伦的接触不如希伯来人频繁。无论希罗多德是否亲自造访过巴比伦（学者对此聚讼纷纭），至少他的部分故事依赖耳食之言，并用传奇男英雄和尚武女主人

---

* 书中《圣经》引文翻译均采用和合本。——译注

公的逸闻取悦他的读者，但没有提及传说中的空中花园。[1]他给出的城墙周长约 60 英里，与现代估计的 11 英里差异甚大，他绘声绘色地描述了塔庙，它的影子笼罩着马尔杜克大神庙，马尔杜克是"至高主宰"。希罗多德的故事以武功卓著、版图广袤而国祚绵长的诸帝国为背景，亚述人和巴比伦人——希腊作家有时会混淆二者——在这些战役中赢得了残暴和英勇的声望。各位古代历史学家的作品浮现出互相矛盾的观点：国王们要么软弱和被妻子摆布，要么好战、残忍而暴虐。受过教育的西方人熟悉这些古典作家和《圣经》作家的作品，他们在近代前往那里，找寻书中提及的地点。

在巴比伦曾经傲然于世的地址，即现代巴格达以南 85 公里处，一个巨大而堆积复杂的高大土丘勾勒出内城的轮廓。见惯了石制建筑的希腊访客，无法估测风化无形的泥砖堆。作为一种有着强大可塑性的材料，未经烧制的泥砖可以完全回收，极易推倒或修复，无需使用新材料。因此整个居住层可能与上层和屋顶的痕迹一道消失了。至少一座土丘是坍塌塔庙的瓦砾形成的，它在塞琉古时期被大象清理搬走。美索不达米亚南部古代城市的凌乱废墟掩盖了其内在价值，需要游客发挥丰富的想象力。

内城的部分街区被冠以更古老城市的名字。巴比伦人使用它们作为其宗主权的象征，彰显城市的宗教中心地位：埃里都，第一座从诸神那里接受王权的城市；尼普尔；库拉布，古代乌鲁克天神庙的所在地。巴比伦本身拥有几个别名："（众）神之门"，"天界之手"，含义不明的 Tintir 和 Babil。这些名字现在用来指称内城和其他地区的特定区域，部分被与现代土丘的名字联系起来。[2]

作为一座容纳其他城市神祇的宗教中心，巴比伦的中心地位是其守护神马尔杜克确立的，在《创世史诗》中他向诸神昭告：

> 我将建造一间房子作为自己的奢华寓所……
>
> 我还要建立自己的私人住房，巩固我的王权。
>
> 当你们从阿普苏上来出席集会时
>
> 你们的夜宿之所就在其中，招待你们所有人。
>
> 当你们从天界下来出席集会时
>
> 你们的夜宿之所就在其中，接纳你们所有人。
>
> 我在此将它命名为巴比伦，伟大诸神之家。
>
> 我们要让它成为宗教之都。

巨大的巴比伦遗址的一部分[3]最终被证明不仅包含属于尼布甲尼撒时期的两座王宫，还有巡游大道上宏伟的伊什塔尔门、大女神宁玛的神庙以及至高神马尔杜克的神庙。现在被称为阿姆兰的土丘[4]位于城堡土丘上最大的王宫以南，得名于阿姆兰·伊本·阿里清真寺，同名的伊玛目长眠于此；人们最终发现了大塔庙的深厚地基，但上层建筑已无迹可寻，这令在那里发现巴别塔原型的希望落了空。在卡斯尔土丘东面的霍梅拉土丘和梅尔克斯土丘发现了一些重要家族的私宅。在偏北向的巴比尔土丘，[5]最后发掘出尼布甲尼撒夏宫的遗址。在西南方靠近内城墙一段的朱姆朱米亚村，出土了居鲁士圆柱。[6] 更增造访者困惑的是，希罗多德描述幼发拉底河流经城市中部，但这条河流在古代和晚近时期都曾变更河道。[7]

至于奥斯曼帝国统治当地时代的早期旅行家的报告，我们依赖偶然流传下来的书面记录。[8] 其中首要的是图德拉的本杰明行记，他是一位西班牙拉比，主要兴趣在于敬拜但以理会堂、以西结和约拿圣祠的庞大犹太人群，以及其他生活在巴比伦尼亚的著名犹太人，他的游历发生在 12 世纪第二次和第三次十字军东征之间，他以鄙夷的口吻记述巴比伦：

> 经行一日到达巴比伦，即古代巴比伦城。此地现在是一片废城，但是街道却延伸至 30 英里以远。尼布甲尼撒宫殿的废墟仍旧可见；但因废墟中的蛇蝎成灾，人们不敢进入宫殿之内。[9]

他还造访了附近的博尔西帕遗址，那是一大片绵延的瓦砾堆，本杰明认为它那依旧令人印象深刻的、部分玻璃化的塔庙便是《圣经》记载的巴别塔。巴比伦本城的塔庙在本杰明访问前很久便已废弃，这使他别无选择，只能乏味地重复公元前 5 世纪希罗多德的记述，后者将巴比伦城墙周长描述为 60 英里时，或许和拉比本杰明一样，把博尔西帕视为巴比伦的一部分。

拉比本杰明可能未意识到巴比伦拥有自己的读写文化，所以他的印象仅仅停留在泥砖废墟的堆积上。"楔形文字"这一术语取自一个拉丁词，意为"楔口形状"，现在用于称呼巴比伦和其他几个同时期语言书写使用的字体。[10] 但这个词直到 1686 年才引入，当时恩格尔伯特·坎普弗造访了位于波斯波利斯——在巴比伦以东很远，大流士一世时期宏伟且保存完好的石头城市——的精美大型石质建筑，抄录了阿契美尼德王朝统治者的碑铭，它们在一个多世纪后才被破译。在那时，一些人认为这些字符代表某种纹饰，或拥有魔法力量；还有人主张它们源于埃及圣书字。1667 年，东印度公司的一名经纪人、曾经游历波斯波利斯的萨缪尔·弗劳厄，抄录了已知最早的一份楔形文字铭文副本，但在欧洲没有引起重视，它们被视为晚近时期士兵刻画的涂鸦。[11]

19 世纪之前游历巴比伦的各国旅行者还包括 1579 年到访的威尼斯珠宝商加斯帕罗·巴尔比，和 1583 年到访的英国商人约翰·埃德雷德，他认为位于阿盖尔·库夫——而非巴比伦附近保存较完好的库里加勒祖堡遗址——的一座塔庙残迹包含巴别塔。17 世纪时一位意大利神父皮耶特罗·德拉瓦莱将若干铭文滚印带回罗马。1767 年，丹麦冒险家卡斯滕·尼布尔从波斯波利斯带回了楔形文字铭文的精确摹本。虽然他没有到访巴比伦，但他的摹本为之后破译巴比伦文字和语言的工作铺就了道路。法国神父约瑟夫·德·博尚于 1780 至 1785 年间在巴格达担任领事，在巴比伦进行过发掘，当地人在 1776 年挖出的玄武岩雕塑"巴比伦之狮"令他赞叹不已，雕塑工艺精湛但没有铭文，博尚将有铭文的泥砖带回巴黎，以激发潜在破译者。各类有铭器物被这些旅行家绘图或征集，并带回西欧，在那里它们激发了对古代美索不达米亚失落文明的好奇，此时距离系统发掘工作启动还有很长一段时间。一块刻有浮雕人物和工整铭文的精美石灰岩块在 1786 年前后于"塞米拉米斯花园"出土，地点在泰西封以南的底格里斯河畔，塞米拉米斯的传奇名字令人推测石块与巴比伦有关。曾是凡尔赛宫园丁的法国植物学家安德烈·米肖于 1783 至 1785 年之间到访巴比伦，将这块岩石运回巴黎，因此它被称为"米肖岩"，现为法国国家图书馆徽章收藏部的藏品。18 世纪这批藏品从凡尔赛宫转移到巴黎时，开始

图 2.1　小型黑色石灰岩块，记录了一次土地授予，由路易十四的园丁安德烈·米肖于 1786 年在巴比伦附近发现。公元前 11 世纪，高 45厘米。巴黎国家图书馆

吸引对古物感兴趣的贵族们建立自己的收藏，于是巴黎成为古代美索不达米亚艺术和铭文的学术中心。那些被与塞米拉米斯的名字联系起来的"箭镞"符号推动人们将兴趣从波斯波利斯的阿契美尼德波斯石质建筑上更加醒目的铭文转移到巴比伦。

17 世纪至 19 世纪晚期西方人在巴比伦的发现主要是偶然的。大量泥板和其他文物抵达伦敦及其他西方城市，这部分得益于东印度公司职员断断续续的活动，他们从 1798 年起常驻美

图 2.2　巴比伦国王、尼布甲尼撒一世之弟马尔杜克-纳丁-阿赫的授土碑半球形顶部雕刻的符号。公元前 11 世纪早期。Hinke 1907: fig. 12

索不达米亚。他们寻宝的传说表明，不仅那些冒险家，还有至今仍试图整理和解读文物，特别是泥板铭文的学者，也面临巨大的困难。从接下来对间歇性事件的概述，以及那时对文物的理解可以看出，早期发现是何等混乱和无章可循。

那时东印度公司雇用常驻巴格达或巴士拉的英国代理人，这些受过良好教育的男子把闲暇时间用于在郊外打猎、骑马和探险。如果有趣的古物重见天日，他们便通过东印度公司高效的船运服务将古物运回伦敦，公司确实曾指示其雇员寻找并上交有铭文的砖石。意义极其重大的东印度公司大楼尼布甲尼撒二世铭文可能是在巴比伦发现的，它在巴比伦楔形文字的破译中发挥了关键作用。[12] 这是一方尺寸为 56.5 厘米 ×50.1 厘米的浅色石碑，精致地镌刻着古体楔形文字，模仿尼布甲尼撒杰出前辈的风格。1801 年它运抵印度博物馆陈列，这个建立在伦敦的博物馆用来容纳东印度公司职员收集的诸多有趣物件；两年之后，楔形文字铭文运用石版印刷——发明于 1796 年——这一新技术在伦敦发表。该书预示学者们无需身赴中东就能研究铭文时代的开始，当时在欧洲之外的旅行需承担各种风险。

正是东印度公司大楼铭文使得天才的学者兼牧师爱德华·欣克斯的破译工作实现重大突破，他所在的北爱尔兰教区与伦敦的学者们距离遥远。古体音节为一块使用当代字体——尼布甲尼撒时代的晚期字体，有各种拼写变例——的泥棱柱铭文提供了一个准复本。欣克斯对埃及圣书字初步破译的贡献为他提供了研究非字母书体的宝贵经验；他还在古波斯语的破译中取得了显著进展。至 1849 年，他认识到巴比伦和亚述文献的语言均为一种闪族语言。在比较东印度公司大楼铭文中的变体后，他不仅能够展示音节形态的变体，还揭示出两个不同的音节可以代表同一个词或词的一部分；此外，大多数音节有不止一种读法。这些复杂特征浇灭了潜在破译者很快就能流畅而准确地阅读新文本的希望。至于撰写一部合格的美索不达米亚历史，这个目标需留待遥远的将来，因为学者们正在勉力与建立一套可靠年代框架的困难斗争。19 世纪早期矗立在伦敦市中心的东印度公司博物馆早在大英博物馆开始建立自己的古代近东收藏之前，便已催生人们对巴比伦文明的兴趣；但是尼布甲尼撒启发智慧的贡献被馆内充斥的来自南亚次大陆的古物所淹没，后者风格多样而怪诞，源源不断地输入这里。经过两次差强人意的重新安置，这一收藏在 1879 年散出：许多文物被伦敦各大博物馆瓜分，但尼布甲尼撒铭文石碑直到 1938 年才捐献给大英博物馆。

东印度公司驻美索不达米亚的代表中最值得注意的是早慧的克劳迪乌斯·里奇，他是一位人脉广泛、精力充沛的天才语言学家，在 1808 年被任命为英国驻巴格达代办，时年 21 岁的他已经拥有丰富的旅行经历，并且已婚，用他权势熏天的岳父的话说，里奇乃是"凭本事晋升"。该职位之前的任职者均被授予领事职权，巴格达和巴士拉因此成为日益活跃的外交活动的中心。1811 年里奇访问巴比伦遗址，安排一些工人为他进行数年的挖掘；他购得"一块刻有图像和铭文的黑色巨石"，据说出自阿姆兰土丘。[13] 在卡斯尔土丘，里奇的工人发现了一尊巨大的玄武岩石像，刻画狮子站立在柱头上，其身下躺着被击败的敌人，构图呆滞，看起来也没有完工，"由粗粒灰花岗岩开凿而成"，几十年后一次简短的法国考古调查再次发掘并绘图记录了这件石雕；由于过于沉重，雕像至今依然留在原处，它的来源和意义仍不明确。[14]

里奇出版了首张巴比伦的精确地形图，以及部分楔形文字铭文的出色摹本——出自他勤奋的秘书之手。在他出版的记录中，他做出了精彩的观察："这些土丘的高度极具欺骗性；由于它们巨大的面积和向平原舒缓的下降，它们看起来比实际要矮得多。"[15]里奇对满目废墟和整体景致感到失望，将宜耕沃土的闲置归咎于沉重的税负和任期短促的奥斯曼官员的贪婪，而在他们之前，蒙古人曾破坏运河和其他重要设施，蹂躏了这个国度。

里奇与哥廷根的学校教师格奥尔格·格罗特芬德（1775—1853）保持通信，后者曾专研卡斯滕·尼布尔在波斯波利斯发现的部分楔形文字铭文（它们是古波斯语，而非巴比伦语），他们二人是德意志汉萨地区的同乡，格罗特芬德向几位酒友打赌自己能够破译楔形文字。他赢得了赌注：1802年首次宣布了对波斯诸王名字和头衔的突破，里奇显然通过其秘书与格罗特芬德的通信得知了此事，但是格罗特芬德迈出第一步之后没有更多的进展。至此，在德意志、英格兰、爱尔兰、丹麦和法国，人们都对这种字体及其全文破译的潜力产生了浓厚兴趣。但是那时没有人意识到整个任务——获得可靠的校订与翻译——的艰巨性和将要花费何其漫长的时间，一个世纪都是保守的估计。

里奇因罹患霍乱而早逝，1825年他的遗孀将他"大量珍贵的古物收藏"出售给大英博物馆，据推测，她认为相比东印度公司博物馆，这里是更合宜的场所。里奇曾在巴比伦田野发掘中发挥核心作用，他出版了自己的地图和发现，这些努力推动了文字破译的起步阶段。遗孀认识到他工作的重要性，在他死后从其笔记中发表了更多材料。

破译古代语言的兴趣成为时尚：巴尔米拉语、古波斯语和最为精妙的埃及圣书字。几乎每一次破译都充斥着竞争和"光荣的失败"，因为学者们要努力战胜同行；[16]直到相当晚近之时，破译巴比伦楔形文字的主要功劳——曾一度被潇洒的亨利·克雷斯维克·罗林森爵士占有——才归功于孤僻的年迈牧师爱德华·欣克斯。[17]个人主义和国家主义竞赛的精神弥漫于欧美学者之间，他们主要以英语、德语和法语写作，确保了一个以西方为根基的学问，这令中东学者自此再难参与这项研究。

彼时巴格达尚无自己的博物馆，即便在君士坦丁堡，建立于1872年的奥斯曼帝国博物馆直到1880年才开放。由于在中东其他地区依然没有博物馆，而西欧的博物馆仍然专注于埃及、希腊和罗马文物以及晚近西方艺术品收藏，因此巴比伦遗物流散在许多富有的家族和学校或图书馆这类机构手中就无足为怪了，尽管奥斯曼中央政府在1874年颁布了法律限制文物出口。[18]一组现在被称为卡斯尔档案的泥板，由不同时期的各色挖掘者和盗掘者在巴比伦发现，直到德国考古学家罗伯特·科德威的团队也发现部分泥板后，这组档案的来源才得以确定。该档案现在已知包含超过200枚泥板，必须从各大洲的（至少）十家机构重新组合。[19]

在法国，卢浮宫于 1826 年开始收藏这类文物，那年，因破译埃及圣书字而闻名的商博良就任馆长。随后卢浮宫开始收藏埃及文物，特别受到拿破仑征服埃及的刺激。巴比伦文物花了更长时间才获得公众关注。尽管一座亚述展厅稍后揭幕，以展览在霍尔萨巴德——公元前 8 世纪的亚述王都之一，位于巴比伦遥远的北方——发现的迷人亚述宫廷雕塑，但人们对巴比伦遗址的兴趣要小得多，因为那里甚少出土大尺寸的石雕和适宜陈列的精美器物。尽管大英博物馆早在 1753 年便已成立，但彼时的重点是收集古典和埃及文物，而美索不达米亚文物被发配到地下室。但读者将很快有机会接触楔形文字铭文，因为手写的摹本不久后以石印术复印在图书中。这项新技术可以在石头或金属而非木材表面进行雕刻，一次雕刻就能够印制成千上万的副本。由此，精妙的巴比伦尼亚文化开始引发人们的兴趣。[20]

1851 年，两位法国考古学家代表法国政府前往巴比伦发掘，他们所获文物被装上木筏运往巴士拉，预期之后送达卢浮宫，然而船只沉没，文物未能寻回，也没有任何记录留存。那时形势极端严峻，每个环节都充斥着尔虞我诈的协议、抢劫和公开勒索。

对研究和破译进展的主要刺激不是来自这些漫无目的的探险，而是来自 19 世纪中叶由大英博物馆和卢浮宫部分赞助的发掘活动，它们在北方的亚述王都尼尼微、尼姆鲁德和霍尔萨巴德收获了辉煌的成果。[21]

代表大英博物馆访问巴比伦的乔治·史密斯后来发现尼尼微出土的一篇楔形文字文献讲述了大洪水的故事。1876 年这一与《圣经》有联系的内容公布后，在英国引发巨大兴趣。除了与《圣经》有关的文献，史密斯对书写在未经烘烤的泥板上的纪年法律契约有着浓厚兴趣，意图建立一个准确的统治者年表。当他抵达巴格达时，第一次从某个商人那里购入了大约 800 件"文物"，第二次则买了 2 600 件。尽管他在经历了一场灾难般的旅途后死于阿勒颇，那批泥板还是顺利抵达伦敦，令大英博物馆的一位学者威廉·博斯卡文感到绝望，尽管后者一再许诺着手进行发表，但最终没有到岗。他一定是被这项任务吓倒了；有次他向文物保管部报告有 2 500 枚泥板刚刚送达。[22] 这次运抵的泥板带来的工作量足够整个亚述学家团队花费几代人的时间，这还没有考虑对一个储存和保护系统的需求。

许多泥板急需处理以阻止其破裂，但直到第二次世界大战后才启动保护它们的项目。出于各种原因，当它们运抵大英博物馆时已经状况堪忧：

> 一般来说，一位阿拉伯挖掘者与两三个人签约，向他们交付一定数量的文物，当他无法向每个人提供同样数量或质量的文物时，他会打碎一件最为珍贵的铭文，在他们之间分割。[23]

此外，许多泥板由于是未经烘烤的黏土，浸泡在地下咸水里，因此当它们被发掘出来并晾干后，盐结晶从表面析出，令铭文无法识读，继而它们被直接抛弃："一大批档案甫一掘出便崩解成碎块，只因它们出土于饱濡硝酸盐的潮湿土壤。"[24] 造成损坏的另一个因素出现在以驴或骡子在简陋道路上运往河边、海边的驮运过程中，随后当这些脆弱的文献经印度货运发往伦敦时，形形色色的官员坚持拆包检查并再封装。当它们最终抵达大英博物馆时，包裹的数量和尺寸"给部门归档系统带来了难以承受的压力"。尽管人手不足的职员已尽最大努力，每件入藏文物的登录有时还是混乱不已。[25] 来自巴比伦的泥板入藏时与出自附近遗址，比如西帕尔和基什的泥板混在一起。[26]1870年代巴比伦的私人挖掘者获得了大约 10 000 枚泥板，其中包括出自马尔杜克主神庙"至高之所"图书馆的文献。这批档案的年代属于塞琉古时期，但被学者们忽视，他们认定希腊化浪潮淹没了本地文化。

霍尔穆兹德·拉萨姆于 1878 年至 1882 年间代表大英博物馆在巴比伦工作，主要被授权寻找铭文，他曾在尼尼微与一支英国团队工作，积累了发掘经验。在那时，楔形文字的逐步破译得到英国上流社会的热烈追捧，因为它有可能与《圣经》联系起来。但是拉萨姆没有得到任何绘图师或楔形文字专家的帮助，而且尽管彼时摄影术已取得进步，但由于缺乏专业人员和设备，他几乎没有利用这一新发明。鉴于发现的"至高之所"位于地下 21 米处，他无法进行发掘。他的希望落了空，没有发现能够与北方亚述王都匹敌的精美石雕，后者出土了有翼公牛和狮子石灰石雕像、宫廷人像和石碑，远比巴比伦的文物吸引人："相较亚述发现的浅浮雕和神秘巨像，巴比伦遗址没有发现任何巨作。"[27]拉萨姆的发掘缺乏规划，疏于监管，[28] 但有一项发现确实令他兴奋不已：在尼布甲尼撒二世的夏宫遗址巴比尔土丘，他发现"土丘南部中心有四口红色花岗岩材质的精心堆砌的水井；其中三口位于一条直线上，彼此间距几英尺，另一口在东南方向，距离它们稍远。每一口水井均使用环形花岗岩石材砌成"，[29] 每块石料高约 3 英尺。它们的底部连通一条"水渠"。拉萨姆推断它们是为灌溉巴比伦空中花园而设计的。[30]

巴比伦地表看不到任何标示马尔杜克大塔庙位置的迹象。不同于 12 世纪的拉比本杰明，拉萨姆不认为四英里之外博尔西帕（现代比尔斯·尼姆鲁德）那座玻璃化的塔庙是"巴别塔"；他还做出另一种推测，即希罗多德对巴比伦城墙周长 60 英里的描述，可能出于把乌海米尔土丘——基什城的一部分，距离巴比伦约 7 英里——纳入在内的理解。[31] 我们现在知道，这三座城市的神祇，都被纳入巴比伦新年庆典的纪念游行和仪式。因此一个"大巴比伦"概念或许影响了希罗多德的估算数字，依据是在巴比伦长达 11 日的隆重节日中，马尔杜克神（像）访问所有三座城市里的神祠所走的路程。

发掘者和大英博物馆均大失所望，巴比伦出土的碑铭少得可怜，没有王家石碑展现伟大的尼布甲尼撒容貌如何，比起北方宏伟亚述王都所出土的，这里少有与以色列和犹太王国历史相关的东西。拉萨姆之前在巴比伦发现了著名的居鲁士圆柱，后者立即被宣传为与《圣经》叙事有关，并被错误解读为向被奴役的外国人授予自由的独一无二的记录。[32] 若在古代，遗弃的大量泥板不那么容易引起人们注意："在那些遗址，我们总是在垃圾之中发现有字泥板。"[33] 无论如何，拉萨姆还是往伦敦运回了数量惊人的泥板；但许多发掘出的泥板在当地市场自由售卖，通过各自渠道流入西方众多收藏机构。有些是文物保管部的沃利斯·巴奇造访伊拉克时为大英博物馆从商人那里收购的。[34] 主要在尼尼微和尼姆鲁德发掘的奥斯汀·亨利·莱亚德与奥斯曼政府达成为期四年的协议，内容是仅将重复的文物上交君士坦丁堡的帝国博物馆，因而绝大部分文物都是合法出口的。[35] 遗址的发掘工人获准拥有全部砖块，这延续了重新利用二手建筑材料的传统。

在柏林，新建立的国家博物馆在 1899 年接收了一批藏品，与此同时决议推进德国在中东的考古发掘。此时拉萨姆已经从田野工作退休，德国政治家和工程师正在为获得批准和资金建造一条从柏林到巴格达的铁路而努力。1899 年，奥斯曼政府与德皇威廉二世指派的德国代表最终达成协议：授予规划的铁路轨道周围 20 公里范围内的采矿权，而挖掘工作包括文物发掘，允许所有开采物资，包括考古出土物输往德国。由于规划轨道途经众多地表可见的古代遗址，德国考古学家选择了最佳地点进行发掘。[36] 选中的地点包括巴比伦。一位目光敏锐的记者在 1899 年 6 月 13 日的《每日邮报》上撰文称，大英帝国在富饶考古遗址的国际争夺战中败下阵来，德国人依靠其与奥斯曼土耳其的结盟占据上风。

早在协议达成之前，一位德国考古发掘者已经被任命前往巴比伦：他就是罗伯特·科德威。他得到柏林方面的全力支持，在他开启巴比伦发掘工作的前一年，德国特别为此成立一个学术协会以支持中东的考古研究：德国东方学会。它不仅致力于支持考古发掘，还鼓励发掘成果的出版。协会在德皇威廉二世的热烈支持下获得了资金和名望资源。威廉非常清楚英国和法国都拥有大型国家博物馆，因此能够陈列从近东发掘的文物。英国和法国尽管建立了博物馆，却没有向它们的考古学家提供能与德国相提并论的支持。人们的期待越来越大，因为如此多震撼的古迹已经重见天日。

罗伯特·科德威是最佳人选。他接受过建筑师培训，这个领域涉及制图、绘画和艺术史；此外，在他将注意力和一个精干的团队转移到巴比伦之前，他已经在东地中海和巴比伦尼亚的主要遗址工作过。他在巴比伦开始发掘时 43 岁，他在飞扬的尘土中坐在摩托车的加高软垫挎斗里巡视巨大的遗址，在极端高温中毫无惧色，仿佛是与他父亲——一位极地探险家——的生活方式针锋相对。他是一位精力充沛而脚踏实地的组织者，无论与当地阿拉伯人还是西方同行均相处融洽，不过在与君士坦丁堡的奥斯曼政府打交道时，缺了些所需的手段。他绝不仅仅是一位田野考古学家，迅速出版的大量作品附有器物绘图、平面图和照片。最令人惊叹的是，他能够穿透色彩单调的废墟，描绘出心目中宏伟、壮观而多彩的城市。他想象公元前 6 世纪的伟大国王尼布甲尼撒二世居住在雄伟的南宫中，沿着壮阔的巡游大道行进，穿过伊什塔尔门——如今因在柏林帕加马博物馆的重建而再次闻名于世。他为《旧约》和希腊作家的记录以及巴比伦自身伟大文明的真实性提供了实证。适时得到照相记录装备和沃尔特·安德雷——他后来成为亚述首都阿舒尔城的发掘者——等人的帮助，科德威的考古活动终年不停，从 1899 年 3 月开始持续了十八年。他不懈的工作历经酷暑与寒冬，以及第一次世界大战初期的岁月。

科德威的团队发现了幼发拉底河东岸的城市布局，它存在的年代正是尼布甲尼撒二世时期，他们标绘出整个区域的轮廓。在公布的遗址地图和之后的航拍照片中，清晰可见幼发拉底河在古代的某个时期改道，对许多重要的巴比伦建筑造成破坏。

第一个重要发现出现在他首个发掘年份的9月。这是一块白色石灰岩残件，尺寸118厘米×132厘米，刻有浮雕，上面的铭文提到一个名叫"沙马什-雷什-乌素尔，苏胡之地和马里之地的总督"的人，他声称将养蜂技术引入了他位于幼发拉底河中游的王国。[37]此人之前不见于其他史料。九十年后，同一地点出土了一些泥板，最终证明这个热情的采蜜人是公元前8世纪的一个小王侯，他将自己的族谱上溯到一千年前的巴比伦国王汉谟拉比。

在科德威全身心投入发掘工作之时，1901年至1902年间，法国发掘者在波斯苏萨遗址发现了汉谟拉比的伟大石碑，上面镌刻着著名的法典，比尼布甲尼撒的时代早了一千多年，他们以胜利者的姿态将石碑带回卢浮宫，这给科德威的工作带来了意想不到的鞭策。石碑是被巴比伦的宿敌埃兰人掠走的，在古代未能夺回。这一发现令德国考古队更加急切地想要揭露尼布甲尼撒时代巨大遗迹下更深地层的建筑物。由于对《圣经》的关注依然主导美索不达米亚考古，法典的发现立即引发人们对比汉谟拉比与摩西；1903年至1907年间涌现了大量的论著，其中许多的标题将摩西放在汉谟拉比之前。[38]经过抛光的精美黑色石柱刻画了汉谟拉比从执掌正义的太阳神那里接受王权的徽章，图像之下镌刻的是他几乎保存完好的法律条文。这座2.25 米高的纪念碑如此华美而震撼，以至于前《圣经》时代的巴比伦历史都是围绕它展开的，汉谟拉比由此成为这座城市声望的中心，尽管当时在巴比伦尚未发现关于汉谟拉比的记载。由于石碑如此高大，大部分照片只展示了顶部刻画的场景；人们必须亲自参观卢浮宫，才能充分感受到整座石碑的震撼。

尽管巴比伦的发掘者通常在触及汉谟拉比时代地层之前便已碰到地下水位——这一限制令早期的泥砖建筑无法发掘——他们充分利用地下水位异常降低的罕见时期，发掘出一些早期房屋及其内部遗存，一些年代相当于汉谟拉比统治期的契约文书成功浮出水面。仿佛是为了补偿汉谟拉比时代泥板的匮乏，其他遗址的另外一批发掘者开始出土成千上万的泥板，其中均包括与巴比伦国王的通信，随着关于巴比伦国王的信息量增长，汉谟拉比声望日隆。

差不多半个世纪前法国探险队记录的那座站立在底座上的大型狮子石雕仍留在巴比伦，仿佛预示了德国考古学家未来的丰收。当然，人们非常期待能够找到著名的空中花园，让这座最为扑朔迷离的世界奇迹现出真身。但科德威未能发现决定性的证据，尽管他出于无奈提议称其为塞米拉米斯花园，而非尼布甲尼撒花园；正如他心知肚明的，宫殿中没有任何地点符合古典作家闻名遐迩的记载。后来又有人提出了其他几个地点。一个令人信服的解决方案直到 2013 年才出现。[39] 科德威成功深入挖掘至马尔杜克神庙的一小部分墙体，但他只能止步于此，因为据拉萨姆测量，其下还有厚达 21 米的堆积。

科德威在第一次世界大战期间的大多数时间里继续在巴比伦的发掘工作，与此同时德国工程师为柏林到巴格达的铁路完工而拼尽全力。发掘工作在战争期间的 1917 年终止，当时奥斯曼土耳其人从巴格达撤离，而英军进驻，所有安排随之中断；德国考古队离开时，遗址边的发掘驻地被洗劫。其中部分泥板最终被中间商售出，另一些被贴上了错误的来源地。那时巴格达仍没有博物馆，因此考古学家要负责所有发掘品的安全和保

图 2.3　镌刻有《汉谟拉比法典》完整文本的黑色石碑，文本上方的场景刻画汉谟拉比从身为正义主宰的太阳神那里接受标杆和量绳。石材可能是夹杂闪长岩的玄武岩。公元前 18 世纪，高 2.25 米。现藏卢浮宫博物馆

图 2.4　科德威的深探沟下部抵达马尔杜克神庙上方。该建筑只有极小一部分得到发掘。Koldewey 1911: illustration 60

管。情况直到1922年才有改观，来自英国的格特鲁德·贝尔被任命为伊拉克的文物局名誉局长。她曾在1920年造访巴比伦，两年后在巴格达创建国家文物博物馆。历史上首次，巴格达而非君士坦丁堡合法享有外国发掘者所获文物的公平份额。

科德威进行了巨细无遗的调查、挖掘和记录，最终出版了详尽的报告。表面上属于尼布甲尼撒二世统治期的诸多建筑和城墙的地表平面得到整体揭露。当位于巴比伦中心的巡游大道被发掘出来时，发现它长达250米，被两侧设有塔楼和堡垒的7米厚的墙壁夹持，建筑在高出原始地平面14米的垫层之上，路面铺设白色石灰石板，路边铺设红色角砾岩。[40] 在大道的北端路口曾经树立一座纳波尼杜的浮雕有铭石碑，还出土了大流士一世石碑的残块。

在第一次世界大战以及第二次世界大战之后的岁月里，巴比伦的发掘时断时续；尽管如此，重要发现层出不穷，同时新的解读也在推进，特别是尼布甲尼撒的有铭泥砖被后世建筑者重新用于何处。这意味着在尼布甲尼撒身后，公共建筑持续使用了数百年。在科德威工作的基础上，伊拉克考古学家在1979年发掘巴比伦，特别在主城堡中心发现了"瓦兹的纳布"神庙（"将权杖授予此地的神庙"）。神庙内存有众多学堂文本，约2 000枚泥板贮藏于此作为向书写保护神纳布的一种供奉，很多泥板属于尼布甲尼撒二世时期。[41]

这座神庙在罗马帝国盛期仍在使用。[42] 在考古和文献中发现如此清晰的证据，证明巴比伦宗教建筑和仪式一直延续至罗马帝国时期，真是令人震惊。

图 2.5　巴格达首座国家级博物馆——伊拉克文物博物馆，赖格特鲁德·贝尔参与了工作；1926 年开馆。Noorah Al-Gailani

尽管各路探险家和考古学者在巴比伦使尽浑身解数，这个巨型遗址在内墙之中也只有大约 3% 得到发掘。由这个比例可知本书叙述的局限性。

　　楔形文字字符最初发现之时被认为是装饰性图案，而非文字。当人们发现单个楔形文字音节拥有数个不同音值，并在不同时期和地域可以有差异很大的笔划时，需要付出艰苦的努力修订手册，才能编纂出一部可靠的版本。这个进程延续至今。[43] 新的发掘和偶然的发现不可避免地会改变我们对巴比伦历史的认识。

　　无论是苏美尔语还是巴比伦语，对楔形文字文献的破译，都是一个充斥重大误解和不成熟理论的缓慢过程。苏美尔语是巴比伦尼亚的闪族人发明的一种"宗教语言"吗？它的部分语法结构是否属于一个与希腊语或梵语有亲缘关系的印欧语模块？直到 1970 年代，人们才认识到苏美尔语的动词系统结构与闪族语和印欧语（雅利安语）截然不同，从而解决了为苏美尔语动词之上大量小品词确定功能的难题。这才逐步实现了翻译的改善和误解的消除。[44]

　　碑石铭文主导了早期亚述学家的努力方向，因为碑铭记录了那些见于《圣经》和古典文献的国王的事迹，而且石刻有时保存完好。而从泥土里掘出、用提篮打捞上来的未经烘烤的泥板通常已有缺损，往往字迹潦草，乍看上去，提供的是不太吸引人的内容，诸如词汇表、晦涩的咒语、单调的账目和行政档案。在没有重大发现诞生的年份，大众热情消退。在电影《彭赞斯的海盗》里，读出"一份巴比伦楔形文字洗衣账单"被讥讽为无用历史知识的终极案例，这反映了转瞬即逝的日常记录令人感到乏味，其数量远远超过更具魅力的王家铭文、文学作品和法律文件。

在 20 世纪的大部分时间里，考古学被视为"历史学的婢女"，它提供一个知识领域，佐证从书面来源——特别是《圣经》和古典文献——获得的信息。在巴比伦尼亚，这个情况被证明出乎意料地复杂。举例来说，在那些发掘者只能揭露城市极小一部分的巨型遗址，当发现灰烬层意味着一座或多座建筑遭到暴力破坏时，人们通常推断文献记载的一场战败和彻底洗劫是其成因。根据同样的思路，如果遗址的一个区域被废弃一段时间，留下被识别为荒废证据的沉积物，人们往往据此推断整座城市遭到遗弃，于是摘选我们的文献"证据"以支持该论断。我们现在知晓，特别有误导性的是挽歌体文献，后者不一定像字面上所言是在哀恸灾难性的毁灭，而可能只是伴随神庙修复——甚至更小规模的翻新——和神像重新竖立，因为神像暂时被移除象征对整座城市的威胁；市民的困境被夸大，以劝诱神灵回心转意、重返城市。一组与假定历史事件相关的预兆看似提供了可靠的信息，直到人们意识到这是词汇和音节的深奥文字游戏，带来一种与某个历史事件相关的误导印象。

当灰烬或废弃物地层封存了早期陶器堆积时，人们可能会认为，通过仔细的类型学研究来显示陶器形制的变化，可以确定不同层位的年代，正如早期希腊和爱琴海地区陶器的情况。不幸的是，古代美索不达米亚人相对不重视陶器的价值，因此它很少跟随风尚的变化，在历史上很长的阶段内仍维持不变。

尽管人们努力寻找变化的痕迹，但只有当出现来自希腊或爱琴海地区——那里的时尚变化频繁——的一件稀有进口货，一个巴比伦地层才能较为准确地确定年代。滚印也是如此，无论有无铭文，都无法提供可靠的准确年代，因为它们被珍视为传家宝，或是被精巧地重新雕刻。因此碑铭和泥板是确定年代的主要证据，但它们甚少出土。换句话说，巴比伦以及其他遗址早期地层的断代，仍有待完善。甚至王家建筑铭文砖，众所周知也会被后世的王家建筑者从一座建筑中取出，随后放入一座新建筑，以示对前辈的虔诚敬仰。正如我们将要看到的，巴比伦的一些基本年代数据如今正在被修订。

在德国，成立之初的几年里，东方协会宣称其目标是参与"通过更大规模的系统化发掘，发现和复原上古东方的伟大使命"，一个具有破坏性的争论浮现了。由于楔形文字文献与《圣经》文献——诸如巴比伦、乌尔和以力（乌鲁克）等地，以及大洪水和巴别塔等故事——之间的明显关联，弗里德里希·德利施教授逐步提出希伯来宗教源自巴比伦的观点。他向包括德皇威廉二世在内的重量级听众做了一系列演讲。这个观点被视作反犹主义的证据，遭到夸大，在这方面的研究上，该指控至今阴魂不散。[45] 在法国，很有影响力的学者厄内斯特·勒南在1862 年当选著名的法兰西公学院教授后，信从雅利安人拥有文化优越性的时兴观点，主张美索不达米亚的史诗文学一定属于雅利安人，而非闪族人，因为英雄史诗文本据信源自古希腊人。他是首位使用"亚述学家"一词的人，但含义与今日不同。所谓科学的颅相学被应用在少数雕像上，那些国王和官员的雕像显示出棱角分明的面部特征，人们相信这是一种"图兰人"（雅利安人）体征的标志。[46]

最近出现了哪些新的方法和技术可以帮助完成亚述学领域的海量工作？

对日常文本的利用取得了惊人进展，足以深化、推翻或修正对王家铭文和希腊作家记载的早期理解。通过列出不同时期每座城市记录中的人名、职业和部门数据，对纪年行政文档的充分使用可以厘清官吏的职业生涯，无论总督、祭司、金匠还是王室成员（包括男性和女性）。相较早期亚述学家的工作方式，这一研究方向代表了一场重大的转变，早期学者通常精心筛选出王家铭文、史诗和颂诗，不重视行政档案。

至于巴比伦语（现在通常称为阿卡德语），1952 年，沃尔夫拉姆·冯·索登出版的德文大语法为语言学分析奠定了坚实的基础；他在 1965 年至 1981 年间同样以德语出版了数编高质量的词典。包含 26 卷的巨作《芝加哥亚述词典》于 1956 年至 2010 年间推出。

另一个重大进步是人们意识到，即便缺损极其严重的泥板，它们一部分出自拥有多个副本的文献，也可以从博物馆地下室尘封的抽屉中找出来进行缀合，用以还原重大事件和叙事。有时一次"远程"缀合能够通过分散在不同博物馆、不同国家甚至不同大陆的残片完成。通过创建数码照片数据库，学者们可以节省为检视特定泥板付出的高昂旅费。[47]

科德威对他的发掘工作进行了严谨记录。当战争令发掘戛然而止时，这些资料没有在混乱中遗失，因此新的研究可以从中获取更多有关汉谟拉比时代建筑结构的信息。可以预料的是，科德威的一些年代判定正在修正；一如与他同代的其他学者，科德威认为巴比伦文化没能在希腊化浪潮中幸存，在亚历山大的塞琉古继业者统治下，巴比伦文化被希腊化文化淹没。但是近来已证明，重新整理希腊化时期市民的楔形文字档案是有望的。[48]

对现代世界而言，巴比伦文字失传了差不多两千年。与希腊文和拉丁文不同，此二者很多保存在修道院和图书馆中，在文艺复兴时期作为欧洲遗产的一部分得到广泛接纳和研习，而巴比伦文献深埋于美索不达米亚的尘土之下，直到 19 世纪中期才通过考古学家和盗掘者之手重见天日。尽管某些石头上的楔形文字铭文在伊斯兰时代早期依然可见或偶有出土，但没有记载表明阿拔斯王朝的哈里发们收集或交易来自巴比伦时期的珍品。[49] 但在埃及，对古迹的保存没有彻底中断；由坚实石材建造的金字塔和宏伟神庙抵御了时间侵蚀，只是偶尔被变迁的地貌掩埋。罗马人运回意大利的方尖碑、石柱和小微文物，很多承载有精细镌刻的圣书字，引来公众好奇；而罗马对埃及女神伊西斯的大众崇拜刺激了女神塑像和小雕像的交易。尼罗河沿岸辉煌的石头遗址在历史长河中总是引来好学的旅行者，然而，即便最大的亚述和巴比伦碑铭也沉睡在地下。

如今，在最初的破译工作开启一个半世纪之后，我们仍在填补神话和历史文献中诸多缺失的部分，使用直到最近才发现的片段，或是来自新遗址和藏品中意料之外的重大发现。楔形文字的形式和内容已经呈现出惊人的多样性。[50]

语言破译工作开始后，建立巴比伦和亚述历史的可靠年代是学界最早致力的工作之一。即便今日，公元前3千纪和公元前2千纪的绝对年代表仍有争议。本书使用中限年代值，或许最终仍需校正。[51] 所有纪年方案的基础来自王表中的统治期长度，但王表并不完整，各版本也不一致；不同城市有各自的改动。文献中记录了一些日月食，但作为周期性事件，它们不是绝无仅有的现象。没有钱币可以提供帮助；历史文献很少标注年份；有铭的泥砖和献祭物提供的国王名字可能带来误导，因为它们经常重复使用并保存数个世纪，碳-14测年对所需的时间跨度来说不够精确，树木年轮信息几乎是空白，因为有机材料从未完好保存。

发现、研究和新解读的步伐曾经令人瞩目，人数有限的亚述学家曾经高产地出版了成千上万新发现的文本，还详细研究了博物馆收藏的数以万计旧有泥板。本书一如所有这些之前的著作，只是对"当下研究进展"的讲述。它的叙事结束于最晚的纪年楔形文字文献和与之相关的建筑。

为创建一个将历史事件与艺术史潮流联系起来的框架，人们素来假设一个新王朝或新的入侵将随之带来艺术、建筑和雕塑的革新，新人可以通过这些将他们自己的印记烙在文化之上。对学者而言，这是一个清晰但过于简化的方案，随着更多材料的出现和研究的深入，它被一个不同的视角取代。人们现在认识到，篡夺者焦虑于将他们自身融入既有文化中，因此他们一开始会扶植非常保守的风格。只有等王朝根基牢固后，新的征服获得认可，新统治者才有足够信心允许一定数量的创造性革新在长期认可的设计典范中生根发芽。对国王的忠诚压倒了所有其他考虑因素。尽管一个人竭尽全力想过上好日子，但运气不佳，一生饱受困厄，他的抱怨以认识到"国王陛下是牧羊人，他像神一样照料人民"而告终。[52] 只要国王得到诸神的支持，法律和秩序就将继续下去，维持百姓的繁荣。神谕被用来证明国王是上天选中的，所以他的统治不容凡人置喙。

对波斯阿契美尼德王朝、希腊和罗马，特别是亚历山大大帝建立的帝国的考古工作，对当今古代近东历史学家产生了重大影响，以至于直到现在，对巴比伦历史的书面记述要么终止于公元前 6 世纪的纳波尼杜时期，因为他被视为最后一位本土的闪族国王，要么停笔在公元前 332 年亚历山大征服巴比伦。阿契美尼德和塞琉古王朝时期的大量楔形文字档案尚未得到历史学角度的研究，残碎的编年史和"天文日志"也没有得到缀合。人们之前推测希腊文化席卷这片土地，压倒了两千年闪语文学和学术的可怜残余；之后古代信仰被典籍宗教取代：犹太教、基督教、摩尼信仰和伊斯兰教。即便在伊斯兰时代，那些得到收集并作为礼物赠送的意外发现的珍宝，其年代似乎也不早于亚历山大大帝时期。[53] 然而，楔形文字文献证明巴比伦城读写文化、天文学和宗教庆典的延续没有因公元前 538 年居鲁士的征服，或是公元前 332 年马其顿人的到来，抑或公元前 141 年帕提亚人的入侵而中断；他们也没有试图这么做。诉诸东方专制主义，将延续两千多年的文明视为既无变化也无进步的化石式文化的时代早已过去。我们需要感谢那些努力克服重重困难的早期发掘者和考古学家，还要感谢那些近几十年来坚持不懈地在极端复杂的情况下寻找秩序的人们。

3

从最初的国王至大叛乱结束

（约公元前 1894 年—约公元前 1732 年）

巴比伦，王权确立之地。

——《巴比伦城志》1.34

巴比伦亚摩利诸王与一些同时代国王（在位时间，均为公元前，下同）

巴比伦	拉尔萨	马里和哈拿
苏穆-阿布姆（1894—1881）		
苏穆-拉-埃勒（1880—1845）		亚帕赫-苏穆-阿布姆
萨比乌姆（1844—1831）		伊什-苏穆-阿布姆
阿皮勒-辛（1830—1813）	瓦拉德-辛	
辛-穆巴利特（1812—1793）		亚赫顿-里姆
汉谟拉比（1792—1750）	里姆-辛	齐姆里-里姆（1775—1762）[1]
萨姆苏-伊卢纳（1749—1712）		
大叛乱（约 1742—1731）		亚迪赫-阿布姆

巴比伦在美索不达米亚历史上只是一个小角色，直到它的第一王朝统治稳固下来并被记录在王表中。它臣服于任何控制美索不达米亚腹地的大城。最早的统治者被许多其他国王环绕，他们统治的众多城市聚集在后来被称为巴比伦尼亚的地区。其中一些城市失去了在公元前 3 千纪曾享有的重要性，但余下的众多城市，特别是北方的西帕尔和基什，南方的拉尔萨、乌鲁克、乌尔和伊辛，以及东方的埃什努纳，在本时期举足轻重。[2]它们拥有各自的地方国王、保护神以及月名序列。然而，巴比伦尼亚的大量人口实际是部落民，可能生活在帐篷中，并未城市化。

　　与乌鲁克这个拥有宏伟建筑的巨型城市、传奇人物吉尔伽美什的故乡相比，巴比伦作为相对后进者的形象格外突出，乌鲁克早在巴比伦第一王朝肇建之前便已繁荣超过两千年。乌鲁克在接下来的两千年里维持了它的地位，继续与巴比伦分庭抗礼。其他古城均拥有各自从早期城邦时代流传下来的骄傲传统，同样不时在建筑、文学、节庆和金融领域挑战巴比伦。在巴比伦首位国王开启王朝之后一个世纪，著名法典的作者、伟大的汉谟拉比，确立了将在一千二百年后依然为人铭记的声誉，但是其他城市在早前时代便拥有各自的相似法典。巴比伦是如何直面挑战并成功地先是取代、随后超越其他城市的呢？

　　巴比伦与三个方向更为古老的城市紧密相连，这些城市从幼发拉底河的支泒取水。每座城市都拥有辉煌的历史，以及一个地位崇高的保护神。它们均通过河流和运河在枢纽处与巴比伦相连。尽管马尔杜克神的一座神庙可能早在第一王朝建立约

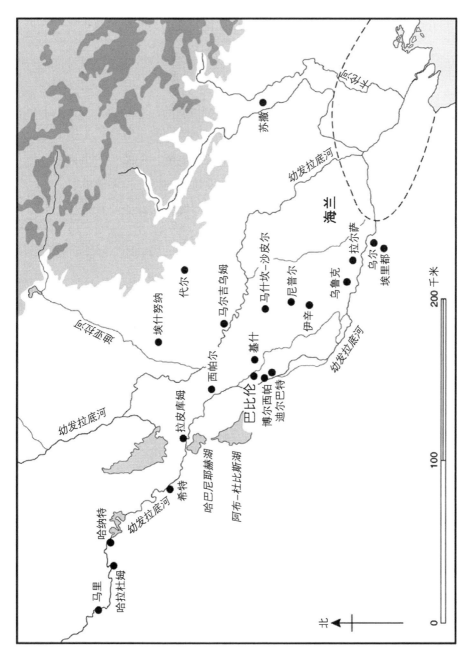

图 3.1 下美索不达米亚简图，注明汉谟拉比时代前后的主要城市、大致的河道和古代海岸线。艾莉森·威尔金斯与笔者绘制

五百年之前已经在巴比伦落成，³巴比伦建立的另两座早期神庙却并非献给他的。最终马尔杜克从一个不起眼的神灵被擢升到巴比伦城保护神的至高地位，被简称为"主宰神"。

巴比伦因繁忙的水路网络而兴盛。在公元前 19 世纪，当巴比伦成为一座由获得当地人认可的国王统治的城市时，位于南方的两座城市，伊辛和之后它的竞争者拉尔萨，均是一个更大区域的领导者。汉谟拉比开凿的从幼发拉底河通往拉尔萨的长距离运河令众多南方城市获得更直接的交通；再往北，其他运河将两条大河连接起来。拉尔萨的区位令它与埃兰人的王都苏萨之间的交通十分便利。

在巴比伦早期诸王统治时期，基什成为巴比伦的军事基地。在很早之前的年代，基什的保护神、战神扎巴巴，因占卜预测战争胜败，或警告鲁莽的行为而闻名。在博尔西帕，其神灵图图与马尔杜克和书吏之神纳布早有亲密关系，纳布后来取代了图图。在西帕尔，太阳神在各类仪式中扮演着至高无上的角色，他在其中作为整个国家的正义执行者发挥着主导作用。马尔杜克模仿这些神灵，而非取代他们，不仅在巴比伦，还有之外的广袤地区，逐步爬升到最高地位，个中途径将在随后的章节予以揭示。

在乌尔第三王朝高度中央集权的管理下，巴比伦城的重要性足以令其拥有自己的总督，这是在它拥有首位国王之前约一百年。在此之前，我们对它的政治、商贸或宗教上的生活几乎一无所知。远在它拥有王位之前，城市的名字 *Bāb ili* 被解读为"众神之门"。

当巴比伦的首位国王登基时，一首苏美尔挽歌哀悼了一个多世纪前乌尔第三王朝的覆灭，令人们对这场悲剧记忆犹新。按诗歌辞令的说法，这场灾难被归咎于一个与埃兰结盟的东方王国的入侵，围城、洗劫和掠夺随之而来，但没有夺走王权。从那时开始，随着巴比伦诸王积累他们的财富，埃兰及其东方盟友便成为头号敌人，被形容"如蝗虫一般"。

本时期部分王室成员和其他人的私名属于西闪族亚摩利人，因此这个时代有时被称为亚摩利时期。但也有一些人拥有苏美尔或巴比伦名字。此时书吏们特别热衷将自己与苏美尔腹地的传奇历史联系起来，通过声称延续性和权威，锚定他们的力量。《苏美尔王表》展现了前亚摩利时代，那时奠基者拥有星辰和传奇英雄的名字，[4]而早期巴比伦王表则展现亚摩利人与近期部落历史的联系，有选择地利用文化记忆以彰显城市统治的进步。亚摩利语与巴比伦语的相近程度足以在基础层面互相理解，这对融合——包括通婚和订立商业协议——很有帮助。第一王朝期间，文字的使用在更广泛的领域实现了简化，相比早前的时代，这让民众可以通过契约、行政和通信互动。他们都能够依赖相似的占卜手段来评估风险和咨询未来的成败，这有助于他们对自己的活动抱有信心。[5]

尽管对本时期私名的语言学分析可以了解人口中的民族群体，但民众可以自由地将他们的名字从一种语言转译为另一种，并且经常为他们的儿女以不同于本人名字的语言起名。此外，儿子可以从其他家族过继，而且"儿子"一词本身可以是荣誉性的，表述一种不必为遗传性的亲密关系。因此择名并不是一个直白的指南，不同亚摩利部落的成员也无法通过其父母的选择来识别。这种灵活性表明，特定语言和私名并不必然表述民族或部落忠诚。当一位国王的名字被用于某人名字的一部分时，无疑那个人在表达他对国王的忠诚；但他可能在继承高级职务，或他为之效劳的统治者去世时变更自己的名字。

早期诸王通过简要地以一件近期事件——无论军事胜利、献祭还是建筑活动——作为年名标记自己的文档。已发现了一些这类年名清单，为事件提供了编年序列。每一年的年名由王家官员决定，泥板被分发出去，向其他城市的居民告知这一决定，提供完整的年名，而非我们在许多档案上看到的简略缩写。[6]这些年名是涉及第一王朝信息的基础而珍贵的史源。

这一时期被考古学家称为青铜时代中期，以强调这是使用金属而非石器的第二期阶段，此时对锡和铜的需求广泛，以冶熔合金造青铜。本时期的书面记录现在已知超过 32 000 件，同时还有在各大城市发掘出的类别广泛的考古资料，这些城市在巴比伦最初六个国王统治的时期是那些大致独立的城邦的中心。[7]本地贸易通过船运展开；跨境的长距离贸易由商队使用驴子开展，驴是当时的主要驮畜，坚韧耐劳，深受人们珍视，它们被发现陪葬于高等级墓葬，甚至出现在大城市的神庙内。来自美索不达米亚边缘地带的亚摩利部落民被刻画为文明生活的破坏者，他们生活在帐篷中，养育过多子嗣，如野兽般交媾，食用禁忌之物，没有女祭司或神庙，也不向神灵献祭。[8]但是城市居民依赖他们提供多种服务：放牧、农耕和军事，以及供应来自遥远地方的异域奢侈品，而巴比伦人与亚摩利人的通婚很快瓦解了文化壁垒。

巴比伦尼亚出土的众多泥板表明，一些城市与叙利亚和黎凡特有商业往来。在幼发拉底河中游，西帕尔和马里是两个主导商路的古老城市，商路途经一个城镇与小城市的网络通往西方，有时通过亚述中间商向安纳托利亚出口货物。底格里斯河上游的亚述城市从途经图尔阿布丁山脉进入安纳托利亚的商路获利颇丰。亚述商人远比巴比伦尼亚北部的其他商人出名，但巴比伦人也参与进来，生产食物和纺织品用于出口，输入富余的阿曼铜料以及锡矿石，后者的原产地尚未确认。[9] 用于转口贸易的阿富汗青金石利润巨大。[10] 盖有巴比伦风格印文的泥板记录了安纳托利亚中部卡尼什的一个亚述商业殖民地的业务，表明巴比伦人涉足此地贸易。[11] 但他们被限制在特定产品：阿舒尔城颁布的一项法规禁止亚述商人与巴比伦人交易黄金，尽管允许他们与埃兰人做这项买卖；此外，安纳托利亚生产的纺织品也被禁止交易。

> 国王致卡尼什殖民地。我们寄给你们关于黄金的城市决议的泥板……该泥板已作废。我们没有制定任何关于黄金的（新）规定。之前关于黄金的规定依然有效：亚述人可以互相买卖黄金，但根据石碑上的条例，亚述人不得出售黄金给任何阿卡德人、亚摩利人或舒巴里人。[12] 违反禁令的人将被处死。[13]

远在爱琴海以西，克里特岛的米诺斯人通过在泥板上书写和使用泥封执行自己的行政管理，与巴比伦人如出一辙，但他们有自己的文字和语言。米诺斯风格的印文在安纳托利亚各贸易站点的泥封上有发现，[14] 希腊发现的一块迈锡尼时期书写板——早已朽烂无存[15]——的铰链意味着有机材料同样用于书写。这一可能性得到出自卡尼什的一份登记有"一块蜡板"的清单的支持。[16] 在那时，无论出自古巴比伦遗址还是许多米诺斯遗址的打磨过的泥封，形制都近似。[17] 可以排除巧合，因为巴比伦泥板有记录米诺斯贸易的信息：第一王朝最为闻名的汉谟拉比王收到了一双米诺斯凉鞋作为礼物。[18] 除了与爱琴海的这类交流以及与巴勒斯坦城市的联络，本时期没有发现与埃及保持定期接触的记录。

埃兰人中的各个派系无疑决意控制由东向西穿越其土地的最贵重商品的贸易，以从中牟利。锡矿石可能是从北方或东方运来的。[19] 铜料来自现代阿曼和阿布扎比的山区，经过迪尔蒙诸岛（现代巴林岛和法莱卡岛）输入，它对制造工具和武器极为关键，也可以作为财富储存，因此巴比伦国王开始开发西方的第二来源地，即来自"铜岛"塞浦路斯，这造成了迪尔蒙繁荣的衰退。[20] 青金石是深蓝色天空的象征，通常含有金色和银色斑点，如星辰般闪烁，它出自阿富汗群山，用来装点神庙、神像和王室雕像，以及在巴比伦尼亚制造奢侈品。印度古吉拉特地区出产的"红石"即红玉髓在珠宝中风靡一时。这些宝石通过乌尔港到达巴比伦，因为该城及其海港神庙位于波斯湾海岸线潮头之上45公里（28英里）处。银象征诸神的头骨，[21] 用来贴镀神像的面部，而贵重的银器和饰件用于在神庙娱神。银也是重要的舶来品，用作通货。通过法律和书面契约，巴比伦城分享从这些贸易中汲取的财富。贵重金属、宝石和木材的稀有价值，来自宫殿和神庙的富有赞助人助力，为艺术家创作精美绝伦、技艺精湛的作品提供了动力。

信贷体系和投资资本的金融合约已经非常成熟。与现代人通常认为的在复杂交换中必须使用货币相反，美索不达米亚人和他们的贸易伙伴使用计重的银和铜，制成便携的物品，例如指环、迷你斧头和小锭块，便于交易，无需直接以物易物。可以从金属块或指环上剪下合适的重量，而余料易于重复使用。不同类型的契约拥有专门的词汇，频繁变化的利率经过了仔细计算。

巴比伦早期诸王是部落头人，他们为牧场和商路的收益而分享领地。他们中有些是取了巴比伦名字的亚摩利人，有些人崇拜月神或风暴之神作为其万神殿的主神，有些人则推崇马尔杜克为巴比伦保护神。两位并立的国王，苏穆-拉-埃勒和苏穆-阿布姆建立了王朝，代表据信对同一片牧场拥有使用权的不同部落。苏穆-阿布姆的名字被吸收进哈拿王国两位国王之名——这不仅是他生前得到认可的标志，也是他声名远播的标志。[22]他对东方的影响力可见于一位埃兰统治者的文献，后者将自己的一份文件以苏穆-阿布姆统治期纪年。[23]苏穆-拉-埃勒为马尔杜克打造了一尊金银王座：这是首次提及大神庙"至高之所"，它将在之后的一千五百年中得到改造、修复和扩建。早期的国王们还建造内城墙和城门。苏穆-拉-埃勒建造或重建了六座城塞，它们组成一个围绕巴比伦的保护圈，还声称已"摧毁"附近的基什，以及卡扎卢的城墙——两场行动可能都伴随获利颇丰的洗劫和掳掠劳动力。他的女儿沙卢尔图姆（意为"梅子"）嫁给了南方著名古城乌鲁克的国王，无疑旨在巩固联盟；我们可以通过她的印章钤盖的印文所见的铭文得知这场婚约："沙卢尔图姆，苏穆-拉-埃勒之女，她挚爱的辛-卡什德之妻。"[24] 这条铭文透露出她个人的崇高地位：作为本人印章的所有者，她被授予多项职责，指挥乌鲁克王宫内的官员。

一种传统已经确立，即国王的若干女儿将担当供奉太阳神的纳迪图*女祭司，生活在另一座城市。她们可以结婚，但不能生育孩子，还可以参与贸易。苏穆-拉-埃勒和辛-穆巴利特都把女儿送到了西帕尔，那里拥有最早和最具声望的这类女性群体，居住在一座隐修院中。苏穆-拉-埃勒的女儿艾雅拉图姆（意为"雌兔"）是西帕尔的太阳神纳迪图女祭司，[25] 这提高了巴比伦的地位。这意味着许多公主通过贸易为其父亲挣得财富，而不是因嫁妆需求而散财。她们以自己制成螺纹指环样式的白银支付，合宜的重量可以切割下来；她们还拥有自己的滚印，通常用最珍贵的宝石制作，例如玛瑙或水晶。[26]

效仿西帕尔供奉太阳神的著名"隐修所"，巴比伦建立了一个供奉马尔杜克的纳迪图女祭司隐修所。[27] 她们中的一些人生活在其他城市，负责进行作为巴比伦主神庙"分支"而建立的马尔杜克崇拜，以推进母城的政治和经济实力。[28] 这些机构延

---

* *Nadītu*，来源于阿卡德语 *nadû*，意为"扔下"、"丢弃"或农业语境中的"让田地休耕"，据此，有人建议将其翻译为"休耕"，在此比喻为"不育（守贞）的女人"，但她们的具体宗教职责仍不明确，研究论著一般保留原文以示严谨，此处取音译。——译注

续了数个世纪。

尽管巴比伦第一王朝头四位国王的长篇王室铭文没有流传下来，但一些商业档案的残卷记录了之前数代人之间的转手，以此证明所有权。[29]有太多城市拥有半独立的统治者，以至于本时期的楔形文字记录令人困惑且难以确定年代，尤其是每座城市使用的月份名称和顺序以及年名各不相同。[30]某些城市的征服者努力强加他们的年名和月名用于商业和行政，但改变城市既有习俗是一个缓慢的过程。直到汉谟拉比统治时期，巴比伦城周边地区才开始遵循巴比伦历法。

农业、畜牧产品和专职手工业以及贸易均产生财富。在当地战争中抓获的俘虏被用于拓展运河网络，由此将更多可耕地纳入农业生产；主要税赋流入宗主城市。苏穆-拉-埃勒的影响力深入西方：在蒂尔曼土丘，现代土耳其加济安泰普[31]以南一座优雅的青铜时代小"城市"，与巴比伦直线距离825公里。那里发现的黏土门封上留有一段滚印的印文，上面镌刻"伊比-辛之子拉加马勒-加米勒，苏穆-拉-埃勒的仆人"，清楚表明长距离贸易并不局限于亚述人，也并不局限于东安纳托利亚方向。[32]

第三位国王萨比乌姆延续了王朝，他在第一年的年名中就宣布了自己的合法性："萨比乌姆继承其父家业之年"。该声明表明了整个王朝的一大优势：公开无异议的继承，权力顺利地移交给一位王子，经细致的占卜活动由诸神选出，由此承认了家族继承制下稳定的重要性。

萨比乌姆声称自己修建了"至高之所"，凸显出表述建筑工程——无论城墙还是神庙——的言辞存在的模糊性：初始的建造行为通常与修复和重建行为不加区分。大多数建筑物是用掺有秸秆的泥砖砌成的，经常需要修补。因此措辞上往往无法判断一位国王是首次修造了一座建筑，还是在前人的工程之上增补。当萨比乌姆的继承人记录他修建了巴比伦城墙时，我们相当确定他是重建或扩展了一段既有城墙；他建造巴比伦伊什塔尔神庙的说法亦有相似的模糊性。另一类误解来自年名中某个国王声称已"摧毁"一座城市，有时在一个很短的时期内不止一次如此记载。尽管破坏行为无疑发生过，但其中有一些是象征性的，而很多是小心地瞄准一座特定建筑或城门，以此为进入和洗劫打开一条通路。[33] 泥砖不易引燃，并且方便利用碎块制作新砖用于维修，所以恢复可能是迅速的。王家铭文中有时记载了某个国王将整座城市夷为瓦砾的说法，提供了一个征服者在诸神的支持下合法占据一片空旷之地，而诸神有意抛弃居民的情景。事实上，大肆破坏的胜利者经常声称将四散的民众重新安置在那里，而且同一座城市有时被发现在短短数年之后繁荣兴盛起来，出身旧政权的当地官员现在为新的统治者效命。运用的措辞不必按字面意思理解：空旷之地是指一片不再有统治者的土地。[34]

萨比乌姆在位期间，地区实力平衡发生了改变。埃兰人掌控了南方城市拉尔萨，其首领也得到亚摩利人的支持，他在王座幕后行使权力，没有将自己的名字写入王表。[35] 他的名字库杜尔-马布克，像他父亲的一样是个埃兰名字，但他的两个"儿子"——拉尔萨的正式国王——却使用巴比伦名字。库杜尔-马布克的一座官邸位于东方底格里斯河畔的马什坎-沙皮尔。[36] 他

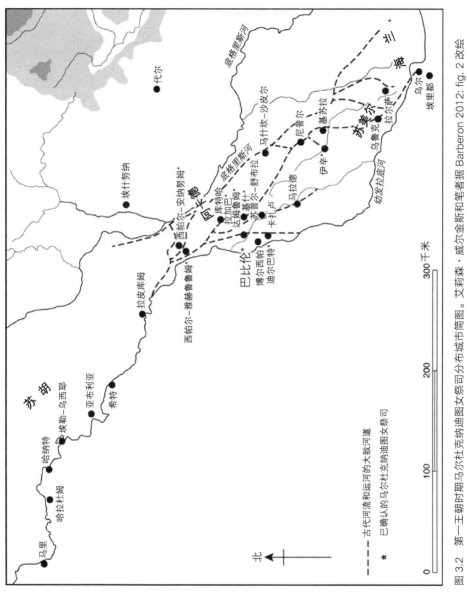

图 3.2　第一王朝时期马尔杜克纳迪图女祭司分布城市简图。艾莉森·威尔金斯根据 Barberon 2012: fig. 2 改绘

北

0　　　100　　　200　　　300 千米

------ 古代河流和运河的大致河道

＊ 已确认的马尔杜克纳迪图女祭司

成功地让他的"儿子们"充当埃兰皇帝的附庸或仆从,他们把持王位差不多七十一年,从附近城市的统治者那里征收贡赋,包括金器。[37]拉尔萨由此变成埃兰在美索不达米亚南部腹地的保护国,来自埃兰的使节频繁造访拉尔萨王宫,考察该国的统治者,向盟友发号施令。库杜尔-马布克通过安排他的一个女儿担任乌尔月神神庙地位显赫的恩唐(entum)女祭司来展示自己的地位,这一极为虔敬的举动在一千年后仍被人们铭记。他的两个儿子都在神庙中安置了父亲的雕像。

埃兰权力的触角伸向四面八方。为了控制由东向西途经扎格罗斯山脉进入美索不达米亚的货物,埃兰人需要一个囊括巴比伦尼亚和亚述里亚的权力网络。一条进入美索不达米亚的主要道路是从埃兰王都苏萨出发,沿扎格罗斯山麓往西北方向行进,之后沿迪亚拉河谷而下,抵达该河汇入底格里斯河之处。这条路线令他们能够控制雅穆特巴勒的部落领土以及其首府代尔,还有附近其他城市。[38]

苏萨距离下美索不达米亚比距离迪亚拉河谷更近,在靠近波斯湾海岸的地区有一些支流汇入底格里斯河,不仅可以通往拉尔萨等古老大城,亦可前往波斯湾中的巴林岛和费莱卡岛,并继续前往阿曼山区。拉尔萨是一个特别受重视的焦点:底格里斯河的一条支泓可能与幼发拉底河在此汇聚。[39]若如是,在苏萨与拉尔萨之间,在洪水或干旱条件允许的情况下,人们可以乘船通行其间全部或大部分路程。因此在调解埃什努纳与拉尔萨因用水权而起的争端时,埃兰的皇帝处于有利地位,两座城市都在他的掌控之下。[40]

埃兰的权力结构曾被描述为部落化或割据化；他们的若干"统治者"是并立的。[41] 宗主仍是一个模糊的角色，很少以个人名义出现，只是称之为"大维齐"（sukkalmah）。埃兰并不试图直接通过自己的官员统治城市，而是派出使者和代理人，需要时以武力为后盾，这令他们在巴比伦尼亚文献中难觅踪迹。[42] 但在拉尔萨、埃什努纳和舍赫纳（莱兰土丘），发现了他们模糊的存在。当一位巴比伦宗主与一个忠诚的统治者在通信中表述关系时，便称父子关系，而同等位阶的地方统治者彼此称呼为兄弟，都是用家庭的措辞。但从苏萨遥控的埃兰"大维齐"写信时，会忽视这样的传统礼节，留下一种不近人情的优越感和傲慢的印象。

埃兰人中部分群体因射术精湛而得到巴比伦人重视；他们多山的故乡地形令其吃苦耐劳、精力充沛，这些品质让他们成为受青睐的守卫或民兵之选，得到平坦冲积平原上贪图安逸的城市居民招募，但他们作为敌人时更令人畏惧。他们可能不受埃兰统治者管辖。

后继的巴比伦早期国王建造了更多的城墙和神庙，向他们的神灵供奉宝座，在城市中心填满神庙和财富，修造能在之后1500年间屹立不倒的大型建筑。他们挖掘新的运河，兴建要塞，包括位于西帕尔的"阿皮勒-辛堡之港"。[43] 阿皮勒-辛通过武力征服直接控制大城基什，而汉谟拉比的父亲辛-穆巴利特在一些城市设置总督，它们之前享有代理人的角色，开启迈出更加中央集权的一步。在基什，一座马尔杜克神庙现在建立起来，一位对巴比伦国王负责的总督的档案，便是更严密控制的例证；[44] 另一个证据是在西帕尔发掘出的一组信件，涉及铜、锡和纺织品的长距离贸易。[45] 辛-穆巴利特将他的女儿伊勒塔尼（意为"我们的女神"）派往西帕尔的隐修所，供职太阳神的纳迪图女祭司，以此促进他在那里的利益，沿袭巴比伦早前诸王建立的传统。

与安纳托利亚的一些贸易渠道中断了：卡尼什发掘所见的亚述商人殖民地毁于火灾，发生时间现在认为属于本时期，尽管房屋很快得到重建，与亚述的贸易也在更有限的范围内恢复了。[46] 巴比伦与北方和西方各城市的贸易富有弹性，足够令其延续下去。[47]

在巴比伦发现的一份档案的残件，记录了一位名叫库鲁的商人／放贷人的活动；他的生意始于辛-穆巴利特在位时期，一直持续到王朝末年。档案中的信件、注明年份的合约，以及各类其他文献，呈现出他商业组织的生命周期，揭示了一个家庭商行在七朝统治者和数代人时间内的活动，他们获益于稳定的政局和对王朝的效忠。[48]

军事联盟频繁更变，即便人们试图赋予联盟法律效力，通过仪式增强协约的约束力。这些仪式涉及杀死一只动物，双方领导人歃血为盟，许诺忠诚誓言；出席者吃下的食物据信对背信弃义者有害：[49]"他们无视神灵的誓言，他们吃下禁忌之物，但他们的军队却依然健康，"一位国王愤慨地惊呼。[50] 劝诱一位盟友加入联盟需要付出一些代价，最初是交换珍贵的外交礼物，包括仔细称重并记录的银质艺术品。有次当汉谟拉比向埃兰人寻求援助时，他不得不支付报酬，[51] 埃兰人获得了马尔杜克神庙的部分宝藏。这揭示出在整个巴比伦历史中持续的一种做法：储藏的财富，特别是巴比伦神庙中的那些，让国王能够雇用外族士兵——亚摩利人、埃兰人、加喜特人——来保护他们，而当地市民因此能够安居乐业。

一支友军的到来表面上是协助防御，但也可能是敌军套着虚假的伪装，摇身一变为入侵。巴比伦尝试与其他城市结盟以制衡拉尔萨的里姆-辛的势力，但未能成功摆脱埃兰的影响。乌鲁克的独立统治者埃纳姆写给辛-穆巴利特的一封有 149 行字的长信中，措辞谨慎地怀疑巴比伦军队以友军面目抵达，但可能不怀好意：

> 告诉辛-穆巴利特，以下为埃纳姆所言。* 关于安南-雅鲁尔的军队……当军队抵达城门，走在军队前面的军事头人来到我面前，向我报告说："当我们的主人给我们下达指示时……没有命令率军入城……"没错，乌鲁克和巴比伦是一家人，应该开诚布公……但埃布迪-埃米的报告是："为什么这支大军来到这里？他们难道不会将城市洗劫一空再扬长而去？"……从辛-卡什德（他的前任）的时代开始，从我记事开始至今，安南-雅鲁尔的军队已经两次或三次前来，向这座城市提供军事援助。一千、两千、五千或一万人全副武装来到这里，在城中一待就是一年、两年或

---

* 在早期识字尚不普及时，通信由书吏代笔，因此形成了这样的开篇文字，后来即便是本人执笔的信件，依然保留了这一"格式"，形成了美索不达米亚独具特色的传统。——译注

三年。就连萨比乌姆……也率领一支千人军来到这里……神灵知道我真的信任你！[52]

辛-穆巴利特的长期在位和这封信中揭示的权力是强势统治的标志，但契约上铃印的滚印铭文显示，距离不远之地，使用巴比伦名字的高级官员是另一个埃兰人统治者的仆从，[53]当汉谟拉比继承辛-穆巴利特王位之时，这个埃兰人继续监控许多美索不达米亚城市的统治者。[54]从马里发现的书信中，我们偶尔得以一睹被拦截的通信，以及埃兰皇帝通过散布虚假报告，挑动敌方盟友内斗的情况。信使和信息很容易被对方截获。

军事行动的成功与否取决于能够动员包括一众盟友在内的多少人力，以及他们武器装备的精良程度。人力资源受到严格管控：农夫可以找人替代自己下地干活，或维护运河，但不能代服兵役。我们从支付给士兵的军饷清单中得知，他们的报酬是白银和纺织品。士兵绝大多数是步卒，尽可能使用船只运输。相反，符合领导人利益的是俘房重要人物，扣押他们换取赎金[55]——国王可以要求特定的神庙支付。[56]当拉尔萨遭受汉谟拉比的联军攻击时，它召集四万人抵抗，这个数字表明它依赖自己的盟军；除了从附庸国或忠诚的农民中征召的兵力外，还可能使用异族士兵的军团。[57]

汉谟拉比继承了父亲的王位，统治一个文化昌明的宫廷，但受到置于埃兰保护之下的各城市掣肘，直至他长达四十三年统治的后期。幼发拉底河上游沿岸的马里和哈拿王国有时成为盟友，有时变为敌人。汉谟拉比将基什作为军事基地，他的哈拿军队在当地的"扎巴巴花园"操演，他的继承人推进了这一部署。[58] 在巴比伦外围驻屯军队和武器的好处显而易见，基什是最佳候选，因为可以咨询战神扎巴巴的神谕，预测一场军事行动的可能结果。在更远的西方，雅姆哈德王国以哈拉布（阿勒颇）为中心，是一个强大的盟友，在需要时派兵相助，并合作经营对黎凡特的贸易，提供巴比伦获得东地中海物资——包括米诺斯的奢侈品[59]——的渠道。

在他漫长的统治期之初，汉谟拉比声称征服了三大南方城市——乌鲁克、伊辛和乌尔，已经发现乌尔一名档案管理员兼月神祭司的滚印印文刻有"汉谟拉比的仆人"。这些胜利使得巴比伦控制了幼发拉底河下游的主要城市，尽管拉尔萨仍被里姆-辛统治，依然听命于埃兰，直到汉谟拉比晚年。控制乌尔便能够直接进入波斯湾。[60] 在那时，巴林岛由使用亚摩利和巴比伦名字的国王统治。其中一位拥有一尊巨大的雕像，它仅有一只巨大的、覆盖皮革的脚部保存下来，上面铭刻有精致的楔形文字。[61] 已经很清楚的是，汉谟拉比直到其统治后期才跻身第一流国王的行列。

除了宝贵的年名，汉谟拉比的书吏创作了以苏美尔语或阿卡德语或双语对照书写的建筑铭文；有些是通过在他死后制作的、延续其声名的复制品得知的。通过建造或重建西帕尔纳迪图女祭司隐修所——他至少有一个女儿在里面——的一段围墙，汉谟拉比与该城维持了紧密关系，这对从幼发拉底河沿岸贸易中获利至为关键。[62] 他修复了当地的太阳神神庙，一千二百年后纳波尼杜国王发现了汉谟拉比的一块奠基铭文，世人记住了这一虔敬之举。国王的众多角色不仅表述在各种称号中，例如"立法者"、"勇士"、"牧民者"或"应援者"，还与艺术作品——包括滚印、石／铜雕像——中的特定姿态或装扮相关。其中一些物件是公开展示的，是对国王的伟大以及他和他的继任者所奖掖工艺的长久纪念。其中一个纪念物是镌刻了《汉谟拉比法典》的巨大石碑，如今是巴比伦尼亚最著名的文物之一，将在下一章详细讨论。汉谟拉比的"正义之王"称号可能就是在他做出一个特别重大的转变之时宣布的。

与壮观的法典石碑相比，记录在泥板上的诏令虽然不那么引人注目，却更为直接，它们是切实可行的法律措施。[63] 诏令被称为"正义之举"，包括汉谟拉比的先王们在内的每位国王都会颁布诏令，通常发生在继位伊始，有时也发生在统治期的其他时点，每次都会进行更新和修订。在西帕尔，颁布诏令的标志是在西帕尔高举金色火炬，宣传西帕尔作为正义主宰太阳神崇拜中心的地位。某次，该事件被生动地比喻为一场"清洗大地的蓬头垢面"，这是一种哀悼行为，可能暗指这一诏令发布于老国王去世之后。[64] 颁布诏令的一个主要目的是解除民众的债务，避免积压的债务导致负债者抛弃土地、终生为奴，从而削弱经济，减少食物供应，降低税赋收入。[65] 另一目的是禁止与特定外部族群贸易，以保护商业利润。

当埃什努纳的一位国王同时攻陷亚述位于底格里斯河东岸的王城埃卡拉图姆和西岸的王都阿舒尔城时，亚述国王萨姆苏-阿杜一世逃走了，是汉谟拉比向他提供了庇护。三年后萨姆苏-阿杜夺回了王国，收复阿舒尔城，最终攻占马里。他总共统治

（1）杜朗领队发现的雕像足部摹本
长 2 英尺 2 英寸

（2）铭文上方的棕榈枝

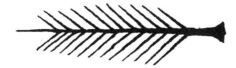

（3）铭文摹本

图 3.3　巴林出土的国王里穆姆巨型雕像的足部，黑色玄武岩。镌刻的楔形文字音节符合汉谟拉比时代特点："阿加鲁姆（费莱卡岛）因扎克神的仆人里穆姆（的）王宫。" Durand 1880: 192

亚述三十三年，死于公元前 1776 年。由此他成为美索不达米亚北部一个强势的亚摩利国王，最终声称自己统治"四方"，其影响力从东地中海海岸的黎巴嫩一直延伸到波斯湾中的巴林岛；但继位之人暗弱无能。汉谟拉比从后者手中夺取了一些亚述领土，他声称自己征服的地方包括尼尼微，那里之前一直在萨姆苏-阿杜的控制之下。[66]

亚述国王与汉谟拉比之间的关系变幻无常。萨姆苏-阿杜在北方和西方的城市安插亲信作为官员，其中至少包括他的两个儿子。二者之一成为马里总督，迎娶了卡特纳国王的女儿，卡特纳是当时西方最大的城市之一，位于叙利亚中部霍姆斯附近的奥龙特斯河东岸。联姻是他的父亲安排的，因为萨姆苏-阿杜自己坚持要废黜另一位妻子。[67]这表明王室婚姻可以利用外交机会推翻。

马里与卡特纳的联系展示了与西方城市联络的程度，以及埃兰的权势远超其根据地苏萨之外，因为在另一场合，一群埃兰人得到保证，如果他们前往卡特纳，将获得安全通行权：

> 当埃兰信使前往哈拉布时，他派出两名仆人从埃马尔前往卡特纳。汉谟拉比听闻此事，向边境派遣卫兵（？），在他们返回时抓获了这些人，并审问他们所知之事，后者说："卡特纳的人写信告诉我们：土地已经交给你们了。来找我！如果你们前来，你们不会遭到攻击。"[68]

这封信的重要性在于展现了这类联系是何其密切，不仅存在于巴比伦尼亚与亚述里亚的城市之间，还超越美索不达米亚直达黎凡特和迦南，鼓励野心勃勃的国王们获得大大超越地区霸业的帝国视域。为追求这一目标，联盟根据当前需要而变更。为平衡苏萨和埃兰人的野心与反埃兰的巴比伦尼亚城市联盟，埃什努纳承受着巨大的压力，只因它坐落在苏萨与巴比伦之间的主干道上。

正如上面的信件展示的，当时的另一个强国是哈拉布，其统治者将一个女儿嫁给了马里和哈拿国王齐姆里-里姆（公元前1775年至公元前1762年在位）。哈拉布是其王都阿勒颇的古称，那里的风暴神阿杜是一个强大的保护神和占卜应答者。它的神庙如此重要，以至于埃兰领导人计划向神像进献一把埃兰弓——其军事力量的象征，而齐姆里-里姆在那里进献了一尊自己的雕像。哈拉布国王对西方事务的介入至少远达哈索尔*，后者在《旧约》前几卷中有记载，是迦南的王都，那里现已发掘出本时期的一批泥板，上面写有引人瞩目的各类巴比伦楔形文字文献。[69]

萨姆苏-阿杜向幼发拉底河中游的扩张可能挑战了巴比伦对该河沿岸贸易的控制；但是，甚至连他看起来也处在埃兰皇帝的影响之下，可能因埃兰干预而失去了对马里和其他城市的控制。[70] 在齐姆里-里姆于马里复辟旧王朝之后，他与汉谟拉比结盟对付埃兰，最后证明这是一个不明智的决策。在马里发现的一篇条约草案宣布：

---

* 和合本《圣经》译名为夏锁。——译注

向天界的太阳神起誓！向天界的风暴神起誓！这些是
巴比伦国王、辛－穆巴利特之子汉谟拉比（起誓时）乞灵的
神祇："从现在起，只要我还活着，我将与西威－帕拉尔－胡
帕克（安鄯的埃兰统治者）为敌。我不会让我的仆人或我
的信使与他的仆人为伍，我也不会向他派出他们。我不会
与西威－帕拉尔－胡帕克言和，除非有马里和哈拿之地的国
王、亚赫顿－里姆之子齐姆里－里姆的认可"……我向我的
神灵，太阳神和风暴之神，向马里和哈拿之地的国王、亚
赫顿－里姆之子齐姆里－里姆所发之誓，我将忠实、愉快且
完全真诚地履行。[71]

但另一封信件透露，埃兰统治者曾通过割让给齐姆里－里
姆若干城镇以安抚他。当汉谟拉比在西帕尔接见齐姆里－里姆
的两位使者时，他们发回一份报告，记录了汉谟拉比亲口说
的话：

我们抵达大城西帕尔，我主的仆人向汉谟拉比传达了
我主的信息。在他传达时，汉谟拉比保持聆听，在整个传
达期间没有打断……但随后他对我们说："无论当时还是
现在，本朝可曾冒犯马里？本朝与马里之间可曾有任何冲
突？马里和巴比伦，无论当时还是现在，亲如一家……自
从齐姆里－里姆转而支持我并开始与我通信，我从未煽动过
对他的冒犯或攻击。我对他完全有益，而他也深知我对他
的益处。"

马里使节表示完全同意，然后说：

> 那么现在，请匹配我主施与您的青睐和对您的尊崇，令他满意：请您起誓承认埃兰大维齐、您的"父亲"交割予我主的城镇，愿出于完全的诚意。[72]

接下来他们的分歧出现了，在关于谁的军队应该继续驻扎在那里，以及在由谁来指挥的问题上。这些谈话揭示了苏萨的皇帝此时被公开视为汉谟拉比的宗主，被尊称为后者的"父亲"。在汉谟拉比和齐姆里-里姆仍为盟友关系的某个时间点，埃兰策划包围巴比伦城，直到一场战役阻止了这次进攻。[73] 但埃兰人无处不在：卡特纳国王请求埃兰协助对付雅姆哈德。[74] 在底格里斯河以东、库尔德斯坦的山区中，埃兰王侯联盟中的一位领导人要求对方派遣使节，还派出一位将军率领一万两千人进入扎布河下游地区恫吓对方满足要求。[75] 在当时各国国王的实力座次中，埃兰和雅姆哈德是最强大的两国。哈拉布的风暴神阿杜据信将王权授予马里的齐姆里-里姆王朝，他受到的崇拜超出雅姆哈德王国核心区，特别是在哈布尔河沿岸城镇中。[76] 第二档次的国家有拉尔萨、巴比伦、埃什努纳和马里。拉尔萨仍在埃兰人库杜尔-马布克的一个"儿子"统治之下。

埃兰主宰如此广袤的区域，在大型神庙的设计上留下了一个精彩的印记。在埃兰，园圃神庙或圣林是用于祭拜的常见场所。[77] 在巴比伦尼亚和亚述里亚，本时期各城市开始受埃兰影响仿建园圃神庙，在他们建筑的模制砖构立面刻画类似成排枣椰树的纹路。这种设计包括螺纹（代表雄株）和贝纹（代表雌株），在从美索不达米亚南部到底格里斯河东西两岸的城市，以及更遥远的哈布尔河上游的诸多城市都有发现。这个新风格显著地背离了设有长方形壁龛的传统立面，后者可以追溯到苏美尔时代，但它延续了许多世纪，部分原因是当时的神庙建筑雄心勃勃又相当坚固。这表明埃兰施加的影响既有政治和军事上的，亦有文化层面的。[78] 尽管在巴比伦城内没有第一王朝的神庙幸存，但在埃兰影响下的一些城市，包括拉尔萨和乌尔，均依照这种设计建造了巨型神庙，或许汉谟拉比和他的先王也遵循了这一风尚。巴比伦伟大的神庙建筑者阿皮勒–辛与拉尔萨的瓦拉德–辛是同时代的人，后者在乌尔建造的枣椰树纹立面建筑，以及拉尔萨雄伟的太阳神大神庙及其内庭和神龛，均设计为枣椰树林的象征，这些建筑都受到人们的推崇。

我们发现此时埃兰是一个超级强权，影响力至少远及叙利亚奥龙特斯河畔的卡特纳，可能更远达巴勒斯坦的哈索尔，[79] 这使学者们成果颇丰地重新考察了一个古老观点，即《创世记》第 14 段第 1 至 16 节的埃兰国王基大老玛（名字是埃兰语）的故事包含本时期的核心历史信息。[80] 他率军深入巴勒斯坦南部，统治当地人十二年之久，直至他们起义反抗。之后他拉起一个国际联盟，最终被击败和驱逐。基大老玛盟友们的名字保存在希伯来语文献中，与汉谟拉比统治巴比伦时期的一些人名有着惊人的相似度。某些相似之处最近才得到揭示。如果这些相似具有重要意义，那么它们就为枣椰树纹立面神庙的考古证据提供了政治和军事背景，即主要由于埃兰的广泛影响力，这在出

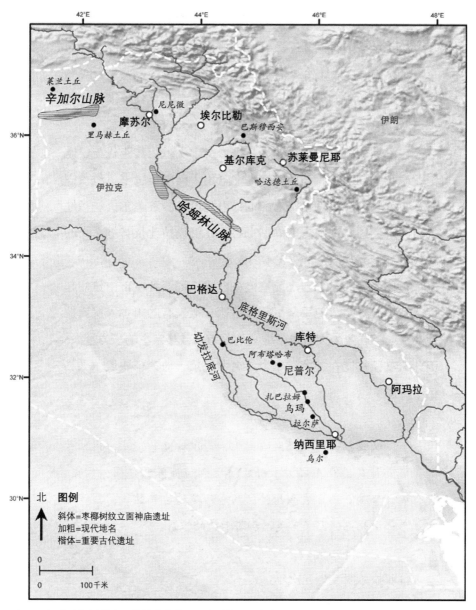

图 3.4　设有枣椰树纹立面的神庙分布图。斯科特·瓦尔克绘，哈尔特基金会授权转载

土文献中是一个惊人发现。这个问题的详细情况将在书末的附录中加以介绍。

汉谟拉比、巴比伦和下美索不达米亚的城市没有在《圣经》文本中出现。我们现在知道他们臣服于埃兰，直到汉谟拉比统治后期。因此，巴比伦随后的崛起便更加令人印象深刻了。

在巴勒斯坦发掘出土的少量楔形文字文献，其年代与巴比伦亚摩利时期同时。其中的辞书文献用于向学徒级书吏教授楔形文字，它们部分是三语对照的：巴比伦语、苏美尔语和当地的西闪米特语。训练有素的书吏将会在汉谟拉比及其继承人的时代负责将美索不达米亚文本引入迦南。[81]

在他统治的后期，汉谟拉比在巴比伦尼亚各城市中建立起权力基础。拉尔萨似乎是下美索不达米亚仅有的未加入汉谟拉比的反埃兰联盟的大城市，推测是因为来自其宗主的压力过大。因此，汉谟拉比在其第三十个年名中记录了他为征服埃兰人扫清了障碍：

> 汉谟拉比王，强大的国王，马尔杜克的宠儿，借助最伟大神灵的至高威力，击败大规模动员苏巴尔图、古提、埃什努纳和马尔吉乌姆，从马哈什越过边界的埃兰军队之年；由此他稳固了苏美尔和阿卡德的根基。

征服拉尔萨发生在次年：

> 汉谟拉比王在安努和恩利尔的帮助下，身先士卒，借

助最伟大神灵赐予的至高威力，他征服雅穆特巴勒之地及其国王里姆-辛之年。[82]

　　俘虏里姆-辛，曾被认为是汉谟拉比实现崛起的重大事件，但这只是次要的，因为拉尔萨的里姆-辛是埃兰皇帝的几个傀儡之一。汉谟拉比给予这座被征服城市的待遇是宽大的：他在拉尔萨安插了两位高级官员，我们掌握了二者的名字和大量通信。[83] 至少城内有一个重要家族的成员留下并接受了新政权，这表明汉谟拉比没有完全清除既有的精英，只要后者对他有利用价值。[84] 对战败市民的宽宥处理可以与他在法典前言中做出的宣告联系起来，下一章将进行讨论，即他召集流散的百姓，将他们遣送回家。在主簿（"田间书吏"）的督导下，新的土地登记册被编制出来，以明确产权和租佃关系，并记录粮食产量以征税。一份拉尔萨当地统治者的王表始自在邻近城市伊辛控制下的几位本城总督，继而是它自己的国王们，包括埃兰人库杜尔-马布克的两个儿子，最后是汉谟拉比及其子，表明伊辛和巴比伦的国王是拉尔萨王位的合法继承人，维持了无争议继承的虚构故事。[85] 这显示出每座城市如何自由地操纵本地统治者的谱系。汉谟拉比在位第三十八年的年名以夸张的修辞记录他"以滔天洪水摧毁埃什努纳"；但该事件并未终结这座城市，后续的当地统治者之名班班可考。[86] 洪水的场景可能是隐喻性的——甚至在我们今天的表达中有"一波又一波的士兵潮水般涌入城市将其淹没"这些运用了同一隐喻的说法。
　　通过将河流的支汊或其运河改道，交通线路将随之变迁。

拉尔萨的里姆-辛一世着手运河工程，以阻止两条大河的淡水直接流入大海，从而为拉尔萨周边的农田提供更多的水源。[87]汉谟拉比描述过一条名为"汉谟拉比是百姓富饶之源"的新运河，它引导水流经过尼普尔和拉尔萨，直达乌鲁克、乌尔和埃里都。[88]可能就是在这一时期，底格里斯河下游被人为引入一条更靠东的支泓，直接连通巴比伦与拉尔萨。

从汉谟拉比在位第三十年往后，巴比伦终于成为超级强权，与依然强盛的雅姆哈德王国并驾齐驱。萨姆苏-阿杜死后，亚述统治者虚弱昏聩，随后埃兰统治者被汉谟拉比击败，他征服埃什努纳、马里和拉尔萨，为通往一个突然降临、更在意料之外的成功铺平了道路。

马里的命运令人好奇：属于之前齐姆里-里姆宫殿行政管理的文档被存放在容器里并贴有标签。[89]这或许暗示汉谟拉比试图通过忠诚的行政官维持城市的发展，一如他在拉尔萨所做的。但他在首次征服的两年之后重返马里，拆除了城墙，可能是发现自己无法控制当地的异见分子。汉谟拉比可能从马里移走了早期著名总督普祖尔-伊什塔尔真人大小的雕像，雕像于巴比伦出土，头和身体已经分离，一道出土的还有另一尊身份不明的雕像（见图 8.5）。[90]马里再也没有成为主要权力中心，尽管它的声望继续流传了千年之久。[91]之后不久，附近城市特尔卡掌握主动权，建立起本地王朝，统治哈拿王国，后者过去在王位头衔中与马里并列，称为"马里和哈拿之王"。特尔卡诸王接过马里声望的衣钵，建立起将延续五百年的王统。

齐姆里-里姆的结局不详：他肯定置身汉谟拉比的联盟之外，改换阵营为时已晚，或许他依赖的是一条预测巴比伦及其盟友将战败的预言，以及自身财富的增长：

图图尔的大衮神的神谕传达师起身说："哦，巴比伦，你为何不断制造（麻烦）？"我要将你一网打尽……我要将七盟（汉谟拉比的盟友？）的各家族全部纳入齐姆里-里姆的权力之中。[92]

这究竟是国王希望听到的，还是图图尔一方蓄意破坏齐姆里-里姆的愿景，因为现在他脱离了汉谟拉比的联盟？如果是为了表明后者，汉谟拉比的法典声称他是"诸王的领袖，遵照他的创造者大衮的神启降服幼发拉底河沿岸的城镇，大衮对马里和图图尔城市的民众慈悲为念"。一首苏美尔颂诗记录了汉谟拉比在"拆除"城墙后在马里的一些举动：[93]他为一张青铜鼓"佳音"装上了石头底座，向在人间与地府之间往复巡游的梅斯拉姆塔-埃阿神献祭，他撕碎堕入地府者的心脏，也是一个制造瘟疫的战神。[94]这属于一场受降仪式吗？汉谟拉比的儿子和继承人萨姆苏-伊卢纳为其父的文献制作了副本，作为他进一步传播父王声望和震慑叛乱的措施之一。

汉谟拉比在他漫长统治期的终点病倒了，萨姆苏-伊卢纳在父王去世前已继承王位。这一交接准备充分。我们从一封短札中知晓此事，信中新王还提及他的诏令，这是他登基后首个减免债务的动作：

萨姆苏-伊卢纳致埃特勒-皮-马尔杜克：我的父王病
笃，我刚刚登上［我父亲］家族的王位，以正道引导这片
土地。为了扶植国家岁入的生产者，我已免除……田地管
理者……的欠款，我打碎记有士兵债务的泥板……我在这
片土地上确立"正义"……当你看到我的这块泥板，你和
你所管理地区的长老以及你的官员必须前来面见我。[95]

在美索不达米亚历史上的所有时期，国王的功业都可以从
他采用的头衔——"伟大的王""四方之王""世界之王"——
和称号"他统一了底格里斯河与幼发拉底河之间的土地"推
知。"世界"和"四方"这两个词可能用来表示其势力范围只能
粗略定义，或许与本时期《苏美尔王表》中记录的那些城市所
覆盖的范围相关。[96] 世界之主的概念不一定关涉军事胜利，但
可能暗示远方的统治者献上外交赠礼，由此承认国王的声望，
并与他开启贸易。汉谟拉比统治后期的广泛征服与交流让他有
资格采用最高级别头衔。有人或许认为主要头衔"国王"意义
非凡，但个中也有微妙而模糊之处。在早期，每座城市都有描
述其头人的自有词汇。[97] 这种不一致性给依靠翻译的人布下了
陷阱。[98]

在五百年前，阿卡德诸王中的一位声称自己为神。这个宣
称可能依据一条神谕，它以两种方式为我们所见：神灵的符号，
即所谓的"神祇定义符"，写在国王私名之前；以及图像中的
国王头戴一顶角冠。随后某些埃兰统治者和某些当地的闪族统
治者在书写自己的名字时使用神祇定义符，展现了他们对神灵

地位间或的声称，但可能地位低于主要神灵。[99]一些亚摩利国王没有声称神性，可能是缺乏某些必须的品质，但汉谟拉比在统治后期宣称自己为神，因为他已完成伟大的征服。[100]在法典石碑上（见第4章），他称自己是"诸王中的一位神，富于智慧"，[101]尽管他未将自己刻画为佩戴角冠的形象。他以最高统治者自居：

> 汉谟拉比，他的国度之神，天神安努为其披上王权光环之人，其伟大命运已由恩利尔神裁定之人，向诸位大神诚挚祈祷的恭顺之人。[102]

通过提及"伟大诸神"，他的铭文暗示神灵有不止一个档次。

汉谟拉比的声望在他死后的一千多年里，在一片广阔的地区显著传唱。他对文字和语言的运用范围超出他的政治影响力所及。他的法典继续得到抄录与研习。整部文献的抄本包含蓄意的更改；例如，尼普尔发现的一个版本用尼普尔及其主神恩利尔的名字替换了巴比伦和马尔杜克。[103]巴比伦之外的大城市毫无顾忌地改动文本，正如每座城市拥有自己版本的王表。在晚期的王家铭文和文学文献中，法典前言和后记的不同段落被重复使用，或间接提及；例如，几乎完全一样的诅咒出现在公元前9世纪的一份条约中。[104]学者已经识读出了后记的苏美尔文译本，以及在巴比伦时代晚期撰写的一篇评注。[105]这些对文本的后期利用将晚近的统治者与遥远过去的威望与权威联系在了一起。

在随后的几个世纪里，汉谟拉比的名字被幼发拉底河沿岸乃至地中海海滨的众多国王——在哈拉布、阿拉拉克、乌加里特和特尔卡——借用，他还被公元前 8 世纪中期幼发拉底河中游的一位国王骄傲地宣称为其远祖，而此时早已无人使用亚摩利语名字。[106] 同一世纪稍晚，亚述国王萨尔贡二世通过暗示他是新汉谟拉比来宣扬自己的伟大。[107] 在公元前 6 世纪，最后一位巴比伦本土国王纳波尼杜像汉谟拉比一样，重建了西帕尔的太阳神神庙，接受了汉谟拉比"正义之王"的头衔，还在他的一篇王室铭文中援引《汉谟拉比法典》的前五条律令。以这些方式，汉谟拉比受到了后人的尊崇。

对马尔杜克的崇拜除了使巴比伦拥有了精美的神庙，还令其获得了神谕之地的美誉，这赋予了巴比伦独特的重要性。[108] 马尔杜克崇拜扩展至其他巴比伦尼亚城市。运用通过农业、征服和贸易积累的财富，巴比伦早期诸王成功地将这里建设为世界上最繁荣的城市之一。汉谟拉比"令四方安堵"——这一概括性的声明容纳了北方、南方、东方和西方的属国与附庸国。

萨姆苏-伊卢纳在父亲去世前执掌权柄，顺利接过王位。之后他经历了严重的叛乱，在接下来的至少二十七年里继续重用汉谟拉比手下经验丰富的将军。[109] 曾有人推断王国断崖式衰落，持续长达一个多世纪，直至王朝终结，[110] 此处援引的这种阐释，可称为"废弃和难民假说"，但它已被新的证据推翻，一种截然不同的解读现在被学界广泛接受。

史诗叙事宣扬了国王的英雄气概。[111] 在一篇诗体长篇铭文中，萨姆苏-伊卢纳声称，马尔杜克经大神安努和恩利尔授权，选择他统治整个国家，委托他维持国家的和平与繁荣。[112] 我们掌握了很多书信，有些是国王本人书写的；可惜全部未记年月，且绝大部分残损严重。一个重大变化是：相比建造神庙和树立神像——正如汉谟拉比及其先王们在年名中记录的——萨姆苏-伊卢纳和他的后继者们在多个城市的神庙中竖立了国王的各类雕像，以及相关陈设与装饰。这些神庙本身在设计上颇为宏伟，建筑技艺精湛，其中一些已屹立长达千年。[113] 这一时期人们首先致力于建造神像及其宝座，之后是为神像选择合宜的符号，例如太阳神是金色日轮，风暴神是闪电，而国王的雕像以各种与其称号吻合的姿态致敬，比如献祭羊羔、念出祷辞、奔跑，或是以军队领袖的装扮，或是以正义之王的派头。这些雕像均未能保存下来。

宗教虔敬行为和灌溉工程见证了新王在巴比伦尼亚境内的活跃。随着埃兰被赶回老家，埃什努纳和马里不再是竞争对手，人们可能会设想萨姆苏-伊卢纳将在其名满天下的父亲生活过的王宫中逸乐。和汉谟拉比时代一样，西帕尔仍是巴比伦最重要的伙伴。在西北方的幼发拉底河畔，他从埃什努纳手中夺取了"守御之地"哈拉杜姆要塞，在当地的码头征收赋税，商人交税后才能渡河去往西方。[114] 穿越那里的边境线，他们继续溯河而上通过新建立的哈拿王国，随后进入哈拉布。贸易往来一如昔日，但在安纳托利亚，赫梯王国开始主宰更为辽阔的地域，削弱了城邦的自治权，蚕食了卡尼什的贸易，最后夺取了哈拉布。在他漫长的统治期中，萨姆苏-伊卢纳颁布了四道诏令，每一道都取消了特定群体在差不多十年间累积的债务，时间之长足以令债务人或其一位家庭成员为债权人当奴隶。[115] 他启动了一个切断山岩开凿运河的浩大工程，这将把幼发拉底河的水流从现代拉马迪附近引入哈巴尼亚赫盆地，由此注满洼地形成湖泊。工程的第二阶段在将近三十年后进行，那时开凿了一条更陡峭的通道，将水从湖的远岸引入幼发拉底河西侧的另一处洼地，显然这是为了控制威胁博尔西帕和巴比伦的洪水。

持续约十一年的大叛乱，始于约公元前 1742 年，适逢尚武好战的赫梯王国在安纳托利亚形成，以及巴比伦尼亚本土的几支加喜特军队哗变。乌尔和拉尔萨领导了巴比伦尼亚南部海兰——该词后来常用为对这一沼泽密布地区的通称——的叛乱，海兰显然在当地半独立王公们的统治下实行了中央集权。尽管各地的叛乱持续了可能长达七年，它的长期影响曾被认为对巴比伦尼亚南部是毁灭性的，但现在可以从一个不同的视角看待它，对从那之后直至第一王朝终结期间统治巴比伦的诸王进行全新评估。第 5 章将对此加以介绍。

4

法律、教育、文学和通往霸权之路

> 巴比伦，热爱稳定之城，
>
> 巴比伦，稳定与正义之城，
>
> 憎恶不公的巴比伦。[1]

　　《汉谟拉比法典》写于接近他统治结束的公元前 1750 年，是古代巴比伦家喻户晓的文献。[2] 它刻写在一块打磨过的黑色岩石上，[3] 出人意料的是，它并非自巴比伦出土，而是从埃兰王都苏萨发掘出来的。公元前 12 世纪，埃兰人从一个巴比伦尼亚城市夺走它并带回苏萨——差不多有四吨重，运输中无任何损坏——作为战利品，[4] 现在它陈列在巴黎卢浮宫。

　　依据苏美尔神话《尼努尔塔与石头》中的记载，选择类似闪长岩的石料意义非凡。[5] 这篇神话成书的时代约与法典编纂和广泛传播同时，它是一个创世活动的故事，讲述尼努尔塔神如何在山中的一场恶战中击败各种石头。随后尼努尔塔一个接一个地裁定每种石头的不同命运。对现代读者而言，这是一个有趣的故事，但如果联想到苏美尔语有两类名词——有生命的与无生命的——就能更好地理解这个故事。有生命的名词不仅包含树木和矿石，还有诸如木材制造的门板、石头制作的权杖头以及铜打造的锣。战斗结束后，尼努尔塔决定了闪长岩的命运，他说：

> 建立不朽声名的统治者，
> 他为后世塑造雕像，
> 他将把雕像安放在辉煌的埃尼努神庙中的礼拜堂，
> 你会被塑造成合适的雕像。

还是在这篇神话中，玄武岩被称为"卑劣而贱价"和"大地上的坏蛋"，因此不适合制作王家雕像。如今释读为英语"玄武岩"的苏美尔词是否指代同一类型的石料，现在仍不能确定。

在高大石碑的顶部，雕刻有精美的场景。它刻画国王以虔敬致意的姿态站立在太阳神沙马什面前，仿佛二者在一座神庙会面。遵循持续两千年的美索不达米亚艺术惯例，二者均为侧身像。太阳神的宝座类似神庙外立面传统的几何结构，框架般的垂直壁龛投下的阴影形状缓解了涂抹灰泥砖墙的刺眼反光。神庙象征神灵之家——天界。神灵肩头的光束标明他是太阳神，并提醒崇拜者，是他令日光普照万物：没有什么能逃过他的凝视，没有罪犯能够逃脱正义制裁。神灵手持法律与秩序的两个象征："标杆与圆环"，仿佛是提醒国王，他肩负着维护和改善人民行为的神圣职责。它们可能是测量工具：圆环有时被描绘为盘成圈的绳索，也许即苏美尔神话《伊南娜与她的园丁舒卡莱图达》中描述的"测绘员闪亮的量绳"，用来布放直线以规划墙壁、运河、道路和农田地块，保护和记录财产的边界，并隐喻"走正道"，过一种按部就班的生活。[6] 它们的名字，"芦苇"与"绳圈"，也是大量测量员和数学家使用的标准单位*，因此代表农田的分配。在关于创世的一篇记述中，众神创造人类之时，他们的意图是"划分一块又一块农田"，以及确保"运河得到维护"。[7]

国王穿戴朴素的长袍和帽子，站在神灵面前，举起右手以示敬意。他没有携带权杖。汉谟拉比的雕塑师将乌尔-纳穆——他于公元前 2112 年在乌尔建立起非常成功的新王朝，并以苏美尔文编纂了自己的法典[8]——的雕像作为范本。这个场景如此富于感染力，以至于在至少一千年间持续得到使用：在公元前 9 世纪中期的西帕尔，一块由经抛光的灰色片岩制作的、有着齐整波浪形边沿的精美石板上，刻画了国王[9] 站在太阳神面前的类似场景，他正在神庙中安装巨大的日轮，无疑是在向伟大的祖先致意。[10] 两个时间距离如此遥远的相似构图表明，即便经历了间隔期，西帕尔神庙的太阳神主像看起来仍与那尊早期雕像非常相似；或许因为汉谟拉比时代的一块石碑在那里保存了下来并仍公开展示。

图像之下的文本以优雅的古体楔形文字书写，展示了书吏和刻工的技艺，炫耀了他们对已过时数个世纪的音节形式的掌

---

* 即"苇丈"，约合公制 3 米；"绳引"，约合公制 60 米。——译注

图 4.1　汉谟拉比石碑顶部，描绘他从西帕尔的太阳神那里接过象征王权的"标杆与圆环"。Scheil 1902: pl. 3

握。通过使用古体字，汉谟拉比将自己与往昔的伟大统治者联系起来，向巴比伦尼亚人提供一种延续、稳定的感受和一份珍贵遗产。整篇文本包含三个迥异的部分：前言昭告国王的头衔和在巴比伦尼亚众多城市的成就；法典本身；后记宣布国王的意图，外加对任何破坏石碑之人的诅咒。

已知巴比伦尼亚其他城市的若干早期统治者拥有他们自己的法典，但大多残损严重，且内容简短。[11]《汉谟拉比法典》取代了所有这些前辈，其文学性高超的前言和后记在随后约一千五百年间成为书吏课程的核心内容。在 20 世纪初被发现后，整座石碑及其铭文在 1902 年迅速公开，在西欧和北美引发巨大的兴趣，这不仅是因文献本身，也因其与《圣经》中的希伯来法典和私人法律档案的预期关系。很多写在泥板上的私人法律档案已经在巴比伦尼亚的多个遗址被发现，它们属于公元前 18 世纪。但令人惊讶的是，经查验，这些私人法律档案几乎没有直接或间接援引《汉谟拉比法典》，[12] 而新鲜的发现又带来了悬而未决的新问题：它们与法律判决的确切关系如何？人们立即将其与《圣经》进行比较，但证明它们与摩西律法——如希伯来《圣经》中《申命记》的记载——有密切关系的尝试无法令人信服，尽管在汉谟拉比时代前后，阿卡德语楔形文字在巴勒斯坦已得到学习和运用。《申命记》中一条涉及牛伤人的法令，包含一条接近的参照，但并非出自《汉谟拉比法典》，而是来自一所楔形文字学堂的苏美尔语练习册，年代约为公元前 1800 年，上面记录了涉牛法令的小辑。但是巴比伦尼亚法律的表达形式是"如果一个人"，与《申命记》中的法令形式不同。

《圣经》法律的主要形式是"必然式"，以"一个人如何"开头；这是楔形文字中另一种法律文本的形式，即上一章介绍过的王家诏令，它们由汉谟拉比王朝频繁发布和更新，又在泥板上书写的书信和法律档案中得到明确征引。[13] 相反，在那些私人文献中没有如此征引《汉谟拉比法典》。前言开篇叙述了背景：

> 那时崇高天神、诸神之王安努，
>
> 天空和大地之主、万神之首
>
> 和决定国运者恩利尔，
>
> 决定恩基的长子马尔杜克，
>
> 使他在神群中伟大，
>
> 呼唤出巴比伦这一尊贵的名字，使它在万邦中出类拔萃，
>
> 在城里确立永恒王权，它的根基如天空和大地般坚实，
>
> 那时，
>
> 安努和恩利尔提名我，汉谟拉比，虔诚的王公，敬神之王，
>
> 去使正义在国中光大，去消灭邪恶和罪行，
>
> 去使强不凌弱，
>
> 去像太阳一样朝着黔首，走出来并照亮国土，
>
> 使人民幸福：
>
> 我是汉谟拉比，恩利尔选中的牧羊人，是聚集财富与
> 丰饶之人。*

---

* 译文参考吴宇虹等著《古代两河流域楔形文字经典举要》，黑龙江人民出版社，2006年，第26—28页，调整了极少数专名译法。——译注

指代"正义"的词有着更广泛的意义，诸如真相、稳定和忠诚，因为人们认为法律对于社会秩序和凝聚力至关重要。预兆以与单部法令相同的程式得到汇总："如果观察到这样或那样的预兆，结果就是这样或那样的"，它们暗示诸神将做出决定，这便是具有法律约束力的契约。[14] 正如正式法律对古代巴比伦社会的重要性，太阳神通过神谕预言未来的作用也至为关键，这个过程被理解为他司法角色的一个侧面。因此占卜祭司献祭羊羔，核验羊肝是否有着据信是由众神所"书写"的特定形状和纹路，以颁布法律的语言表达他对明确结果的要求（脏卜）：

> 沙马什啊，你打开了天空之门的锁钥，
>
> 你登上了纯净青金石打造的阶梯，
>
> 你举起并紧握手中的青金石权杖，审理案件……
>
> 在这只羊羔的右边安放一个正确的 / 可信的裁决，在这只羊羔的左边
>
> 安放一个正确的 / 可信的裁决！[15]

在汉谟拉比时代，每个王国都拥有众多独立于王宫和神庙的占卜师，人们向他们咨询推算某件事，比如远征或患病的可能后果，由此采取预防措施趋利避害。每次占卜活动可以通过不同形式的占卜——滴油入水、鸟卜和抛洒面粉——检验，结果由公正的专家解读。预兆最后会整理在手册中，因为它们传达了上天的旨意，并得到人们的研习。考虑到诸如统治者和祭司的任命这样的重大决定是经过如此谨慎的办法做出和确认的，

因此很少遭到普通人质疑，而是作为伟大诸神的决议被接受。这些程序确保了稳定。

法典铭文的三个部分，即前言、律文和后记，符合其他类型石刻文字的一般模式，但与许多楔形文字作品一样，它很大程度上涵盖了不同体例的文学作品；例如，诗体的前言与几个世纪之前为乌尔、伊辛和拉尔萨的著名国王创作的苏美尔文"赞美诗"有非常明显的相似之处。[16] 在短短 290 行中，它宣称国王的统治之权乃因他凭借美德被天上地下的伟大诸神选中，他们将巴比伦的城市之神马尔杜克和城市本身擢升到至高地位。汉谟拉比，这位"以权杖与王冠加持的领主"，接下来讲述他繁荣了王国内的所有大城市。他声称自己是"诸王之中的一位神，富于智慧"。吹嘘他在巴比伦尼亚的征服，是"无与伦比的战士"，他明确指出，通过告捷的战争和利用新的灌溉用运河扩大农耕地所积累的财富，被奉献于美化大型神庙和向众多大神"提供丰盛宴飨"。以这种方式，他的凯旋被呈现为虔敬之举，令被征服的城市获益；他的成功乃经神灵恩准，后者将他们的支持通过征兆和神谕传达。他承认镇压过叛乱，但暗示他将百姓从无政府状态中解救出来，还增加了神灵的财富。

汉谟拉比对被征服城市政策的某些内容，正如在法典前言中宣布的，并非只是故作姿态。我们已经看到，他攻克拉尔萨后似乎对该城及其居民未加惊扰；汉谟拉比"是对拉尔萨宽大为怀的英勇国王"，因此其他声明也可能包含真实成分，例如智慧的国王"在灾难中庇护马尔吉乌姆的人民……为他们修建了众多安置点……令四方服从"。在埃什努纳被征服后，又遭蓄意的洪水破坏，城市却依然延续。在马里，最初的征服似乎是为了整顿和恢复秩序。通过仔细审读汉谟拉比年名的措辞，我们可以看出他降服了战败的民众，字面说法是"令其下跪"。直到他进军北方语义含糊的"苏巴尔图*群山"，才使用了屠杀一词。通过这些可以得出的结论是，他旨在保留城市——即便它们曾抱以敌意——使其继续存在和产出，为巴比伦积累更多财富。通过在像法典石碑这类高大纪念碑上将他的成就和法律以文字形式公布，并将对这些文本的学习纳入书吏学徒的课程中，汉谟拉比确保他个人的声誉以及他激发人们对巴比伦王国忠诚的能力将延续一千多年。

考虑到前言提及国王的众多征服，它的最终版本一定是在国王漫长统治的末期写就的，当时他已将埃兰人逐出美索不达米亚，征服了他们在埃什努纳和拉尔萨的傀儡国王。整篇文本标志汉谟拉比已登上大一统的宝座，但这三个部分未必皆在同一时间创作完成。

尽管《汉谟拉比法典》通常被称为是一部"法律条例"，事实上它却是一部文学性的法律辑录——数量在 275 至 300 条之间（因残损而有一小段缺文）——它所基于的原则与近代西方国家的法典判然有别。汉谟拉比成文法与个体案例之间的脱节可以解释为没有中央机构致力于法理学、确立抽象的法律原则并向基层司法传播。[17]民事法、刑法和合同法在诸神授权的法

---

* 苏巴尔图是巴比伦人对亚述里亚地区的称呼，因此他们称亚述人为苏巴尔图人。——译注

典中未有区分，实际的合约由当地人在当地撰写；法官可能是当地任命的，书面文件只用于辅助记忆。[18] 这就解释了例如为什么在泥板上列出的，和在包裹泥板的泥封上[19] 再次重复的见证人名字并非总是一致；经常发现遗漏或添加。每座城市拥有自己的传统，维持一定程度的独立性。不同部落五花八门的习惯同样需要纳入考虑。在某些案例中，不一致和明显的矛盾可能归因于半游牧部落的传统与城市居民的传统有别。举例来说，第196和197两条法律，遵循同态报复法的原则，即以眼还眼、以牙还牙，但另外三条，第198、199和202条，对完全相同类型的伤害规定了三种不同的惩罚。

在法典文本首次公布后，许多写有其摘编或副本的泥板被发掘出来——目前至少发现了47件——来自一千多年间的不同时期。其中一些有重大改动或省略，绝非微不足道的笔误或错讹。没有单一的标准文本，这正是青铜时代许多其他类型文献的真实情形；个人著述、有名有姓的作者和"标准"文本的时代尚未到来。

为了有效地伸张正义，一些法律中提到了若干程序：民众在起誓时说真话，假定誓言中指名的神灵将惩罚作伪证者；使用河审，被告"沉没或浮起"以证明有罪或无辜，在这里河流扮演神判的角色；见证人同意支持一份契约；以及提供一份书面记录支持一项声索。最后这条对维护商业关系至为关键，在第122、123条法律中表述得最为清晰：

如果一个人想要交给另一人银子、金子或其他东西去保管，他应将所有他要交付的东西向证人们展示，建立起契约的各文本，然后他才可以交付物品去保管。如果他在没有证人或契约各文本的情况下，交给了某人某物去保管，然而，在他交给物品的地点，人们否认了他的权利，那么该诉讼不应该赋有请求权利。*

诸多律例提供了对巴比伦社会结构的一瞥，包括宫廷、神庙、自由民、奴隶和被称为 *muškênum* 的中间阶层依附民。这是我们掌握的关于下层民众以及富裕阶层生活的最佳信息；在城堡土丘的发掘成果中很少体现出下层民众的生活。家庭关系非常重要：契约是婚姻的必要证明（第 128 条），而妻子必须为了她的丈夫而小心维护名誉（第 132 条），通奸一旦被证实，通奸双方都会被处死，除非丈夫决定饶恕其妻（第 129 条）。男子可以娶二房，如果他的一房妻子不孕或生病（第 138 和 148 条）；女子可以嫁第二个丈夫，如果她的第一个丈夫与她分居过久导致她有陷入贫困的风险（第 135 条）；但尚未证实存在普遍的一夫多妻制。对提供嫁妆和聘礼，以及它们在特定情况下的返还，都有细致的规定，对保护妇女免于贫困和确保儿女的继承权给予了特别关注。长子继承双倍份额的遗产是普遍现象，据推测这是因为作为一家之长，他有责任每月两次向已故的父亲和祖先供奉祭品，为各个弟弟和儿子提供聘礼，为妹妹和女

---

* 译文参考吴宇虹等著《古代两河流域楔形文字经典举要》，黑龙江人民出版社，2006 年，第 100—101 页，调整了极少数专名译法。——译注

儿提供嫁妆。对未生育的伴侣而言，收养很常见，有时来自神庙人员的后代，因为他们不养育子女；有时如第188条法律所言，收养较年长的儿童当学徒，或在不同年龄段收养，但有一项契约义务，被收养者必须供养养父母直至去世，之后为他们定期提供祭品。维系家庭团结的纽带之一是需要安抚祖先，因为惧怕死者作祟。"我将使死人复活，他们的人数将超过活人"是《伊什塔尔下地府》中女神伊什塔尔发出的威胁。在各种情形下，如果对养父母的安排不令人满意，就会受到惩罚，包括抛弃养父母的子女将被割下舌头或挖出一只眼睛；但这些严厉的惩罚可以通过允许被收养的孩子离开来平衡，如果他执意寻找亲生父母，或学徒期未达标。汉谟拉比确立了一条整体原则：

> 为了公正对待孤女和寡妇……为了公正对待每个被压迫者……让受冤苦的人——他有话要讲——来到我的雕像"公正之王"的面前！让他将我的碑铭反复地阅读。*

地租是主要的关注点，而法律规定，王宫"授予"一位自由民土地，他可以将其交给儿子继承，但如果他疏于管理或者没有子嗣，土地将归还国王。这种制度对确保运河网络的正常运转和赋税的征收非常关键。税负根据土地面积和上年收成评定。上一章讲述的诏令与法典大相径庭，诏令表明放贷者可以

---

* 见吴宇虹译《汉谟拉比法典》"后记"第47栏第61、73行，第48栏第3行。——译注

从他的债务人那里收购土地，这并非如之前认为的那样是一笔永久性的买卖，当债务人未来经济好转时，有权赎回他的财产，有时是通过给放贷人做工。有人试图证明这种交易是永久性的，但被（稍晚时代）地契上发现的一个短语所否定，它被翻译为"永久"，意思可能是"无固定期限"，因此如果一名曾被授予地产的官员失宠或身故，土地可能归还国王。[20] 一些规定房屋分割的契约起初被视为暗示了压迫性的债务，但后来发现乃是代表单一家庭成员根据他们变化的需求而达成的有约束力的协议，以避免家庭内的争执。解读建立在厘清记录中出现的参与者之间的关系之上，但这一点往往可遇而不可求。

法典对财产和商人间契约的保护非常引人瞩目，无论背景是借款、保管、仓储合约，还是继承，抑或忽视对农田的义务。惩罚因地位而异，有三种清晰的区分——自由民、依附"农奴"和奴隶——以及根据身份附属于神庙的某些类别的妇女。斗殴和家庭暴力造成的伤害，对奴隶的待遇，对疏忽大意的建筑工的惩罚，船只租用和损坏财产的赔偿，租牛耕地，牧羊人的过失与欺诈——所有这些方面都是成文法的主题。

确保稳定和社会秩序的一个重要部分是记录对土地的合法权利。书吏训练的诸多内容之一涉及代数和基础几何学，以满足他们所需的田亩及其赋税的计算工作。[21] 另一种则涉及度量衡从一个系统向另一个系统的换算。

法典的后记包含311行短文。它宣布了法律的若干普遍准则，因为它们代表统治者作为牧民者对诸神的义务，保护弱者免遭强者欺凌，照料寡妇与孤儿，一如牧羊人呵护他的畜群。

国王告诫后人忠于石碑上镌刻的律文，由此明智地引导人民走上太阳神指引汉谟拉比的那条道路，准乎此，则后世的国王将像汉谟拉比一样功成名就。这意味着他的统治行将结束，预示了国王的死期。收尾是一长段活灵活现的诅咒，加诸任何可能破坏石碑的人：

> 愿主恩利尔，命运的决定者——其话不能被人更改，宏大我王权者——将不可平息之动乱，和毁灭他的灾难，在他家中，向他散播！让他将一个劳累的统治期、短暂的日子、许多饥荒的年头、无光的黑暗以及不瞑目的死亡，作为他的命运为他注定！让他将他的城市毁灭、他人民离散、他王权更迭、他的名字和姓氏在国中不复存在！ *

这些诅咒依次乞灵于每一位主神，呼唤他们惩罚任何对石碑及其所镌律文施暴之人。类似的诅咒清单通常镌刻在国王的后继者树立的纪念石碑上，其中可能暗含一位暮年统治者对确保自己遗产的焦虑。因此铭文这部分内容可能由汉谟拉比的儿子和继承人萨姆苏-伊卢纳操刀，以传播其风烛残年的父亲的声望。[22]

是何种类型的教育激发了这样一部鸿篇巨制的创作？许多汉谟拉比时代前后的学堂教科书保存至今，允许我们深入课堂

---

* 译文参考吴宇虹等著《古代两河流域楔形文字经典举要》，黑龙江人民出版社，2006 年，第 197—198 页，调整了极少数专名译法。——译注

一窥堂奥，探索书吏们如何经历多年、多阶段的密集教育的历练。该传统继续在随后的各王朝延续，并被巴比伦尼亚之外的广阔地域引入。[23]

教师指导很小规模的班级，通常包括自己家族的年轻人。教师在自己家中授课，那里往往临近神庙或王宫。他们是声望卓著的专家，通常起了苏美尔语私名，反映对往昔的尊崇和他们对古老语言的眷恋，尽管后者已经罕见于口头言说，通常只用于书写。他们将古老的知识视为理解或维护当下所必需。赞助来自国王、神庙（特别是为了颂神诗和祭仪需求）、商人以及富裕的百姓，后者需求书面法律文件。学徒通常是男性，但也训练女性书吏。很久之后，西西里的迪奥多鲁斯提供了一份对巴比伦教育系统赞赏有加的描述，他写作的时代是公元前 1 世纪中期安息王朝统治巴比伦之时，彼时书吏仍接受巴比伦楔形文字的培训：

> 这些主题的科学研习是在家族内传授的，儿子从父亲那里传承，并被免除国内的其他服役。由于父母就是他们的老师，他们不仅得到毫无保留的传授，与此同时还以更为坚定的信任听从他们教师的规范。此外，由于他们从孩提时代开始就在这些教诲中长大，他们从中掌握了出色的技能，这既是因为对这样的传授得心应手，也是因为有大把时间投入学习之中。[24]

课程内容繁多，并根据变化和更新的需求而调整。首先，受训书吏需要学习准确而纯净地书写楔形文字音节，不仅有现下通行的形式，还有非常古老的形式，这样一来他们便能够阅读和抄录古代铭文。为此还编制了一些清单。类似的清单用于让学员熟悉每个音节不同形式的读法。不同于字母书写系统中几十个线性字母每个均有单一的读法（尽管存在少数重要的特例和组合——比较英语 t 与 h 的组合），楔形文字的音节拥有几乎无法穷尽的可能性，由此在学者中间开始发展出一些非常聪明、隐秘的运用。当加喜特人统治巴比伦时，他们更新了词汇表，通过书写含有其罕见音值的铭文来显示自己的高超技艺，强调那些生活在大洪水之前、受到神灵启示的圣贤的作用。为了拓展书吏的词汇量，让他们有能力翻译和创作苏美尔语和巴比伦语双语文献，出现了各类包括名词和动词的同义词表与双语词表，还有起草法律文件所需的技术短语的专业术语表。为了撰写王宫行政记录，受训者需要学习如何书写例如御厨用品清单和珠宝与纺织制作记录这样的文件。流行的人名可能有多种写法，这是一位书吏需要掌握的。因此出现了人名表、王表；各种类型的人名表构成了学术研究的基础。甚至学习天文学也始于一份星辰表和夜空观测表。为精确测量田地和制作耕地面积表以计算赋税，练习册提供了求解的问题，要求掌握代数与几何。还编写了用于教学的契约范本，并在撰写著名国王和廷臣的虚构信件时使用模板，有时因为过于逼真而骗过了现代学者。智慧文学包括《汉谟拉比法典》、寓言、谚语和对话，有助于灌输道德意识。[25]

每座城市的统治者均在宫廷蓄养乐师，他们从小便开始接受培训，不仅要精通一种乐器，还要学习乐理，后者以楔形文字书写，作为辞书文献研究的一部分。这些文本包括关于七弦琴琴弦和不同类型里拉琴的专业术语，以及如何根据不同的调式调音。主管音乐之人的地位之高足以令他有资格陪同王后，代表国王出使境外；他还负责女乐师表演组。她们部分来自外国宫廷的俘虏，在那里欣赏的是其他类型——亚摩利或胡里——的音乐。舞者和杂技演员也参与表演，但辞句如何伴乐吟唱或朗诵就不得而知了。[26]

　　抄写和听写是确保学生充分掌握教材的常规手段。关于各类占卜的大量手册，以及文学名著、编年史和天文观测记录的摘录——所有这些类型的教学内容都必须由最优秀的学生掌握，使他们有资格成为专家，努力为国王和诸神撰写或改编最佳作品。预兆手册对其他类型的文学作品影响可观，它们同时得到研习。泥板上书写的苏美尔语和巴比伦语文学文本以及王室信件可能都是课堂习作；若如此，目前还没有发现官方的完整版本，这带来一种可能性，即官方版本书写在有机材质的书写板上，今已不存。[27]因此，有时无法确定一封王室信件是真实的还是伪历史背景下的修辞虚构。

　　受训者获许创作和拟作嘲笑官员或提出尴尬问题的幽默文本。与保持国王的宠信相比，对神灵虔诚是否乃成功的必经之路？一个被欺压的穷人能否比一个有权有势、逍遥法外的官僚更睿智？宫廷小丑可以讥讽朝堂。通过这些途径，创作文本的自由足以扮演社会张力的安全阀，或许能令国王及其顾问警惕异议。除了这种形式的灵活性之外，还有另一种：对世界是如何被创造的及神灵在其中扮演怎样的角色，人们可以接受不同解释——没有必要论证一种主张优于另一种。诗化的类比、隐喻和明喻为不同的讲述提供了广阔的空间。

每座城市或许都拥有自己版本的重要文献，因此灵活性伴随着对传统的无比珍视。最明显的例子是《苏美尔王表》，巴比伦崛起之前，一些城市通过它宣传自己对过往的认识。根据这一传统，王权从天而降，依次来到不同城市，不同于各版巴比伦王表鼓吹通过家庭关系继承王位的后起传统，它宣称国王是由神灵挑选出来的，其措辞提到了谨慎的占卜行为。汉谟拉比是如此宣称自己被挑选的：

> 安努和恩利尔指名我来促进人民的福祉……苏穆-拉-埃勒的后代，辛-穆巴利特的麟儿和嗣君，王室的古老血脉。

在吉尔伽美什传奇的案例中，细节同样是灵活多变的。在一个版本中，原型国王和主人公建造了乌鲁克的城墙，与汉谟拉比差不多同时期的阿纳姆效仿此事，"他重建了乌鲁克的城垣，吉尔伽美什的古老功业"。这并不排除英雄吉尔伽美什在后来的版本中扮演乌尔的国王：两个版本共存。一些提及往昔事件的写作不能理解为试图准确记录过去，即便它们是受王家委托而撰写的。国王及其顾问出于特定目的操纵历史：在面临当下需求时从历史中吸取教训，并编纂英雄化的历史以激励人们开拓进取。

在某些案例中，国王的功业需要改造古老传奇，以呼应他的成就或命运。在涉及吉尔伽美什的故事中，地点从扎格罗斯山脉变更到黎巴嫩的阿玛努斯山，反映了公元前 2000 年前后新的远征目标；《吉尔伽美什史诗》第 12 块泥板中对萨尔贡二世之死的影射已知出现在公元前 8 世纪的一个版本中。在大洪水的章节，洪水退去后船的搁浅之地会根据特定赞助人及其听众的兴趣而异。因此，这类文本没有唯一的作者，也没有唯一版本。早期文本没有公认的实际作者，而是归名于半人半神的传奇圣贤。

在他们漫长的统治期中，巴比伦的早期国王实现了巴比伦跻身美索不达米亚文化中心的第一步。《汉谟拉比法典》超越了所有早期法律，还被吸纳进一个相对标准的教育课程；新的王表更新或取代了《苏美尔王表》；相当广泛的文学作品呼应近期事件，并使用更接近日常交流的语言和文字书写；马尔杜克开始了从地区神灵向众神之王权力巅峰的攀升，比肩尼普尔的主神恩利尔。

汉谟拉比时代的战争可以参考法典、历史档案和官方通信加以描述，受封建义务约束的一类人被称为 ilku，他们的任务不仅包括维护运河，由此换取一份土地耕种，还需要为统治者作战，所需甲胄（盾牌和头盔）和基本兵器（长矛、斧头和网）可能由当地地主提供。在这个时代，尚未豢养马匹用于战争和牵引战车，战斗主要靠步兵执行，他们的装备取材自狩猎和耕作。外族组建的民兵防守城塞。突袭和抓捕俘虏——换取赎金或增加本地劳动力——皆司空见惯。精英部队得到盟友提供的士兵补充，可能负责防守有沦陷之虞的城市。无论精英部队还是半游牧部族，装备都五花八门，部队规模可能达数千或数万人。法典中的一条律文规定，军官以权谋私，或某人试图通过找人替补以逃避军役，均将被判处死刑；其他律文则保护阵亡士兵的家庭。有几条律文言明，首要目标是维持土地耕种和保护其所有权。

有种战略是改变运河或河流支泑的流向，以制造洪水威胁敌军，这特别适用于巴比伦尼亚南部，因此河船及其船员参与了多场战役；一类士兵是渔民，图像中有刻画他们用渔网捕获敌军。

占卜师成群结队随军出征，通过频繁观察征兆以确定哪些行动可能取得成功，不仅从羊的肝脏或其他器官，还通过在水中滴油或抛洒面粉，以及观察鸟类飞翔获取征兆。由此，每个征兆很快就能得到确认，而经过确认的结果可以信赖，这对投入战斗或预测疾病康复时提振士气大有助益。尽管占卜师直接向国王汇报，但他们并非只受王宫或神庙雇用。重要案例的书面版本得到收集、研习并保管数个世纪。[28] 计划进攻卡扎卢城时，汉谟拉比卜问：

> 审判之主沙马什，巡查之主阿达德，关于王宫卫队、宫门卫队、战车兵、[29] 步兵、精英部队、沙漠步兵……马尔杜克麾下的士兵，以及巴比伦之王汉谟拉比召集、组织和率领的所有战士：他应当选择和挑选……步兵吗？指挥步兵的辛-纳赫拉里之子阿丹舒-利克舒德，应该负责指

挥？……他应该沿底格里斯河河岸走东线前往卡扎卢？他们随后应该在他土地的边境散布假情报（？），使用各种巧妙战术，和所有可用的作战装备，攻克卡扎卢城？他们将平安返回，携带那座城市的丰饶财富和战利品吗？ [30]

这条占卜在一千五百年后的塞琉古时期被抄录到选辑中，成为著名的占问，它令汉谟拉比赢得的这场胜利成为不朽，但也显示他谨慎地依赖通过占卜获取诸神的支持。[31] 诸神将他们的决定"写"在羊肝上，天体在夜空中的运行也牵涉进这一过程。

汉谟拉比战胜了如此众多的强敌，这样的英雄式胜利需要举办凯旋仪式，人们想必推测需要为此创作一首合适的史诗。已知少数几个国王拥有这类作品，尽管没有关于汉谟拉比本人的。从各种学堂课本中可以拼凑出创作生动叙事的教学过程。从马里考古发掘所获的档案，我们得知一首与后期史诗有若干相似之处的庆祝诗，它是为汉谟拉比的同时代人齐姆里-里姆创作的，[32] 诗中他借助风暴神击败了混沌势力。王室铭文的某些类型包含史诗风格的段落，称颂神灵或国王是对抗邪恶敌人战斗中的胜利统帅，它们被认为取材于为公共凯旋仪式而创作的胜利颂歌。[33]

《拉布的神话》是这类史诗文本之一，它的故事背景完全是诸神在天上发动战争。它将埃什努纳的保护神提什帕克表现为被击败的英雄，或许暗指汉谟拉比在他统治的第三十年战胜了埃什努纳。巴比伦之神对埃什努纳之神的胜利在巴比伦留下了印记，汉谟拉比为他的城市之神马尔杜克吸纳了提什帕克的徽记：凶恶的红色蛇形狮龙，它组成了提什帕克端坐的蛇王座。埃什努纳早期滚印上刻画的蛇身神，与埃兰图像中蛇王座上的神灵有关。[34] 在法典的前言中，汉谟拉比称自己为

> 虔诚的王公，是使提什帕克神容光焕发之人，为尼纳祖神提供纯洁祭品之人，[35] 是从困境中拯救它的人民之人，是以安全的方法确立了她们的人民根基于巴比伦城中之人。[36]*

换句话说，他在巴比伦为被击败的埃什努纳神灵建立崇拜，并为难民提供庇护所，由此该崇拜更加彰显国王对埃什努纳统治者及其埃兰宗主的胜利。这样一来，作为巴比伦的守护神，马尔杜克通过侵占埃什努纳神灵的徽记，夺走了该城的神庇，那里曾是埃兰扩张的主要基地。从那以后，狮龙一直牢牢处在马尔杜克的控制下；从一份相当晚近的文献中我们得知，马尔杜克的圣床装饰有一只狮龙，那是在他休憩时保护他的最佳选择：战败的神灵成为获胜神灵的仆从。这个生物一直作为马尔杜克的扈从直至巴比伦历史的最后阶段，持续纪念对埃什努纳的征服以及推而广之对埃兰的凯旋，这是巴比伦漫长历史中最重大的胜利。

---

* 译义参考吴宇虹等著《古代两河流域楔形文字经典举要》，黑龙江人民出版社，2006年，第36—37页，调整了极少数专名译法。——译注

提什帕克与一只龙搏斗的故事可以追溯到几个世纪之前，所以他的城市埃什努纳不仅代表埃兰作为入侵者的现下实力，还象征曾在附近阿加德统治的萨尔贡帝国诸王的声威。[37] 狮龙被吸纳进《创世史诗》，作为被击败的混沌势力之一。[38] 仅仅在汉谟拉比征服该城之前约二十年，埃什努纳的统治者颁布过一部法典，汉谟拉比通过编撰自己的法典令其相形见绌，汉谟拉比的版本更全面、更具文学性。[39] 汉谟拉比的法典取代了埃什努纳国王的法典，表明他现在掌控了法律与秩序，一如马尔杜克代替提什帕克。

另一篇神灵扮演主角的文本是《吉拉与埃兰女人》，它可能是为庆祝汉谟拉比战胜埃兰而创作的。它讲述了火神吉拉如何从邪恶的"埃兰女人／女神"手中拯救大地，故事背景是诸神在天上发动战争。埃兰女人变成星座，即天弓座。这部作品与一个节庆有关，那是宗教日历中的固定事件，火神吉拉的名字变成了马尔杜克的一个称号，意为"强者"。[40] 由此，巴比伦保护神马尔杜克的火神化身是打败城市最大敌人埃兰人的英雄。

尽管《汉谟拉比法典》将国王描述为一位战士，保护巴比伦尼亚的城市和神庙免遭邪恶敌人破坏，但它同时也强调国王作为牧民者——战败方民众仁慈保护人——的角色，国王恢复了被征服城市的稳定，提升了它们的繁荣，安抚了尚武的神祇。

属于英勇战士、精英车兵和贵族式战斗荣耀的时代尚未来临。明确创作于汉谟拉比时代的《阿古沙雅之歌》，可能意在传达战争并非英雄主义行为的信息；正如最近一位阐释者指出的，"明智的观点指出，过度的英勇会导致残暴、滥杀无辜和鲁莽。真正的勇敢懂得克制和尊严"。[41] 这首诗引述争强好胜的女神伊什塔尔如何——战争对她而言是一场游戏,在近身混战中她鞭策勇士陷入狂暴——被智慧之神埃阿降服。埃阿迎合她的虚荣心,向她展示了她丑陋的镜像——战斗,它由她指甲中的灰尘和唾液捏合而成。这部作品与一个跳某种回旋舞的节庆有关。

这类作品中没有署名作者的若干篇章,年代可以追溯到汉谟拉比统治时期。一篇年代晚很多的文本署名汉谟拉比的"圣贤",[42] 可能指法典部分内容的作者;五个世纪之后,另一位圣贤声称自己是他的后人。一般而言,圣贤是半人半神,被视为伟大作品的创作者,以解释早期文学的起源。只有极少数著名统治者拥有一位圣贤辅佐,因此汉谟拉比跻身他时代之前和之后的伟大国王行列。[43] 在宫廷中拥有一位公认的圣贤,可以提升统治者的智识形象,后者的智慧在很久之后仍得到认可。直到公元前 2 千纪末,著作权才被归属于有名有姓的凡人,即便到了那时,他们的角色可能还是为实现新目标而重塑旧材料。

我们已经看到,汉谟拉比王朝的早期诸王选择马尔杜克作为巴比伦的保护神,在城市中心建造了他的神庙"至高之所"和塔庙"天地根基之家",还为他的神像打造了一尊奢华的宝座。马尔杜克的声望还通过其他方式得到提升:侵夺其他神灵的名字和神能,在其他城市设立"分支神庙"或神祠,以及营造神谕颁布者的声誉。他登上至高地位的阶段与《创世史诗》"标准"版本定年相关,后者将马尔杜克提升到万神之首的位置和造物之主的始祖角色——与他最初只是锄头之神和看门人的卑微地位已判若霄壤。《创世史诗》成书的确切年份聚讼纷纭，并且预设为单一作者，但关于作者的问题颇为重要，因为《创世史诗》"标准版"不仅讲述了马尔杜克的崛起，还涉及巴比伦晋升为世界的宗教中心，是创世的首座城市，为接纳美索不达米亚的所有神灵而建。[44] 马尔杜克告诉他的父辈诸神，已为自己在阿普苏——地下水，被他击败的混沌势力——之上建造了一座居所：

> 当你们从阿普苏上来出席集会时
>
> 你们的夜宿之所就在其中，招待你们所有人。
>
> 当你们从天界下来出席集会时
>
> 你们的夜宿之所就在其中，接纳你们所有人。
>
> 我在此将它命名为巴比伦，伟大诸神之家。
>
> 我们要让它成为宗教之都。[45]

这一地位的擢升发生在巴比伦第一王朝，或更晚？这是一个渐进的过程，还是一蹴而就？

巴比伦《创世史诗》曾被称为古代美索不达米亚的神圣文本。它在每年春分巴比伦新年之际的盛大祭仪中被诵读，发展并修正人们对一个神话往昔的集体记忆，通过描述巴比伦如何成为众神在尘世建造的首座城市——而非更早版本中指名基什、库阿拉或埃里都为首城——取代了《苏美尔王表》，巴比伦的一个城区被命名为"埃里都"，另一个叫"库阿拉"，以此吸收更古老的传统，旨在将巴比伦打扮成首个接收王权的城市。

随着《创世史诗》在巴比伦的纪念仪式和教育系统中逐步占据中心地位，它利用了早期艺术的丰富储藏，其中描绘了各种复合生物：蝎人、狮龙和鱼人成为滚印和其他雕刻中的流行图案。其中一些被确认为星座。大反派是提亚马特（"大海"），她是众神之母，但也是混乱势力的人格化。马尔杜克在一场宇宙大战中击败了她，将她肢解为相等的两半，由此形成镜像般的天与地，并建造巴比伦，安排天体运行。在他战胜混乱势力之后，经伟大诸神一致同意，马尔杜克被授予王权徽记。[46] 随后他邀请所有神灵前往巴比伦，并宣布："巴比伦无疑也是你们的家！"[47]

马尔杜克并没有在任何早期苏美尔或阿卡德神话中出现。他成为司掌水源供应、运河和灌溉农业的一个神，后来在滚印和纪念碑上以锄头作为他的象征。他是天地的运河掌控者，

> 山中河水的引导者，
> 山间泉泓的开辟者，
> 为世间万物输来不竭水源者，
> ……他让天空的"乳房"降下雨露。[48]

令人意外的是，第一王朝没有一位国王在他们的王名中使用马尔杜克的名字。[49] 马尔杜克在神灵等级中的爬升始于他侵占了一个神格与他大相径庭的神灵之名，以拓展他自己非常狭窄的影响范围。在某个未知的时间点，他开始夺取阿萨卢希的

名字和神威，后者是"伟大诸神的驱魔人"，是执掌魔法和咒语、拥有治疗能力的南方苏美尔神灵，其父是伟大的创世之神埃阿，通过埃阿，马尔杜克-阿萨卢希与埃里都联系起来，根据苏美尔传统，埃里都是第一座拥有王权的城市。这个名字当中蕴含着力量。

一个名为《埃里都的落成》[50]的神话宣称巴比伦和埃里都本质上是同一座城市，这赋予了巴比伦作为首座城市的核心角色：

> 尚未建造一座城市，尚未有活物安居在那里，
> 尼普尔还没建造，埃库尔尚未落成，
> 乌鲁克仍未建造，埃安娜还没落成，……
> 所有土地被海水覆盖……
> 那时埃里都建城，至高之所落成，
> 至高之所，乃圣山之王卢伽尔-杜库加（马尔杜克）
> 在阿普苏中建造起来：
> 巴比伦建城，至高之所完美落成。

其他同化逐步提升了马尔杜克的地位，直到他最终成为"主宰"，并吸收了其他诸位大神的神力。有篇名为《致马尔杜克颂诗》的文献，约成书于汉谟拉比继承人的时代，展现了同化是如何表述的：

> 所有伊吉吉（晚辈神灵）之王，群山之主，

安努那基（原始诸神）之中的高贵者：我为马尔杜克
歌唱……
在纯净的阿普苏（地下淡水）之域，他的名字是阿萨
卢希，在天界
他的名字是天神安努。[51]

在《创世史诗》"标准版"中，年轻的英雄神灵马尔杜克
击败了混沌的水形势力，后者令老一辈诸神束手无策，马尔杜
克被宣布为诸神的统治者，接下来他被冠以一长串的神名：阿
萨卢希、图图、"书写技艺之主"、司掌净化和复苏的强大神灵、
博尔西帕的保护神，汉谟拉比在博尔西帕建造了一座献给马尔
杜克的神祠。[52] 作为司掌"沉没或浮起"的河审神伊卢鲁古之
子，马尔杜克将自己与正义的执行联系在一起。

《创世史诗》"标准版"最早见于公元前 13 世纪书写的泥
板。它出土于亚述里亚，而非巴比伦尼亚，亚述国王图库尔提-
尼努尔塔一世征服巴比伦后，将泥板和书写板带回亚述并抄录
了副本。[53] 据推测，该神话改编自更古老的史诗文学，被修订
以适应新的需求。这一点可以从《安祖史诗》看出，后者是一
场宇宙大战的早期故事，《创世史诗》共享了这一基本主题。英
雄神尼努尔塔被宣布为世界万物的主宰，"因为你让所有敌人拜
服在汝父恩利尔面前"，他还被宣布为万民的牧羊人；还有两个
名字值得注意："在埃兰，他们赋予你的名字是胡拉卜提勒，在
苏萨，他们称你为舒希纳克。"这段摘录暗示对埃兰的胜利，该
特定事件激发了故事的一种版本，展现被击败的神灵变成了胜

利者——他的父亲曾是一位大神——的仆从。两块写有该故事的泥板出土于苏萨，可能是巴比伦第一王朝时期《安祖史诗》的传抄本。[54]

判断《创世史诗》"标准版"写作年代的各种意见主要依靠未有定论的推断；早在汉谟拉比统治时代之前，马尔杜克崇拜已在基什建立，并有供奉他的王座。[55] 举例来说，史诗文学风格中的若干古风特征见于古巴比伦王朝终结之前创作的颂诗之中。该文本的一大特征是其词汇和语法的罕见，予人一种语言运用拟古化和高度文雅化的印象，即所谓的"颂歌史诗体"。[56]

国王使用古老时代的特征将他们的权力锚定于传统的权威之中，因此特定文本可能写于比其内容所显示的晚得多的时代，并被设计成与早期作品相似。对于像魏德纳"编年史"——曾被推测为公元前 19 世纪两位国王之间的通信——那样的虚构王室书信，事实正是如此。它提供了一个回溯性的虚假预言：在巴比伦奠基诸王之一的萨穆-拉-埃勒统治时期，国王为马尔杜克打造了一尊王座。通过回顾更早的传奇和历代国王的事迹，编年史宣称"众神之王"马尔杜克与他的神庙"至高之所"自历史发端便掌控所有事件，并将在未来继续如此。[57]

在《创世史诗》"标准版"讲述的英雄大战中，可以追踪到亚摩利（西闪米特）元素，以及受到以英雄神尼努尔塔为主角的巴比伦和苏美尔神话启发的痕迹。因此可以肯定，"标准版"的创作者们利用了来自其他美索不达米亚城市的现有素材，它可能是为庆祝巴比伦某场重大胜利而创作或改编的。[58] 各口传版本——其中一版述有哈拉布的风暴神阿杜与大海搏斗的故事——可能是马里的首席乐师专门为国王登基创作的，时间为汉谟拉比时代，但仅通过一封书信的简短援引为人所知。[59] 萨姆苏-伊卢纳为阿杜（风暴之神阿达德名字的西闪米特拼写）在巴比伦庆祝新年。在"标准版"中，马尔杜克使用了西闪米特名字阿杜，这是他的"五十个名字"之一。在一千多年后，尼布甲尼撒二世将一尊刻画哈拉布风暴神的精美石碑迁到巴比伦陈列，仿佛是提醒巴比伦人，他们对西方的那座大城市有所亏欠。[60]

一场与大海的战斗可能提示了黎凡特渊源，但哈拉布和巴比伦均是内陆城市。然而对于巴比伦人而言，沼泽便是"海洋"，无论它分布于何处："泽国"可能出现在幼发拉底河西岸、与巴比伦纬度相同的地带，或是尼普尔郊外，或是拉尔萨周边。沼泽代表混乱，是运河和排水系统的失灵，是界限的泯灭。因此将水视为混乱势力的理念对巴比伦人别有意义。

萨姆苏-伊卢纳在位时期的一首颂诗赋予马尔杜克英雄角色，他是掌控四方风的风暴神，右手紧握神圣仪仗，语言上可能预示了《创世史诗》"标准版"：

> 他将七风在暴风雨中交织……
> 炽热之神他推翻了……
> 主宰一切的强大神灵，战争大师，……
> 每一种神圣仪仗他都紧握在右手！[61]

在萨姆苏-伊卢纳之子阿比-埃舒的一首颂诗中，马尔杜克

得到高度赞颂：[62]

> 伊吉吉的领袖，安努那基的强者，
>
> 安努，你的祖父、众神之王，
>
> 将你的领导权施加于天界和地府诸位主人（？），
>
> 令你掌管天界和地府伟大崇高的法令，
>
> 大地的权杖……他传到你手中。
>
> 他让你跻身大神之列，
>
> 他还让你持有神王权杖、管理诸神。
>
> 恩利尔宣布你对整个天界和地府的命定王权，
>
> 令你无可匹敌。

　　这两首颂诗增强了《创世史诗》"标准版"的前身已存在于巴比伦第一王朝的论据。无论在口传版本还是书面版本中，修订的过程可能都是频繁的，考虑到需求它支持政治和宗教变化的压力，应使其克服了僵化的趋势。[63]

　　在《创世史诗》的书面版本出现之前，特定事件可能导致其前身的变化，通过这一点，学者可以追踪马尔杜克向至高地位的提升。在公元前16、15世纪，加喜特国王阿贡-卡克里梅描述马尔杜克神庙的崭新大门时，上面的装饰图案似乎参考了《创世史诗》的一个早期版本；详细内容将在第6章讨论。另一个值得考虑的事件激发公元前14世纪的库里加勒祖一世将巴比伦描述为原初城市，言下之意它是最古老的城市之一，足以与埃里都、库阿拉和基什并驾齐驱，或取而代之，后三者在苏美尔王表的特定版本中都曾被提名为首座城市。公元前 12 世纪的尼布甲尼撒一世被学者看好为"标准版"的作者，因为他将一尊被俘的马尔杜克神像从埃兰带回巴比伦，有一篇优秀的史诗为讲述他击败埃兰而作，[64] 但在他的碑铭中没有任何典故表明他与《创世史诗》"标准版"存在关联。[65] 公元前 11 世纪的一位作者或修订者的候选人是辛巴尔-希帕克，在他统治期间，清楚表明马尔杜克与尼普尔的恩利尔更全面地同化了。[66] 公元前 7 世纪，在于公元前 689 年从巴比伦掳走一尊马尔杜克神像后，亚述国王辛纳赫里布确实编撰了史诗部分内容的修订版本，其中阿舒尔神取代了马尔杜克作为英雄；该版本可能不完整且很短命。[67] 在公元前 3 世纪，贝罗索斯掌握的某个《苏美尔王表》版本中，巴比伦被列为世上建立的首座城市。

尼普尔城坐落在巴比伦东南约 85 公里处、幼发拉底河一条支泓上，从未宣称王权。[68] 该城没有建造王宫，泥板上没有记录尼普尔有国王。但该城在汉谟拉比时代作为苏美尔和巴比伦楔形文字读写中心，以及恩利尔——苏美尔众神之首——和其子、强大的战神尼努尔塔的崇拜中心，享有崇高声望。尼普尔的恩利尔神庙是天界与人间的连接点，众神于此集会决策，在议事厅的命运之台上摆放着七位决定命运的伟大神灵的宝座。因此将马尔杜克与恩利尔同化，以及通过将巴比伦与尼普尔联系起来以示对后者的尊崇，是头等重要的事。尼努尔塔和埃什努纳的提什帕克一样，在宇宙之战中击败了狮龙，由此控制混乱势力，让这个神话生物作为仆役为自己效劳，成为其征服者的凶恶护法。[69] 由此可见，马尔杜克对狮龙的挪用，在尼普尔已有一个非常古老和闻名的先行者。

马尔杜克有意与恩利尔同化，他采用了"众神之恩利尔"和"天地之王"的称号，而巴比伦城则冠以"恩利尔的造物"和"诸天的纽带"头衔。巴比伦还创建了自己的众神集会地，在巴比伦的建筑中辟出一间议事厅，这代表了尼普尔最核心的宗教功能之一，但并没有取代它们：

> 尼普尔是主宰的城市，巴比伦是他的宠儿，
> 尼普尔和巴比伦心心相印！[70]

这些举措发生的确切时间不得其详。在尼普尔的埃库尔大神庙中，设有被称为"生命之屋"的恩利尔神祠，但当巴比伦建造了自己的"生命之屋"并在汉谟拉比时代大加翻新后，后者获得了"生命中心"的头衔。在很晚之后的公元前 11 世纪，巴比伦一位国王为尼努尔塔打造了一尊宝座，安放在尼普尔的埃库尔神庙中，上面镌刻的铭文强调了马尔杜克与恩利尔合二为一：

> 当马尔杜克神——伟大的主宰，众神之恩利尔，至高神祇——坐在这尊宝座上，愿国王的命运获得眷顾！[71]

马尔杜克的七尊神像之一是作为恩利尔"天地众神之王"的化身，它由雪花石膏打造，安放在巴比伦的"生命之屋"神庙。由此，尼普尔与巴比伦拥有了恩利尔-马尔杜克的对应神祠

和神像。[72] 在尼普尔发现的《汉谟拉比法典》的一个改编版中，恩利尔的名字被替换为马尔杜克。[73] 神话《埃努提拉、恩美萨拉和金古的战败》透露了尼普尔接受马尔杜克的角色，故事中尼努尔塔击败了叛军的邪恶首领，夺取了王冠，并迅速带回向马尔杜克复命。

图 4.2 刻画了马尔杜克的象征——有角狮龙——的授土碑残块

巴比伦同样以其他方式将自己与尼普尔联系起来。两座城市的城墙名称实际上可以互相替换："恩利尔／马尔杜克的防线"和"恩利尔／马尔杜克的赞许",[74]表明巴比伦的城市规划部分仿效了尼普尔的布局。[75]

将《创世史诗》称为神圣文本,或作为"正典"作品,这倾向暗示某个单一的、严格保守的文本。这种模式源于现代唯一作者拥有著作权的观念,但许多楔形文字作品,例如《苏美尔王表》和《吉尔伽美什史诗》表明,这种认识是错误的。重要的是特定社群在某个时期所接受的文本版本。[76]根据情境,灵活性和修订确实允许史诗随时而变,即使书吏课程倾向保守主义。如果早期版本曾通过书面而非口头传授,那么涂蜡的书写板是这类著名文本最可能的媒介。

《创世史诗》的不同版本有着不同的主角。一篇文本描述了为新年庆典而进行的祭仪,提到女神伊什塔尔是接受棕榈叶作为凯旋象征的胜利者。[77]在某些新亚述时期文本发现的引文至少提及另一个版本。[78]罗列马尔杜克众多额外名号和头衔的七号泥板,长期以来被视为正文的附录。我们现在掌握的"标准版"文本可能是公元前1千纪从各种版本中挑选出来供学堂研习的。[79]

《汉谟拉比法典》和《创世史诗》的不同版本,将马尔杜克和巴比伦置于世界历史的中心,它们是两部伟大的巴比伦楔形文字文献,令该城的名望超越其他所有竞争对手。它们的生命远远超出其创作者,并继续支持和启发后世的统治者。它们比大多数其他作品更宏大且引人入胜,它们揭示了国王为何值得人民效忠，以及他如何得到伟大众神的支持并造福于民。它们为世界其他地方树立了榜样。无论埃及还是赫梯，均难望其项背。

与这两部鸿篇巨制获得的清晰曝光相比，本时期的另一部史诗，即《阿特拉哈西斯史诗》就黯淡多了，在其中巴比伦和马尔杜克都没有登场，它的创作灵感无疑来自美索不达米亚南部的冲击平原。通过将大洪水前夕的舒鲁帕克城国王指认为阿特拉哈西斯的父亲，这部史诗与《苏美尔王表》联系在了一起：

> 在舒鲁帕克，乌巴尔-图图为王：他在位 18 600 年；一
> 任国王在位 18 600 年。
> （概要部分包括在舒鲁帕克之前被命名的城市）：
> 五座城市；八位国王在位 385 200 年。
> 大洪水卷走了一切。

《阿特拉哈西斯史诗》是整个巴比伦尼亚文明中最具娱乐性、思想性和幽默感的史诗之一，创作于汉谟拉比时代的美索不达亚南部。[80] 这部史诗讲述了众神创造世界的故事，众神厌倦了挖掘运河和疏通河道的劳作，所以他们创造人类为自己服务。他们未能意识到人类与神灵不同，人类应该被赋予有限的生命，众神发现人类的过度繁衍令世界喧嚣不已，搅得他们无法休息。最初他们散布疫病，造成人口锐减以至于众神失去了饮食的供奉。少数幸存者之一阿特拉哈西斯是舒鲁帕克国王乌巴尔-图图之子，他建议幸存者用食物祭品来安抚瘟疫之神，

但对其他神灵撤除供奉。于是众神妥协了；但几个世纪后，人口过剩的问题再次出现。这次众神派出饥荒。阿特拉哈西斯再次幸存，向极少数的残余人口提供建议，诸神这才松了口气；但过了很多个世纪，问题又发生了。于此众神决定放出大洪水，确保不再有幸存者；但一位神灵秘密将神界的决议提前告知阿特拉哈西斯，后者及时造出航船幸免于难，因此他获得了永生。最终众神意识到他们在赋予人类无限期寿命方面缺乏远见，于是为所有人规定了一个自然的、不可逃避的死亡。此外，不孕不育和禁欲者的分类，以及由"索命魔"——"从母亲的膝头将其子女夺走"——主管的婴儿死亡率，将人口控制在可接受的范围内。令人瞩目的是，我们发现巴比伦人认识到，在过去膨胀的人口曾引发灾难，而读到诸神控制女性生育的决定更是出人意料。同样值得注意的是涉及"受孕、流产和节育所需草药和药物"的其他文献证据，表现出对生殖的负责和现实态度。[81]《阿特拉哈西斯史诗》结尾处提及了三类禁欲女性，可惜文有残损；在之前三四行中，创世神正在对生育女神讲话，指导她如何节育。

这个故事及其中原型化的瘟疫、饥荒和洪水，将巴比伦人的近期经历转化为对社会和环境问题的长期认识。尽管马尔杜克和巴比伦在故事中没有登场，它依然以各种不同版本在黎凡特的乌加里特[82]、亚述里亚和晚期巴比伦尼亚广为流传。它广泛而长期的风靡表明，虽然巴比伦推广了自己版本的创世故事，但没有试图压制其他版本。

5

从大叛乱到第一王朝覆灭

（约公元前 1732 年—约公元前 1592 年）

在将来的日子中，无论何时，在国土中出现的每个王
将我刻写在我的石碑上的正义之言看守！让他不要将我审
定的国家的案例，以及我决定的国家的判决改变！

——《汉谟拉比法典》，后记，第 59—74 行 *

巴比伦	海兰[1]	哈拿	赫梯
萨姆苏-伊卢纳 （约 1749—1712）	伊利-马-伊卢姆	雅迪-阿布姆	
阿比-埃舒 （约 1711—1684）		卡什提利亚什	
安米-迪塔纳 （约 1683—1647）	达米克-伊利舒	舒努赫鲁-安穆	

---

* 译文参考吴宇虹等著《古代两河流域楔形文字经典举要》，黑龙江人民出版社，
2006 年，第 192—193 页，调整了极少数专名译法。——译注

安米-撒杜喀　　　　　古勒基沙尔　　　　　安米-马达尔　哈图西利一世
（约 1646—1626）

萨姆苏-迪塔纳　　　　古勒基沙尔[2]
（约 1625—1592）

拉尔萨城是公元前 1742 年至公元前 1731 年间大叛乱的主要领导者。尽管汉谟拉比的征服令人印象深刻，萨姆苏-伊卢纳也顺利继承王位，但这没有阻止一场旷日持久的斗争。

亚摩利第一王朝最后五代国王没有得到当代史学家的重视，因为他们被认为在大叛乱中被击败而未有成功的统治。本章将表明，恰恰相反，本时期王权是多么稳固，而且文学创作是多么富有创造性，直至萨姆苏-迪塔纳统治结束。考古学界称本时期称为青铜时代晚期，与爱琴海地区米诺斯宫殿时期的延续和安纳托利亚地区赫梯王国的崛起处于同一时代。

当里姆-辛"二世"在巴比伦尼亚南部以国王姿态行使权力至少两年之时，他领导了大叛乱，而拉尔萨试图从巴比伦那里夺回权力。他借用了被汉谟拉比征服的拉尔萨长寿国王里姆-辛的名字。这就是一场重大叛乱的开幕。后来的王表编撰者没有将里姆-辛二世的名字列入拉尔萨王表，但在巴比伦，他被承认为拉尔萨的统治者，还从凯什——在巴比伦以东不足 10 英里处，距离近得致命——的大女神那里接受了王权；他还宣称了"乌尔之王"的头衔。里姆-辛二世急于获得乌鲁克国王的支持，在巴比伦发动进攻之前，他向那里派出使节商议多项事宜。当时乌鲁克趁机收容拉尔萨难民，让他们在乌鲁克的纺织工坊效力。[3]正如我们之前看到的，在被汉谟拉比征服之初，拉尔萨曾被下属官员，而非自己的国王管理。现在，由本土国王统治的埃什努纳，挺过了汉谟拉比的"彻底毁灭"，是叛乱者的早期盟友。它将影响力向西一度扩展到幼发拉底河中游的城镇哈拉杜姆。

里姆-辛二世在依然满怀希望之时写下的一封信暴露了他的野心：

> 告诉阿穆鲁-提拉提，以下为里姆-辛所言。伟大诸神在凯什、我的创造者之城确立了我王座的根基，旨在给雅穆特巴勒[4]带来光明，以及聚集其离散的民众。正如全国人民听到我的消息后欢欣鼓舞地前来迎接我一样，你也必须前来迎接我。读完我的信后，立即来见我。接下来我将提拔你晋升高位……[5]

就在萨姆苏-伊卢纳宣布击败里姆-辛二世和其他大城的同一年，本地国王在各自城市的统治走向终结。首位列名王表的海兰国王伊利-马-伊卢姆，大概便是获益于里姆-辛二世的失败。[6]

在大叛乱前夕，萨姆苏-伊卢纳收到了乌鲁克民众以神谕形式提交的请愿书。它递呈了来自女神南娜娅减免城市定额谷物税的要求，表露对当前税负水准的不满，并恭维国王是忠诚的牧民者，当他访问古代神庙时，如果蠲免税赋，将保证他的现身将带给他好运和长寿。[7]神谕自乌鲁克宫殿发出，表明经济是人们关注的核心问题。

在大叛乱被敉平后，在巴比伦尼亚南部城市再也没有发现泥板，南方的神庙和宫殿也不再有奠基铭文出土。相比叛乱之前时期的丰富发现，如此惊人的缺失导致人们推测南方城市在接下来两个或更多世纪遭到遗弃。它们被废弃了吗？难民是否涌入北方城市，带来他们信仰的残余？[8] 或是正如最近一些发现显示的那样，证据的断裂可以用其他方式解释？[9]

南方对有机材料的使用，包括木质书写板，或许提供了部分答案。正如我们之前看到的，很早之前出自卡尼什亚述殖民地的一份泥板档案提到过一块"涂蜡书写板"；[10] 而米诺斯和迈锡尼遗址出土的青铜铰链也透露了相似的故事。[11] 在阿玛尔纳时期（公元前 14 世纪），我们通过石碑而非泥板知晓条约文本，因为条约的最终版本写在书写板或金属之上。公元前 13 世纪一块厚实的大型青铜板刻有绵长的条约文本，它出土于赫梯首都。[12] 这些例证年代稍晚，但皆表明泥板绝非青铜时代文本的唯一书写媒介。泥板可能主要用于打草稿、课堂练习和已发送文件的归档副本。[13]

缺乏出自南方城市的泥板和王家奠基铭文鼓励了这样一个观点：那里与巴比伦的官方交流减少了——但这并不必然是诸如拉尔萨、伊辛、尼普尔、乌尔和乌鲁克这些南方城市遭废弃的信号。大叛乱结束十年后，巴比伦国王收到一封来自拉尔萨某人的信，信中请求他帮助解决一起法律纠纷，这表明拉尔萨依然处在巴比伦的司法管控下，通过泥板进行官方联络。[14] 一块源出拉尔萨的泥板列出了截至萨姆苏-伊卢纳统治末期的年名，显示学者仍在为该城工作。[15] 最近发现的其他泥板表明，尼普尔与阿比-埃舒堡——与尼普尔紧密呼应的一座外围要塞——几乎直至约公元前 1592 年第一王朝行将终结之时，依然拥有文书行政。[16] 这些明晰的证据碎片削弱了尼普尔神灵崇拜在一个更早的年代已转移到巴比伦的观点。南方缺少奠基铭文或许是由于，当他们修缮或改造大型建筑时，匿名的本地总督和从属国王不敢公然僭越他们宗主书写正式铭文的特权。萨姆苏-伊卢纳统治后期的年名缺少涉及在巴比伦尼亚南部用兵的直接信息，可能因为这些事件只有在纪念国王亲自指挥时才会得到记录。[17] 与此同时，海兰第一王朝的早期国王可能是间歇性向巴比伦效忠的从属国王。

"废弃与难民"假说曾得到的支持来自因缺乏考古学证据而得出的推测。例如在尼普尔和拉尔萨，在人类活动相关地层的建筑物顶部发现的一些沙丘堆积并不能说明整个遗址都被黄沙掩埋了。[18] 在乌尔，考古学证据尽管稀少，但显示出直至加喜特时期的持续——尽管贫乏——的居住。[19] 它们都是向四方蔓延的巨型遗址，仅有很小一部分得到发掘。经验丰富的发掘者大卫·奥茨的观点适合在此援引：

> 我并不认为在发掘不完全的宜居遗址出现"使用中断"的证据会像人们通常推测的那样普遍。需要强调的是，发掘总是不完全的。任何人观察过泥砖村落的当地建筑实践，便会知道从一处整体遗址至另一处之间的使用变动，仅仅是因为在一座多年前废弃的遗址上建造新房更容易，随后

便会与自然形成的堆积保持在同一水平面，无需费力气去平整一处新近废弃的建筑。显然，对这类村庄的部分发掘将揭露许多明显为间断性使用的地层，这并不能为整个遗址的历史提供真实图景。[20]

废弃理论的一些辩护者还从陶器序列中的类型断裂进行论证。[21] 如果存在地区多样性，或同一城市内不同区域之间的差异，这一观点便令人怀疑。

如果南方城市曾遭废弃，那么难民应该会涌入北方城市。在大叛乱之后的基什，发现了崇拜乌鲁克的伊南娜的个人，他们的出现被解读为乌鲁克可能遭废弃的结果。但人们无法确定，新来者既可以是一贫如洗的难民，也可能与之相反，是要求建立一处"分支"崇拜的神职人员，正如在乌尔建立扎巴巴信仰，[22] 和基什建立马尔杜克"分支神祠"时的情况一样，后二者都发生在汉谟拉比统治之前。[23] 这类为主要神灵设立的"分支神祠"，都发生在相对和平的时期，据推测在新城市由经过适当培训的神职人员为崇拜神灵服务。此处三位神灵——乌鲁克的伊南娜、基什的扎巴巴、巴比伦的马尔杜克——的出现或许并非巧合，他们皆以能够用神谕为国王提供神界支持而著称。

毋庸置疑，一些巴比伦尼亚南部城市在大叛乱平定后仍陷于萧条。人口流失和税收下滑打击了它们的市民。为了鼓励民众不抛弃土地，拉尔萨城依据法令享受持续的谷物税蠲免，详情将在下文讲述。[24] 乌鲁克要求减免谷物税的神谕化请愿可能已得到批准。如果这是一场大衰退，促成它的因素可能包括赫梯王国崛起导致的安纳托利亚贸易中断，以及汉谟拉比和萨姆苏–伊卢纳改道河流和运河，导致洪水失控造成破坏。

萨姆苏–伊卢纳统治时期呈现出一大变化：此时各城邦开始通过征服、赋税和近乎标准的书写文化整合起来，从而形成将巴比伦尼亚视为一个地区的概念。美索不达米亚南部之前被称为苏美尔，北部被称为阿卡德，但现在，它们被列入《巴比伦王表》而非《苏美尔王表》，在巴比伦统治下的一个联合王国的概念开始发轫。

哈拿王国以幼发拉底河中游和哈布尔河流域的图图尔和特尔卡二城为中心，接管了马里覆灭留下的无主土地的统治权。它的统治者倾向巴比伦而非哈拉布和赫梯。[25]哈拿作为一个缓冲国，保护幼发拉底河流域的巴比伦尼亚城市免遭赫梯劫掠者入侵。此时，巴比伦的马尔杜克已经拥有足够的影响力，在特尔卡出土的一块泥板上，法律契约的誓言乞灵于马尔杜克。两个亚摩利部落族群"北方之子"和"南方之子"，就像"白蚂蚁"和"黑蚂蚁"般泾渭分明地居住在这片土地上。[26]哈拿的书吏在记录中继续遵循巴比伦习俗超过六百年。[27]一名萨姆苏–伊卢纳的同时代人，有着雅迪–阿布姆的亚摩利名字，他使用巴比伦年名和月名，这暗示了密切的联系，可能是从属角色。[28]他前任的名字是伊锡–苏穆–阿布姆，显然吸纳了萨穆–阿布姆——巴比伦第一王朝的缔造者之一——的名字，作为历史效忠的公共展示。雅迪–阿布姆的继承人卡什提利亚什的名字指向了新的趋势：这是一个加喜特名字，将在数个世纪后被几位巴比伦的非闪族统治者使用。在他的统治期内，哈拿王国与巴比伦维持了亲密关系。

加喜特人是闻名的骑手。他们在巴比伦的出现标志着马匹在战争和仪式中成为主角的时代已来临，最终改变了战争的形态。全新骑马术提供的机动性或许是加喜特部队逐步受雇为巴比伦国王担任要塞守卫和驻军背后的原因之一。他们给自己的马匹起名；他们使用金属马衔。[29]一些加喜特人被萨姆苏-伊卢纳视为敌人，后者"摧毁了基卡拉的加喜特军队驻地"，该地可能紧邻巴比伦；里姆-辛二世同样将他们视为威胁，可能在同一时期，他称那些人是"来自荒蛮之地的邪恶的加喜特人，无法将他们赶回山里"。[30]

埃兰人同样为巴比伦担任守卫，通常作为弓箭手。在苏萨，尽管被汉谟拉比击败，但他们继续推崇巴比伦文化；苏萨的考古发掘获得了以巴比伦楔形文字书写的文学文本以及契约和数学文献的残篇。[31]这表明埃兰继续使用巴比伦尼亚书吏传统，尽管双方公开对立。[32]巴比伦国王继续称埃兰人为邪恶的敌人。

在大叛乱之后，萨姆苏-伊卢纳的胜利被凯旋的修辞夸大为他"摧毁了乌尔、拉尔萨、乌鲁克的城墙，第二次击败阿卡德[33]军队"。次年他击败"再度叛乱的苏美尔和阿卡德的军队"。之后他"将基苏拉和萨布姆[34]地区纳入统治"。最后，他"使用叛军敌酋的武器处决了这些煽动阿卡德叛乱之人"。他对这些事件的诗化描述记录在苏美尔-阿卡德文本中，被称为双语文本B，具有热烈的史诗风格：

我将敌视我的城市变成废墟和瓦砾堆；

我在我的国度摧毁敌军和恶人的巢穴。

我令我治下的国度恢复安宁。

同年，他的父亲讲述马里命运的铭文被抄录下来，或许适用于作为一座城市如果负隅顽抗将收获黯淡命运的例证。

消灭里姆-辛二世后，萨姆苏-伊卢纳在基什——他在巴比伦附近的军事基地——举办了一场胜利庆典。[35] 由于未知的原因，这场凯旋仪式在之后十年都未得到记述，有人推测在此期间曾采取进一步措施以镇压后续叛乱和抓捕其主谋。无论如何，大部分南方土地显然已纳入控制，国王为此批准了一项积极的修复计划：他重建了伊辛的城墙和环绕拉尔萨的庞大的雅穆特巴勒要塞。在巴比伦以北，他修建了西帕尔城墙，重建了一个多世纪前苏穆-拉-埃勒——"我伟大的前辈，我的五世祖"——在巴比伦周边建立的六座要塞。[36] 尽管他"诛杀了埃什努纳之地的所有敌军"，[37] 在埃什努纳附近修建了一座以自己的名字命名的要塞，但几年后该城再次拥有了自行任命的统治者。[38] 在击败埃什努纳两年后，他在基什为战神扎巴巴和女神伊南娜重建或翻新了塔庙，打造了十六尊雕像。这些项目表明他从军事胜利中获利颇丰，拥有大量劳动力任其支配，以逐步巩固要害地点，包括那些之前叛乱的地区，并加强基什的军事基地。这是一位精力充沛、自信满满和富有的国王的作为，他在镇压叛乱时没有失去胆识。[39]

以苏美尔语和阿卡德语创作的双语文本 C，讲述了叛乱期行将结束之时发生的事件：

不到半年，他（国王）杀死了里姆-辛，后者煽动雅穆特巴勒叛乱，还篡夺拉尔萨的王位。在基什之地，他筑尸体为京观。二十六位叛乱的国王，他的敌人，他杀死、消灭所有这些人。他击败了埃什努纳国王伊卢尼，后者不服从他的号令，被套上枷具，然后斩首。他平定了整个苏美尔和阿卡德之地，他令四方服从其法令。

基什的战神扎巴巴发布神谕预言战争的可行性，深得国王倚重：

"萨姆苏-伊卢纳啊，众神永恒的子嗣。我们将站在你这边，杀死你的敌人，将你的对手交到你手中！"服从伟大众神的贤能国王萨姆苏-伊卢纳，笃信扎巴巴和伊南娜告诉他的话；他厉兵秣马准备荡平敌人，发动战争摧毁他的对手。[40]

叛乱甫一平定，萨姆苏-伊卢纳便意欲恢复遭受破坏的城市。和他父亲一样，他让众多被征服的城市重回正轨，修复它们的城墙，以此激励人们安居、繁荣和支付赋税。他广泛而无情的碾压叛乱无疑造成南方一些大城市的经济滑坡，[41] 但巴比伦选择性惩罚之后的再恢复政策，迥异于赫梯的早期军事活动，后者遵循"攻击，摧毁，撤退"的方针。[42]

随着亚述势力的削弱，萨姆苏-伊卢纳对自己的根据地安全有足够信心，于是发动了对西北部的战争。他攻打坐落于哈布尔河上游一条东岸支流畔的舍赫纳城（现代莱兰土丘），该遗址拥有一座保存完好的枣椰树纹立面神庙，反映了之前埃兰的影响。[43] 舍赫纳曾是亚述的一个主要权力中心，当时萨姆苏-阿杜将其定为王都；该城的国王热情招待来自巴比伦的使节，但慷慨的善意没能拯救他。[44] 萨姆苏-伊卢纳"摧毁"了舍赫纳以及这个王国以西的其他城镇。[45] 考古学家一度将宫殿的暴力毁坏归咎于这起事件，但其他地方出土的泥板记录表明，它与巴比伦的紧密关系延续至古巴比伦王朝最后两代国王时期。[46] 换句话说，在萨姆苏-伊卢纳的惩罚行动之后，这个王国似乎仍是巴比伦忠诚的从属。

往北，在连续数位暗弱的亚述国王支持下，卡尼什的亚述商人依然继续着与安纳托利亚中部的贸易，[47] 直至约公元前1720年，萨姆苏-伊卢纳在位的第二十七年，来自他们商业殖民地的楔形文字记录才告终。尽管商业网络可能通过其他殖民地维持至巴比伦下两位国王统治时期，[48] 但居主导地位的城市卡尼什被一座邻近城市的统治者皮塔纳征服。[49] 若是陷入困境，亚述商人不再能指望阿舒尔城的本国统治者提供有力支持。

为成功参与溯幼发拉底河而上和进入叙利亚的贸易，巴比伦商人需要与哈拉布及其影响下的城镇建立良好关系，这一点可以在萨姆苏-伊卢纳致哈拉布国王的一封信函中明白看出，信中要求允许他们开展一次大型购物之旅："告诉阿班，以下为萨姆苏-伊卢纳所言。现在，我派遣西雅图姆……携带钱财……前往哈拉布采购。请允许他采购！"[50]

与哈拉布亲善的需求对巴比伦的宗教崇拜产生了影响。在他统治的第二十八年，随着南方事务的解决，萨姆苏-伊卢纳的注意力转向西方，因为他在上年收到了巴比伦风暴神、"他的神谕之主"的一条诏令，还在新年庆典上向神灵献祭。[51] 在巴比伦出土的刻画风暴神的玄武岩雕像很可能呼应了这层关系。

又过去五年，萨姆苏-伊卢纳沿幼发拉底河和哈布尔河抵达哈拿王国的萨加拉图姆，这个城镇在汉谟拉比时代马里王宫发现的信件中被频繁提及，因它发挥了预警洪水来临的作用。[52] 这次行动显示，巴比伦国王仍可以直接干涉哈拿的事务。同年，萨姆苏-伊卢纳在巴比伦建造一座新宫，彰显他的成功所带来的财富和地位。他对自己的能力充满信心，以至于使用了"世界之王"的最高头衔，[53] 并拥有一首为歌颂他英雄壮举而作的史诗。[54] 这首诗仅有一小段流传下来，但这是在他的一位继承人时期抄录的副本，以延续人们对他声望的了解，这赋予其独特的重要性：它展现了萨姆苏-伊卢纳的后继者如何宣扬他们的忠诚和敬仰，正如萨姆苏-伊卢纳为其父汉谟拉比所做的那样。

拉尔萨的里姆-辛一世曾受益于两河供应的淡水；当时底格里斯河主河道流经它今河道之西，连接众多最古老的城市。[55] 之后一场变化发生：萨姆苏-伊卢纳可能遭受了汉谟拉比大运河项目——所谓"汉谟拉比是百姓富饶之源"——意料之外的后果，项目记录在汉谟拉比统治第三十三年的年名中，运河将水和泥沙引向尼普尔、拉尔萨、乌鲁克和乌尔等城市，显然这是一条非常漫长的运河，也是一个野心勃勃的计划。[56] 汉谟拉比（或其书吏）写下的信件下令清理河道的污物，将河水分流进拉尔萨周边的沼泽洼地：

> 汉谟拉比致辛–伊迪纳姆：……一旦你完成正在进行的挖掘工作，就清理拉尔萨至乌尔段幼发拉底河里的污物，运走废弃物，令河道顺畅。[57]

在洪水泛滥的时节，通过将周边的天然洼地注满多余的淡水，拉尔萨城得到保护，以牺牲农田为代价创造湿地。汉谟拉比致其拉尔萨官员的另一封信描述了这一情形：

> 如果拉尔萨和乌尔的水已经涌出，你不要堵塞"水道之门"（水闸或调节门）；水必须从拉尔萨和乌尔涌出。[58]

但随后：

> 河水奔流，但水量太大。开启沼泽方向的灌溉运河，向拉尔萨周边的沼泽注水。[59]

在汉谟拉比大运河以北，幼发拉底河带来的洪峰威胁着西帕尔和巴比伦。或许在本时期及稍晚时代，幼发拉底河的一条支泓流经巴比伦城中心，因此需要一条新的运河保护城市。萨姆苏–伊卢纳从巴比伦上游的拉马迪处分流洪水，引入哈巴尼亚赫洼地。叛乱结束之时，他通过挖开一处岩脉，一个被他称为"阿穆鲁的大山"的天然屏障——它将哈巴尼亚赫洼地与阿布–迪比斯洼地分割开来——增强了运河的效用。这是一个永久改变地貌的宏大工程项目：

> 萨姆苏-伊卢纳国王将亚摩利之地的大山切割成无与伦比的石板，（尺寸）长18肘尺，宽和高各4肘尺；他将运河"萨姆苏-伊卢纳是富饶之源"的溢流疏导进入一片芦苇荡，令其沿着宽阔的河道流淌；他拓展了巴比伦的肥沃土地。[60]

运河应设有烤砖和沥青构造的闸门，或一堵临时的坝墙。[61] 与此同时，东面的底格里斯河扩大了，在该处以上，它的河道变得更加偏东，通过两条渠道将幼发拉底河的部分水流经西帕尔直接导入底格里斯河——对河运以及周边农田是好事，有利于减少洪水对西帕尔的威胁，但同时削减了幼发拉底河主河道的水流量。[62]

这些雄心壮志的河道改造，以及未预料到的可能后果，在评估反抗萨姆苏-伊卢纳的大叛乱结束后美索不达米亚南部状况如何这一问题时，应纳入考量。

萨姆苏-伊卢纳的遗产在诸多证据中清晰可见。神祇定义符有时加在国王的名字之前，表明他宣称神灵地位。他得到后继者的敬仰：他的孙子在神庙中供奉其塑像。他的后继者在位期间使用的私名暗示了他们对他的崇高敬意："萨是大地之光""萨与神比肩""萨是征服者"。[63] 在他统治期间，没有任何灾难的预兆。在滚印上雕刻精细微型图案的新工艺得到引入，伴随对石材的更广泛使用，包括硬度更高、更珍贵的品种。[64] 四部伟大的苏美尔语和阿卡德语双语文献在萨姆苏-伊卢纳统治的不同阶段创作出来，以史诗风格记录他的作为。其中之一聚焦基什以及——他依赖的——战神宣布胜利的神谕：

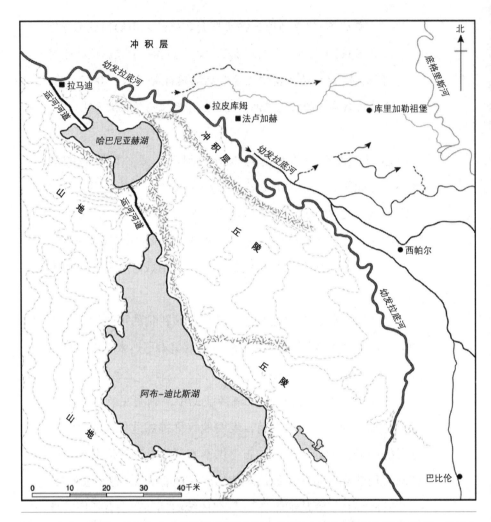

图 5.1 ▪ 运河示意图,萨姆苏–伊卢纳凿通岩层的运河在幼发拉底河洪水涌入冲积平原之时,将其分流进入哈巴尼亚赫和阿布–迪比斯洼地,以保护巴比伦和其他城市。艾莉森·威尔金斯与笔者根据 Ionides 1937: fig. 16 和 Gasche and Tanret 1998: map 8 绘制

恩利尔是众神之中至高无上的主宰，是决定命运的牧羊人，他将圣洁的面庞转向扎巴巴和伊什塔尔，伊吉吉诸神中的勇武者，决心建造最宏伟的城市基什、他们的崇高居所的城墙，令它比之前更为高耸；伟大的主宰恩利尔，他的言语不可更改，他的诏令不容更易，他欢喜地端详扎巴巴，他英武的儿子，他胜利的执行者，以及伊什塔尔，他挚爱的女儿，这位女神的神性无人可及，他向二者讲述赞许的话语：

　　"成为萨姆苏-伊卢纳的明灯，我强大而坚韧的使者，他知道如何实现我的愿望。让这成为你们带给他的一道吉兆。粉碎他的对手，将他的敌人交到他手中，让他筑起基什的城墙，使它比之前更巍峨，并将你们安置在一座幸福的住所中！"

　　扎巴巴和伊什塔尔，高贵的领主，众神中的全能者，他们的心因父亲恩利尔告诉他们的话语而欣喜不已。他们昂起光芒四射、充满生机的脸庞，望向萨姆苏-伊卢纳，英武的国王，勇敢的牧羊人，他们的杰作，欢喜地告诉他：

　　"有着永恒神圣血统的萨姆苏-伊卢纳啊，王权的瑰宝啊，恩利尔擢升了他的命运：他指示我们担任你福祉的守护者。我们将佑护你前进，我们将粉碎你的对手，我们将把你的敌人交到你手中。为我们庄严的城市基什筑起城墙，使它比之前更巍峨！"

　　萨姆苏-伊卢纳是听命于伟大众神的贤能国王，虔信扎巴巴和伊什塔尔讲述给他的话。他厉兵秣马准备粉碎对手，他发动征战摧毁他的敌人。

国王通过在乞灵于马尔杜克时称他为"世界之恩利尔"和"智慧的创世神"，继续宣传马尔杜克向最高地位的攀升，这些称号后来在《创世史诗》中得到强调。作为一位虔诚的国王，他继承先王们的声名，他加高了祖父修建的尼普尔城墙，还围绕城墙挖掘环壕，引幼发拉底河水注入：

> 他令苏美尔和阿卡德人民安居。他令人民在牧场休憩。他使辛–穆巴利特、他的祖父之名世人皆知。[65]

阿比–埃舒在继位后不久便颁布了至少一项减免债务和规范商人融资的诏令，可能在他的统治期中每隔一段时期便会再次颁布类似诏令。在巴比伦发现了年代属于他在位期的商业档案残篇。他写给商人和西帕尔法官的一些信件关注土地和大麦、装备检查和购置驴骡，[66] 由于西帕尔仍是巴比伦最重要的一座城市，因此国王对该城福祉投入了积极的私人兴趣。在他统治之初，阿比–埃舒曾提到一支加喜特"军队"，表明巴比伦本土有一队民兵或一帮在逃的匪徒。[67] 驻守巴比伦尼亚北部腹地要塞的加喜特士兵名单证实了加喜特民兵继续守卫着巴比伦国土。[68] 并非所有与加喜特人的关系都是敌对的：阿比–埃舒致西帕尔港务官和法官的信件告诉他们，加喜特使节和马车正从巴比伦赶来，命令他们为加喜特人准备三百罐啤酒。[69]

在巴比伦边境线上虎视眈眈的埃兰人依然是主要敌人，然而，大约在他统治的第十七年，很可能是为了吓阻埃兰入侵，阿比-埃舒击败了埃什努纳军队，并俘虏了他们的国王。[70]大概两年之后，国王记录自己在底格里斯河上筑坝。[71]一部年代晚很多的巴比伦编年史记载称此举旨在抓捕海兰国王，但未能成功；[72]因此大坝可能是为军事目的服务的一项临时策略，而非意图永久性存在的建设。那时，这个行动极其重要，无论如何，关于这项工程的知识流传了一千年，被收入亚述晚期的一部神谕集：

> 正义之主太阳神，巡查之主风暴神！王宫卫队、宫门卫队和两翼部队、精锐部队、沙漠军团、征召民团、苏图士兵和乡间的……、工匠兼职士兵、扛砖斗的士兵，马尔杜克指挥下的士兵，数量像萨姆苏-伊卢纳之子、巴比伦王阿比-埃舒驾驭和供养的那么多，在本月内直至第三十日，这一天是他选定的，是他卜问的，也是他一直在寻找的，是他心心念念的：
>
> 在底格里斯河的对岸，在东面，他们是否应该打开拦河坝，是否应该把拦河坝修成直角？是否应该储备芦苇和泥土进行封堵？一旦（河水）奔流，应该任其流淌，还是应该渡河到西岸一侧，在"脸颊"对面迅速筑起河坝拦阻？他们是否应该把拦河坝修成直角？他们是否应该储备芦苇和泥土？……
>
> （残损的段落）

于是我用（我的）右手献祭这只羊羔，我用右手祝祷，愿它的右边有正确的判决。[73]

这类卜问是占卜师的工作，他们密切介入军事行动的策划。正是他执行献祭绵羊的仪式，检查羊肝以判定这次行动能否成功。本次出场的占卜师几乎可以肯定是一枚精美玉髓印章的主人，这枚刻有他名字的印章已经出土。[74]

阿比–埃舒的文学创作如此耀眼，以至于他是美索不达米亚传统中唯一一位在位时公认拥有两位圣贤的国王。[75] 这些作品中最优美的一篇描述了水务工程，一个极具美索不达米亚特色的主题，适合史诗体。它最初包含一首长篇史诗体颂诗，献给众神的女主人伊什塔尔，现仅存八栏全文的开头和结尾，似乎它提到了在底格里斯河上筑坝，与年名中记录的是同一事件。它将女神放在行动的中心，指导国王、她的英勇卫士取得成功：

她帮扶她的卫士，用铜锁拴住底格里斯河，她用黄铜和青铜锁链制服了底格里斯河。[76]

一枚黏土滚印的残段称阿比–埃舒为"底格里斯河之王……建造水门对付叛乱国度"。[77] 阿比–埃舒堡以一条运河与尼普尔联通，运河深度足够通行重型驳船，该要塞可能坐落在运河与底格里斯河一条支泓的交汇处。

伊什塔尔女神不仅是一位英勇的堤坝建造者，在涉及国王的苏美尔诗歌残篇中，女神还被描述为魅力难拒的恋人。在一篇巴比伦爱情抒情诗中，她以别名南娜娅出现，她宣布自己对穆阿提神回报丰厚的激情，这与他指导阿比-埃舒过上长寿而富饶的生活有关：

> 她以赞许的目光俯视巴比伦，
> 她祝福该城，她要求施与它好运，
> 每天她［授予］寓居城中的国王以活力，
> 南娜娅［授予］阿比-埃舒王以活力，
> 爱的魅力像雨露般降下……
> 穆阿提啊，你的爱抚甜如蜜，
> 你爱的魅力是一个人能期待的全部温柔……
> 愿国王在你的指导下长寿，
> 愿阿比-埃舒王［在你的指导下］长寿。[78]

阿比-埃舒宣称他是"抚定四方的国王"，[79]与萨姆苏-伊卢纳的标榜一致，都有事实性成功的依据。在他的继承人、一个名叫阿比-埃舒-伊利——意为"阿比-埃舒是我的神"——的人统治期间，显然表明国王被视为神灵。[80]在他统治巴比伦的二十六年间，阿比-埃舒是一位活跃而成功的国王。

阿比-埃舒的儿子安米-迪塔纳还是王储时曾在一份诏令的残篇上钤盖了自己的印章，等到继承王位时他已是经验丰富的政治家。[81]在一千年后巴比伦的一位医生抄录的一篇铭文中，[82]他将自己的合法性上溯到王朝缔造者萨穆-拉-埃勒。为了表达对祖父的敬意，他重建了萨姆苏-伊卢纳的宫殿，在恩利尔神庙生命之屋中为他供奉了一尊英武的雕像。[83] 安米-迪塔纳整修了汉谟拉比大运河，向伟大的战神乌拉什献上一尊自己作为军队统帅形象的雕像，以及一件兵器，这意味着对一场军事胜利的还愿。在他统治末期，他"摧毁"了海兰国王在乌迪尼姆（临近乌尔）修建的城墙。[84] 该事件表明有一场从巴比伦发动的对美索不达米亚最南端的战役，以遏制海兰从属国王的势力。

安米-迪塔纳在位期间创作了一首致伊什塔尔的优雅颂歌，旨在赢得神灵垂青，它描述了女神的众多特质：美丽、诱惑、甜美、智慧，她是超越天界各主神的女王，是天界集会的实权发言人：[85]

> 歌颂女神，最令人敬畏的女神！
> 愿她得到赞美，人民的女主人，伊吉吉众神中最伟大的！

与天神配祀，她接受了安米-迪塔纳献上的牛和肥羊。作为回报，她请求天神赐予国王长寿和成功：

> 在她的命令下，
> 她让四方臣服在国王脚下。
> 她将整个人居世界套上了国王的牛轭。

这些诗行暗示颂诗纪念了一场军事胜利。一段祝祷为全诗收尾：

> 伊什塔尔啊，请赐予安米－迪塔纳长寿，
>
> 爱你的国王。愿他长命百岁！

国王明示或暗示的军事成就，与"世界之王"和"四方之王"的最高头衔一道，表明他军事征伐的范围之广。作为"亚摩利全境之王"，他可能支配了亚述里亚和哈拿部分地区。作为他卓越成就的进一步例证，他在位期间记录的精美法律档案——加盖法官和其他人的印章——在数个巴比伦尼亚大城市都有发现。他儿子发布的一条诏令提到，从安米－迪塔纳末年起，导致人身束缚的债务必须退还，否则将处以死刑，该条款表明这类诏令的条款已得到适当的执行。

对祖先的葬礼供奉是国王承担的个人职责，安米－迪塔纳致信一位官员：

> 阿布月的葬礼供奉需要牛乳和酥油。你读到信后立即派你的一位官员带上三十头牛和六十升酥油到巴比伦来，如此乳品足够葬礼祭祀完成。他必须尽快抵达不得延误。[86]

这突出了亚摩利诸王通过直系祖先继承的重要性，与更早时期在《苏美尔王表》中以城市本身而非其国王作为继承中心大相径庭。

安米－撒杜喀是巴比伦最伟大的国王之一。他拥有两位极其强势的同代人：安纳托利亚的哈图西利一世和海兰的古勒基沙尔。安米－撒杜喀在赫梯和叙利亚被奉为神灵。[87]在他统治首

年年名的自信辞令中，在尼普尔主神恩利尔的支持下，他"如旭日般前进，为了他的国家，使万民繁荣昌盛"。一块泥板记录了尼普尔的法官们就遗产问题提出的一系列正义诉求，这场旷日持久的法律诉讼始于安米-迪塔纳在位第十六年，一直延续到安米-撒杜喀统治的时代，直到萨姆苏-迪塔纳在位第五年才最终解决——四十七年的时间里，人们对这场诉讼寄予了厚望。[88] 它确证了这个时期尼普尔法律程序仍在运转，而学者们曾错误地推测此时该城已废弃了数百年。

作为先王之子，安米-撒杜喀是一场重大祭仪的核心人物，一篇记录该事件的文献展示了他对祖先何其虔敬，希望他们降福于在世国王。《汉谟拉比王朝族谱》是为配合唤名和供养祖先灵魂的仪式而编写的，其中不仅包括巴比伦历代国王，还涵盖各部落的同名创建者。它继续记载了目前被描述为 bala（指一个职务任期的术语）的群体，即亚摩利人、哈拿人、古提人以及其他任何可能因意外遗漏而感到冒犯的群体——"没有记录在这张泥板上的，包括任何在其君主的战争（？）中献身的士兵、王子、公主，以及从东到西任何无人祭奠（葬礼）和瞻仰（坟墓）的人：'来吧！品尝这些，啜饮这些，保佑安米-迪塔纳之子安米-撒杜喀。'"[89] 许多国王的名字出现在一份亚述王表中，后者吸纳了部分家谱，但没有费心对其进行改动。这一匹配表明，在本时期，亚述和巴比伦认为它们的遗产是共享的，或许自汉谟拉比占领尼尼微以来便是如此。

稍晚在赫梯首都哈图沙和幼发拉底河中游的叙利亚城市埃马尔出土的公元前 14 世纪和公元前 13 世纪的文本中，人们记住了居住在冥界的神祇化祖先安米－撒杜喀。[90]在两地，来自巴比伦尼亚和亚述里亚的学者提升了当地书吏的楔形文字读写能力。包括埃兰国王在内，同时代的国王通过采用楔形文字展现他们对巴比伦读写文化的尊崇。在苏萨，埃兰统治者以巴比伦语而非埃兰语撰写他的官方铭文。[91]苏萨出土的巴比伦《埃塔纳史诗》残篇的年代可能属于本时期，一同出土的课本表明典型的巴比伦学堂教育被用于培训本地书吏；[92]一如以往，行政文献中提及了埃兰人和加喜特人，他们身处巴比伦尼亚执行卫戍任务的团体之中。[93]

在南巴比伦尼亚，当地海兰王朝的国王可能扮演着抵御埃兰的缓冲区角色，它的国王古勒基沙尔（意为"大地毁灭者"）在位长达五十五年，他的后继者以"沙马什啊，保佑古勒基沙尔"这样的神性称号纪念他，后者作为太阳神的门徒接受供奉。[94]

在哈图沙，赫梯国王哈图西利一世（约公元前1650年至公元前1620年在位）授权的双语铭文以巴比伦语和赫梯语编撰，仅存晚期抄本。[95]这位赫梯国王统治初期在本土建立权力基地后，开始进军北叙利亚，但是在哈拉布拥有国际神庙的雅姆哈德王国仍是一个强国，成功抵御了入侵，继续维持强势的独立地位直至巴比伦第一王朝行将就木之时，即约两代人的时间之后。很可能在安米－撒杜喀统治时期，赫梯人接受了阿卡德语楔形文字，并加以改造用于书写赫梯语。[96]在哈图沙出土的众多赫梯语文献和叙利亚西北部埃马尔出土的阿卡德语文献中，安米－撒杜喀的名字被列入美索不达米亚神灵群体，个中缘由，可能是基于他在文化而非军事层面的声望。[97]这一神祇化表明安米–撒杜喀绝非"一位平庸的巴比伦国王"。[98]

安米–撒杜喀决意延续自己的名字和声望，开凿了一条以自己名字命名的新运河，修建了一座同样以自己名字命名的新要塞，并将自己的雕像奉献给几座大城市的神庙，其中包括巴比伦和西帕尔，他还在西帕尔重建了塔庙和太阳神纳迪图女祭司的隐修所。[99]一些精美的雕像被描述为"奇迹之物"，吹嘘国王为展示它们的优雅和精湛而骄傲，这反映了他在艺术领域的伟大，和他调集珍贵材料的能力。

在他统治期间，至少两次发布债务减免诏令，我们幸运地拥有其中一份几乎完整的文本，仅有几行文字残损。以下是对选段的转译：

> 在国王为这片土地援引债务废除令的正义之举时，命令这片土地遵守的诏令泥板……巴比伦的市场，全国的市场……他们的欠款从安米–迪塔纳减免土地所欠债务之年（在位第二十一年）至安米–撒杜喀在位元年尼散月为止，由于国王为土地援引债务废除令，所以税吏不得向（债务人）追索偿付。债务人的家庭成员被用以其他手段代替偿债的一概解除。[100]

在一些条款中，债务直接关联王宫。在一段残损的段落中出现的各城市市场名称展示了一个广泛的网络，从叙利亚西北延伸至底格里斯河下游，还包括伊辛和拉尔萨——海兰城市依然拥有活跃的经济。[101]在哈拿的从属王国，特定法律档案以巴比伦国王而非当地统治者纪年。[102] 苏胡——马里下游方向不远——佃农所欠的债务被免除，这表明该地区在巴比伦的直接统辖之下：

> 向阿卡德人或亚摩利人借贷大麦或白银并在一定期限内收取利息的书面记录将失去效力；如果利息已经征收，则应退还。未遵照王家诏令退款的人将被处死。

这段文字似乎暗示，所有阿卡德人和亚摩利人都有义务遵守巴比伦的这道诏令。没有提及埃兰人和加喜特人，无论如何，这或许表明他们在美索不达米亚唯一可从事的职业是当兵或啸聚山林，因此他们被排除在闪族人所享有的某些福利之外。他们也没有被纳入上文引述的族谱中。

至本时期，天文观测开始见于书面记录。阿米－撒杜喀的名字出现在某些这类文献中，这种认可是其他国王所没有的。月相变化至为关键。如果显然一个月可以有 29、30 或 31 天，那么其他长度在理论上也是可能的，所以人们在理想的 30 天上下采取了不可能达到的极端方案。在实践中，偏离理想的变动标志着危险，这需要确证或请求神谕，必要时继之以合宜的仪式，以避免伤害。[103]

由于阴历年与阳历年不一致，需要不时增加一个闰月，但各城市并非同步置闰。巴比伦学者收集和阐释观测数据并上呈国王，由后者做出置闰的决定。从汉谟拉比时代开始，巴比伦尼亚书面记录的月份名称主要是巴比伦的月名，这令该城及其国王控制了历法。月相同样决定了祭祀祖先的时间。在医学中，人们将药剂暴露在月光下，因为相信这样能增强药效。[104]

为了确定节日的时间和祭仪中祈祷的顺序，天文学家需要对夜空进行详细而规范的观测，尤其是特定天体的出现或消失。他们可能从很早之前起开始连续记录，因此可以提前知晓节候。远为困难的是预测日食和月食，因为它们并无规律可循。考虑到日月食并不符合一个理想框架，它们被视为众神发出的重大警告，预示对国王不利。这就在天文学和天文神谕之间建立了牢固的联系，它最终变得在评估国王面临的风险方面比其他形式的占卜都更为重要。天文学家的角色与"哀恸祭司"的角色有所重合，神像在节庆或神庙维修期间需要被迫移出时，"哀恸祭司"可以防控风险。因此天文学与占星学是不可分割的，具有同等价值，所以它们的观测记录采用同样的书写程式："如果（在星空或羊肝上等）看见这样或那样的迹象，后果对国王不利。"[105]他们的某些专业术语是一致的：manzazu 可以指"一颗行星在天空的位置"或"羊肝上的一处凹窝"；tarbaṣu（"光环"）可以指"地平线"或"羊肝上的一个特殊印记"。

太阳普照万物，它的力量和运动是不证自明的，并决定两至日和两分日的时点。它们很容易通过使用日晷确认。天文学家可用的其他设备还有水钟和沙漏，后者在《阿特拉哈西斯史诗》中有提及。观测结果得到规范记录，并据此绘制算数表和列表。

天体观测被运用在仪式和神话中。影响人事的七大天体是月亮、太阳、金星、水星、木星、土星和海王星，每个都与一位主神关联。恒星和星座，以及它们在天空中的关系，在神话中扮演了一定的角色，它们与诸神的活动交织在一起。[106]《夜神祷文》表明若干行星的名字便是那些主要神灵，而星座的名字——诸如"天弓座""牛轭座""篷车座""牝羊座""天龙座"——在第一份记录写就之时已经得到命名。[107]这篇祷文的目的是祈求脏卜获得有利结果，这是天文学与占卜之间已知最早的联系之一。

卷帙浩繁的《那时安努和恩利尔》*是一部天文和气象观测手册，也是一部占卜指南。出自较晚时代的一个相对标准的版本最为人熟知，但它也包含早期的材料。其中一个章节，第63号泥板，现在被称为"安米-撒杜喀的金星泥板"，将国王的名字与天文学学术联系起来。他在位期间，记录了金星首次和最后一次可见的时间间隔，以预测可能发生的月食。[108]在安米-撒杜喀统治的第十二年，金星隐没的时间比预期要长很多，严重偏离了理想状态。[109]在他统治时期，人们记录了一场净化仪式，以防止一次月食预示的灾难。[110]

在美索不达米亚南部记录并汇编成手册的脏卜预兆，年代同样属于安米-撒杜喀在位时期。[111]这意味着更古老的作品在诸如乌尔——它的大塔庙为天文学家观测月亮提供了权威的视野——等城市依然可以见到。安米-撒杜喀有办法获取它们，从而开始编纂——供巴比伦和北方城市使用的——手册的流程。

---

* 古代美索不达米亚文献一般以原书首句为书名，现代学者未对本书重拟标题。——译注

巴比伦夺取了南方城市在保存观测记录方面的领先地位，它的天文学家能够获取海兰的专业知识。

安米–撒杜喀采取措施，在西帕尔附近组织额外的防御以抵抗劫掠成性的加喜特人。在他统治的第十二年，一支苏特人（推测属于亚摩利人）偏师警告说他们即将进攻西帕尔，于是国王致信当地政要，告诫他们既不要在日出前开启城门，也勿许守夜人离开城墙。[112] 三年后，一支一千五百人的加喜特军队在郊外大肆劫掠牲畜，根据国王亲笔写下的一封信：

> 日出前不得打开城门！
> 军队不许撤离！
> 加强守卫！ [113]

威胁似乎包括对牲畜频繁而间歇性的劫夺，因此国王发出相当标准的警告，让地方当局保持警惕。

安米–撒杜喀的统治在如此众多的方面均不容忽视，人们不应怀疑巴比伦繁荣的延续，他用艺术作品装点神庙，他的声望通过哈拿传播到哈图西利一世统治下的赫梯王国，还从美索不达米亚南部收集楔形文字学术成果。乡间的动荡未必标志着王朝终结的临近，因为紧急防御措施当然总是不时需要的。

他的儿子萨姆苏–迪塔纳继承了王位。在他的统治之下，巴比伦第一王朝走向终结，但那是三十三年之后的事了；直到最后几年才有衰落的迹象。一封信中提及的诏令表明涉及债务和贸易的条例持续得到修订。[114] 萨姆苏–迪塔纳献给"英雄／武士"马尔杜克一柄权杖，可能是因一场获利颇丰的战役而做的感恩还愿；九年后又进献了他率军作战姿态的雕像，随后是向战神乌拉什的一次献祭，"他令国王得偿所愿"，这都暗示了军事层面的胜利。他花费大量黄金为各种神灵造像，表明他并不缺乏这种最昂贵的金属。

出自哈拿王国特尔卡的档案依然以巴比伦风格记录，其中一份年代属于萨姆苏-迪塔纳统治时期；[115] 此外，一些印文表明他与该王国依然保持密切关系，[116] 因此，他并非受困于版图缩水的王国。但在《古勒基沙尔史诗》中，海兰国王发表了一段咄咄逼人的演说，威胁进攻萨姆苏-迪塔纳，令后者的部队饮下毒药，这个威胁抛弃了英雄主义的单挑。[117] 下毒作为武器也在本时期的另外两篇史诗文本中有出现，《创世史诗》第四章中对此也有暗示，讲述英雄神抓起草药抵御毒素。

乡间日益恶化的形势或许反映在一篇占卜中，但该文本无法精确系年。[118] 它的标题为"关于城市安全的卜问"，篇幅格外长，共有 69 行。它后来被收入亚述晚期保存下来的一系列占卜中，或许因为它与王朝终结有关。

> 审判之主沙马什啊，脏卜之主阿达德：直至本月十三日，和下月直至第二日，根据占卜程序，这座城市安全吗？它还能太平无事安居乐业吗？埃兰军队……加喜特军队，驻扎在伊达马拉兹的伊达马拉兹军队，和与他们一起的外国军队，桑哈鲁军队和与他们一起的外国军队……他们反抗马尔杜克和巴比伦国王安米-撒杜喀之子萨姆苏-迪

塔纳，并不断谋划敌对行动……他们会在白天或黑夜进攻城市，通过……诡计，通过围城，通过引诱……（列举了大约二十五种可能的行动）……将这座城市变成废墟吗？审判之主沙马什啊，脏卜之主阿达德啊，这只羊羔：我用右手献祭，我用右手祝福，我用右手求取真相。[119]

尽管少量破损的字符妨碍了完整的释读，但直至王朝末期，袭击巴比伦的赫梯人似乎都没有被指名道姓，即使它们可能被归入"外国军队"这一表述中。在巴比伦尼亚内部的叛军中，埃兰人名列加喜特人之前。萨姆苏-迪塔纳致其官员的一封信警告说：

关于你致信我的内容："鉴于敌军的存在，将西帕尔-雅鲁鲁姆境内的大麦留在城外的仓库是错误的。我主应向我们下达指令，打开沙马什门，这样大麦可以运进城内。"（答复你向我的请示：）一旦城市耕作带的所有大麦收割完毕，立即打开沙马什门……同时务必守住城门。[120]

这一情形未必符合其他城市；尼普尔仍有法官在工作，他们可以乘船前往附近的一座要塞。[121]

在巴比伦发现的商人库鲁的档案，始于辛-穆巴利特一朝，一直延续至本时期。它记录了为幼发拉底河上的旅行而借贷的白银。其中一封信件提及脏卜被用来确定前往巴比伦的预兆是吉是凶。[122]另一封信提到了交付给赫梯军队的白银，暗示现在赫梯人，和加喜特人、埃兰人一样，为巴比伦国王效力，至少在该场合如此。它证实白银仍是主要金属通货，它并没有像在之后的动乱时期那样贬值到铜的水平。

考虑到关于西帕尔形势的记录，赫梯针对巴比伦的一场入侵不可能是意外，尽管一些历史学家曾称之为"晴天霹雳"。该事件只在年代很晚的《巴比伦早期诸王编年史》留下了记录，书中干瘪地宣称："在萨姆苏–迪塔纳时代，赫梯人［前来（？）］攻打阿卡德"。[123]

另一篇文献没有提到赫梯人，却说：

> 那时亚摩利之地的战斗、哈拿人的进攻以及加喜特人的军队改变了萨姆苏–迪塔纳统治下苏美尔和阿卡德的边界，令（神庙等）地面建筑面目全非……卡达什曼–哈贝将苏图人从东至西赶出了这片土地。

但这绝非一份当时的记录。卡达什曼–哈贝是两个世纪之后的统治者，他或许通过援引与他自己时代相似的一个早期事件来鼓吹功业。[124] 在同时代文献中，没有任何一件提到巴比伦城或巴比伦王朝的沦陷。

那么到底发生了什么？进犯者所走的路线不详，虽然有人推测进军路线通过哈拿。仅有的信息来源是一个世纪后撰写的：赫梯的《铁列平敕令》，它指明是赫梯国王穆尔西利一世（约公元前 1620 至公元前 1590 年在位），宣称他进军巴比伦，"摧毁"该城，击败胡里军队，将俘虏和财富从巴比伦运回哈图沙。[125]

该事件可能是一次短暂而有限的破坏活动，考虑到夸大其词是赫梯传统，因此其重要性尚不明确。没有马尔杜克雕像被夺走，没有对神祠的暴力破坏被记录在案。赫梯人没有剥夺巴比伦的王权。没有关于埃兰人的任何记录，他们本应加入这场纷争。一篇如今被命名为《马尔杜克预言》的文献声称加喜特国王阿贡——亦即该文献的作者——从哈拿收复了一尊马尔杜克雕像，经修复、装饰并重新安置在"至高之所"，这座神庙也得到他的修缮；但这尊雕像是赫梯人从巴比伦掳走的，还是很早之前就树立在哈拿或其他地方的"分支神祠"中的，我们一无所知。该事件的灾难性或许尚不足以令王朝瞬间崩溃，但可能是进攻和背叛的信号。《卜问集》中设想的城市的可怕情形——人心惶惶，秩序大乱——是明白无误的。但要对占卜的戏剧性辞令进行真实性评估是不可能的。

　　萨姆苏-迪塔纳的统治或许苟延残喘了数年，但无疑王朝已经穷途末路。重要的问题是，巴比伦发生了什么？谁执掌了权柄？

6

加喜特、海兰、伊辛和埃兰诸王

（约公元前 1592 年—约公元前 979 年）[1]

> 四方安堵，天空辽阔，
>
> 旭日普照，火光闪烁，
>
> 流水潺潺，和风尽吹，
>
> 那些阿鲁鲁*用泥捏塑出的生灵，
>
> 万物竞发，
>
> 世间万类，赞美马尔杜克！

——《咏受难的正直之人》（Ludlul IV 77—82）

---

* 阿鲁鲁是司掌植物的女神，在晚出文献中她亦获得某些生育女神和造物神的特征。——译注

1. 加喜特王朝早期和海兰第一王朝，约公元前 1595 年—？

（一个临时的年代学框架，始于与古勒基沙尔同时期的统治者）

巴比伦	海兰 [2]
安米-撒杜喀（1646—1626）	// 古勒基沙尔（古勒基）（55 年）
萨姆苏-迪塔纳（1625—1595）	// 古勒基沙尔（延续）
（第一王朝结束）	
（空位期？）	
	佩什加勒达拉梅（佩什加勒）（50 年）
佩什加勒达拉梅（最后 3 年？）[3]	
阿亚达拉加拉马（阿亚达拉）（最初 15 年？）	阿亚达拉加拉马（28 年）
阿贡二世·卡克里梅（22 年；顺序疑问很大）[4]	
（6 年？不详的几位加喜特国王）[5]	
布尔纳-布里亚什一世（？顺序存疑）	
（4 位不详的加喜特国王）	

　　当萨姆苏-迪塔纳的统治终结之际，可能有数个集团均有志夺取巴比伦王权。涉及本时期的巴比伦王表并未说明一个王朝家族何时赢得了对巴比伦的控制权。[6] 这与第一王朝的情况迥异，后者维持了一个未曾断裂的世系和继承。在那之后，一个王朝只需有一位或数位国王曾在巴比伦统治过，便有资格被完整地纳入巴比伦王表，即便如此，王表依然没有指名这些人。[7] 在海兰第一王朝的案例中，给同时期巴比伦国王制造麻烦的两

位早期国王伊卢马-伊卢和达米克-伊利舒，也被列入巴比伦王表，尽管他们从未在巴比伦统治过。[8] 王朝的概念可能更宽泛了，但理想型依然占据主导地位。后来有两位海兰国王入主过巴比伦：佩什加勒和阿亚达拉。但他们在年代学序列上处于哪个位置呢？

本章涵盖六个世纪和六个不同王朝，其中迄今为止国祚最长的王朝，其君主全都使用非闪米特的加喜特名字，与早前的统治者判然有别。这一时期已知的文献约有 15 000 篇，绝大部分没有纪年，未经公布，且残缺不全，内容很多涉及当地行政。[9] 文学文献通常无法在不小于八百年的时代区间中进一步精确系年，这使得它们无法与历史背景匹配。[10] 人们放弃使用信息丰富的年名，取而代之的是仅仅列出统治年数的简洁纪年办法。[11]

地缘政治范围如今扩大到囊括尼罗河流域的埃及人和在安纳托利亚拥有强大王国的赫梯人，形成一个王家通信与礼物交换的网络。一些年代属于这个漫长时期的器物出土于巴比伦尼亚之外的遥远地方：巴勒斯坦、埃及、波斯湾、亚美尼亚，以及东地中海，在本土资料如此匮乏的时期，诱惑人们借此评估巴比伦的实力。[12] 从萨姆苏-迪塔纳到加喜特和海兰的王朝更迭不一定造成了巴比伦衰落，这也几乎不会干扰从古老时代传承下来的文学和教育传统的连续性。贸易同样可能未受影响。

在一份神灵名单中出现的海兰国王古勒基沙尔，显然被视作海兰第一王朝的一位关键人物。在《古勒基沙尔史诗》中，他扮演了英雄的角色，讲述了一段自吹自擂的话：

我将为萨姆苏-迪塔纳的军队晦暗天日……

我将用毒液浇灌所有敌人！[13]

一份年代稍晚的文献提供了另一种共时关系：古勒基沙尔与安米-撒杜喀——萨姆苏-迪塔纳之前一任的巴比伦国王。[14] 巴比伦王权可能经历了一个空位期，随后因一位海兰国王或加喜特国王的登基而结束。

通过海兰文学文献可以清楚看出，位于海兰的乌尔显然仍是文学领域的学术中心，例如，作品中传奇英雄吉尔伽美什是乌尔而非乌鲁克国王。[15]海兰人通晓苏美尔和巴比伦楔形文字；他们遵循传统的行政管理和宗教习俗，他们还称乌尔为"圣城"。

加喜特人来自何方？他们是外族，不是闪米特人，可能源自现代伊朗境内的西扎格罗斯山脉地区，那里的许多山谷在后世因盛产马匹而闻名。他们在故土没有为人所知的王都。他们仅有的两位非美索不达米亚神灵是名为舒卡穆纳和舒马利亚的山神，他们在巴比伦的王权依靠二神的支持。但加喜特人并非巴比伦尼亚的新面孔：正如我们之前看到的，在巴比伦第一王朝的后半叶，很多支加喜特骑兵和战车已经在巴比伦尼亚服役，驻守要塞。他们只是在刚开始出现在文献中时被描述为"恶魔"，那时距离他们入住巴比伦还很遥远。[16]他们处在夺取巴比伦王位的有利位置。后继王朝没有憎恶加喜特人、视其为邪恶异族或驱逐他们的迹象。加喜特人既未将自己打扮为扫除往昔传统的胜利者，也不像一个清除旧有基础、给自己腾出空间的新君，尽管对巴比伦和巴比伦尼亚经常使用卡杜尼亚什这个新名称。[17] 在古巴比伦晚期法令中明确施加给他们的贸易禁令当然废止了。他们在石刻中使用古风楔形文字字体，他们的作品包括双语（苏美尔语–阿卡德语）文本，证明他们的文化几乎不可能与其亚摩利前辈和海兰人区分开来。阿贡二世的长篇文本详细描述了为马尔杜克神庙制作的新大门（见下文），展现了加喜特人如何彻底地将自己融入这个国家的宗教和文学传统之中。

加喜特人向城居的巴比伦尼亚人提供军事服务，驻防要塞并保护商路，他们中的一部分可能向西迁移，包括进入哈拿王国，该王国的国王卡什提利亚什和一位名叫阿贡的要人，[18] 二者的名字被稍后统治巴比伦的加喜特国王取用。哈拿在马里覆灭后夺取了幼发拉底河中游和哈布尔河下游的主导地位，一直是巴比伦的附属国，充当巴比伦尼亚与赫梯人之间的缓冲地带达五百年之久。哈拿可能支持加喜特人夺取巴比伦王位。[19]

阿贡二世可能是萨姆苏–迪塔纳之后的首位加喜特国王。[20] 尽管海兰的古勒基沙尔享国长达五十五年，在削弱萨姆苏–迪塔纳的实力中发挥了重要作用，但他本人可能未能征服巴比伦。甚至在佩什加勒继承他的海兰王位之时，佩什加勒前五十年的统治也局限在巴比伦尼亚南部，直到他在位的最后三年。在佩什加勒统治南方之初，阿贡二世[21] 很可能夺取了巴比伦王位，并通过修复马尔杜克神庙的大门以志纪念。佩什加勒可能在他漫长统治期的最后三年入主巴比伦。他的继承人阿亚达拉利用几位加喜特国王的短命和孱弱，在他统治的前十五年把持了巴比伦王座，之后被驱逐，但继续统治海兰十三年。[22]

至于海兰诸王，他们作为一个具有传统发达文化水平的王国之君，其确切形象直到最近才为我们所知。除了在泥板上书写楔形文字记录外，他们还使用一种早期字母文字，[23] 后者在本时期的其他地方都没有出现，这暗示一种有机媒介与泥板上

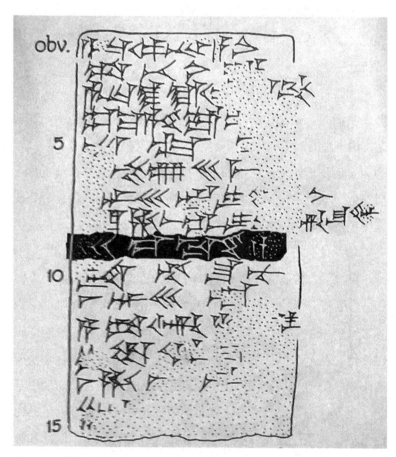

图 6.1　一封楔形文字巴比伦信件的摹本，第 9 行提到交付作为书面记录的 30 根木棍。公元前 16/15 世纪。Dalley 2009: pl. IV, MS 2200-7

的楔形文字同时使用，可能是用棕榈树叶中脉制作的木制账杆，以及涂蜡的木制书写板：属于某位海兰国王的一封信提到三十"（根）木棍"或三十（块）书写板被交付给两个人，他们正在前往收件人那里。[24] 这或许解释了为何泥板在本时期的众多南方大城市无迹可寻。"副本"一词像脚注一样写在许多海兰行政文书上，表明这些泥板是副本，或许是从木质媒介上抄录的，并被保存在文档中，作为可供核对的官方记录。[25]

作为沼泽地带的居民，大多数海兰聚落由芦苇而非泥砖材质的建筑构成，这些材料会腐烂分解，不留痕迹，兽皮和葫芦也无法保存下来，只能挖到陶器。那两位入主巴比伦的海兰国王佩什加勒和阿亚达拉使用了最高头衔"世界之王"，暗示其影响力达到一个宽广的范围，他们向诸神捐献了丰厚的财物；例如在"国王阿亚达拉为恩利尔和恩基打造镶贴红金的木雕像之年"。在海兰文献中可以找到少数埃兰人和使用加喜特名字的

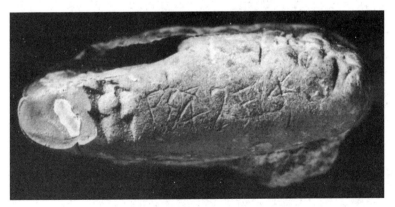

图 6.2　海兰第一王朝的一枚楔形文字泥板边缘刻画的线性字母铭文，MS 2200-435。公元前 16/15 世纪。来自史格尹珍藏

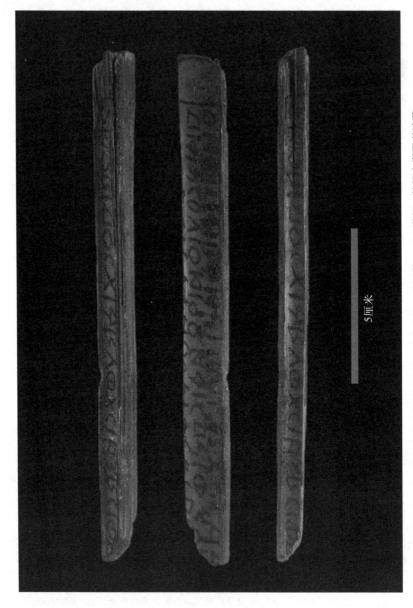

图 6.3 刻有微小字母体阿拉伯文的枣椰树叶中脉，出自也门。公元前 11/10 世纪。莱顿大学图书馆藏

5厘米

人，表明非闪族人群没有被排除在行政管理之外；但书吏不使用埃兰或加喜特名字，这说明巴比伦人继续从事他们的学术工作，没有遭受严重的中断或干扰。在大叛乱之后，乌尔无疑遭受了打击，但没有被废弃，居民可能一度因躲避萨姆苏–伊卢纳的进攻而逃离，但后来又重返城市并重建古代神庙，尽管工程质量很差。[26]

巴比伦尼亚的财富已经通过贸易得到充分的积累，在本时期，生产玻璃化合物和合成玄武岩的本地工业进一步促进了巴比伦尼亚的富裕。[27]在巴比伦尼亚南部，当地对泥土和植物的知识带来了新产品的创造。与海兰第一王朝相关的一项工业是玻璃制造，我们是通过一篇泥板提供的相关配方得知的，它由一位马尔杜克祭司撰写，年代属于古勒基沙尔统治时期。[28]在拉尔萨出土的一份早期文献中有隐喻玻璃制造业，年代在汉谟拉比时期前后，文中提到了"玻璃的光影"，这种类型的玻璃或许用于模仿水晶。[29]玻璃锥制作的器物残件，形成一种千花效果，曾在库里加勒祖堡的一座加喜特宫殿以及伊朗西北部有出土。[30]再加上费昂斯容器和微型玻璃斧，[31]它们在巴比伦尼亚及周边地区风靡一时，成为昂贵的出口产品。巴比伦城的部分地区在本时期无疑闪耀着色彩的光芒。

巴比伦的彩色玻璃作为原料以圆盘形态广泛出口，并可以通过新的分析技术进行鉴别：在美索不达米亚制造的圆盘和珠子粗料在罗马尼亚、德国北部、斯堪的纳维亚、希腊的迈锡尼、土耳其南部海岸乌鲁布伦一艘沉船的货物中以及尼罗河流域图坦卡蒙的陵墓中都有发现。[32]玻璃滚印和彩釉滚印开始得到使用。缟玛瑙中的天珠可以通过化学方法处理普通褐玛瑙获取，制造出一条或多条同心白色条带。[33] 加喜特国王同样生产人造青金石，其品质足以作为最高级别的外交礼物。这些新材料和新技术通过奢侈品出口创造财富，吸引来亚述贸易商，后者见于库里加勒祖堡——一座距离巴比伦 100 公里的城市——出土文献的记录。[34] 所有这些证据表明，巴比伦人成了化工专家，这是生产稀有宝石的仿制品所需的技术。[35] 贸易活动沿底格里斯河而下，直达波斯湾，特别是与费莱卡岛的交易，同样在本时期欣欣向荣。[36]

　　阿贡二世·卡克里梅的财富足以让他在巴比伦建造一座设有华丽大门的高大神祠。[37] 建造这座神祠是为了供奉马尔杜克和他的配偶扎帕尼图姆的雕像，并用贵重的财宝装点他们的雕像和神祠。[38] 在此给出若干摘录，出自他内容详尽的长篇文本：

　　　　i.1—10 "我，阿贡·卡克里梅，乌尔希古鲁马什之子，舒卡穆努血统纯净的后裔，由安努和恩利尔、埃阿和马尔杜克、辛和伊什塔尔命名，众神的女战神伊什塔尔的强壮青年。"

　　　　i.31—43 "我，加喜特人和阿卡德人之王，广袤的巴比伦之地的国王，安置埃什努纳之地流散民众之人，帕丹和阿尔曼之地的国王，[39] 古提人——愚蠢的民族！——之王，令四方臣服、得众神眷顾的君王。"

　　　　i.44—52 "当诸大神用他们圣洁的话语命令至高之所

和巴比伦的主人马尔杜克回归巴比伦，马尔杜克就面朝巴
比伦……"

ii.1—7 "我费尽心机，我不惮劳苦，我改变马尔杜克
的心意将他带回巴比伦，我与青睐我统治的马尔杜克通力
合作。"

ii.8—23 "我通过占卜师的羔羊卜问沙马什殿下，随后
我远涉他乡，前哈拿人的土地，我牵起马尔杜克和扎帕尼
图姆的手，我将青睐我统治的马尔杜克和扎帕尼图姆带回
至高之所和巴比伦，⁴⁰带回沙马什通过脏卜选定的（神圣）
居所，我在那里集合工匠。"

文中列举了一位雕塑师、金匠和滚印刻工，随后三行残
损严重无法识读。阿贡接着描述用于制作神灵服饰的珍贵黄
金和宝石、角冠、红色/凶恶的狮龙，以及马尔杜克的权威
印章：

iv.2—9 "我把他安放在他的宝座之上，雪松木材质的
宝座，与此同时工匠在为建造他们的神祠而工作……（九
行残损）"

iv.36—54, v.1—13 "宏伟的门扇，雪松木材质的对开
门，我制造它并将它牢固地安装在马尔杜克和扎帕尼图姆
的祭堂之内。我用长铜条捆绑门扇，我用净化过的铜片包
裹门扇的枢轴。我在上面装饰蛇、牛头人、野牛、风暴恶
魔、野犬、鱼人、羊头鱼的图案，材质分别是青金石、水

晶（？）、红宝石和雪花石膏……"

vii.11—21 愿阿贡长寿，愿阿贡安康，愿他的统治与善相伴，愿辽阔天国的命运之索为他开启，愿云朵降下甘霖。

国王——"建造马尔杜克神祠和解放工匠之人"——还祈求其他神灵支持他。[41] 这篇作品确立了加喜特国王作为巴比伦之王的合法性。在库里加勒祖一世统治时期，巴比伦的工匠们在享受了城市的一般特权和免税待遇后，又享受了特别的税赋蠲免。[42]

神庙大门的青铜饰带上刻画的怪物名单与后来闻名的《创世史诗》"标准版"中被称为提亚马特（"大海"，代表混沌势力）子嗣的怪物群并不完全一致。在文献里它们组成了混乱与秩序的宇宙大战——提亚马特最终被击败——中的敌军：蛇、红色/凶恶的狮龙、人首牛身兽、风暴恶魔、野犬、蝎人、妖风、鱼人、野牛，这些部分或全部是星座的名称。[43] 因此，这个段落反映出对天文观测的文学兴趣。在《创世史诗》"标准版"中记录的三条星空之径——分别以安努、恩利尔和埃阿命名——同样在阿贡的文本中作为一组出现。[44]

其他作品体现出对天文学的浓厚兴趣。《创世史诗》"标准版"中马尔杜克的一条法令是将月份的管理委派给月神辛，用诗歌体描述了月相变化。这些细节表明在创世的过程中，月亮和历法何其重要，以及马尔杜克对它们的最终掌控：[45]

他命新月现身，将夜晚托付给它，

并指定它为黑夜的宝石，以此标记日子的推移：

每个月他都在月华中将其托起，纤毫不爽。

"在月初，姣姣光照大地，

以上弦月的光芒标记六天；

在第七天月轮减半。

第十五天总是标志每月月半的中点。

当太阳从地平线照耀你，

你逐渐消失，开始缺蚀。

朔日总是靠近太阳的轨迹。

在第三十天，日月相合，与太阳比肩。"[46]

羊头鱼（*suhurmašu*）尽管在《创世史诗》中缺席，但在另一部作品中它歌咏了马尔杜克的英勇，赋予了这一形象在巴比伦的重要地位：

马尔杜克，最崇高的大神，

在他的父辈神灵中无人能及，

天界与冥界之主，世界各地之光，

居住在至高之所，巴比伦之主，至高的马尔杜克，

你的楔形文字在太古时代已经决定，

你的话语不容更改！

我，羊头鱼，称颂你的英武。[47]

它的名字同样来自一个星座。

2a. 巴比伦的加喜特独立王国

从巴比伦 36 位（？）早期加喜特国王中选列 13 人，[48] 下讫亚述国王图库尔提–尼努尔塔一世征服巴比伦。

巴比伦加喜特王朝[49]	同时期的埃及、亚述、赫梯、埃兰统治者
布尔纳–布里亚什一世	// 图特摩斯三世（1457—1424） // 普祖尔–阿舒尔三世
（4 或 5 位存疑的国王）	
卡拉–因达什（活跃于 1413 年前后）	// ? 阿舒尔–贝尔–尼舍舒 // 图达利亚一世
卡达什曼–哈贝一世	
库里加勒祖一世（活跃于 1385 年前后）	// 阿蒙诺菲斯三世
卡达什曼–恩利尔一世（约 1374—1360）	// 阿蒙诺菲斯三世（约 1386-1349）
布尔纳–布里亚什二世（1359—1333）	// 埃赫那吞 // 阿舒尔–乌巴利特一世 // 昂塔什–纳皮里沙
库里加勒祖二世（1332—1308）	
纳兹–马鲁塔什（1307—1282）	// 拉美西斯二世（1290—1224）// 阿达德–尼拉里二世
卡达什曼–图尔古（1281—1264）	// 哈图西利三世（1267—1237）// 拉美西斯二世
卡达什曼–恩利尔二世（1263—1255）	// 哈图西利三世 // 拉美西斯二世
库杜尔–恩利尔（1254—1246）	// 哈图西利三世 // 拉美西斯二世
沙加拉克提–舒里亚什（1245—1233）	// 哈图西利三世 // 拉美西斯二世
卡什提利亚什四世（1232—1225）	// 图库尔提–尼努尔塔一世（1225—1217） // 图达利亚四世（1227—1209）

在加喜特诸王统治的这一时期，引人注目的是对早期传统的尊崇：部分王家铭文以苏美尔语书写；滚印和授土碑上的图像主要取自古老的母题；没有引入新的神祇，除了两位山神，少数铭文将统治者获得王权归功于二神。经过三四百年相对和平的统治，文学作品继续得到抄写、阅读、改编和更新，或有全新的创作。[50] 在这一过程中做出重大贡献的最著名人物之一是阿拉德－埃阿，数个世纪以来若干城市中有抱负的书吏均奉他为祖先。[51] 在成千上万属于本时期的泥板中，绝大部分出土于尼普尔，那里保守的抄写活动繁荣，与之相伴的是学堂里的下流猥亵作品。至公元前第 14 世纪，如果不是更早的话，马尔杜克信仰在尼普尔已站稳脚跟，在那里举办了一场致敬巴比伦保护神的新年庆典。马尔杜克在该城拥有一座神庙、一片田地和一处花园。[52]

在阿亚达拉被逐出巴比伦后，海兰的统治者可能成为巴比伦加喜特国王的附庸或藩属。埃兰人的干涉或许通过几代外交联姻得到遏制，它们最终导致一位埃兰国王对巴比伦王位拥有极具效力的声索。提到这些事件的文本在巴比伦出土，但残损严重。其傲慢的辞令让人怀疑它是在学堂环境下由爱开玩笑的书吏创作的，是伪历史背景下的一封文学戏仿版王家通信；[53] 年代学序列中的特定问题同样支持这种可能性。但这类王室联姻却曾安排过，不仅是与埃兰统治者，还有亚述国王，他们都希望最终将自己的一位后人扶上巴比伦王座，享有巴比伦的财富。从保存最完好的部分摘录的这段内容便带有这种意味：

为什么我，作为一个国王……强大的库里加勒祖王长
女的后人，不能坐上巴比伦尼亚之地的王座？我向你发出
了真诚的求婚。然而你置若罔闻。你或许能爬上天空，但
我会拽你的下摆将你拖下来！你或许能跳下地府，但我将
拽你的头发把你拉上来！我要摧毁你的城市，拆除你的堡
垒，堵塞你的灌溉渠，伐倒你的果树，拔除你运河口的闸
门！……给我一个满意的答复！[54]

重大变化发生在战争模式中，从本地的"农民士兵"转变
为骑兵和战车兵，尚武的贵族阶层应运而生，解释了新的社会
结构。战争成为一种值得在史诗中歌颂的精英追求。加喜特人
与马术和驾车术的联系，从萨姆苏-伊卢纳时代起已为人所知，
在本时期的记载中再次出现，此时巴比伦向埃及提供马匹、战
车和马具，希望以此换取黄金。优质的马匹储备，训练和包养
马匹的技术专长，加上全套光彩照人的装备，为国王和宫廷在
公共巡游中闪耀登场提供了新的机遇。[55]官员"马夫"（字面意
思是"持鼻缰者"）在早期只是一个主要负责驴子的低级官吏，
现在则是宫廷的高级官员。同样地，现在"驯马人"在加喜特
宫廷也占据高位，"国王贴身侍从马夫的建言总是受到优先考
虑，他被安排在前排"。[56]加喜特词"服马者"——出现在楔形
文字文献的极少数加喜特词之一——同样用于称呼一个王室要
职。尽管在南方，运河船运从未被取代，驴和驴类杂交继续作
为巴比伦尼亚北部和以外地区的主要运输手段，但它们的地位
在马匹和战车的社会地位崛起之时随之下降了。[57]

尽管所有国王（以及他们的马！）都使用加喜特名字，表明他们依然自豪于自己不同的族谱，但他们的王朝在《巴比伦王表》中得到很大程度的接纳，仿佛他们是源自某座美索不达米亚古老城市的闪族人。这表明，相比发布诏令将加喜特人排除出特定贸易活动的时代，人们的态度发生了变化。

加喜特诸王在巴比伦站稳脚跟前后，埃及新王国在阿赫摩斯一世（约公元前1539至公元前1514年在位）及其后继者在内的几位杰出法老统治下，从尼罗河谷扩张至巴勒斯坦和叙利亚。他们将会发现，那里的城市国家统治者都接受过巴比伦楔形文字的训练。城市统治者至迟从汉谟拉比时代开始已一并使用巴比伦语言和文字；巴比伦人和亚述人可能前往境外，在那里的一些城市中教授隶属宫廷的当地书吏。[58] 埃及人还将发现赫梯人和乌加里特居民同样使用巴比伦楔形文字，同时也在泥板上以同样的文字书写他们自己的语言。甚至连阿拉西亚（塞浦路斯）国王也使用巴比伦语和楔形文字与法老通信。因此，在尼罗河畔阿玛尔纳土丘发现的王家书信中，法老使用巴比伦楔形文字与近东各地的统治者联络在意料之中。这些便是著名的阿玛尔纳书信档案。它们以楔形文字书写在泥板上，主要使用巴比伦语和改编自它的迦南语，与它们一道出土的还有用于书吏教学的辞书文献和文学文本。[59]

在埃及阿玛尔纳发现的350件王家信件和学堂文本没有纪年，但有两封信提到了法老与巴比伦之间的良好关系始于库里加勒祖一世统治时期，标志着甚至在阿玛尔纳的城市建设之前，两国统治者已有直接联络。由于阿玛尔纳是阿蒙诺菲斯四世*——阿蒙诺菲斯三世之子——建造的一座新王都，储存了两代国王的楔形文字档案，加之城市在不到三十年后即遭废弃，因此当地的国际通信档案是否属于埃及使用楔形文字的一个较长时间范围的疑问，现在得到在埃及、巴勒斯坦、安纳托利亚和巴比伦尼亚各地遗址的后续发现的确认。这些发现表明，巴比伦绝非一个努力尝试从一段漫长的动荡岁月中复兴的弱国，而是被视为世界强国之一。

早在阿玛尔纳书信的时代之前，在喜克索斯统治者位于尼罗河三角洲的王都阿瓦里斯（现代达卜阿土丘），一封楔形文字泥板书信的一块残片被丢弃在一口井中，伴随它的是一支迷你的黏土滚印，上面盖有一截古巴比伦风格的楔形文字铭文。[60]尽管它们非常不起眼，但这两项发现提供了喜克索斯人与雇用资深书吏的统治者之间通过巴比伦楔形文字直接交流的证据，不过它们并不一定能证明巴比伦城与尼罗河流域的大城市之间有直接联络。[61]稍后在公元前15世纪中期，《图特摩斯三世年代记》记录了一份"来自桑加尔（加喜特王朝统治下的巴比伦尼亚）首领的善意礼物：巴比伦的青金石，真货，人造品"，这其实是蓝玻璃，曾两次赠送给法老，因为那时巴比伦控制着最昂贵和最时髦的宝石以及人造宝石供应。[62]

阿玛尔纳发现的泥板信件被视为实际发出者的副本，推测保存在王家档案中以供查阅。同样地，在赫梯王都哈图沙发现的赫梯国王的泥板信件，也可能是保存在档案中的副本，对应

---

* 后来改名为埃赫那吞。——译注

实际发送的文本书写在其他更易朽烂的材料上，因此后者没有在收件人的宫殿里被发现。

在通信中出现的法老有阿蒙诺菲斯三世、埃赫那吞和图坦卡蒙，与他们通信的几位巴比伦加喜特国王在地位上对等：他们是尼罗河和幼发拉底河之间的"兄弟"。这批信函提供了青铜时代晚期中段外交活动丰富而详细的图景。库里加勒祖一世之子收到了法老送来的一份家具作为礼物，用于自己在巴比伦登基时的新宫。[63] 库里加勒祖一世的孙子布尔纳-布里亚什二世同样从巴比伦尼亚发出信件，在他统治时代，阿舒尔城的国王阿舒尔-乌巴利特摆脱了外国宗主，同样与法老进行通信。与此同时，亚述国王开始与巴比伦国王建立联系，最终发展为与巴比伦竞争主导权。

在阿玛尔纳书信档案时代的大约一百年后，在赫梯王都哈图沙和加喜特行政中心库里加勒祖堡发现了公元前 13 世纪赫梯国王哈图西利三世的信件，表明哈图西利与两位加喜特国王互通书信。[64] 赫梯国王令人敬畏的妻子普杜-赫芭曾夸耀自己的两个儿子都娶了巴比伦公主。[65] 尽管大多数赫梯信件以赫梯语书写，但从哈图沙发往巴比伦的信件使用的却是巴比伦语。

公元前 17 至公元前 13 世纪的所有这类书信表明，以楔形文字书写的巴比伦语是近东各地的主要外交用语。国际交流不限于"阿玛尔纳时期"。它们展示了巴比伦加喜特诸王跻身他们时代的世界一流领导人行列，不是通过军事征服，而是通过文化和商业交往。学校文献，包括部分巴比伦文学文献，例如《埃塔纳史诗》，揭示了巴比伦语言和读写教学在阿玛尔纳的开展，[66] 一如早前时期在苏萨和巴勒斯坦发生的那样，还展现了埃及如何借助生活在阿玛尔纳的书吏来吸收巴比伦的伟大天文学汇编《那时安努和恩利尔》中的知识。[67] 它们还表明，哈拿的精英与巴比伦、埃及和赫梯人平起平坐，或许时间短暂，直到亚述人向西扩张。[68] 至本时期，巴比伦神灵马尔杜克在赫梯神谱中得到承认，尽管巴比伦从未侵入安纳托利亚的赫梯领土。[69]

大国君主之间交换专家，特别是占卜师和怀有医学知识之人。赫梯国王哈图西利三世（公元前 1267 年至公元前 1237 年在位）向同时期的巴比伦国王请求一位雕塑师：[70]

> ［此外，我的兄弟］：我想要制作［雕像］，把它们放置在家族的寓所。我的兄弟，［派给我］一位雕塑师。［等雕塑师］完成雕像，我会打发他回来，他便能回家了。［难道我没有送回之前的］雕塑师，他没有回到卡达什曼–图尔古那里吗？[71]

同一封信还索要马匹，最好是比之前送来的更年轻更高大；还要质量更佳的青金石和白银。对雕像的强调格外有趣，因为我们所掌握的唯一有关加喜特王室雕塑的证据，是在乌尔发现的一尊真人大小（或更大）的库里加勒祖闪长岩雕像的足部碎件及上面的铭文。因此，赫梯信件暗示巴比伦雕像的质量非凡，尽管巴比伦国王也向法老表达了对埃及雕塑的欣赏。[72]

库里加勒祖一世（意为"加喜特人的牧羊人"）的声誉展现了为何这位国王能够在法老面前树立起自己的威信。[73] 他施与巴比伦和尼普尔税务蠲免。他作为尚武国王的名声反映在，他收到一些迦南人的邀约，请他参与一场掠夺埃及领土的行动。至本时期，巴比伦积攒了足够的黄金，可以使用它而非白银作为通货，这个状况一直持续到沙加拉克提-舒里亚什统治时期，即公元前 1245 年左右，此时将铜用于支付表明巴比伦经济状况已经恶化。

　　库里加勒祖一世与埃兰的关系显然涉及对等高层的婚姻联盟，这也是阿玛尔纳出土的诸多信件的一个重要主题。在大流士一世之前的整个巴比伦历史上，一位国王通过送出女儿嫁给另一位国王以巩固联盟是一种惯例，不在乎对方的种族。尽管人们可能期待这个女孩成功当上正宫并诞下一位王位继承人，但在许多情形下，她只能与其他国王出于相似原因送出的女孩位列同一地位。在巴比伦尼亚、亚述和赫梯王国，外国妻子可以生下王位继承人，或者因不孕或品行不端而失宠——赫梯国王苏皮卢利乌马一世的巴比伦妻子，即其第三任王后，就因行为不端被驱逐。然而，在埃及，法老明确规定外族儿媳的孩子无资格继承埃及王位。在西亚不存在这类保留措施，但习俗的差异或许不会得到所有派系的欣赏。

　　库里加勒祖新建的行政中心拥有一座华丽的塔庙，其泥砖结构每隔一段距离嵌入芦苇席和沥青隔层。他将其命名为库里加勒祖堡：

　　　高贵的伊吉吉诸神济济一堂，并赞扬……
　　　在卡杜尼亚斯之地，[74] 伟大众神建造了库里加勒祖堡……

　　在巴比伦，加喜特国王之都，始祖之城，坚实的基地，

　　在大神舒马利亚和舒卡穆纳的神庙里，

　　他们称颂他的权威，用华美的光环、王权的礼仪打扮

他，（宣布：）库里加勒祖，世界之王，睿智的国王！

　　尽管这座新的基地如此重要，但铭文明确指出，始建于纪元之初的巴比伦才是王权的真正中心。

　　直至晚近时期，库里加勒祖堡的塔庙依然非常显眼，以至于一些早期旅行家以为它便是《圣经》中的巴别塔，而该城的废墟便是巴比伦遗址。当地一座主要建筑包括由众多长方形房间环绕的庭院组成的一个巨大建筑群，推测是一座宫殿。行政文献揭示了稀有材料和纺织品制造业带来的财富，信件的残篇暗示存在国际联络。这是库里加勒祖统治时期特有的建筑热潮的组成部分，表明他积攒了大兴土木所需的巨额财富。其他建筑工程主要集中在南方城市，他的前任也在乌鲁克修筑了一座神庙。但在巴比伦城没有发现他的建筑工程或资助活动的任何迹象。[75]

　　巴比伦城中，亚摩利诸王的部分纪念建筑依然屹立，得到虔诚的保护；一些加喜特建筑物可能正被压在尼布甲尼撒二世的宏伟工程之下，但所有这些建筑很可能随时间推移不断发生沉降。[76]巴比伦城内的建筑和其他活动很少得到验证，但在乌拉姆-布里亚什的一枚权杖头上铭刻的诅咒中，得到乞灵的"大女神"宁玛拥有一座精美的神庙，很久之后才见于记载。它在

巴比伦中心建筑群的发掘中被揭露出来，被称为"大房子"，得名于各地供奉同一位女神的早王朝神庙。[77]它紧邻坐落在巡游大道上、后来闻名遐迩的伊什塔尔门。它的最早形制可能早在加喜特时代之前已落成。在巴比伦梅尔克斯区识别出了属于这个宽泛时期的一些私人住宅和墓葬。[78]

巴比伦加喜特诸王在公元前14世纪的世界舞台上享有的声望表明，美索不达米亚比人们从其疆界内发现的稀少证据中所预期的更为富庶和强盛。尽管没有纪年大事透露军事活动，也没有吹嘘胜利的王家铭文，但许多青铜箭镞刻有王室人名，有的还有献词，推测涉及战役的胜利或全身而退。加喜特人无疑没有摒弃他们的战斗素养，少数亚述铭文展示了发生在亚述与埃兰之间的周期性冲突，特别是在底格里斯河以东，那里有着三大强国垂涎的肥沃边区和贸易商路。

在南方波斯湾上的巴林岛，迪尔蒙的一位加喜特总督是尼普尔总督的"兄弟"，他拥有一座功能为行政中心的宫殿，使用泥板进行记录。[79]尽管阿贡二世·卡克里梅或许并非巴林发现的泥板上记录的同名者，但控制途经波斯湾的贸易可能是一个财源，能够让国王进一步增加巴比伦的财富。[80]在邻近的费莱卡岛，楔形文字铭文、玻璃和加喜特风格滚印的出土证实了加喜特王朝对当地的控制。[81]尽管它无疑继续进口来自阿曼的铜料，但在西方还有其他矿场可以满足埃及人和迈锡尼人的需求。[82]在阿玛尔纳时期末段，我们拥有一个丰富的新史料来源：在尼普尔的发掘获取了惊人数量的行政文献，年代涵盖约一个世纪，结束于该城在公元前13世纪晚期被图库尔提-尼努尔塔一世征服前后。已经发表的一组材料展现了本时期纺织业和印染业的财富与专业化程度，巴比伦直至进入罗马时代依然以该行业闻名。[83]

亚述是处于崛起中的强国。一系列事件始于亚述公主与加喜特王子之间的外交联姻。这桩婚姻诞下的孩子登上了巴比伦王位，但很快被叛军所杀，叛军拥立的篡位者被阿舒尔-乌巴利特处死，以报他孙子被谋杀之仇，阿舒尔-乌巴利特扶植库里加勒祖二世登基，后者与他有亲缘关系，因此库里加勒祖二世作为亚述的从属国王进行统治。该事件清楚表明亚述国王因女儿生下了有前途的儿子，期望他的孙子继承巴比伦王位。或许在同一时间前后，一批用青金石、其他珍贵石材和玻璃制作的极其精美的滚印被（可能是间接地）运往希腊本土波奥提亚地区的忒拜。一些奉献铭文提到马尔杜克，将这位巴比伦神灵的名字带入了迈锡尼时代的希腊。[84] 一位公主的嫁妆可能是这样一组珍贵物品收藏的成因。

库里加勒祖二世是亚述国王的孙子，依靠亚述军援夺取王位：阿舒尔-乌巴利特的一个女儿嫁给了卡拉-因达什，后者在乌鲁克建造了一座漂亮的神庙，神庙的砖雕立面刻画了两河的水流，不禁引人遐思：彼时有哪些精美的建筑为巴比伦增光添彩。当阿舒尔-乌巴利特入侵巴比伦，将自己的血亲扶上王位时，他批准了在阿舒尔城的国家主神阿舒尔神庙区——亚述传统的心脏地带——内建立一座马尔杜克和扎帕尼图姆的分支神庙和一座城门，标志了一场合作关系，可能也象征巴比伦神灵臣服于亚述国家主神。不可避免地，在巴比伦和亚述皆存在紧张和敌意行为：一位书吏大师逃离巴比伦，以摆脱"变节罪"，他为自己在阿舒尔城的马尔杜克神祠附近建造了一间寓所，将自己摆在以最高层次推广巴比伦文化的位置上：[85]

> 我建造的房子位于我主马尔杜克神神庙的阴影之下……愿我主马尔杜克眷顾这间房子……愿他允许房子为未来我的儿子、我的孙子、我的后人和我后人的后人长存。愿我主马尔杜克赐予钟爱的阿舒尔-乌巴利特，世界之王，我的主人，永享富贵荣华。[86]

这位书吏的众多后人在之后的世纪成为见诸记载的著名书吏。仅仅过了一百年，另一位巴比伦书吏布鲁库（意为"金发"）带领整个机构的助手，在亚述国王图库尔提-尼努尔塔一世于底格里斯河畔建立的新王都定居下来，加强了巴比伦与亚述文学活动之间的联络。库里加勒祖手下最著名的作家兼书吏名叫阿拉德-埃阿，之后一千年间的伟大学者均宣称是他的直系后裔。[87]

至阿玛尔纳时期末段，库里加勒祖二世证明自己是这个王家名字实至名归的继承者，也是一位坚韧的战略家：他多次向同名先王建立的富丽神庙送出丰厚的供奉，还两度与阿舒尔-乌巴利特的继承人交锋，推测旨在限制或摆脱亚述控制。他击败了集结于代尔的一支联军；他在征伐埃兰的战役中从苏萨夺取了战利品。

代尔，位于今天的巴德拉，已发展为一个远超边境要塞的城市：它是一个拥有多座神庙的城市，是学术文献的生产中心，[88] 还是军事行动——无论是巴比伦人防御埃兰的进攻，还是联手埃兰对付亚述——的主要集结点。每一方都希望获得并控制底格里斯河东岸领土，以此沿迪亚拉河谷而下突袭巴比伦尼亚，避开更南方的沼泽地，并保护或劫掠沿呼罗珊大道行驶的商队。在汉谟拉比时代，焦点位于埃什努纳，但如今事件发生在更偏东南方向边境上的代尔。值得注意的是，代尔是著名的巴比伦世界地图上屈指可数的标出名字的城市之一。从代尔出发，埃兰军队沿苏萨的来路居高临下进入美索不达米亚，在进入迪亚拉河河源处的肥沃平原前很容易暴露，或是在携带战利品撤退时也容易遭受伏击。库里加勒祖向尼努尔塔神进献了一把剑，感谢战神惩罚从代尔出发杀害尼普尔居民的人。[89]

至于"世界之王"纳兹-马鲁塔什的统治，多部重要的文学作品被归在他名下。[90] 在他治下创作的一篇著名诗歌是《让我赞美智慧之主（马尔杜克）》，如今通常称为《咏受难的正直之人》。这是一个男子的独白，他独特的名字或许证明他是纳兹-马鲁塔什一朝的重臣。[91] 就像《圣经》中的约伯，尽管他善良虔诚，却不断遭遇不幸，他抱怨生活的不公，直到马尔杜克及其配偶扎帕尼图姆怜悯他，他的境遇才得以好转。这篇诗的寓意非常明确：

> 除了马尔杜克谁能够让他从濒死的境地苏醒？
> 如果不是女神扎帕尼图姆谁能赋予他生命？
> 世间生民无不赞美马尔杜克！[92]

在纳兹–马鲁塔什的统治结束后，亚述帝国将哈拿等地纳入版图。该事件造成的权力洗牌必定影响了巴比伦，但主要证据暗示埃兰的袭扰和半游牧部落的入侵对巴比伦利益的威胁更大。

和之前一样，在任何媒介上都没有发现一种独特加喜特文化的声音。[93] 在文献中所见的美索不达米亚传统的全盘融合，或许与书吏实践的连续性和古老文学作品的普及有关。这一点很好地体现在一部被称为《择日书》的楔形文字手册中，旧版内容的抄本在当时的七座大城市用于择日，它们的材料被筛选纳入新作，并在纳兹–马鲁塔什授意下成书。[94] 这组文献被归名于大洪水之前的传奇七贤名下，根据月相列出能够避免失败、生下孩子和其他各种活动的吉日。[95] 其他各类文献——医学、辞书和神话——同样与圣贤挂钩，通过神话和雕塑可知，圣贤以神鲤的外形现身。作为作者，圣贤赋予文献最高的古老性，使其具有大洪水之前的原始智慧的权威。在一枚加喜特时期的滚印上，鱼人可能首次被引入艺术图像。[96] 一些为库里加勒祖雕刻的精致滚印在设计时似乎参考了汉谟拉比法典石碑顶部的雕塑，有意使用一种古风的传统设计，搭配法典石碑下段的古风字体，这种文字以在印章上书写苏美尔文的深奥风格而著称。[97]

从公元前 1400 年左右开始，一直延续到随后很长一段时间的独特雕塑是被称为授土碑的小型石刻。[98] 其中大部分是形状不规则的含沥青的黑色或米黄色石灰岩块，上面镌刻司法行为记录，内容是国王将一块位于某处的土地赠予他青睐的官员。这代表从本地村居地主向不在地城居地主的转变，他们是各大神庙中的祠禄官。一位祠禄官有权向神庙供应例如啤酒、面包和乐师，这可能是一项有利可图的特权。在巴比伦第一王朝时期，绝大多数土地由个人持有，作为交换，他们为国家提供包括参军和徭役在内的服务，可以转嫁给替补者；作物需要纳税。一个男子的家庭平均需要五公顷土地。只要有继承人，土地可以继承；如果无人继承，或土地荒芜，则收归国王。但许多授土碑铭文显示，国王将平均 1 239 公顷的巨大土地（无须全部位于一地）赠予某一位官员，以换取他的效忠。这些官员是农民的地主，但无需生活在他们附近。有些田地归神庙所有，类似地，它们作为佃农的机构地主。在一些案例中，新的所有者被豁免赋税，而作为祠禄官，他可以分包给找来的替代者去完成神庙的工作。[99] 土地所有权的变化似乎标志着从一个相对平等的社会向一个拥有精英阶层——由占据大型庄园的强大地主构成——的社会转型。

　　每块石碑及其记录的行为都受到符号保护，这些符号以浅浮雕形式雕刻，象征神灵——主要是那些在对未来破坏者的诅咒中指名的神灵。诅咒辞句刻在法律文本的结尾。它们并非总是有效的：许多授土碑在埃兰人袭击寺庙时被缴获并带回苏萨；许多石碑涉及底格里斯河东岸土地，那里埃兰的影响力巨大且冲突频繁。一组三顶角盔的图案被频繁刻画在石碑顶部，代表安努、埃阿和恩利尔，对应《创世史诗》中马尔杜克创造的天界的三个区域，还有一些图案与已知的星座名称有关。部分石碑拥有圆顶形碑额，该部分的符号从上往下看，呈现一种众神身处天界而世人位于下层的设计（见图 2.1、2.2、6.4 和 6.5）。[100]

授土碑有时会声明文本记录在一块木质书写板上；而在亚述人征服巴比伦后，将巴比伦文献运往亚述，并在泥板上抄写他们的副本，他们有时会注明是对照一块木质书写板抄录的。偶尔某块泥板阅读时需要从一边转到另一边，而不是从上至下，仿佛模仿通过一侧的铰链联结起来的书写板。一篇授土碑铭文法令段落的副本，缺失了序言和诅咒部分，二者可能曾书写在一块泥板或木质书写板上。[101] 授土碑通常被封存，当新的所有者根据石碑铭文的规定获得产权后，他会保存授土碑。土地买卖和赠予活动有时显示出对所有权的了解可以追溯到几个世纪以前。一块年代属于公元前 12 世纪末的授土碑记录了海兰国王古勒基沙尔划定的一条边界，他是安米-撒杜喀的同代人，时间在四百多年前。[102] 该案例表明人们是多么精心地保存古老的法令记录以备将来参考。

社会结构，特别是在宫廷和高级军官中的情况，不得其详，各种解读差异甚大。特别说来，巴比伦精英阶层包括宦官吗？字面含义为"头人"的词意指太监吗？某些以无须面貌刻画的男子，因为他们是宦官，或是出于时尚、年轻或地位等其他原因？这些问题争论激烈，不仅涉及巴比伦尼亚，也包括在亚述、乌加里特和赫梯人中的情形。[103] 在某些巴比伦国王的案例中，该词指代继承其"父亲"的一位"国王之子"。

巴比伦尼亚不可避免地出现了混乱。苏图人是亚摩利人的一支，被称为"风之民"，这群帐篷居民曾在巴比伦第一王朝末期被指控为入侵者。他们被妖魔化为大肆破坏的战士、恶名昭彰的族群、见利忘义的袭击者，基本是制造麻烦的外人。与其他半游牧族群一样，他们结成军事组织，在汉谟拉比时代作为辅助部队效力，但最终部分人涉足地产并成为识字阶层。在公元前 2 千纪晚期，他们是经常与半游牧的阿赫拉穆人相提并论的部落战士，阿赫拉穆人侵入定居区域，甚至对一些大城市也造成破坏。[104] 他们的名声引发人们的恐惧：可怕的女恶魔拉玛苏被指定为危险的异族，无论是苏图人、埃兰人还是亚摩利人都认为如此。[105] 被她的天神父母逐出天界后，拉玛苏被认为是杀害婴儿和孕妇的元凶。"难民团体"缺乏部落支持，在各地城市寻求庇护，同样是麻烦制造者。[106]

人们或许认为，拥有灌溉农业的下美索不达米亚应免疫干旱。它也未处在主要地震带上。但其他地区的贸易网络确实遭受了地震和旱灾影响，而地下水位也未能维持可靠高度。在更靠北的阿舒尔城，公元前 14 世纪阿舒尔-乌巴利特一世的一篇独特碑铭告诉我们，国王下令填平一口井，因为它 10 肘尺（约5 米）的深度已经不再"满足一棵果树所需。将来，希望使用水井的国王能够移除土壤，再次触及水源"。它指明了底格里斯河沿岸的地下水位已发生变化，并且情况严重到需要一篇王家铭文关注此事。[107] 幼发拉底河畔的巴比伦应该会遭受水源供给波动带来的相似麻烦。

在卡达什曼-图尔古在位期间，巴比伦依然强盛，足以在赫梯国王与埃及的冲突中向他提供步兵和战车，当时法老正在向黎凡特扩张。一枚大型青金石滚印的一连串铭文钤印在尼尼微出土的一块泥板上：它最初属于"世界之王沙加拉克提-舒里亚什"；之后，"世界之王、亚述之王沙尔曼尼塞尔一世之子图库尔提–尼努尔塔"夺取了它，作为来自"巴比伦的战利品"，而六百年后，亚述国王辛纳赫里布发现它已经回归巴比伦，于是再次夺走它，并在滚印上加刻自己的铭文。[108]

2b. 晚期加喜特诸王与亚述征服

（列出 9 位国王中的 6 人）

巴比伦	亚述、赫梯、埃兰	埃及
卡什提利亚什四世（1232—1225）	//图库尔提–尼努尔塔一世（1225—1217）？	//梅内普塔
阿达德–舒马–伊迪纳（1222—1217）		
阿达德–舒马–乌素尔（1216—1187）	//尼努尔塔–阿皮勒–埃库尔（1192—1180）	
	//阿舒尔–尼拉里三世（1202—1197）	
	//苏皮卢利乌马二世（赫梯）	
梅利–西帕克（1186—1172）		
马尔杜克–阿普拉–伊迪纳一世（梅罗达克–巴拉丹）（1171—1159）		
恩利尔–纳丁–阿希（1157—1155）	//舒特鲁克–纳洪特一世（埃兰）	

巴比伦加喜特王朝被亚述国王图库尔提–尼努尔塔打断，他在征服叙利亚和安纳托利亚部分土地后转向巴比伦。卡什提利亚什四世被俘并被挟往亚述，巴比伦人被迁往亚述，价值不菲

的战利品被夺走，但其中最为引人注目的是，文学泥板被夺走，这表明巴比伦依然被亚述承认和尊崇为高级文学的中心。图库尔提-尼努尔塔使用"迪尔蒙和麦鲁哈之王"的头衔，暗示卡什提利亚什从他的先辈那里继承了早先对巴林和更往东之地的统治。亚述国王可能只是接管了这些贸易站，作为他征服美索不达米亚的一部分，没有将军事活动延伸到那里。

《图库尔提-尼努尔塔史诗》便是为庆祝这场胜利而作的。它的创作或许得到了国王的巴比伦书吏"金发"的协助。这部作品的现存部分足以表明其无愧一部恢宏的英雄主义创作，原始版本多达850行。[109]亚述国王谈及曾与早期加喜特诸王交战的先王们，并以誓言遭背弃、土地遭掠夺、士兵遭不公的屠戮来为自己的行为辩解，结果是神灵抛弃了巴比伦尼亚的大城。噩梦折磨卡什提利亚什，预兆提前透露了战败和灾难。

相反，亚述国王优待被俘的巴比伦商人，将他们释放。听闻迫在眉睫的进攻之时，卡什提利亚什"从座椅上跳下来……推开餐盘……胃口全无……他登上战车"。双方的信使都发表了精彩的演说，逐字逐句地转述："这是你百姓的血将浸透牧场和草地的日子，像风暴一样我将掀起滔天巨浪淹没你的营帐。"部队集结与各种策略部署，在战斗前都被亚述人侦知，亚述军队在战斗中撕开他们的胸甲和衣衫，"奋勇冲锋陷阵，像猛狮一般……狂热而英勇的男人挥舞锋利的兵器"。诸大神为亚述而战："阿舒尔神一马当先，失败之焰在敌军中蔓延。"[110]七位大神与他并肩作战，每一位都发挥各自的作用：太阳神致盲敌军，风暴神刮起狂风与洪水，尼努尔塔粉碎加喜特人的武器。该文本的创作者运用了来自《创世史诗》和尼努尔塔神话的母题。他调整了王家铭文中记录的真实事件的顺序。[111]

图库尔提-尼努尔塔骄傲地罗列战利品，"加喜特国王宝库的丰厚赃物"包括写有书吏故事、驱魔文、祷文、神谕手册、医学文本和"他祖先的集合名单"的泥板。通过这一举动，他可以宣称吸收了巴比伦学术蕴含的高等文化和声望。

图库尔提-尼努尔塔致阿舒尔神的颂诗包括一些出人意料的自怜内容，提供了一窥国王个性的视角。他向神灵倾诉：

> 万国同心协力，用邪恶的绞索包围了您的城市阿舒尔，
> 他们全都憎恨你任命的牧羊人［国王］，他管理你的
> 子民，
> 世界万国，你曾慷慨扶助的那些地方，皆不敬于
> 你……
> 他们卑鄙地谋害他们的恩主，
> 他们违背了世界之主的谕令。[112]

他的情绪可以比照《咏受难的正直之人》中的受难者，那位高官在诗中抱怨道：

> 群臣密谋对我恶语中伤，
> 他们朋比为奸，他们煽动诽谤……
> 我，曾像领主般大摇大摆，现在不得不躲躲闪闪。
> 我曾是贵人如今变成贱隶……

我的兄弟与我形同陌路，

我的朋友与我反目成仇。

在随后几年里，亚述人间接掌控巴比伦，这令图库尔提-尼努尔塔能够把持巴比伦国王应有的头衔："苏美尔和阿卡德之王""西帕尔和巴比伦之王"，但他向三个短命的傀儡下放了责权。马尔杜克继续在"至高之所"得到人们敬拜，传统仪式和庆典也继续展开。埃兰人没有袭扰那里，当图库尔提-尼努尔塔死于一个儿子之手后，加喜特王朝在巴比伦复辟，可能多少因之前的洗劫而贫困；图库尔提-尼努尔塔从巴比伦尼亚夺走的财富用于支付阿舒尔城的新建神庙和他在底格里斯河中游的新王都工程，这必定令巴比伦元气大伤。但亚述国王对巴比伦的虔敬和尊崇表明该城未必损坏严重，那些获释的巴比伦商人依然可以参与贸易网络。库里加勒祖堡出土的一块牛皮形铜锭表明，铜料在公元前 12 世纪从塞浦路斯输入，这意味着与东地中海地区的贸易依然畅通。

当加喜特国王再度独立之时，他们似乎一如从前，恢复了中等繁荣的生活，免于大规模袭击和入侵。《阿达德-舒马-乌素尔史诗》的残篇讲述了他对某位亚述国王的一场胜利，后者为违背巴比伦的豁免地位而致歉。[113] 阿达德-舒马-乌素尔之子梅利-西帕克的档案从乌尔到埃马尔等地都有出土。梅利-西帕克对尼普尔和伊辛的主要神庙进行了修复，将土地赐给了他的女儿和王储。[114] 他的儿子梅罗达克-巴拉丹一世修缮了博尔西帕的大神庙，与亚述商人交易纺织品，还将北部和东北部的许多土地授予他的重臣。但好景不长：好战的埃兰国王舒特鲁克-纳洪特一世父子，已经宣称对安都和苏萨——埃兰的两个主要王都——的统治，希望将巴比伦的王座纳入他们的帝国。他们最终被尼布甲尼撒一世挫败。[115] 这场失利结束了一个政局稳定、经济繁荣和文化成就卓越——在文学、艺术和建筑领域——的非凡时代。

图 6.4　梅利-西帕克国王授土碑顶部雕刻的符号，碑文记录他对儿子、后来继位的梅罗达克-巴拉丹一世的一次赏赐。符号之下是 390 行楔形文字文本。黑色石灰岩。公元前 12 世纪。出土于苏萨，现藏卢浮宫。通高 68 厘米。Hinke 1907: no. 32

加喜特王朝的终结是巴比伦的灾难。舒特鲁克-纳洪特认
为自己有权将儿子送上巴比伦王位，因为后者是早前一场王朝
联姻的子嗣，他在公元前 1158 年入侵美索不达米亚，除掉了
巴比伦的短命国王恩利尔-纳丁-阿希。舒特鲁克-纳洪特将惊
人数量的战利品带回苏萨，不仅包括大量金银财宝，还有汉谟
拉比宏伟的法典石碑，以及美索不达米亚历代国王的石碑和雕

图 6.5　梅罗达克-巴拉丹一世授土碑圆顶上雕刻的符号，碑文确认了梅利-西帕克
对穆纳比图的一次赏赐。黑色石灰岩。公元前 12 世纪。出土于苏萨，现藏卢浮
宫。通高 46 厘米。Hinke 1907: fig. 10

像。[116] 他将一些纪念碑的表面刮出一片区域，以插入自己的名字，为自己赢得巴比伦王室的威望。最终，他没能让儿子坐上巴比伦王位，三年之后，一个来自美索不达米亚南部的巴比伦人获取王位，结束了加喜特王朝，此时，根据王表的记载，"海兰第二王朝"启幕。

3. 伊辛第二王朝与尼布甲尼撒一世

公元前 1157 至 1026 年（列出 11 位国王中的 3 人）

巴比伦	埃及、亚述
伊提-马尔杜克-巴拉突（1139—1132）	
尼布甲尼撒一世（1125—1104）？	// 拉美西斯十世
	// 提格拉特-皮勒塞尔一世（1114—1076）
阿达德-阿普拉-伊迪纳（1068—1047）	

新朝统治者中第四位也是最重要的一位是尼布甲尼撒一世，他无疑也是巴比伦历代国王中最伟大的之一。[117] 他顺利从父亲手中继承王位，而在他之后，三位血亲也相继登上王位。那时赫梯和迈锡尼势力崩溃，埃及拉美西斯王朝战略收缩，在北方和西方均向巴比伦提供了新的机遇。[118]

尽管在王表中，南方城市伊辛——拥有献给治疗女神古拉的神庙和她的犬之冢——的名字被冠于这个王朝之上，我们对孕育了巴比伦最杰出国王之一的这座城市的背景却所知甚少。在本时期，伊辛并未成为王都，可能被视为海兰的一部。统治巴比伦的国王全部拥有巴比伦名字。[119]授土碑开始不仅记录王室，也记录王室之外的土地赠予。这应是权力下放的结果，或是对有出色服务的忠诚属下的奖励。和汉谟拉比一样，尼布甲尼撒一世的宫廷也拥有一位著名圣贤，"苏美尔与阿卡德首席学者"萨吉勒-基南-乌比布，他的名字意为"至高之所啊，令公正之人永葆圣洁！"[120]他创作——有时是汇编和整合之前的——文学作品，[121]这类通过晚期抄录本为我们知晓的文献包括《驱魔人手册》，它列出了该职业所需的文献汇编；以及涉及各类疾病的《诊断手册》。他还创作了《神正论》，这是巴比伦智慧文学最伟大的作品之一，他将自己名字的音节编入正文开篇的藏头诗中："我是萨吉勒-基南-乌比布，赞颂善与国王的咒语祭司。"这部将近300行的作品，采用交替进行的对话形式，对话发生在一位质询神灵的正义、怀疑祈祷和虔敬行为有效性的受苦者与一位试图打消他疑虑的睿智同伴之间，最后以"愿牧羊人（凡人国王）陛下让子民信仰神灵"结尾。[122]萨吉勒-基南-乌比布以各种方式纪念一位国王的伟业，他的作品在四个世纪后的尼尼微得到亚述国王研习。这位圣贤的很多作品被归属于他在阿达德-阿普拉-伊迪纳统治时期的创作，那时他已经步入晚年。

公元前7世纪的阿舒尔巴尼拔非常推崇他，特意命人制作副本，在尼尼微的宫殿读给自己听。这位亚述国王的占星师报告的一个天文预兆，与五百年前尼布甲尼撒一世对埃兰的胜利有关：

如果一颗流星从［北风］骤起时至南风骤起时［闪

耀］，以及它的轨迹有着一个像［蝎子］的尾巴……这个预
兆出自一位学者之口，当时尼布甲尼撒大败埃兰。[123]

尽管尼布甲尼撒的王朝冠以伊辛城的名字，但他宣称自己
是西帕尔的一位传奇国王的后裔，这暗示西帕尔此时一如它曾
在汉谟拉比时代那样重要：

> 巴比伦国王尼布甲尼撒正确地管理所有崇拜中心并确
> 　认常规供奉，
> 王权的后裔，大洪水之前已存续的种子，
> 西帕尔恩美杜兰基王的后人……[124]

尼布甲尼撒在北方连战连捷，取得对"阿穆鲁"的胜利，
抢在公元前1114年令人敬畏的提格拉特-皮勒塞尔一世登上亚
述王位之前，获得了一个抵御西方崛起的阿拉姆王国的缓冲地
带。这些新登场的势力很快包括大马士革王国。在东方，尼布
甲尼撒一世和他的将军从重镇代尔发兵，在夏季的滚滚热浪中
与"邪恶的埃兰人"陷入一场英勇的战斗。这场战役显然是他
最辉煌的征服，在多处铭文中有详细记述。"强大的领主"风暴
神向他揭示胜利的预兆；在战斗中马尔杜克挂帅指挥；在盛怒
之中，他可以清空一个国家，在得到安抚之后重新安顿百姓。
在一篇对远征的记载中，军队从代尔开拔，在乌拉亚河河岸作
战，强调了极端严酷的气候条件，在夏季高温水源短缺。尼布
甲尼撒英勇行动的诸多细节在相当精美的授土碑上得到记述，

那些授土碑在军事胜利与土地赠予之间搭起桥梁，提供了关于巴比伦战争活动的罕见信息。尼布甲尼撒写给马尔杜克的祷文中承认了自我怀疑，请求神灵增强他的武器。他在青铜匕首和短斧上镌刻自己的名字，要么是祈求胜利，要么是庆祝胜利，并将它们献给神灵。这些战役证成他"世界之王"的头衔。作为伟大的统治者，他是五百多年后一位采用他名字的国王选择的模范：尼布甲尼撒二世。但他现存的铭文没有任何地方征引《创世史诗》。这一点很是出人意料，因为许多学者认为《创世史诗》的主要版本是在他统治时期创作的。[125]

早在一个多世纪之前，埃兰便在富有远见的昂塔什-纳皮里沙统治下重整旗鼓，后者在埃兰西部的乔加赞比尔遗址建造了一座大圣所。这是苏萨东南40公里处的一组巨大的祭祀建筑群，包括若干神庙和一座12米高的中心塔庙，所有建筑以色彩缤纷的釉砖装饰。它被献给苏萨和安都的埃兰保护神，以及巴比伦神纳布。[126] 它遭受的破坏和洗劫或许拜尼布甲尼撒所赐，后者的将军，彼时的一位风云人物，得到一座庄园的奖励。[127]

在尼布甲尼撒统治时期，加喜特人依然身居高位，尼布甲尼撒在一封信中提到，巴比伦居民包括职业专家、商人和商业代理人，清楚指明城市的繁荣依然建立在贸易而非军事实力之上。对乌尔月神的供奉有助于维持尼布甲尼撒控制下的海兰人民的忠诚；在那里，他还做出一次特别的进献：让他的女儿出任女祭司。在尼普尔，他献给恩利尔一尊宝座，一位强势的总督监管着这个国度的古老宗教和文化中心。

《马尔杜克预言》是一篇不同寻常的文献，它开篇讲述了以前巴比伦被三位有名有姓的国王征服时的往事：依次是赫梯、亚述和埃兰的国王，从而暗示马尔杜克已经离开巴比伦。[128] 随后它从往事转向未来，预言一位未指名国王的胜利，他或许是统治后期的尼布甲尼撒。[129] 马尔杜克讲述他曾在赫梯人中游历，在那里停驻二十四年以推进贸易。[130] 随后前往亚述，在那里他帮助亚述国王取胜，又去了埃兰，在那里引发瘟疫和饥荒。返回巴比伦之时，他预言一位未指名国王的崛起，后者将修复他的神庙，将马尔杜克神庙的高度翻一倍，在一场荣耀的巡游中引导神灵进入神庙。繁荣随之而来：

> 河道里会有鱼。
> 田地和耕地将丰收。
> 冬播作物存活至夏天丰收，夏播作物存活至冬季丰收。

接下来神预测了对埃兰的彻底胜利：

> 最终，我与所有神灵将和他协同一致。
> 他将粉碎埃兰，他将荡平它的城市，他将摧毁它的堡垒。

文本结尾处是一个供奉清单，用以换取这一有利的预言。显然，通过这篇伪预言，这个未指名的国王被鼓励利用从贸易和军事胜利中获取的利润在巴比伦改善神圣建筑和增加供奉，从而提高马尔杜克的声望。他的统治被呈现为标志马尔杜克从一段漫长的缺席期回归，大肆庆祝的同时将得到比以往更优渥的捐献。作品的风格颇似预兆,仿佛是在用从往昔事件中取材的一篇预言奉劝供养者。

尼布甲尼撒的个性或许可以从他的一些行为中观察:他对自己任命的一位将军西提-马尔杜克十分慷慨,后者因作战胜利得到大量土地的奖赏。作为爱好马匹之人,尼布甲尼撒为他的良种马而自豪,并为许多良驹死于一种不明症状忧心忡忡,将其归咎于恶魔。[131] 国王记录了战役的艰险:在面对优势敌军时他恐惧死亡、情绪低落,令人忆起《吉尔伽美什史诗》,诗中在极端险恶的时刻,主人公几乎丧失勇气,他是一个并未自诩战无不胜的人,但会在忠实同伴的帮助下,挺过危险的境况。他骄傲于巴比伦是一座多元文化之都,该城居民用不同的语言向城市之神马尔杜克祝祷:"语言各异的人们向无敌的他祝祷。"[132] 国王本人以身作则,向不信神和背信弃义的人们宣扬虔诚,强调要从埃兰夺回马尔杜克和另一位城市神的雕像,凯旋带回巴比伦用于举行盛大的庆祝活动。显然,《创世史诗》"标准版"可能便是为这个场合首次创作的,或是在一个早期书面版本的基础上加以扩充的。

尽管最早提及巴比伦两道宏伟防御墙之一(名为"恩利尔的赞许")的文献年代约在此时,但我们对市内建筑工程或神庙献祭几乎一无所知,因为在公元前7和前6世纪,所有公共建筑均发生了巨大的变化,详见第8章。被称为《巴比伦城志》的篇幅达五块泥板的长篇文献或许也撰于本时期前后。它列出了城市的不同名称,以及它的神庙、街道和城门,其中一些与《尼普尔城志》中记录的名字吻合。[133] 乔加赞比尔无疑是巴比伦建筑师们的灵感来源，它有着高耸的拱门，外立面色彩夺目，在高大的砖墙上使用了本地的釉砖技术。[134]

在尼布甲尼撒一世从埃兰凯旋后的岁月里，巴比伦人对亚述发动了多次入侵，其中包括从埃卡拉图姆——位于底格里斯河畔的图库尔提-尼努尔塔的旧都——掳走两尊神像。几十年后，强大的亚述国王提格拉特-皮勒塞尔（公元前1114年至公元前1076年在位）通过洗劫巴比伦、焚毁一座王宫实现复仇。但是，两国均受到阿拉姆人从西部掀起的入侵浪潮威胁，这一共同的危险促使亚述与巴比伦缔结联盟条约。据推测，此时阿拉姆语已成为一些西闪族半游牧族群的口头语言。他们在几百年间对巴比伦间歇性的入侵或许与一部编年史中记录的粮食歉收和饥荒有关。[135]无论如何，阿达德-阿普拉-伊迪纳，另一个被视为"无名者之子"的人，通过将一个女儿嫁给亚述国王，结成与后者的牢固联盟，考虑到他没有宣称贵族血统，这实在是出人意料的成就。尽管他在位期间困难重重，却依然设法在巴比伦尼亚的数个城市修复神庙，可能还"重建"了巴比伦城墙。[136]

在本时期前后，商贸活动出现了新的动力。驯化骆驼作为穿越沙漠的运输工具为与阿拉伯部落更大规模的互动——贸易和募兵——提供了机会。尽管很早以前人们便开始为获取驼奶、驼毛和皮革而放牧野骆驼，但为摇晃的驼峰设计挽具、鞍具和驮篮的棘手难题现在才得到解决。骆驼还可以克服沙丘，在绿洲之间储藏水分维持生命。[137]穿越阿拉伯半岛西北部的主要贸易路线，延伸至西奈半岛、巴勒斯坦、叙利亚和美索不达米亚，需要绕开最险恶的沙漠，这对于使用杂交驴骡而言是一条漫漫

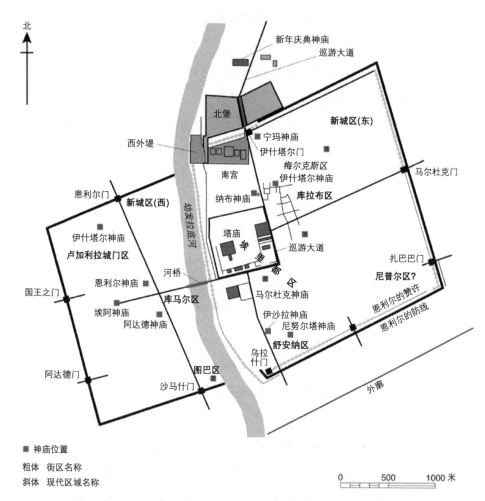

北

北堡

新年庆典神庙
巡游大道

新城区(东)

西外堤

宁玛神庙
伊什塔尔门

马尔杜克门

南宫

梅尔克斯区
伊什塔尔神庙
库拉布区

恩利尔门
新城区(西)

纳布神庙

伊什塔尔神庙

塔庙

巡游大道

卢加利拉城门区

幼发拉底河

扎巴巴门

尼普尔区?

河桥

恩利尔神庙

库马尔区

恩利尔的赞许

国王之门

埃阿神庙

恩利尔的防线

阿达德神庙

马尔杜克神庙

伊沙拉神庙

阿达德门

尼努尔塔神庙

舒安纳区

阿达德门

乌拉
什门

外廓

图巴区

沙马什门

■ 神庙位置

粗体 街区名称

斜体 现代区域名称

0   500   1000 米

图 6.6　巴比伦城堡区简图。艾莉森·威尔金斯与笔者根据 Koldewey 1931 and others 改绘

长路；而穿过北部沙漠进入美索不达米亚南部的一条近道需要骆驼，它们同样可以用于更迁远的路线。

4. 海兰第二王朝，公元前 1025 年—公元前 985 年

（此处列出 3 位国王中的 1 位）

辛巴尔-西帕克（1025—1008）

尽管建立了一个"海兰"王朝，辛巴尔-西帕克却令人大跌眼镜地使用加喜特名字，他还是海兰第二王朝仅有的在位时间较长的国王，我们知道辛巴尔-西帕克在西帕尔的太阳神大神庙安置了一块日轮，在尼普尔向恩利尔奉献了一尊宝座。巴比伦与西帕尔以及尼普尔的密切关系通过这些行为得到增强，或许这是对尼布甲尼撒虔敬捐献的仿效。

5. 巴齐王朝，公元前 1004 年—公元前 988 年

（三位国王，此处从略）

这个短命的朝代似乎代表加喜特势力的短暂重振，该朝的国王们将他们的血缘追溯到巴齐，这是一位神格化的英雄的名字，后者与马里北部的哈拿地区有渊源。[138]

6. 一个埃兰"王朝"，约公元前 984 年—公元前 979 年

随后出现了一个短暂的"一世王朝"。它列名巴比伦王表

之中，国王名叫马尔-比提-阿普拉-乌素尔。通过在他的王名中使用代尔的神灵马尔-比提——文化之神纳布的儿子——他暗示自己作为埃兰的中间人与这座城市有着特别紧密的联系，因为马尔-比提是代尔的主神。这类王朝联姻给予埃兰国王将一个孙子送上巴比伦王位的希望，这或许也暗示了这个王朝名称的由来。这是在差不多五百年后居鲁士大帝——他兼具埃兰和伊朗背景——入主巴比伦之前的唯一一次，一名埃兰的盟友坐上巴比伦王位。

马尔-比提-阿普拉-乌素尔一朝见证了巴比伦天文学基础文库《犁星》——内容包含一部星表、天文和历法信息、相关数学方案[139]——以及《那时安努和恩利尔》[140]，一部天象预兆的百科全书式总集的编纂。这两部作品是巴比伦社会的根基，它们的使用一直延续到帕提亚时代楔形文字的退场，但因系年的难题尚无法将其与特定国王联系起来。

巴比伦梅尔克斯街区发掘的一处私人住宅里的图书室是占卜者在青铜时代晚期某个时间积累起来的，这是迄今为止在巴比伦发现的最早的图书馆。它包含两部用于占卜的手册。[141] 从年代属于纳兹-马鲁塔什统治时期的一批文献的汇编，可以推断其他作品也写于他在位之时。这些文献，以及在接下来五十年或更长时间里继续积累的作品，应该属于图库尔提-尼努尔塔一世在凯旋仪式上陈列的带回亚述的文学宝藏。巴比伦图书馆的伟大传统已经根深蒂固，并为其邻居所艳羡。

7

在亚述的阴影下

（公元前 978 年—公元前 625 年）

为了巴比伦和博尔西帕的人民，他的子民，他（亚述国王沙尔曼尼塞尔三世）在伟大诸神之下建立保护与自由。他为臣民安排一场盛宴，赐予他们面包与美酒。他给臣民穿上五颜六色的衣服，赠送他们礼物。[1]

1. 竞争与合作：巴比伦和亚述[2]

（12 位国王列出 5 人）

巴比伦	亚述
纳布-穆金-阿普利（978—943）[3]	
马尔-比提-阿海-伊迪纳（942—?）	
沙马什-穆丹米克（约 905）	// 阿达德-尼拉里二世（911—891）
	// 图库尔提-尼努尔塔二世（890—884）
纳布-阿普拉-伊迪纳（约 870）	// 阿舒尔-纳西尔帕二世（883—859）
马尔杜克-扎基尔-舒米一世（约 851—824）	// 沙尔曼尼塞尔三世（858—824）

（随后是五代短命的统治）　　　　// 沙马什-阿达德五世（823—811）

　　　　　　　　　　　　　　　　// 阿达德-尼拉里三世（810—783）

　　本章讲述巴比伦和亚述关系的发展情况，特别强调两国在底格里斯河东岸土地控制权上的纷争。不仅因为该区域对防范埃兰人入侵极为关键，还因为扎格罗斯山脉高地河流汇入底格里斯河之前为该地提供了水源，是农垦和畜牧的沃土。亚述王家铭文的数量——包括涉及巴比伦的内容——开始增加；巴比伦王家铭文极为少见；各类编年史一如既往持续撰写。至公元前 8 世纪晚期，大量亚述王室和官方信件以及汗牛充栋的亚述王室文献经常关注巴比伦历史上的重大事件。因此，我们对本时期历史的了解主要来自亚述视角。

　　公元前 978 年登上巴比伦王位的王朝缔造者成功地将王权传给了他家族的下两代成员。但造成之间几个世纪贫困的动荡仍在持续，导致巴比伦城在某些年份无法庆祝新年节日。这对马尔杜克的声望不啻于灾难。《创世史诗》曾精彩传递的他在世界拥有至高地位的信息，如今不再有效力，导致了《埃拉和伊舒姆史诗》的诞生，它的创作旨在解释马尔杜克的无能。[4]这部高度原创性的作品以夸张的激情描述了国家的灰暗状态，以末世灾难的景象威胁要终结人类。暴力之神埃拉正在兴风作浪，派出一群暴民袭击大城市。马尔杜克无力阻止他。换句话说，巴比伦无法保卫自己的领土。代尔城位于巴比伦与埃兰之间，地处要冲，因其护卫美索不达米亚各大城的角色，处于格外易受攻击的状态："众神之王离开他的居所，那么所有土地如何保持稳固？他摘下了自己高贵的王冠。"埃拉接管局面：
"我保证将摧毁太阳神的光芒；我将在中夜覆盖月神的面目。"
所有这些作为和无为明显与行星和恒星的运动相关，带来对事
件的一种宿命论视角。战争的恐怖——动乱、贫困、痛苦——
得到远比军事行动和英勇胜利的荣耀更为生动的刻画。不义
在蔓延。法律与秩序行将崩溃。埃拉宣称："我将蹂躏公共场
所，无论人们踏足何处。我将消除人类的声响，剥夺他们的欢
乐。"[5] 马尔杜克被放逐到冥界，他哀叹："可怜的巴比伦，我
曾使它的王冠繁茂如枣椰树，如今它在风中枯萎。"这段文字
警告人们，这座伟大城市由于缺乏实力，最终将要丧失其在世
界的最高地位，从而给整个世界带来危险。战争不是英雄主
义：它草菅人命，毁灭城市。

代尔的马尔-比提神之名见于前朝唯一一位国王的名字中，
现在再次出现在本朝第二代国王的名字里：马尔-比提-阿海-伊
迪纳。这将两位国王与那座事关抵御埃兰侵略的重要城市的控
制权联系在一起。在《埃拉和伊舒姆史诗》中，是马尔杜克令
代尔成为一片荒原的，因此可以推断，巴比伦军队是终结巴比
伦那短暂的埃兰王朝的推手。[6]

除了涉及代尔，《埃拉和伊舒姆史诗》既没有提到埃兰人，
也没有提到亚述人是罪魁祸首。在公元前 11 世纪晚期之后的档
案中，可以发现劫掠者是阿拉姆和迦勒底部落。[7] 有时他们被称
为苏图人。据推测，阿拉姆人操一种阿拉姆语的早期形式。他
们大量迁入巴比伦尼亚、亚述里亚和叙利亚的城市；他们的主
要聚居地最终建立了以大马士革——意为"赶驴人之城"——

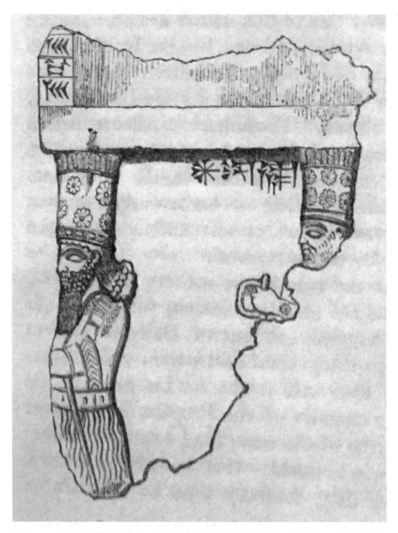

图 7.1　一尊王座的石质残块，支撑柱的形象为代尔的马尔-比提神，他是纳布神的大维齐、女神南娜娅的伴侣。Layard 1853: 508; British Museum WA N 2050

为中心的阿拉姆王国。其他很多人依然四处游徙。至少有四十个不同的阿拉姆部落见于记载。

迦勒底人在巴比伦尼亚南部建造城塞化的聚落，而在沼泽地则修建芦苇屋。他们的语言不明，但他们使用巴比伦名字，他们的首领掌握了巴比伦楔形文字，采用巴比伦读写文化、行政和科学，成为巴比伦王权的竞争者，被视作巴比伦本土统治者纳入王表。[8] 但在本时期他们尚未统一；每个部落跟随自己的盟友，通常与直接邻居为敌。最大的三个迦勒底部落是东部的雅金部落、博尔西帕附近的达库里部落和西南部的阿穆卡尼部落。来自其中至少两个部落的篡位者曾入主巴比伦。他们比阿拉姆人富有，参与贸易，特别是象牙和象皮革、金属、木材以及熏香这类奢侈品贸易，受到逼迫时他们将这些商品作为贡品。他们财富的增长部分是因为，驯化骆驼用于运输后，异域货物，特别是乳香和宝石更容易跨越阿拉伯半岛北部沙漠输入美索不达米亚南部，他们处在从波斯湾双向贸易获利的有利区位。马和驴杂交诞下的无生育能力的骡子快速而强健，被引进用于陆路传递公文和长途贸易。[9]

在动荡岁月，巴比伦等地的王宫和神庙仍在使用，因此相比影响希腊和安纳托利亚部分地区的重大变化，这并不算一个"黑暗时代"。阿拉姆人的移民潮促进了阿拉姆语的普及。行政档案和通信少有留存，直到亚述人取得直接管辖权。

在东地中海，迁徙的海上民族的攻势加之一场可能长期的极端干旱的助力，导致赫梯、迈锡尼和一些黎凡特王国走向覆灭。[10] 与巴比伦关系更大的是公元前 1000 年左右发生在阿拉伯半岛的变化，气候变迁导致大面积沙丘的形成，驱使不安的民众前往肥沃地区。大约在本时期，用于灌溉的坎儿井系统在阿拉伯半岛东部发展起来，它通过地下渠道将水源从山区引向农耕地带，免去了挖井取水的劳力。从那之后，乡村和城镇数量成倍增加，整个阿拉伯半岛出现一种共同的物质文化。[11]至公元前8世纪，众多阿拉伯族群已经实现半定居化和识字，熏香沿着数条沙漠商路输入美索不达米亚。

早在公元前13世纪，用于制造工具、机械和武器的铁制品已经在一些安纳托利亚的城市和阿拉伯半岛的城镇出现，[12]尽管我们依然称本时期为青铜时代晚期。[13]该专业技能或许不仅从合金加工中获得，也来自陨铁，后者已见于公元前2千纪早期的记录："降落的铁块撞击大地"。[14]

少量顶级文物的发现表明，巴比伦城作为王国的中心一直维持着繁荣，延续了它的贸易和技术。国王纳布-阿普拉-伊迪纳在公元前9世纪享有一个漫长而成功的统治，他的文化和艺术成就从一块灰色片岩饰板上的铭文中可见一斑，饰板精美地镌刻浅浮雕图案，其中展现了一个巨大的崭新日盘安放在西帕尔的太阳神面前，国王也在现场。端坐宝座的太阳神手持标杆与量绳，与汉谟拉比著名石碑上的形象一致。[15]他的王座由两个牛头人撑起，它们在此的出场象征初升的旭日。国王在饰板上记述自己在苏图人的侵扰——造成对崇拜的忽视和停滞——之后恢复了崇拜及声望。该主题令人想起《埃拉和伊舒姆史诗》中讲述的困厄；然而，马尔杜克没有被称为一位失去权力的神灵，而是作为国王的神圣后盾，是近期亵渎事件后这片土地的拯救者：

> 英勇善战之人，当之无愧的国王，狂怒之弓的持有
> 者，他击败了邪恶的苏图敌人，他们罪恶滔天；伟大主
> 宰马尔杜克将正义权杖交到他手中，去为巴比伦尼亚复
> 仇，去安辑城市，去（重）建神祠，去设定规划，去恢
> 复祭仪。[16]

　　尽管在过去几十年间饱经忧患，巴比伦城依然深得亚述国王敬重，因为它拥有比他们自己的城市更为成熟和深厚的文化。亚述和巴比伦越来越多地信仰相同的神灵，履行相似的仪式。马尔杜克在亚述神祠得到敬拜；在巴比伦，亚述重要的女战神尼尼微的伊什塔尔的一个分支崇拜早已扎根。[17]但巴比伦和亚述两国的自然环境和传统大相径庭。亚述国王开始将军事远征和狩猎探索的尚武叙事融入他们的建筑铭刻中，但巴比伦国王回避这种夸耀，展示谦卑的虔敬，同时偶尔遵从前辈的传统创作英雄主义的王家史诗和颂诗。巴比伦的神庙比亚述的规模大很多。亚述国王继续将巴比伦名著从书写板誊录到泥板上，以充实他们的王家图书馆。作为推崇巴比伦文学的重要标志，亚述国王以巴比伦方言和独特的巴比伦楔形文字音节形式撰写了他们大多数的王家铭文。不过，官方信件普遍以亚述方言和亚述楔形文字音节形式书写。亚述与巴比伦的双边关系通常和睦友善。迦勒底人时而对亚述入侵巴比伦尼亚听之任之，时而为亚述人出兵，时而加入反对亚述人的阵线。

图 7.2　片岩饰板上部刻画在西帕尔安装太阳神的旋转日轮的场景。左起第二人为国王。宝座上的两个牛头人代表日出。太阳神手持王权的象征标杆与量绳,将它们授予国王纳布-阿普拉-伊迪纳,年代约公元前 870 年。King 1912: pl. XCVIII

　　巴比伦尼亚出土的年代属于本时期的少数公共建筑,使用了模制和彩绘泥砖、灰泥和独立石雕。静态的纹章装饰和抽象符号代表神灵。这类设计与亚述王宫和神庙内流行的浅浮雕石镶板形成鲜明对比,亚述风格刻画了生动而激烈的战争和狩猎活动的瞬间,其中以人类形象现身的神灵支持国王的行动。

　　本时期的几位巴比伦国王通过将纳布神纳入他们的王名,表达了对他的虔敬。随着他在众神等级系统中的醒目提升,纳布成为巴比伦尼亚、亚述里亚和埃兰各地崇拜的一个主要焦点。在第一王朝时期,这位神灵被称为"至高之所的书吏",在加喜特王朝，他被指明为马尔杜克的儿子，之后又被视作马尔杜克的维齐。在博尔西帕，纳布取代了以往的保护神图图。在埃兰的宏大仪式中心乔加赞比尔，有一座献给纳布的神庙，其中供奉着他的雕像。公元前 13 世纪以来，纳布信仰被引入或推广到了亚述；他在美索不达米亚各地的分支神庙均被命名为埃兹达，得名于博尔西帕最早的那座大庙。他开始与马尔杜克平起平坐。卡尔胡（现代尼姆鲁德）的亚述总督写道："将你的信任寄托在纳布身上，不要将你的信任寄托在其他任何神灵身上"，在阿达德-尼拉里三世时代，这位总督在自己所治理的城市中心修建了一座献给纳布的大神庙。[18]

在幼发拉底河中游，苏胡王国依然将他们的王家谱系追溯到汉谟拉比，作为对巴比伦由来已久的忠诚的声明。一千多年前汉谟拉比从埃兰宗主那里拯救巴比伦尼亚的史事不会被遗忘。亚述或许希望通过军事行动对苏胡施加控制，但无法解除该王国对巴比伦的血缘忠诚。苏胡是一个丰厚的锦标：除了对沿幼发拉底河上下的贸易商船抽税，它还拥有自己取之不尽的财源——汲取自希特（"沥青镇"）的沥青井，该地在四个世纪后希罗多德记述它们之时依然闻名。[19]获益于近期驯化骆驼用于运输，一位苏胡国王讲述自己袭击阿拉伯商队，他们来自阿拉伯半岛西北的泰玛，以及南部生长乳香树的萨巴（《圣经》中的示巴，今天的也门）。

在公元前 9 世纪，伟大的亚述国王阿舒尔-纳西尔帕二世与"卡杜尼亚什（巴比伦）之王"在苏胡交战。在公元前 8 世纪中叶，苏胡国王以"苏胡和马里总督"自居，在石头上镌刻了内容丰富的建筑铭文。其中一篇在巴比伦出土，推测是在该王国摆脱亚述控制后撰写的。苏胡国王吹嘘自己引进蜜蜂，在王宫周围种植枣椰树；他还"根据巴比伦国王汉谟拉比的指令，恢复了风暴神的定期供奉和节庆"。[20] 他将自己的军事胜利归功于大神西帕尔的沙马什和巴比伦的马尔杜克。尽管该王国在之前一个世纪曾有过亚述总督，还需要向亚述支付贡赋，但苏胡国王以巴比伦方言书写，无疑将巴比伦视为传统盟友。[21]

视线转向东方，尽管经过尼布甲尼撒一世史诗般的战役打击，埃兰统治者却仍继续筹划控制代尔，他们在那里同时与巴比伦和亚述发生了冲突。在巴比伦尼亚，亚述国王阿达德-尼拉里三世"击败"了同期的巴比伦国王沙马什-穆丹米克，同样宣称自己获得对包括代尔在内的底格里斯河东岸城市的控制权，[22] 此外还"征服整个卡杜尼亚什之地"，恐怕夸大了他的领土收获。

巴比伦国王的统治未被推翻。从现在起，巴比伦的地位既可以视为独立于整个巴比伦尼亚的一座城市，也可以视为王国之内的一座特殊城邦。沙马什-穆丹米克在巴比伦的继承人将一个女儿许配给亚述国王作为外交联姻的对象，他们的孙子马尔杜克-扎基尔-舒米一世得以向强大的亚述国王沙尔马尼塞尔三世求援，寻求帮助镇压一场叛乱。两位国王在尼姆鲁德出土的一个雕刻精美的王座基座上以握手姿态被刻画出来。[23] 作为签署一项著名同盟协定的标志性图像，同一场景还被发现用于装饰一个雪花石膏水罐。[24] 这一协定显然与（同一王座基座上记录的，沙尔马尼塞尔声称）正当地进军卡杜尼亚什的广阔领土并不冲突：

我向巴比伦、博尔西帕和库塔进军，并向众神献祭。
我南下迦勒底，获得对整个迦勒底的统治。我在巴比伦接
受迦勒底诸王的贡赋。[25]

沙尔曼尼塞尔进入巴比伦，这里是天地的纽带、生命
之家，他造访至高之所，那里是众神的宫殿、万物主宰的
居所。他恭敬地出现在马尔杜克和纳布面前，正确地履行
祭仪。

他的行为仿佛自己统治巴比伦尼亚，而不是仅仅作为巴比
伦之王；他没有在那里庆祝新年节日，那是在巴比伦拥有完整

图 7.3　一尊王座基座侧面雕刻的水平长浮雕的中心场景，出自尼姆鲁德，刻画亚
述国王沙尔曼尼塞尔三世与巴比伦国王马尔杜克-扎基尔-舒米在条约缔结时握手，
年代约公元前 845 年。他们站在缀有流苏的顶棚下。黄色石灰岩。本段高度约 40
厘米。Mallowan 1966: II, 447

王权的特权，他也没有试图废黜巴比伦国王。根据《共时编年史》——一部记录条约和边界协议的亚述文献——"亚述里亚和卡杜尼亚什的人民联合起来了"。[26] 马尔杜克-扎基尔-舒米捐献的一枚尺寸巨大的滚印，由"闪亮的青金石和红金"制作，安放在"至高之所"马尔杜克神像的颈项附近，在滚印上的铭文中，国王声称自己是"世界之王"。这是一位特别可敬的宗主与一位独一无二的附属国王之间的关系。亚述承认美索不达米

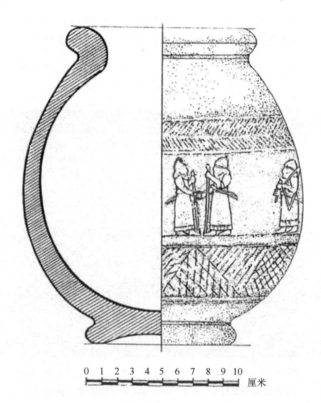

0 1 2 3 4 5 6 7 8 9 10
厘米

图 7.4　尼姆鲁德王座基座中心场景的复制，蚀刻在一件雪花石膏香油瓶上，展示亚述国王与巴比伦国王握手。Abu Assat 1992: fig. 5；现藏大马士革博物馆

亚中部大城市的特殊地位，不仅免除了巴比伦的赋税，出于博尔西帕和库塔在巴比伦周边作为宗教和文化中心的重要性，还让它们也享受这一优惠。

这种灵活的关系允许亚述人以盟友的身份——事实上作为支持巴比伦国王的亚述武装——代表名义上的巴比伦国王在巴比伦尼亚用兵。只有亲亚述的国王才能坐上巴比伦王位，其角色缩水为这座圣城的看守人，得到亚述军队保护。马尔杜克-扎基尔-舒米与沙尔曼尼塞尔的继承人沙马什-阿达德五世签订协议，[27] 在这个实力虚弱的时期，巴比伦尼亚南部要求更大的独立性，是亚述军队帮忙出兵镇压了叛军。亚述国王从代尔夺取了至少 11 尊神像，包括马尔-比提的两具化身像，令这座城市失去了保护神的支持。沙马什-阿达德五世意图控制底格里斯河东岸的土地，守卫边境阻止埃兰的入侵和巴比伦尼亚的领土声索。他接受了"苏美尔和阿卡德之王"的头衔，但没有采用"巴比伦总督／维齐"。他的名字没有被列入巴比伦王表，他也没有出席新年庆典。但这只是笑里藏刀：亚述国王废黜了连续两任巴比伦国王，并在尼尼微活剥了其中一位国王的皮，以示惩戒。

阿达德-尼拉里三世继续推行亚述的宗主政策。巴比伦、博尔西帕和库塔将神庙供奉的剩余献给他，这一荣誉表明巴比伦本土国王依然是他的代理人。与先王一样，他不出席新年节庆，也未接受国王或巴比伦城总督的头衔。他需要在忙于遏制乌拉尔图日益崛起的势力之际与巴比伦保持友好关系，野蛮尚武的乌拉尔图王国正从北方和东方向亚述里亚扩张，[28] 他还需要在西方用兵，对付强大的大马士革王国。

3.4 厘米

图 7.5　一枚带状玛瑙滚印的印文，滚印主人是尼尼微附近塔尔穆苏尔的亚述总督纳布–沙鲁–乌苏尔，他胡须浓密，是亚述国王阿达德–尼纳里三世的显贵，年代约公元前 786 年。崇拜者站在巴比伦神马尔杜克神的符号——靠立在狮龙形底座上——以及端坐宝座的尼尼微天女神伊什塔尔面前。上方是阿舒尔神的有翼日轮。现藏阿斯莫林博物馆，馆藏编号 AM 1922–61。见 Buchanan 1966: no. 633

代尔虽然失去了保护神，但并没有安宁下来，阿达德-尼拉里被迫两次发兵攻打那里，最终宣布亚述与卡杜尼亚什（巴比伦尼亚的旧称）言和并划定边界。在亚述撰写的《共时编年史》断言"亚述和卡杜尼亚什人民联合起来，他们通过双边互信划定了边境"。在巴比伦尼亚南部，阿达德-尼拉里对战败的迦勒底人开征新的税收和贡赋。在亚述国王控制巴比伦期间，马尔杜克在亚述里亚与亚述神灵一道得到人们乞灵，他不是被剥夺权力的被俘神灵，而是与亚述诸位大神处在对等地位。[29]

2. 巴比伦独立的迦勒底国王 [30]

（13 位国王中列出 8/9 人）[31]

巴比伦	亚述
埃里巴-马尔杜克（约 769—760）	// 阿舒尔-丹三世
纳布-舒马-伊什昆（约 760—748）	
纳布-纳锡尔（747—734）	
纳布-穆金-泽里（又名穆金-泽尔，731—729）	// 提格拉特-皮勒塞尔三世
亚述的提格拉特-皮勒塞尔三世（普鲁）（728—727）	
梅罗达克-巴拉丹二世（721—710）	// 萨尔贡二世 *
亚述的萨尔贡二世（710—705）*	
亚述的辛纳赫里布（704—703）*	// 辛纳赫里布 *
梅罗达克-巴拉丹二世（复辟，703）	

标 * 号的国王源出哈拿。

约公元前 8 世纪伊始，巴比伦出现了连续五位或更多的短命统治者，以及一个无王的空位期，表明这是一个混乱而动荡的岁月。从这个艰难时代脱颖而出了巴比伦首位迦勒底国王，来自海兰雅金部落的埃里巴-马尔杜克，被称为"正义之王"和"重建大地根基之人"。有些学者认为《埃拉和伊舒姆史诗》创作于他的统治期内，影射他在艰难时期后重建国家的功绩。他重新确立了巴比伦对底格里斯河东岸迪亚拉地区的控制权。在亚述以北是乌拉尔图人的强盛和扩张，而西方的黎凡特和巴勒斯坦城市日益繁荣，令亚述统治者无暇南顾，使得巴比伦经过二十年的斗争，重获完全独立地位。

　　作为一个来自雅金部落的迦勒底人，埃里巴-马尔杜克特别热衷促进南方城市乌鲁克的发展，他重建了当地的神庙，[32] 还主持将乌鲁克女神的一尊雕像引入巴比伦。根据《乌鲁克预言》———部数个世纪后撰写或汇编的文献——一位未指名的国王被控用不合宜的替代物取代了一尊雕像，根据内容暗示，这应该是指埃里巴-马尔杜克，该行为根据后见之明的视角，令他被描述为一名"昏"君。[33]《乌鲁克预言》的旨趣是列举历史上的一些贤君和昏君，由此根据过往事件向一位未指名的当下或未来君主发出警告。它的撰写形式包含与预兆文本和预言相关的特征，避免指名道姓，这使得文本可以根据未来场景反复使用和调整。这种形式可以用于表达异议。

　　埃里巴-马尔杜克的统治因公元前 763 年的日食记录而闻名，这是现代学者建立绝对年代学的重要基准。占卜、医药和天文学的重要手册及其评注在巴比伦和博尔西帕出土，写在涂蜡的木质书写板上。[34] 其中包括用于占星预兆的《那时安努和恩利尔》——直至不晚于公元前 1 世纪，它得到持续的传抄——用于地理预兆的《如果一座城市》，和用于月亮预兆的《当皓月当空》。宏大的汇编《犁星》得到广泛使用。[35] 历史上第一次，出现计算星座之间距离的文献。[36]

埃里巴-马尔杜克的继承人纳布-舒马-伊什昆出自另一个迦勒底部落达库里。他被后世国王妖魔化，因为他无力控制博尔西帕和巴比伦城郊为争夺田地所有权而爆发的争斗，形势发展到如此地步，纳布神像从博尔西帕前往巴比伦参加新年节庆的旅行变得非常危险。[37] 至该时期，新年节庆包含从博尔西帕坐船前往巴比伦，再前往基什，然后返回的仪式巡游。取消这样重大的活动对民众的情绪将是一次重大打击。但这类干扰未必冲击其他地方的经济关系。尼普尔的一位巴比伦总督的档案显示，奴隶、羊毛织品、铁和马匹贸易非常繁荣，货币是按重量计算的白银。尼普尔占尽商业机遇，与阿拉伯商人建立了利润丰厚的联系。[38] 这样的一组记录提供了巴比伦城缺乏的证据。

公元前 8 世纪中叶在位的纳布-纳锡尔，其出身依然不为我们所知，但他的名字在《托勒密王表》的巴比伦国王名单中位列首席。经托勒密转译为希腊文的最早日食记录可追溯到纳布-纳锡尔统治时期，而楔形文字日食泥板列出的日食记录始于公元前 747 年。有人说他可能开启了一个新纪元，这一观点值得商榷。[39] 巴比伦编年史的撰写可能始于纳布-纳锡尔一朝，它语言简洁，或许不带偏见，以每位国王的事迹为中心记录大事件。纳布-纳锡尔的知名度主要来自他据称销毁了所有早期历史记录的声名；但这一诽谤仅出现于年代晚很多的文献，或许是一桩希腊化时代的暴行故事。[40]

巴比伦尼亚北部和东部遭受亚述国王提格拉特-皮勒塞尔三世（公元前744年至公元前727年在位）入侵，他三次进入巴比伦领土行动的主要意图与公元前9世纪先王们的政策相似，即控制阿拉姆人和迦勒底人，不涉足巴比伦城。[41]他宣称将差不多50万人口从巴比伦尼亚南部迦勒底地区迁出，以掏空抵抗的根基，并从安纳托利亚中部迁入人口。这些行动或许得到了巴比伦城的赞同；几座大城市被授予税赋蠲免。

纳布-纳锡尔去世后其子继位，但他很快被声名狼藉的纳布-穆金-泽里废黜，后者通常被称为穆金-泽尔，是一个出自阿穆卡尼部落的迦勒底人，他趁提格拉特-皮勒塞尔完全专注于西方事务之时趁机夺取了巴比伦王位。埃兰人同样发现了机遇，成功地从博尔西帕俘虏并带走了部分阿拉姆人，包括穆金-泽尔的儿子。[42]当提格拉特-皮勒塞尔终于重返巴比伦尼亚之时，这个迦勒底人逃往他的部落首都沙皮亚，在那里他被埃兰盟友抛弃，陷入包围并殒命。

提格拉特-皮勒塞尔三世是第一位直接坐上巴比伦王位的亚述国王，这一变化标志了亚述对巴比伦政策的转变。作为欢迎的信号，他被赠予马尔杜克、纳布和涅伽尔几座神庙的剩余祭品，阿达德-尼拉里三世也曾获得同样的荣誉；他还承认绝大多数巴比伦尼亚大城市是无与伦比的宗教中心。[43]但不同于阿达德-尼拉里，他以一个单独的登基名——普鲁——被纳入《巴比伦王表》，仿佛是在强调他在巴比伦的角色不只是他对亚述帝国统治的延伸，而是独立的，以此认可这座伟大城市的特殊地位。

作为巴比伦国王，提格拉特-皮勒塞尔在他统治亚述的末期，通过连续两年庆祝新年节日，完整履行了国王职责。他在基什举行祭祀活动，那座古城以战神扎巴巴为保护神，部署在那里的一座大型亚述军事基地紧邻巴比伦，基什由此继续或再度发挥了它在汉谟拉比时代的作用。[44] 他加强对底格里斯河东岸领土的控制以阻止埃兰插足，还在迦勒底城市沙皮亚的一场庆典上向几个迦勒底部落征收贡赋，包括来自两面派梅罗达克-巴拉丹的"礼物"，后者是雅金部落的酋长，也是穆金-泽尔的死敌，他将短暂坐上巴比伦王位，期间自号梅罗达克-巴拉丹二世：作为一名来自迦勒底——他在那里称王——的附属统治者，他与提格拉特-皮勒塞尔签署了协议，但这未能确保一段长期的联盟。撒玛利亚围城战期间，提格拉特-皮勒塞尔的王储英年早逝，梅罗达克-巴拉丹抓住机会，在埃兰援助下夺取了巴比伦王位。作为埃里巴-马尔杜克的"儿子"，他可以宣称合法继承了巴比伦。在下一位亚述国王萨尔贡二世（公元前721年至公元前705年在位）有能力实现复仇之前，将有十一年时间，因为之前萨尔贡在代尔与埃兰人及其盟友的交锋中落了败。[45]

梅罗达克-巴拉丹二世，"巴比伦之王，苏美尔和阿卡德总督，所有神庙的翻新者"，还被称为"海兰国王"，在位十二年，跻身巴比伦最具文化素养和有作为的君主行列。他可能是埃里巴-马尔杜克的孙子，已知他至少有五个儿子。根据《吉尔伽美什史诗》，这意味着他与传奇英雄国王一样，将在地府得到善待：

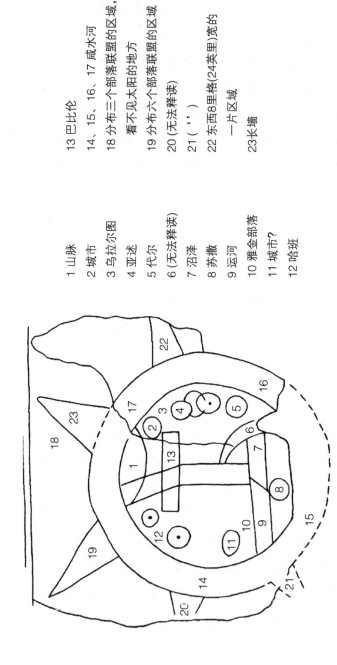

1 山脉	13 巴比伦
2 城市	14、15、16、17 咸水河
3 乌拉尔图	18 分布三个部落联盟的区域,看不见太阳的地方
4 亚述	
5 代尔	19 分布六个部落联盟的区域
6 (无法释读)	20 (无法释读)
7 沼泽	21 ("")
8 苏撒	22 东西8里格(24英里)宽的一片区域
9 运河	
10 雅金部落	23长墙
11 城市?	
12 哈班	

图 7.6 黏土块上镌刻的世界地图摹本,它以楔形文字标注城市和水道;巴比伦偏离中心,距离亚述里亚不远,世界被海洋环绕。年代或许为公元前 8 世纪。现藏大英博物馆,馆藏号 BM 92687。笔者与马里昂·考克斯摹

有五个儿子的那个人你可曾见到？那人我见到。

就像一个好书吏，他心灵手亦巧，

进入宫殿时，犹如履平道。[46]*

养育七个儿子的父亲死后将与小神祇一道参加众神的集会——对生育的一大激励。

梅罗达克-巴拉丹竭力缓和巴比伦与其最大对手乌鲁克之间的关系。他是一位精力充沛、虔诚和有教养的模范国王。他收复了提格拉特-皮勒塞尔夺走的领土，恢复了巴比伦、博尔西帕和西帕尔市民之前享有的豁免权。他的碑铭——主要见于授土碑——使用汉谟拉比法典石碑上的那种古风字体精心镌刻。一块保存完好的授土碑上的浮雕达到了最高水准。梅罗达克-巴拉丹通过征引巴比伦文学杰作——《创世史诗》、《埃拉和伊舒姆史诗》和《犁星》——来展现自己的博学。他同时称呼自己为巴比伦的国王和总督，声称自己的登基归功于马尔杜克和纳布，埃兹达和"至高之所"的神灵。他声称自己的重臣看待他"宛如神灵"。一块独特的楔形文字泥板记录了王家花园中的草药和蔬菜清单，因此他以园丁国王的身份闻名。他精致的红玉髓滚印雕刻有国王与一头跃起的狮子搏斗的场景，类似亚述官方的王家印章。他派往耶路撒冷希西家处的使团记录在《列王纪下》20:12—21，显示了他的国际地位。后见之明来看，犹大王国

---

* 译文引自拱玉书译注《吉尔伽美什史诗》，商务印书馆，2021年，第270页。——译注

认为这一事件引发了上帝的怒火，导致犹太人最终被流放巴比伦。[47] 希西家向巴比伦人展示了他的武器装备，似乎是宣扬他作为对抗亚述的有力盟友的潜在价值。政治动机仅是一种猜测；但巴比伦需要经过犹大王国与埃及和阿拉伯酋邦贸易，这必然在动机中扮演了一定分量。[48]

在他统治亚述的头十一年，萨尔贡二世无法推翻梅罗达克-巴拉丹，后者在巴比伦的"统治违背了众神的意愿"。[49] 作为一个来自哈拿却坐上亚述王位的篡夺者，[50] 萨尔贡篡改了自己的族谱，自称提格拉特-皮勒塞尔的子嗣。[51] 他之前在代尔的败仗表明了亚述的虚弱，因此巴比伦国王毁弃了自己忠于亚述的誓言，转而与埃兰结盟。与此同时，萨尔贡忙于巩固帝国边境，加强控制并为贸易创造良好条件，接受埃及法老和阿拉伯酋长的馈赠。当萨尔贡最终将注意力转向巴比伦尼亚时，他没能活捉狡猾的海兰人梅罗达克-巴拉丹，后者逃往自己位于雅金堡的部落基地，在那里他放水淹没周边，搭起帐篷，"像一个鸭子"那样坐守。萨尔贡包围雅金堡，"像一只翱翔的雄鹰，我将他困在网中"，直到他的敌人逃往埃兰，梅罗达克-巴拉丹如此仓皇以至于丢弃了他的帐篷、权杖、床铺、金伞和其他个人物品。他藏匿在埃兰，依然得到其部落联盟的支持，等待时机东山再起。在北方依赖驴子在维护甚佳的道路上提供快速运输服务的亚述人，[52] 无法在巴比伦尼亚南部的沼泽中驱逐叛军。萨尔贡只能寄希望于其他手段降服敌人的联盟，例如控诉梅罗达克-巴拉丹取走了巴比伦尼亚南部宗教中心的神像。

图 7.7　黑色石灰岩授土碑，刻画了梅罗达克-巴拉丹二世面对巴比伦官员。背面的文本包括一篇致马尔杜克的祷辞，以及巴比伦人的各种土地所有权记录。公元前 715 年。出土地不详。高 45 厘米。现藏柏林西亚细亚博物馆，馆藏编号 VA2663。Hinke 1907: fig. 20

史上第二次，亚述国王登上巴比伦王位。赶走梅罗达克-巴拉丹后，萨尔贡二世经阿舒尔、纳布和马尔杜克册封为巴比伦的统治者。将亚述神灵的支持与巴比伦神灵的支持相结合，他于公元前 710 年加冕，"那个时候，伟大主宰马尔杜克给予萨尔贡完美评价"。[53] 在一篇记录中，他讲述自己在市民的欢迎下进入巴比伦的喜悦之情，这为后来的外国篡位者——其中最著名的是居鲁士大帝和亚历山大——开创了先例：[54]

> 巴比伦和博尔西帕的市民……对我说："进入巴比伦吧！"这令我欢欣不已，于是我怀着喜悦的心情进入众神之恩利尔（马尔杜克）的崇拜之城巴比伦，我握住伟大主宰马尔杜克和诸天之王纳布的手，我引领他一路安稳地沿着前往新年庆典神庙的道路前行。[55]

通过在那里庆祝新年，萨尔贡将自己展示为巴比伦名副其实的国王，并被列入官方王表；他接受了"苏美尔和阿卡德之王"和"世界之王"的头衔，但并未自称"巴比伦之王"，而是选择了巴比伦总督的称号。后来巴比伦人否认他的合法性，称他的儿子是"家奴之子"。萨尔贡从那些背信弃义的帐篷民苏图人手中解放了巴比伦。他向主宰马尔杜克及其伴侣扎帕尼图姆献上奢华的捐赠，包括珍贵金属、宝石、袍服和香薰，将自己装扮为仁慈的解放者，释放囚犯、改善道路、救平匪患；他恢复了巴比伦的免税地位，将所有臣民置于他仁慈王权的保护下。[56] 他在巴比伦逗留了三年，接受来自"阿德纳纳（塞浦路斯）的一个名叫雅的地区的七位国王"以及迪尔蒙（巴林）国王的觐见和贡赋："他们向身在巴比伦的我送来白银、黄金、乌木和黄杨木家具。"[57]他在幼发拉底河岸修建了一道新的港口墙，还挖掘了连接巴比伦与博尔西帕的运河，因为幼发拉底河支泓在巴比伦附近的改道导致需要可观的修复和加固工作。[58]萨尔贡还对城墙施工，这项工作几乎是之后的每个城市统治者必须履行的。

为了消除潜在的叛乱煽动者，他将巴比伦和库塔的部分居民迁移到巴勒斯坦的撒玛利亚。[59]六个世纪后的撒玛利亚钱币上，该城名字的第一个音节以楔形文字书写，仿佛是在为这部分遗产感到自豪。在萨尔贡用于乌鲁克建筑工程的铭文泥砖上，他在自己名字之前使用神祇定义符。他抵制官方信函使用阿拉姆语书写的压力，坚持使用楔形文字。[60]显然，书写板既适用于楔形文字，也适用于字母体书写，甚至被用于姓名录，并以封泥封缄。[61]萨尔贡在基什进行建设，强化了当地的军事基地；还在那里建造了一座藏有文学文献的图书馆。[62]萨尔贡采用巴比伦特有的记录方式——授土碑，他在上面记录了代尔地区的土地交易，这与他继续确保代尔安全、防范埃兰野心的努力相关。

如果一位统治者对巴比伦、尼普尔或西帕尔施加过分的压力，他就会被警告不要疏远这些城市。《给一位王侯的建议》这篇后来被称为《王侯镜鉴》的传统文献，由一位顾问以"智慧"文学作品的形式编写，旨在维护各大城市的免税地位。文本一如既往地糅杂预兆话语，其中统治者是匿名的，因此作品可以用于不止一种场合。[63] 它开篇引用了一个出自手册的预兆，似乎针对一位未指名的亚述国王：

> "如果一位国王不遵守正当程序，他的人民将陷入混乱，他的土地将遭到破坏。"命运之神埃阿将改变他的命运……如果他不尊重富于学识的顾问，他的国家将起而反抗他。

例如：

> 如果他夺走属于巴比伦市民的钱财用在自己身上，或听取涉及巴比伦人的诉讼但在庭审中不予受理，天地之主马尔杜克将派出他的敌人对付他，并将他的领土和财富赠予其敌人。
>
> 如果他诏令西帕尔、尼普尔和巴比伦全城，对它们的人民施加劳役，用征役官的召唤要求他们服役，众神的智者马尔杜克、洞察一切的王子，将把他的土地转交其敌人，于是他自己的土地上的劳工将为其敌人服徭役。
>
> 安努、恩利尔和埃阿，居住在天地的大神们，已经在他们的集会上明确了这些市民的豁免权。

当他不能亲临巴比伦时，萨尔贡将城市交给他最信任的兄弟治理，后者在萨尔贡死后继续担任巴比伦总督。[64] 萨尔贡献给巴比伦各座神庙的捐赠十分丰厚，大肆宣扬称："他将注意力转向翻新废弃的崇拜中心和阿卡德之地所有神灵的圣所。"然而，在他意外死于境外的一场战役后，他的占星师——都是巴比伦人——困惑这一厄运的肇因是否为他将亚述神灵凌驾于巴比伦神灵之上。该悲剧被解释为马尔杜克的有意之举，在得到安抚之前，他"以神的愤怒抛弃阿卡德之地，于是邪恶的敌人苏巴尔图人（亚述人）统治阿卡德长达七年"，在一篇名为《萨尔贡之罪》的文本中蕴含更多痛苦，它尝试解答为何神谕者未能预见这场灾难。[65] 事实上，萨尔贡对马尔杜克怀有极大敬意，称其为"众神之恩利尔"，还在巴比伦出席新年节庆。[66] 但意外冒犯神灵的可能性无法排除，随之而来的是可怕的遗传罪恶的可能性："父亲吃了酸葡萄，儿子的牙酸倒了。"[67] 对延迟报应的恐惧在驱魔文献汇编《焚烧》中如此表达[68]："七代人的诅咒附上了父亲家里的一个人。"

在一篇英雄主义的叙事中，萨尔贡宣称曾包围海兰雅金部落的都城雅金堡，并"允许"梅罗达克-巴拉丹流亡埃兰。这一未取得决定结果的事件给他的儿子和继承人辛纳赫里布造成了麻烦，后者同样围困过雅金堡。萨尔贡的"孪生兄弟"指挥了针对梅罗达克-巴拉丹的军事行动，随后驻守在巴比伦尼亚，以"大维齐"的头衔行使摄政的权力，之后的十年继续为萨尔贡的继任者效力。[69] 亚述将大量人口从巴比伦尼亚迁出的政策旨在增加亚述地区霍尔萨巴德——萨尔贡的新王都——和尼尼微恢宏宫殿及神庙的工程劳动力。亚述国王事务繁忙，很难在巴比伦久留，他的缺席给了阴谋家机会，梅罗达克-巴拉丹蛰伏等待，并抓住了时机。

3. 巴比伦和晚期亚述诸王

（列出 10 位国王中的 8 人，始于一个空位期）

巴比伦	亚述	哈拿[70]	埃及
辛纳赫里布（704，703）*			
梅罗达克–巴拉丹二世（721—710，703）			
贝勒–伊卜尼（702—700）	// 辛纳赫里布	辛纳赫里布	塔哈尔卡
阿舒尔–纳丁–舒米（699—694）*			
穆舍兹卜–马尔杜克（又名迦勒底人舒祖卜，692—689）	// 辛纳赫里布		
埃萨尔哈顿（680—669）*	埃萨尔哈顿	埃萨尔哈顿	塔哈尔卡
阿舒尔巴尼拔（668）*	阿舒尔巴尼拔	阿舒尔巴尼拔	坦塔马尼
沙马什–舒姆–乌金（约 668—652）*	// 阿舒尔巴尼拔		普萨美提库斯
阿舒尔巴尼拔 *			
坎达拉努（647—627）	// 阿舒尔–埃特勒–伊拉尼（约 630—627）		
	// 辛–舒姆–利希尔（约 627—626）		
	// 辛–沙尔–伊什昆（约 627—612）*		
纳波波拉萨（625—605）	// 辛–沙尔–伊什昆 *		
	// 阿舒尔–乌巴利特二世（约 611—609）		

注：星号标注为统治巴比伦的亚述国王。

萨尔贡在境外一场战役的意外殒命导致其子辛纳赫里布完成了之前已安排妥当的登基，他早已作为其父干练的行政官积累了充足经验。与父亲一样，辛纳赫里布也被视为拥有哈拿血统的人。但他没有承认自己的父系血脉，或许因为他希望避免继承一项尚未查明，但或可遗传的罪恶。他也没有接受"巴比伦之王"的头衔。

　　萨尔贡在试图直接统治巴比伦时遭遇的困难表明，当亚述国王必须履行在亚述里亚的多种职责并在境外率军征战时，他既无法控制巴比伦城，也无法控制巴比伦尼亚南部。应该遵循的途径显而易见，那就是萨尔贡兄弟的成功，他在萨尔贡在世时已担负职责，在萨尔贡殒命而辛纳赫里布在亚述里亚加冕时继续掌控南方国度。萨尔贡和辛纳赫里布高瞻远瞩，在亚述培养了一个巴比伦本地人贝勒-伊卜尼。"他像幼犬一样在我的宫廷长大"，之后他代表亚述人在巴比伦统治三年。但稳定被迦勒底人和埃兰人破坏了：在辛纳赫里布君临亚述的前十五年，巴比伦统治者更迭了不少于七次。

　　辛纳赫里布曾短暂统治巴比伦，但很快就有一个篡位者夺走了王位，此人统治时间很短，同年就被卷土重来的梅罗达克-巴拉丹二世废黜，后者又被辛纳赫里布赶走。亚述培养的贝勒-伊卜尼随后被扶上王位。[71]或许在本时期内，上等的红色角砾岩被用于制作巴比伦的大型井栏和供水系统；[72]同样的石材还被用于铺设巡游大道，石板上刻有简短铭文："辛纳赫里布，亚述之王。"[73]贝勒-伊卜尼的任命并不成功：两年之后的公元前702年，迦勒底人和埃兰人策划将一个迦勒底人送上王座，辛纳赫里布很快驱逐了新君，在一场战役后追击梅罗达克-巴拉丹（他曾设法再次登上王位并统治了九个月）进入沼泽："他（辛纳赫里布）愉快地进入他（梅罗达克-巴拉丹）在巴比伦的王宫，夺走他的府库，以及他的妻子，他的妃嫔、侍臣和工匠。"

公元前699年，辛纳赫里布册立其子阿舒尔-纳丁-舒米为巴比伦国王，后者的六年统治给巴比伦带来了短暂的稳定。在此期间，亚述人驾驶西顿工匠制造的船只在沼泽地与迦勒底人交战，但迦勒底人神出鬼没。与此同时，埃兰人发动了一场对巴比伦尼亚北部的入侵，并成功攻陷西帕尔。公元前694年，他们掳走阿舒尔-纳丁-舒米，后者从此在历史上消失。埃兰人任命一位新的巴比伦国王取代辛纳赫里布被俘的儿子，失去亲人的辛纳赫里布悲痛欲绝，恼羞成怒，发兵进攻巴比伦尼亚的篡位者集团以及干涉其中并废黜亚述国王之子的埃兰人。公元前692年，巴比伦的叛徒将"至高之所"宝库中的金银取出交给埃兰人，以收买一个广泛的联盟。辛纳赫里布的怒火吞噬了与埃兰交界的地区，他攻克数座要塞，将代尔设为本区域的亚述军队指挥中心，虽然有几座大城的支持，但他未能收复对巴比伦的控制权。巴比伦城事实上成为身在苏萨的埃兰统治者遥控的保护国。次年在哈卢勒爆发激战，[74] 王家铭文以史诗风格讲述了该事件，与荷马史诗《伊利亚特》第11卷叙述的战斗有着惊人的相似之处。[75] 铭文讲述这场战役时以一份二十四路敌军的名单开篇，他们

像春天的一群蝗虫般聚集在一起，一同冲过来与我作战；

他们脚下扬起的尘土遮蔽了辽阔的天空，就像天寒时节的一场凛冽风暴。

接下来叙事聚焦于亚述国王披挂铠甲，登上战车，挥舞大弓，在所有大神的支持下身先士卒。文本不遗余力地详细描写血腥场景——人们或许认为他赢得了一场重大胜利，只有少数敌人活着逃出战场，梅罗达克-巴拉丹的一个儿子被俘。[76] 但一部巴比伦编年史直白断言埃兰国王是胜利一方，迫使亚述人撤退。[77] 这些史料来源之间的参核表明，从这类恢宏的史诗风格王家文本中获得的胜利印象是多么不可靠。几年之后，辛纳赫里布最后一次追击梅罗达克-巴拉丹：

> 梅罗达克-巴拉丹只身一人逃往海兰。随后他把全国的神灵以及从墓葬中取出的祖先骨骸集中起来，让他的人民登船，渡海前往纳吉图城，它位于咸水的彼岸。他从此销声匿迹。[78]

尽管辛纳赫里布在公元前 689 年重夺巴比伦，但那经过了长达十五个月的围城战，给城市带来了巨大的苦难。抛弃对巴比伦宗教和文化地位的尊重，辛纳赫里布像对待其他敌对城市那样处置它，将马尔杜克的主神像运走，下令进行大规模拆除，在亚述里亚腹地的摩崖石刻上以夸张的热情描述了该行动。他声称"城市广场堆满"了市民的尸体，无论老幼，并砸碎了神像：

我像风暴般来袭……我摧毁,我踩躏,我用烈焰焚烧城市及其建筑,从墙根到雉堞。我从内外城墙、神庙和塔庙上拆下砖块和泥土,尽数将它们扔进阿拉赫图河*。我挖掘运河连通城市中心,用水淹没城市。我摧毁城市地基的轮廓,令它遭受的破坏更甚于大洪水,于是将来那座城市和神庙的遗址将无从辨识。我将它泯灭在大水中,将它夷为草场。[79]

人们期待考古学家能够为这段戏剧性的描述找到实物证据,至少是与文献吻合的经过火焚和水淹的一段地层。但在主城堡土丘上没有发掘出任何破坏的证据,[80] 这令人怀疑该事件是否主要是一些象征性的破坏活动:从塔庙挖走象征性的一罐土、抽出几块砖,然后将废弃物扔进幼发拉底河。[81] 然而,核心的降服行动是迁走主神像,以及神的配偶、他的床和王座,辛纳赫里布将它们运往亚述,这一行为剥夺了城市的神灵支持。发掘者揭露出巡游大道的红色角砾岩铺路石,镌有辛纳赫里布的铭文,它们仅仅被翻转方向,重新用于同一处。辛纳赫里布没有述及神庙宝库的命运,因此它们可能原封未动。再一次,一部史诗风格的王家文本提供了极具误导性的印象。

除了王家铭文的夸大其词,这些事件对文学也产生了重大冲击。辛纳赫里布委托创作了《创世史诗》部分章节的新版本,以亚述神阿舒尔取代马尔杜克,作为创造宇宙的英雄神灵,并

---

* 对幼发拉底河流经巴比伦城支泓的专称。——译注

图 7.8　黑色授土碑残段，刻画了辛纳赫里布的长子阿舒尔-纳丁-舒米作为巴比伦国王的形象。上方的神灵符号包括马尔杜克的狮龙。高 15 厘米。现藏阿斯莫林博物馆，馆藏编号 AM1933 1101-C

编写了适当的评注以解释这些改动。[82] 他在阿舒尔建造的新年庆典神庙的大门上公开展示了与新版本有关的详细场景：艺术为政治服务。依靠对谐音名字深刻重要性的理解，他使用神灵名字阿萨雷（马尔杜克的名字之一）和安沙尔——与阿舒尔一名相近——来实现过渡。在巴比伦，马尔杜克神像的台座以阿萨雷为名，反映了这一重新阐释。[83] 辛纳赫里布将马尔杜克及其配偶的床铺和王座上的献礼铭文改为献给阿舒尔及其配偶的题词。[84] 一部全新的作品《马尔杜克的磨难》以两种不同的版本——亚述版和巴比伦版——撰写，讲述马尔杜克因为犯下反对阿舒尔的罪行而遭受审判和监禁，随后被剥夺权力发配地府；尼尼微的伊什塔尔是他的监护人，而阿舒尔掌握命运泥板。[85] 这些文本和注释展示了近期事件是从两个互补的方面进行考量的，一个在人间，一个在天界，二者交织在文雅的王室铭文中。文字被用作权力的武器。

抛开这些政治和军事事件，遵循之前亚述诸王的实践，辛纳赫里布也拥有巴比伦传统的圣贤-学者辅佐。这是亚述尊崇巴比伦文化精英地位的独特标志。甚至一位亚述高官也聘请巴比伦学者来教育自己的儿子。致辛纳赫里布之子和继承人埃萨尔哈顿的一封信，告诉了我们这种情形：

> 王后的私属金匠帕鲁突，效仿国王和王储，花钱雇了一个巴比伦人，并将其安置在自己家中。巴比伦人向他的儿子传授驱魔文学，向他解释脏卜征兆，他甚至研习来自《那时安努和恩利尔》中的一批材料。[86]

截至本时期，阿拉姆语是亚述和巴比伦两地无可动摇的通用语言，但宫廷发出的文本依然以楔形文字书写，而巴比伦学者继续使用巴比伦方言和字体为亚述国王捉刀。[87]

这座伟大的城市因辛纳赫里布统治时期的这些事件，尤其是漫长的围城而严重衰退。这些破坏可能在大约二十年间都没有得到修复，因为没有政府采取行动，也没有财富资助这类工作。幼发拉底河可能再次改道，造成进一步破坏。[88]马尔杜克的主神像滞留亚述，无力帮助他的人民；但各地延续对他的崇拜，而巴比伦神庙依然挺立。海兰地区，包括乌尔城，由被废黜的国王梅罗达克-巴拉丹的两个儿子分而治之，他们与埃兰维持紧密联系，以至于一位埃兰国王声称海兰属于埃兰，而非亚述。

公元前681年，辛纳赫里布被他的一个儿子谋杀。[89]密谋者是埃萨尔哈顿，得到其强势的母亲娜吉雅-扎库图的援助，她是国王的第二任正妻，该行动还得到巴比伦一个派系的支持。[90]弑君造成了尼尼微城内的一场斗争，参与者包括埃萨尔哈顿同父异母的兄弟们，其中就有前任王储，也就是埃萨尔哈顿取代的那位。[91]辛纳赫里布的孙子，伟大的阿舒尔巴尼拔，后来在辛纳赫里布遇刺的宫殿"献上巴比伦人作为葬礼祭品"，[92]由此暗示巴比伦市民牵涉弑君案件。这反映了责任的转移：辛纳赫里布的儿子和继承人埃萨尔哈顿声称马尔杜克抛弃了巴比伦，因为巴比伦市民取走了马尔杜克神庙的财富支付给埃兰人寻求援助；本质上，马尔杜克自己对城市的糟糕状况负有责任。[93]但一个多世纪后，巴比伦国王纳波尼杜宣称辛纳赫里布遇刺是因为他洗劫了巴比伦。[94]

巴比伦在辛纳赫里布在位的八年和埃萨尔哈顿在位的十二年间没有国王——总计二十年，在此期间该城作为整个巴比伦尼亚最大仪式中心的角色不再延续。新年庆典停办。惊人数量的巴比伦居民——一篇文献中提到多达 208 000 人——被发配到尼尼微新王宫和亚述里亚其他重大项目的建设中劳动。

埃萨尔哈顿经过北亚述里亚的一场短暂内战后登上王位，随后面临一系列困境：埃兰利用这一形势，在他统治的第六年攻入西帕尔，在当地大肆杀戮；梅罗达克-巴拉丹的一个儿子包围了乌尔；《巴比伦编年史》记录了很多因违背忠诚誓言而遭斩首的外国统治者。[95] 进入他的统治末年，埃萨尔哈顿发动了一场针对麾下众多高官的大清洗，推测是为了预先阻止一场大叛乱。尽管他采用了"苏美尔和阿卡德之王，巴比伦总督"的头衔，《巴比伦编年史》却没有提到他在巴比伦的任何修缮工作；那里也没有埃萨尔哈顿可以参加的新年庆典，他的名字也没有被列入巴比伦王表。表面上看，他对"至高之所"大神庙和塔庙开展了一些工程，但他的某些声明可能记录的是意图而非行动。

埃萨尔哈顿的祖父萨尔贡二世死于境外的一场战役，这是神谕者未能预知的悲剧。作为一篇传统的纪念铭文，《萨尔贡之罪》开篇写道，"我是辛纳赫里布"，但它可能是埃萨尔哈顿编撰的，因为文中也提到辛纳赫里布自己的意外身亡。[96] 萨尔贡的孙子，现在正统治巴比伦，是否也继承了某些不明来路的罪恶，并将它的污染带入了城市呢？对这些事件的官方说法随时而变。辛纳赫里布对巴比伦的洗劫和破坏可以被视为一场暴行，因为亚述人非常敬重这座城市；但这篇纪念铭文讲述辛纳赫里布如何崇敬马尔杜克，死后托梦给埃萨尔哈顿，敦促他完成对（当时仍被扣留在亚述的）神像的修复，这便开脱了其父的罪责，并暗示他之前虔诚承担的工作尚未完成。

巴比伦的税赋蠲免地位在无王时期可能遭到侵害，促使"巴比伦人民"向埃萨尔哈顿写下一封正式信函：

> 从国王我主登基以来，您一直愿意确认我们受保护的地位和我们的福祉……巴比伦是"恩利尔之犬的碗"——它的名字就是为得庇护而起的；即便一条狗进入城中也不会被杀。[97]

尽管巴比伦衰败不已，但埃兰利用有利形势攻取城市的威胁依然存在。他们的和解姿态是可信的吗？

> 沙马什，伟大的主宰，对我咨询你的问题，赐予一个笃定而可靠的答案。如果埃兰王乌尔塔库向亚述王埃萨尔哈顿发出议和提案，那么他是否真诚地向埃萨尔哈顿发出了真实可靠的言和之辞？[98]

如果埃萨尔哈顿与母亲娜吉雅合谋杀害至亲辛纳赫里之事布属实，那么至少后者的神经质性格和疾病令他缺乏安全感。[99] 娜吉雅支配着埃萨尔哈顿，接收关于政治事务的报告，并主持修复巴比伦码头。[100] 作为底格里斯河东岸拉希鲁庄园（《圣经》中的拉伊尔）的所有者，她不可避免地卷入了与埃兰叛乱和巴比伦政治相关的事件。

与先王们一样，埃萨尔哈顿雇佣巴比伦书吏和学者，他们无疑是那些完美表达埃萨尔哈顿虔诚之姿的文字背后的功臣，[101] 还撰写了对他境外远征的令人赞叹的精彩描述。王家铭文避而不谈他迟迟未开始修缮巴比伦所遭的破坏，而是使用了一个模棱两可的词，它可以意味着"在我登基伊始"或"在我统治巅峰"。[102] 这旨在为后代留下一份貌似恢宏的遗产，含糊其辞地掩盖真相，给人一个活力四射的成功统治者在赢得王位后立即能在巴比伦启动重大工程的印象。如今，对埃萨尔哈顿在位期间发生的一系列事件有了更深入的了解，这表明某些王家铭文——描述了在他父亲遇刺前夕的事件——并非在他继位伊始，而是在很久之后，他去世前两年才撰写的。他第一次入侵埃及的尝试失败了；在第二次策划中，他从西奈沙漠发起进攻，短暂地成功征服了下埃及和沿尼罗河两岸直至孟斐斯的领土，将努比亚国王塔哈尔卡逐出尼罗河三角洲的城市，扶植感恩戴德的当地城市统治者，这些埃及人向他宣誓效忠。他接受了"（下）埃及、上埃及和库什诸王之王"的头衔，通过征收各地的贡赋，以及从孟斐斯搜刮战利品，来资助巴比伦尼亚的重建工程。但埃及城市很快重获独立，面临不屈不挠的塔哈尔卡的又一次入侵。与此同时，巴比伦谋划脱离亚述。埃萨尔哈顿尝试第三次入侵埃及的计划流产了，因为他死在了半途；显然神灵和神谕者都未能佑护他。

巴比伦之狮是一块粗加雕刻、未能完工的巨大玄武岩，展现一头狮子压制一个躺倒在地的人的场景。它发现于1852年，高 1.95 米，长 2.6 米。因为太重难以迁移，它依然矗立在巴比伦原址，安放在一块新的石基座上。这尊狮子可能代表亚述王室，正如狮子图案在亚述王家印章上的寓意，倒在狮子身下的人仅有一个可参照的案例，即亚述出土的一对象牙版上的图案，上面的人物通常被识别为努比亚人。[103] 这种对照暗示这尊巨像象征埃萨尔哈顿征服埃及，未能完工则是因为他在公元前 669 年死于征伐埃及的途中。

在他的统治末期，埃萨尔哈顿终于获得有利的预兆，于是他宣布归还一尊马尔杜克神像，并开始修复大神庙"至高之所"和塔庙"天地根基之家"，民众为此欢欣鼓舞。他还为巡游大道制作了闪亮的烤砖。他宣称恢复了这座伟大宗教中心的豁免权和其他特权；他还宣布归还代尔的神像并"重建它的神庙"，阿舒尔巴尼拔以巴比伦尼亚的神像已被洪水和暴风雨损坏为由，将这些工程揽为自己的功劳；[104] 他并没有责备父亲。

恶兆迟滞了埃萨尔哈顿对巴比伦的筹划，幼发拉底河的涨水也带来阻碍，他急需将城堡区高大建筑沉降的地板抬高约半米。[105] 无论如何，国王在他短暂的统治结束前还是开展了一些修缮工作。但是，我们能相信书面辞令吗？这令人疑窦丛生，因为尽管印有他铭文的烤砖和相当详细的王室铭文支持埃萨尔哈顿曾修复马尔杜克神庙"至高之所"和塔庙"天地根基之家"的说法，但这些烤砖大部分来自城市的其他街区，没有一块来自他声称"重建"的城墙。[106] 他向"至高之所"的风暴神献上了一枚巨大的青金石滚印，作为马尔杜克的财富。[107] 在他的统治后期，他细致地记录了自己曾重建"已成废墟"的"瓦兹的纳布"神庙,"将权杖授予此地的神庙",这表明作为巴比伦国王,他现在希望得到巴比伦神灵的祝福,或许为征服埃及而筹办了纪念仪式。[108] 神庙总管写给他的一封信透露,不仅在"至高之所"神庙,而且在其他神庙中都树立了国王的有铭雕像,由此亚述国王可以直接与巴比伦城的巴比伦神灵崇拜联系起来。[109] 他本人可能从未到访巴比伦,但或许依靠那里的祭司执行其指令。[110] 出土的许多预言文本中都有一位或数位主要神灵出现,最常见的是阿尔贝拉的伊什塔尔,她向一位疑神疑鬼的统治者保证他不会被下毒:

图 7.9　巴比伦的黑色玄武岩石狮,隐喻亚述战胜敌人,石雕未完成,放置在现代底座上;或许旨在庆祝埃萨尔哈顿征服埃及,因其去世而停工。约公元前 669 年。重量约 7 吨。OAID/thewanderingscot

你难道不再依赖我之前为你说的话吗？现在，你也可以依赖后面这一句。我将从我的宫殿里驱逐忧惧。你将吃上安全的食物，喝上安全的水饮，你会在你的宫殿里平安无虞。你的儿子和孙子将在尼努尔塔的佑护下称王。[111]

在他去世前一年，埃萨尔哈顿任命他的小儿子阿舒尔巴尼拔为亚述王储，而他的长子沙马什-舒姆-乌金为巴比伦王储，他将后者献给马尔杜克："我将沙马什-舒姆-乌金，我的儿子，我的后代，作为礼物献给马尔杜克和扎帕尼图姆。"[112] 他召集所有亲属和官员向他的二子宣誓效忠，否则将遭受可怕的诅咒，并乞灵恒星和行星作为见证。这篇长文被称为《埃萨尔哈顿传位协定》，它因包含天文学内容而闻名，似乎凸显出巴比伦专家在尼尼微和尼姆鲁德开展的天文研究。[113] 学者们发现，在本时期前后，亚述对巴比伦天文学做出了可观的贡献。

埃萨尔哈顿的母亲娜吉雅为支持她孙辈的登基，起草了一份法律文件，号召民众支持她的长孙担任巴比伦国王，幼孙担任亚述国王，在严厉惩罚的威胁下宣誓效忠。尽管做出了这些安排，但从埃萨尔哈顿驾崩到沙马什-舒姆-乌金即位之间有六个月间隔，这暗示权力的移交并不顺畅。

受希罗多德对"尼托克丽丝"在巴比伦的功绩和建造工程的记述启发，学者们曾提出尼托克丽丝便是埃萨尔哈顿的母亲娜吉雅。[114] 在巴比伦铭文中没有支持这一联系的证据。[115] 根据《创世史诗》（VI 63），由马尔杜克修建的巴比伦塔庙，是巴比伦最初建城的组成部分，彼时神灵们依然生活在大地上："他们

图 7.10　象牙板，刻画亚述的王家雄狮战胜倒地的努比亚人，出自卡尔胡（尼姆鲁德）。二联装之一，或许是庆祝埃萨尔哈顿征服埃及。约公元前 669 年。高 5 厘米。Georgina Herrmann ND 2548（伊拉克博物馆遗失）

抬起"至高之所"的顶端，为与阿普苏匹敌，他们创建了阿普苏的高大塔庙。"

　　塔庙推测建于《创世史诗》（包括上述诗行）编撰之前，而《创世记》11:1—9 中巴别塔的故事可能是从公元前 7 世纪几位亚述国王大肆宣扬的修缮工程中获得了灵感，或是来自《创世史诗》的某个版本。[116] 巴比伦塔庙被命名为"天地根基之家"，意味着该场所是天界与地府相接之处。塔庙是一座巨大的、令人赞叹的建筑，基座为长 90 米、宽 70 米的方形。《至高之所泥板》中的段落有记录塔庙的尺寸，这篇文献被视为学术作品，是一种假设的理想，或许编撰于埃萨尔哈顿统治期间，展现了他的兴趣，而现实中并没有动工。[117] 其实是阿舒尔巴尼拔，埃萨尔哈顿在亚述的接班人，通过将刻有他名字的砖块嵌入特定建筑中，证明自己才是执行巴比伦修复工程的功臣。

早在公元前 2 千纪，巴比伦人已经在双语文献《塔的寓言》中受到赫梯人和胡里人嘲笑，该文讲述一座高塔修建到抵达天界的高度，这个逾越本分的建筑因其修造者的自大而垮塌。[118] 这个故事或许反映了公元前 2 千纪中叶巴比伦尼亚（至少）一座高大塔庙的可怕崩塌，并提醒我们，能够破坏这样一座建筑的是自然的力量而非敌人的行动。泥砖堆砌的巨大塔庙，即便当时表面覆盖了一层烤砖，依然可能坍圮。这样一座塔庙需要频繁的修缮。《埃拉和伊舒姆史诗》提到，在巴比伦力量虚弱的时期，埃拉神向马尔杜克指出后者已失去神威：

> 为何这套盛装，大人您的装饰，华丽异常宛如满天繁星，渐已生尘？
> 大人您的王冠令天地玄秘神庙的光芒有如天地根基之家？它的外墙已经污损！

最后一句所指的或许是泥砖表面的蓝釉，它们失去了光泽，需要替换。巴比伦在维护这样巨大的建筑时面临着特殊的困难，因为地面沉降会使建筑基座低于地表数米。仅仅这一点就足以削弱上层结构。

本时期巴比伦与亚述的紧张关系，与犹大王国和埃及建立军事同盟的尝试以及弑君密谋，衍生出戏剧性的故事情节，而这些故事只有在几个世纪后才为人所知。[119] 有一些以阿拉姆语和埃及世俗体书写的流传甚广的古代小说，其中重述这一时期的事件及其中的人名很容易辨认。一如早期的巴比伦智慧文学作品，一种流行主题是，规劝一个人即便身处极端逆境，依然应当忠于国王。

最著名的是《阿希卡尔传奇》，阿希卡尔是一个没有子嗣的顾问，先是担任辛纳赫里布的，随后担任埃萨尔哈顿的掌玺大臣。该故事风靡一时，出现了多种语言版本，传播了一种对亚述国王近臣之间勾心斗角、伪造文件的颠覆性视角。阿希卡尔被他邪恶放荡的侄子诬告叛国，后者以他叔叔的名字伪造信件。在死亡威胁下，阿希卡尔逃往埃及，在那里，法老赏识他通过谚语形式表达的智慧。阿希卡尔最终得到辛纳赫里布的宽恕，他返回亚述，继续之前对国王的忠诚效力。邪恶的侄子身体肿胀，爆裂身亡。[120] 在塞琉古时代的楔形文字文献中，阿希卡尔被指名为埃萨尔哈顿的圣贤；他的名字还见于圣杰罗姆为《多必书》所写的序言，圣杰罗姆宣称该书依据的是一篇迦勒底文献。[121]《伊纳罗斯与佩图巴斯提斯》故事中的情节，见于一篇年代晚得多的埃及世俗体文献，描述了尼罗河三角洲的战斗，可能指涉埃萨尔哈顿的埃及战役。[122]

在埃及一座洞室墓墙壁上绘制的故事，人称"谢赫法德赫题记",或许是后期的半历史小说。[123] 它提到了埃萨尔哈顿、塔哈尔卡和尼科等关键人物的名字,还添加了一个单相思爱情的主题,这表明了人们对亚述覆灭前夕事件的浓厚兴趣,它历经阿契美尼德王朝和塞琉古王朝,延续数个世纪,构成了早期小说——一种文学新体裁——的内核。

"正义之王,沙马什和马尔杜克的贤明总督,王权的永恒种子"——巴比伦国王沙马什-舒姆-乌金,[124] 埃萨尔哈顿的长子,将自己呈现为虔诚的典范,净化并修复了神庙,这位阿舒尔巴尼拔的"孪生"哥哥,承认曾祖父萨尔贡为自己的祖先,省略了他的祖父辛纳赫里布。他的加冕在巴比伦举行,仪式隆重,他还在新年庆典上执行了祭仪。在他统治元年,他从亚述运回了诸神的雕像和家具,包括一张乌木和黄金制作的床,安放进巴比伦神庙中的合适位置,尽管他的弟弟、亚述国王,声称这是自己的功劳。一个变节的巴比伦法官下狱并被处死,这一事件如此重要,以至于他的名字和命运在两部巴比伦编年史中有所记载。

在沙马什-舒姆-乌金统治初期发生了一次月食,很可能是一个恶兆,被解释为对国王不利。针对该事件,他和他的兄弟阿舒尔巴尼拔都将向马尔杜克祈祷的开头语"我是某某和某某,某某和某某之子"进行了个性化处理,这是根据特定需要灵活调整祷文的另一个例子:

> 我是巴比伦之王沙马什-舒姆-乌金,我的神是马尔杜克,我的女神是扎帕尼图姆。

由于发生在基斯流月第十四日的月食邪恶，

由于邪恶的本性和不祥的征兆

它们降临于我的王宫和土地，

我害怕，我畏惧，我忧愁……

奉您公正的命令

愿我不死，愿我安康，愿我无尽地赞美您的神威。[125]

尼尼微出土的官方信件表明，阿舒尔巴尼拔限制他哥哥的活动，他自己冠以"巴比伦总督"和"苏美尔与阿卡德之王"的头衔，而且更像是将他的哥哥视为一个地方城市总督，而非一个王国的独立统治者。就像巴比伦城的早期统治者那样，沙马什-舒姆-乌金的权力主要局限在巴比伦城内，这令他主要扮演了伟大宗教中心的一位看护人的角色，在那里，尼尼微的伊什塔尔崇拜建立已久，代表着亚述的利益。埃萨尔哈顿曾主持翻新巴比伦城中尼尼微的伊什塔尔神庙的神像，还特别关注分配给女神的供品。[126]沙马什-舒姆-乌金似乎实际上没有军队可以指挥，这或许是授予各大城特权背后的原因之一。他的授土碑铭文中列出的见证人，有些明显担任着亚述的军事职务。诸如乌尔和尼普尔等城的总督直接与尼尼微的亚述国王通信，在他们的城市中，"为了沙马什-舒姆-乌金的健康"而开展的建筑工程冠以自己的名字，表明是他们，而非沙马什-舒姆-乌金，是神庙的修建者。巴比伦事实上已成为巴比伦尼亚内部的一个独立国家。

巴比伦依赖盟友而非自身军队的方式，可以从一条向诸神质询神谕的卜辞看出，它询问一位与亚述决裂的海兰领导人，已召集一队埃兰弓箭手威胁巴比伦，是否现在会发动进攻：

> 他将与亚述国王阿舒尔巴尼拔的军队交战吗，无论是与亚述人，或阿卡德人，或迦勒底人，或拖住阿舒尔巴尼拔步伐的阿拉姆人？[127]

与他祖父曾经使用的策略一样，阿舒尔巴尼拔使用西顿人建造的船只，这样一来他在海兰的总督们便能够在沼泽中抓捕敌人。与此同时，他在尼尼微筹建了一座巨大的图书馆，派遣学者收集和用泥板抄录巴比伦尼亚各地记录在书写板上的文献。其中一组这类文献，包含年代可以追溯到汉谟拉比王朝的卜辞。[128]

沙马什-舒姆-乌金君临巴比伦十六个年头，其间亚述军队一如既往地在巴比伦尼亚内外施加军事霸权。它的主要需求是阻止埃兰入侵，维持对底格里斯河东岸的掌控，其中包括拉希鲁——那里坐落着太后的庄园——和代尔。数代埃兰国王根据现实需求灵活选择对亚述的态度。但压力最终迫使沙马什-舒姆-乌金造了弟弟的反。

亚述人阿舒尔巴尼拔这位学者型国王在腰带上配匕首的地方别了一支尖笔，他在公元前653年丢掉了埃及和当地的岁入，后者重获独立。尽管如此，他还是对埃兰发动了军事行动，在一次入侵中甚至杀死了埃兰国王特-乌曼，将自己的候选人扶上苏萨的王座。这个安排没能延续多久，而阿舒尔巴尼拔的军队至少三次攻打苏萨，在公元前647年洗劫了该城。公元前652

年，一场大叛乱在巴比伦开启；在 16 年的忠诚之后，沙马什-舒姆-乌金聚集了埃兰人、海兰人、阿拉姆人、阿拉伯人和巴比伦市民的支持，与他的弟弟开战。阿舒尔巴尼拔在致巴比伦市民的一封信中写道：

> 我听说了我那个毫无兄弟情义的哥哥告诉你们的谎言，他说的一切。撒谎！不要相信他！以阿舒尔和马尔杜克，我的神灵们之名。他说我的那些坏事，我发誓我没有在心中谋划或高声讲出。那个人所思所想尽是诡计，盘算着："我要毁了那些爱戴他的巴比伦人的名声。"[129]

形势如此危急，以至于公元前 651 年或公元前 650 年未能庆祝新年，巴比伦被亚述军队围困。后来有一部编年史将取消庆祝活动解释为巴比伦蒙受苦难的肇因。[130] 沙马什-舒姆-乌金是一个违背忠诚誓言的叛徒："表面上，他的唇间大谈友谊；暗地里，他的心里策划谋杀。"但他的计划在一个人的梦中被揭露了，梦境里月神雕像的基座刻着以下的不祥之语：

> 谁对亚述之王阿舒尔巴尼拔图谋不轨，向阿舒尔巴尼拔开战，我便将向他降下可怕的死亡；我将用利剑、火雨、饥荒和瘟疫置他于死地。

据阿舒尔巴尼拔所言，巴比伦人沦落到易子相食的地步，当城市最终沦陷之际，众神将背信弃义的哥哥扔进了烈焰。封锁持续超过两年，大约在公元前 650 年至公元前 648 年之间，当时大麦价格飞涨，从每升 3 舍客勒[*]碎银飙升至 180 舍客勒碎银。阿舒尔巴尼拔围捕了所有叛徒，割下他们的舌头，收集他哥哥的所有个人财富。他将其他市民的尸体留给狗和猪啃噬，将剩下的骨骸扔出城墙之外。其他居民被用作人牲献祭，任由狗、猪、豺狼、秃鹫和鹰隼食用，为辛纳赫里布复了仇，大概是将阿舒尔-纳丁-舒米之死和半个世纪前辛纳赫里布洗劫该城怪罪到了巴比伦市民头上。在尼尼微的阿舒尔巴尼拔宫殿中，一块浮雕饰板刻画了亚述国王接收王权仪仗的情景，它们之前属于他不忠的哥哥：王冠、玺印、权杖和战车。[131] 亚述国王又一次直接统治巴比伦。

巴比伦在围城和最终陷落时遭受的破坏程度不明。至少我们知道，阿舒尔巴尼拔从未被责备对这座伟大城市犯下亵渎；它的神像和神庙依然原封未动，一年后，阿舒尔巴尼拔刚刚够格列入巴比伦王表，他应该为新国王坎达拉努举办了一场合宜的加冕礼，并以巴比伦统治者的身份出席了新年庆典。但是亚述王家档案大约在这个时间点终止了，而本时期的巴比伦编年史大部分未能保存下来，因此随后几十年的事件我们几乎一无所知。

沙马什-舒姆-乌金之死，学界认为是克特西亚斯——阿契美尼德时期的一位希腊医生——据此创作了"萨达纳帕洛斯"之死的故事。这个艳俗的故事在希腊文学中得到广为征引和重复利用，因为它是对大众极具吸引力的故事模板，展现了东方

---

[*] 重量单位，约合公制 8.3 克。——译注

图 7.11 一块浮雕饰板的顶行场景，出自尼尼微，展示亚述士兵运走被击败的沙马什—舒姆—乌金的王权仪仗作为战利品：从左到右依次是他的战车、权杖、滚印和王冠。现藏大英博物馆，馆藏编号 BM ME 124945

人的淫荡和堕落。后来人们将这位国王与罗马皇帝尼禄相提并论。[132] 更符合历史人物形象的是阿拉姆语的《阿舒尔巴尼拔和沙马什-舒姆-乌金传奇》，故事中这对王室兄弟的姐妹尝试居中调解未能成功；即便在残损的纸莎草卷上，戏剧性的对话和尼尼微与巴比伦之间火急火燎的往返旅程依然清晰可见。[133] 与《阿希卡尔传奇》一样，这个故事表明，普通民众热衷亚述晚期历史的戏剧和人物，并在几个世纪里一直为之着迷。本时期的事件改头换面融入《圣经·以西结书》，这篇故事不仅有希伯来语版，还有埃兰语版。[134] 其中的一些活动取材于阿舒尔巴尼拔的埃兰战役，而主要人物末底改、以斯贴和哈曼使用了巴比伦、尼尼微和苏萨三地主神的名字。

弟弟在巴比伦的建筑工程上冠以自己名字的做法，想必令沙马什-舒姆-乌金感到恼怒。表面上像是阿舒尔巴尼拔修复了许多大神庙、塔庙和城市恢宏的外城墙以及城门，继续了他父亲埃萨尔哈顿启动或有意启动的项目。仿佛全是他一人的功劳，阿舒尔巴尼拔对哥哥仅一句带过，称他"使强者不欺凌弱者"（引自汉谟拉比法典）：

> 我在位期间，伟大主宰马尔杜克在欢庆声中进入巴比伦，入住永恒的至高之所。我恢复对至高之所和巴比伦众神中断的定期供奉，我确立巴比伦的特殊地位……我用白银、黄金和宝石装点至高之所。[135]

沙马什-舒姆-乌金的铭文仅在其他城市有发现，记录了他在西帕尔和博尔西帕的翻新工程。为了满足他提升巴比伦新年庆典的职责，他为博尔西帕的主神纳布建造了一艘庆典用船，纳布也是"至高之所"的神圣书吏，"携带诸位大神的命运泥板之人"，在新年庆典中扮演着重要角色。[136] 但沙马什-舒姆-乌金的头衔仅涉及巴比伦，无关苏美尔和阿卡德，或是巴比伦尼亚南部。

无法确定阿舒尔巴尼拔是否完成了修缮项目；丢失他最富裕的省份埃及，以及之后哥哥的叛乱，难免推迟了他的计划。这对王室兄弟各自头顶一筐泥土——用于制砖——形象的两块石碑在博尔西帕出土；[137] 其中阿舒尔巴尼拔的面部是完整的，沙马什-舒姆-乌金的面部则被凿掉了，这是偶像破坏的蓄意行为，旨在抹除他的身份，仿佛形象是有生命的，仿佛是在对他本人进行挖眼、割鼻、削唇、拔舌的惩罚。另一方完整的石块描绘阿舒尔巴尼拔同样肩负一斗砖，但尺寸更大、刻工更精，发现于巴比伦。很可能他哥哥的所有痕迹都在叛乱甫一结束便被从巴比伦抹去了。

在亚述统治的最后阶段，在滚印中可以侦测到一个重大转变：以人类面目现身的神灵消失了，被一批符号所取代，例如新月代表月神。亚述帝国覆灭后，这一新风尚在巴比伦尼亚延续了下来。

公元前 648 年沙马什-舒姆-乌金殒命后不久，坎达拉努成为国王。[138] 我们对他的背景实际上一无所知。[139] 巴比伦的历史铭文中没有出现他的名字。但根据巴比伦王表，他统治了二十一年，时间之长足以说明其统治的稳定。纪年的档案提到了他的名字，另一些则记录了阿舒尔巴尼拔的名字，表明他与前任一样，受亚述国王约束，他的权力限于城内。坎达拉努似乎与阿舒尔巴尼拔死于同一年，即公元前627年。即便在那之后，城市也继续受惠于丰厚的捐献：阿舒尔巴尼拔的一位继承人向马尔杜克献上了一张供桌和一柄黄金权杖，还在巴比伦尼亚各地城市开展其他虔敬的活动。

这些国王的身故标志了一个巴比伦尼亚和亚述王家铭文阙如的年代。由于距离亚述的覆灭仅剩十五年时间了，人们几乎无法抵挡推断亚述帝国治理失控的诱惑，加之希伯来先知的夸张言论。事实上，坎达拉努的继任者是两位亚述国王，他们一同出现在乌鲁克王表中：[140] 辛-舒姆-利希尔，他在夺取亚述和巴比伦王位之前，曾在尼尼微担任阿舒尔巴尼拔之子的监护人；和辛-沙尔-伊什昆，他在巴比伦的七年统治得到至少60件纪年档案的记载。他在一篇致巴比伦主神马尔杜克的祷文中强调了自己对这座伟大城市的虔敬，内容是他直接从为阿舒尔巴尼拔撰写的一篇中借用的，并以自己的名字替换了他伟大的前任。他拉拢一个叫纳波波拉萨的人担任将军，派遣他为亚述镇压海兰的叛乱集团。但是，作为海兰城市乌鲁克的精英阶层的一员，纳波波拉萨的忠诚正经受考验，他很快变了节；他将辛-沙尔-伊什昆从巴比伦赶回亚述，在公元前625年，他自己登上了巴比伦王位。

8

帝国：纳波波拉萨与尼布甲尼撒二世

（公元前 625 年—公元前 562 年）[1]

巴比伦素来是耶和华手中的金杯。

——《耶利米书》51: 7

巴比伦	亚述	埃及、米底、犹大
纳波波拉萨（纳布-阿普拉-乌素尔，625—605）	// 阿舒尔-埃特勒-伊拉尼	
	// 辛-舒穆-利希尔	
	// 辛-沙尔-伊什昆	
	// 阿舒尔-乌巴利特二世	// 尼科二世（610—595）
		// 库亚克萨列斯
尼布甲尼撒二世（纳布-库杜里-乌素尔，604—562）		// 约雅敬
		// 约雅斤
		// 西底家
		// 普萨美提库斯二世（595—589）

巴比伦附近的战事令该城在亚述统治下的最后岁月中过于危险，无法举行新年庆典，但巴比伦在坎达拉努的统治结束后没有失去其特殊地位。与此同时，巴比伦尼亚南部的乌鲁克拥有实力强大的世袭总督；其中一位总督的儿子纳波波拉萨，曾任军事指挥官，为亚述国王辛–沙尔–伊什昆征战。[2]当他起而反叛亚述时，一开始吃了败仗，退回乌鲁克，但随后成功战胜亚述军队，登上巴比伦王座，于公元前625年开创了一个新王朝。他采用的头衔之一是"强大的王"，之前没有任何一位巴比伦国王使用过它；这是一个亚述王号。

通过声称自己是"无名者之子"，国王暗示他与任何之前的亚述或巴比伦国王都没有血缘关系；但考虑到他来自乌鲁克的一个颇有影响力的家族，在他入主巴比伦之前，他的权力基础想必已经稳固，巴比伦《乌鲁克王表》是唯一一份记录了巴比伦从亚述傀儡到纳波波拉萨登基这一转变的文献。它提供了一份连续的名录，没有区分巴比伦与亚述。这与希腊历史学家希罗多德的记载如出一辙，后者在差不多两个世纪后写道：

> 亚述有为数众多的大城市，其中在当时最知名、最强固的当数巴比伦。在尼尼微失陷以后，首都就迁至巴比伦。[3]*

这表明希罗多德并不知道纳波波拉萨在巴比伦登基早于尼

---

* 译文引自［古希腊］希罗多德著，徐松岩译注《历史》，上海人民出版社，2018年，第162页。——译注

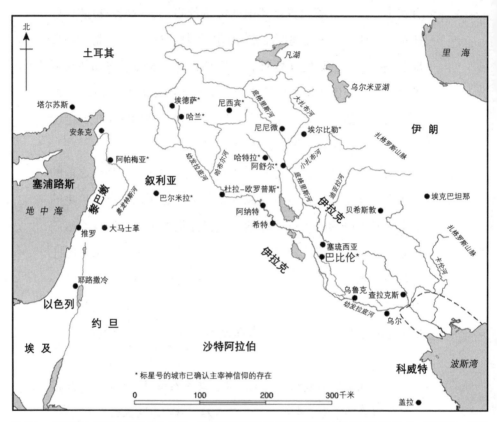

图 8.1 公元前 1 千纪晚期遗址分布图，包括那些马尔杜克崇拜延续至古代晚期的地点。艾莉森·威尔金斯与笔者绘制

尼微陷落约十三年，后者也不是亚述人，但希罗多德的理解是可以根据《乌鲁克王表》自然得出的推论。在哈兰，一篇年代约公元前 547 年的铭文列出了从阿舒尔巴尼拔到纳波波拉萨的亚述国王，和《乌鲁克王表》一样，它也予人这样的印象：纳波波拉萨的统治延续了亚述世系。

在登基之际，纳波波拉萨将亚述运到乌鲁克的被劫神像归还苏萨，作为他阻止埃兰试图动摇巴比伦新政权的政策之一。由于他与乌鲁克的联系，纳波波拉萨被称为"海兰之王"，但在巴比伦，他使用的是谦逊的"总督"（šakkanakku）头衔。[4] 作为海兰国王，他建立起一个以识字的城市迦勒底贵族为首的王朝。各类档案，例如编年史和占卜集，将个别国王描述为"迦勒底人"，但我们不确定本时期这个词的含义。那个被称为迦勒底人的部落族群或许已经发展为一个囊括学者与宗教智者——特别是天文学家——以及"魔法师"（神谕师和咒语祭司）和占星师的专业化群体。

《巴比伦编年史》按在位时间简要记录了亚述灭亡的主要事件，提供了事件的序列。从纳波波拉萨一朝往后，没有再发现编年史泥板。[5] 纳波波拉萨在公元前 623 年短暂地将亚述人逐出代尔。他们很快重返当地：亚述人绝不轻言放弃。阿舒尔城在埃及援助下顽强抵抗，但最终难逃陷落。在米底的帮助下，纳波波拉萨攻克阿舒尔城；米底人已经深入北方，夺取了尼尼微附近的塔尔比苏，那是亚述王储的传统驻地。[6] 米底人此时被称为乌姆–曼达*，这是指代一群未开化异族暴民的含糊字词，它

---

* 意为"不知来自何方的部落"。——译注

暗示米底人难以驾驭。

阿舒尔巴尼拔的幼子阿舒尔-埃特勒-伊拉尼在公元前630年登基时尚未成年。他通过一位辅政大臣的帮助统治亚述，后者是一名高级军官，他建议年轻的国王向立功的将帅授予土地和免税权：

> 首辅大臣辛-舒穆-利希尔，深得生养我的父王之心，像父亲一样持续指导我，令我安稳地坐上父亲的王位，并确保亚述人民，无论贵贱，在我未成年时都捍卫我的王权，敬畏我的王权。[7]

辅政大臣在约公元前626年从他的被监护人那里继承了王位，若非不久之后战死沙场，他将是巴比伦军队经验丰富且手段老练的对手。

纳波波拉萨无法指望幼发拉底河中游亲巴比伦派的忠诚，那里的苏胡民众反叛他，当他在那里遭遇一支亚述军队时，他被迫撤退。《巴比伦编年史》报告，在他统治的第十四年，尼尼微城内爆发了"一场苦战"，亚述国王辛-沙尔-伊什昆殒命，在巴比伦国王接受亚述军队投降前，城内发生了大规模劫掠。编年史的作者惊骇于这些破坏，诉诸浮夸的辞藻："他们将城市夷为瓦砾堆"。

但巴比伦征服者纳波波拉萨能够在洗劫发生后，接受昔日亚述拉撒帕行省[8]降服的同时居住在尼尼微城内，据推测，那是辛纳赫里布或其继承人修建的宏伟宫殿中的一座。之后这些宫殿中的一部分继续被占用。尼尼微出土了 25 封埃兰文信件，它们的年代可能属于尼尼微陷落之后的时期。[9]

根据两代人之后的纳波尼杜的证词，纳波波拉萨对尼尼微受到的破坏非常不安，以至于睡在地上，拒绝舒适的床铺，备受自责的煎熬，并且"没有举行祭神仪式，而是接管了一切"。宫殿中对石饰板浅浮雕上辛纳赫里布、阿舒尔巴尼拔及其王后（或他的祖母娜吉雅）形象有选择性的仔细毁容可能就发生在此时，而不可能是在混乱的抢劫中完成的。米底人援助的高昂代价便是不必要的破坏，正如描述他们的"野蛮人"一词所暗示的。

阿舒尔-乌巴利特二世接过亚述王位，以哈拿地区的哈兰为根据地。经过两年多的征战、厮杀和掠夺，纳波波拉萨才得以攻克这座城市，埃及军队在尼科二世的率领下前往那里援助亚述人。又一次发生了骇人听闻的劫掠。但亚述人带领一支埃及大军杀了回来，将巴比伦驻军逐出了哈兰。在这次远征的过程中，尼科二世扫荡巴勒斯坦时遭到约西亚的抵抗，公元前 609 年，后者在美吉多被杀。[10] 他的继承人约雅敬向尼科支付了高额贡赋。巴比伦及其盟友的第二次进攻更具成效，他们终结了尼科在耶路撒冷的短暂统治。战败后，一些埃及人为防守卡切米什周边地区滞留了一段时间。纳波波拉萨及其盟友接管了亚述帝国，吸收了亚述的军事、行政和法律制度。[11] 他和他的继承人都是军事统帅。在他的王朝，文献中描述军事职业的亚述词汇表明，巴比伦人现在拥有了一支以亚述武装为蓝图的军队。[12]

征服为巴比伦带来海量新财富。它还吸引了数量持续增长的阿拉姆人，后者的语言是以字母体书写的，通常写在皮纸上。楔形文字的使用日益萎缩，而阿拉姆语的使用愈加广泛；但许多阿拉姆语文献我们无缘得见，因为所用的有机书写材料绝大多数早已朽烂无存。

正如《圣经》先知以夸张的辞藻所描述的，亚述的彻底毁灭本应是一个历史事实，直到涌现新的证据反驳它。出人意料的是，写有楔形文字的泥板在帝国覆灭后继续在亚述里亚使用。在一座昔日亚述城市的发掘显示，[13] 在尼尼微陷落很久之后，仍有人在巴比伦等地以亚述方言和亚述形式的楔形文字音节撰写亚述风格的文本。这一发现表明亚述书吏和他们的行政惯例在亚述帝国的崩溃中幸存了下来。它暗示帝国灭亡后的形势并没有动荡到阻碍所有商业、贸易和税收活动。看起来亚述帝国的城市仅仅转而被纳入巴比伦帝国而已。这并非希伯来和希腊史料描述的那种完全断裂。纳波波拉萨以虔敬而谦逊的口吻讲述了自己的发迹之路：

> 当我年轻时，尽管我是一个无名者之子，但我一直寻找我的主人纳布和马尔杜克的神祠，我衷心致力于建立他们的祭祀法度和完善他们的仪式履行。我的注意力聚焦正义和平等。沙祖（马尔杜克的一个别名），这位主宰知晓天界和地府诸神的心思，他定期审查人民的举止，他注意到我的"心灵"，并将那么年轻、尚未得到人民注意的我安置在我出生之地的最高位置上。他召唤我去统治土地和人民。他创造了一个可靠的保护神与我偕行，还确保我诸事顺遂。[14]

在他统治的第十九年，因经历了多次艰苦卓绝的战役而疲惫不堪，纳波波拉萨渴望将巴比伦重振为辉煌之城，他从一场战役中提前归来，将最高军事指挥权交给了他的儿子、王储尼布甲尼撒，后者率领自己的军队参加了战役。尼布甲尼撒从早年担当的职责中获取了宝贵的经验。

在一部主要献给巴比伦城墙"恩利尔的赞许"重建工程的长篇铭文中，纳波波拉萨简短而谦卑地提到他将亚述军队赶出巴比伦尼亚（这里称为"阿卡德"）：

> 他（沙祖，马尔杜克的一个别名）令涅加尔，众神中的最强者，为我方而战。他击杀我的敌人，他击败我的仇敌亚述人，后者因神怒而统治阿卡德，用他们的重轭奴役此国百姓。我，虚弱之人，无能之人，不断祈求万主之主，以及我的主人纳布和马尔杜克的强大神力，我将他们逐出阿卡德之地，我让他们（巴比伦人）摆脱了羁轭。[15]

在事件的这一版本中，巴比伦被亚述占领的肇因是诸神对该城的怒火，所以他们情绪的平复有赖国王无与伦比的虔敬。

在他的王家铭文中，[16]纳波波拉萨没有将自己呈现为武士国王；他没有像亚述国王那样使用涉及袭人野兽的明喻或隐喻。他对虔敬和正义的强调与汉谟拉比的铭文如出一辙，他使用后者的古风字体，这些古老的行款依然得到书吏和刻工的研习与使用。除了在亚述里亚的胜利，他没有在铭文中提及其他武功。作为"正义之王"，他修复了西帕尔和拉尔萨的"正义之主"太阳神的神庙，太阳神崇拜在这两座古老的大城盛极一时；在为记录他的事迹而撰写的铭文中，他将对亚述的征服归功于太阳神，而非马尔杜克。埃兰人之前将一座神庙图书馆从乌鲁克搬到了苏萨，后者正在从阿舒尔巴尼拔的报复性洗劫中恢复，再次获得独立，拥有自主任命的埃兰统治者。纳波波拉萨将图书馆迁回了乌鲁克，确保他的祖籍城市重新获得南方圣城领袖的地位。[17]

残损严重的《纳波波拉萨史诗》对他的性格和功绩有不同的描述。[18] 史诗讲述了亚述人和巴比伦人在库塔城的一场冲突，地府的涅加尔神是库塔的保护神：一场战斗在火炬的照明下于夜间爆发；水渠和运河被鲜血染红。在这段记载中，国王在巴比伦的加冕仪式发生在他征服亚述人之后；它颠倒了事件的顺序以匹配《创世史诗》的序列，在后者中，马尔杜克杀死敌人提亚马特，先于他被宣布为众神之王。在《纳波波拉萨史诗》中，国王在凯旋仪式上被授予御玺，或许它与沙马什-舒姆-乌金兵败后被呈送给阿舒尔巴尼拔的是同一枚。他的官员在加冕礼上向纳波波拉萨个人委托为巴比伦尼亚复仇的任务，正如《创世史诗》讲述马尔杜克如何得到提拔，受命为众神报仇。这篇文学作品与其他碑铭之间的差异表明，后者在刻画军功时受到很大的限制；但这些军功转入了天界，可以在一部文学史诗中以更具英雄主义的细节重述。巴比伦的加冕礼和新年庆典，根据习俗要举行两场仪式来免除罪衍和净化污秽：一个在盟洗屋举行，对象也包括王室徽记，另一个在沐浴屋。[19]

纳波波拉萨与沙马什-舒姆-乌金之间虚构的往来信件——

有后期抄本存世——旨在为迦勒底人夺取王位提供辩解。信中提到"至高之所"的财富被邪恶地转移到尼尼微，这是马尔杜克惩罚尼尼微的原因，还将罪责追溯到辛纳赫里布，后者的父亲萨尔贡被嘲弄性地描述为一位家奴。[20] 其中一封信件的年代属于亚历山大大帝统治时期，即大约 270 年之后。这展现了对亚述覆灭前后事件的兴趣，如何长期萦绕在巴比伦尼亚。寻找肇因、归咎责任的重要性，以及对罪责可能遗传的恐惧依然盛行。

纳波波拉萨在巴比伦开始大兴土木。他也重建了城墙"恩利尔的赞许"，"它随着时光流逝，变得脆弱和塌陷，城墙被雨水和大风破坏，它的基础越积越高，正加速变成一堆废墟"，还在城墙外建造了一道烤砖材质的护堤。埋入城墙和护堤的铭文记录了它们，招呼它们："城墙啊，向我主马尔杜克替我美言。"纳波波拉萨将城墙描述为"坚实的护盾，封锁通往敌国的入口……去天界的楼梯，下地府的台阶"。重建和加高城墙的工程量如此浩大，以至于在其父去世后，尼布甲尼撒还在继续施工。幼发拉底河的一条支泓和从它引出的多条运河被人为改道，用来灌满护城河系统，以保护城堡土丘上的宫殿区。这一点在城市平面图上一目了然，尽管该项目的大部分施工阶段无法准确定年。

不像亚述国王的肖像遍布他们的国土，我们没有发现纳波波拉萨及其子的石像和形象，他们的文本中也没有提及这些载体。滚印图案中的转变非常明显。不再以人类形象刻画众多神灵，而是用符号代表他们；如上文所述，这是遵循亚述帝国晚

北

夏宫
巴别区

登陆门

新年庆典神庙

尼布甲尼撒二世
修建的外廊
恩利尔的防线
恩利尔的赞许

港墙
北宫
西外堤
东外堤
新城区(东)

新城区(西)
宁玛神庙
伊什塔尔门
希腊剧场

恩利尔门
南宫
伊什塔尔
神庙
纳布神庙
霍美拉区
库拉布区

马尔杜克门

伊什塔尔神庙
卢加利拉城门区
梅尔克斯区

恩利尔神庙
"尼托克丽丝"
大桥
库马区
月神庙
尼普尔区?
扎巴巴门

埃阿神庙
风暴神庙
至高之所
刺柏
花园

国王之门

尼努尔塔神庙
舒安纳区
外廊

阿达德门
图巴区
乌拉什门
恩利尔的防线

沙马什门

■ 神庙位置

粗体 街区名称,部分译出
斜体 现代区域名称

0   500   1000 米

图 8.2 巴比伦主城堡区的建筑示意图,主要属于迦勒底王朝。艾莉森·威尔金斯与笔者绘制

期的一种风尚，神灵符号最常见的是刻画为竖立在基座之上的形象，一旁伫立祈祷姿态的崇拜者。[21]

纳波波拉萨最宏大的项目之一是致力于重建塔庙"天地根基之家"，它位于马尔杜克神庙"至高之所"旁被高大围墙环绕的场地上，他特别指出，项目使用了掠夺获得的财富。值得注意的是，和城墙一样，他没有将塔庙亟待修复的残破状态归咎于辛纳赫里布在公元前689年造成的破坏或其他敌对活动。因此，这座巍峨建筑的沉降和屈曲应力可能是（他试图修复的）损坏的肇因。由于这些因素，再加上这座建筑最终完全坍圮，没有奠基泥筒保存下来，无法提供其修建的历史。本时期塔身可能发生了12米的沉降，如果天文学家从塔庙顶部进行观测活动，那么这必然会威胁到他们的安全；因此，他们或许在本时期转移到了附近博尔西帕的塔庙。[22] 国王写道，巴比伦塔庙"几近倒塌"，因此马尔杜克命令他从头重建它，这是一项艰巨的任务，"要把塔基建在地府的胸膛上，把它砌到顶与天齐"：

> 愿这幢建筑，我的杰作，屹立永久。就像天地根基之家的砖块，从此永远牢固结合，为遥远的未来牢固奠定我王座的根基。天地根基之家啊，为翻修你的国王祝祷吧！哦，至高之所，当马尔杜克欣然在你那里起居，为我向我主马尔杜克美言！

国王自己和他的诸子参与了创造这座奇观的劳动：

我向我主马尔杜克俯首，我卷起衣袖，收拢袍服，头顶砖块和泥土。我拥有金银打造的砖斗，我让尼布甲尼撒，我的长子，我的挚爱，与我的工人一道运输掺有美酒、油膏和香屑的泥土。我让纳布-舒马-利希尔，他的亲手足，他的孩子，我自己的孩子，幼弟们，我的至亲，操起锹和铲，我让他背负金银砖斗，将他献给我主马尔杜克。

纳波波拉萨在原有结构之上加盖了一层烤砖表面，估算这需要总计 3 200 万至 3 600 万块砖。塔庙基座的尺寸记录在《至高之所泥板》上。这篇神秘的文本或许曾意图联系天马四边形*，田地丈量赋予这座城市另一个名字（见下文），为设计增添了占星学意义；但这些数字与大部分出土构件并不严格对应，因此可能是象征性和理论性的。它们包含早期度量衡单位，以及纳波波拉萨时代的通行单位。[23] 根据考古发掘，唯一可靠的测量结果是塔基 91 米见方的轮廓，但具体年代不明。对于完整的塔庙，人们至少提出了 10 种不同的复原方案。

塔庙设有 4 座进入内部的大门；在塔顶，可能供奉着马尔杜克及其神妃的雕像，还放置有天文学家的桌椅。对塔庙高度的现代估测在 69 米至 90 米之间。发掘出土的门槛比最早建造时的地平高出约 7 米，这一惊人的数字令人们得以一窥城市中心因沉降、洪水和地下水位变化而导致的问题。

釉砖技术自青铜时代晚期以来逐步发展，[24] 亚述人和埃兰

---

* 即天马座 α 星、β 星、γ 星以及仙女座 α 星组成的方形星群。——译注

人已经采用釉砖技术装饰公共墙壁和门道，并在巴比伦王朝时期的街道和建筑上得到华美的展现。砖雕技艺令建筑外墙饰有彩色浮雕人物，它们主要取材于神话，例如狮龙。迥异于亚述壁画和浅浮雕石板的叙事化风格，巴比伦人偏爱静态和纹饰化的图案。纳波波拉萨着手为自己建造了一座新宫，可能位于一座旧宫基址之上，但奠基在一个更高的平面上，以弥补原有建筑的沉降。尼布甲尼撒完成了该工程。宫殿坐落于城堡土丘上，紧邻巡游大道，距离大神庙"至高之所"和塔庙不远，这两座神庙主宰着天际线的景观。

尼布甲尼撒二世在父王去世后登基，他已经是一位沙场宿将，继承了从亚述劫夺的财富和相对稳定的管理手段，以及部分未完工建筑项目在巴比伦造成的混乱。在他即位当年的传统新年庆典上，正月"他牵起主宰（马尔杜克）和主宰之子（纳布）的手，庆祝新年"。新近加冕的国王从他担任乌鲁克女神大庙的府库官／司铎的时期已开始积累管理经验。他作为国王的考验之一是维持对昔日亚述统治的那些城市的控制，同时击退埃及在黎凡特的扩张。另一项任务是完成城市一批大型建筑的修复：城墙、塔庙、神庙和宫殿。他扩建了城市，建立了一块新区，即巴别土丘，它得到一圈以沥青和烤砖修砌的城墙保护，这段城墙也环绕着夏宫。彼时巴比伦是一座巨型城市，面积估计超过 850 公顷：

为防止残暴的敌人抵达巴比伦边界，我让巴比伦被像大海一样广阔的水域环绕，于是跨越它们难比渡过波涛汹涌的汪洋［或？］潟湖。为防止堤坝决口，我环绕它们修葺土墙，用烤砖砌成的护堤包裹它们。我巧妙地强化防御工事，将圣城巴比伦变成一座要塞。

出于对袭击的恐惧——巴比伦堆积如山的财富引诱凶恶的敌人——尼布甲尼撒二世开始修建两道穿过城外郊区的巨大防御墙：[25]"从幼发拉底河至底格里斯河，我堆积起高大的土丘，用坚固的堤坝强化它的两侧。"

南段城墙是一道表面砌砖的堤坝，从幼发拉底河巴比伦段开始，经过基什，继续延伸至涅加尔港的河港处与底格里斯河河岸相交，全程约50公里。北段城墙约54公里长，从幼发拉底河西帕尔段延伸至乌佩（后来更名为塞琉西亚）。这些巨大的土方工程或许与本时期巴比伦新获得的一个别名有关："围堰，环绕一块土地的土堤"，这是"田地"的双关语，也是天马座的名称。[26]尼布甲尼撒在一篇铭文中透露了他的动机："我不允许任何坏人阻止寓居城中的人民搬运我主马尔杜克战车的车辕。"*

因此，修建城墙的首要目标是确保节庆活动不会再受到威胁，确保因参加节庆活动而从其他城市——乘船或乘车——运往巴比伦的神像不再冒受攻击的危险。通过建造两道穿越城郊的长墙，通过翻新和加高两圈城墙，以及通过刻意不在巴比伦

---

* "搬运我主马尔杜克战车的车辕"是指巴比伦人在新年庆典中展出马尔杜克的仪式战车，这里寓意不受打扰地举办新年庆典。——译注

城外建造其他王家宅邸，国王将财富集中在首都。这座城市现在被封闭在一个方形之中：东西两侧分别是幼发拉底河和底格里斯河，北面和南面则是两道穿越城郊的长墙。北段长墙今日依然可见；在墙体内发现了刻有尼布甲尼撒铭文的砖块，人们认为这就是色诺芬提到的为"阻止米底人"而建的城墙。[27]

尼布甲尼撒没有将自己的神庙工程局限在巴比伦；印有他铭文的泥砖在许多大城市都有发现。长篇的奠基铭文经常特别提到献给各地神灵的丰厚供奉。各类壮观的造物——他在巴比伦的宫殿和城门，献给马尔杜克的祭祀之舟，博尔西帕的纳布神庙，以及西帕尔的太阳神神庙——都被描述为"万民的奇迹"，昔日亚述国王曾用这种措辞来形容他们最杰出的建筑作品，相当于希腊罗马传统中的世界七大奇迹。

通过可靠的楔形文字资料，我们知晓了尼布甲尼撒的两个弟弟、七个儿子和两个女儿的名字。[28]一个儿子试图起兵造反，被他囚禁起来，该事件催生出一首文学挽歌，这也表明尼布甲尼撒的统治并非高枕无忧。他的一任王后可能是阿米媞丝，一位米底国王的女儿。[29]

在登上王位的前一年，身为王储的尼布甲尼撒在幼发拉底河上游的卡切米什，重创了法老尼科率领的埃及军队。他攻克了奥龙特斯河畔的哈马特，由此至少在名义上控制了亚述帝国西部的大部分版图。在公元前604年，他统治的元年，尼布甲尼撒率军南进，几乎直抵埃及边境，将埃及人赶回了尼罗河流域，迫使他们防守国境。位于地中海滨、坐落在去往埃及道路上的阿什凯隆，与哈马特一样，拥有封锁通往尼罗河流域道路的潜在价值。尼布甲尼撒对阿什凯隆的攻击表明，一位统治者和他的城市如果背叛巴比伦、转投埃及阵营，会受到多么严厉的惩罚：阿什凯隆的国王被俘，城市被洗劫一空，城墙和建筑被夷为平地。但是，考虑到他被一篇棱柱铭文列入为修建南宫捐献资金的国王之一，[30] 他应该获准继续作为傀儡国王，因此他继续留在那里并能够捐款。在他统治的第四年，尼布甲尼撒进军埃及，双方均遭受重大损伤后打成平手，因此各自退军。次年巴比伦国王在巴比伦补充减员和休整军队。那次经历或许阻止了他入侵并征服埃及的雄心。在下一年，他掠夺了"无数阿拉伯人"，可能意在削弱阿拉伯与埃及和巴勒斯坦的联盟。至此时——如果不是稍早前的话——许多外籍兵团被引入巴比伦为国王效命，当他们从军旅生涯退役后，会分到乡间庄园进行经营。[31] 来自莱斯博斯岛的希腊诗人阿尔凯奥斯的兄弟安提美尼达斯，曾作为外籍士兵为巴比伦人服役，在尼布甲尼撒南宫出土的棱柱铭文记录的外籍人员名单中，包含一些卡里亚人。[32]

我们对这位著名国王形象的仅有了解来自三处摩崖石刻。[33] 尼布甲尼撒在布里萨的一处穿过黎巴嫩山脉山口处的崖面上，镌刻了两幅巨大的浮雕饰板，献给"马尔杜克的茂密森林，散发着甜美的芬芳"，以此宣称他控制着用于建造宫殿和神庙的珍贵雪松资源：

> 结实的雪松，又粗又高，美丽照人，威严的姿态不落俗套，黎巴嫩比比皆是，我把它们捆扎在一起，就像河边的芦苇，我令幼发拉底河芳香四溢，我像幼发拉底河畔蠹

立的杨树般将它们在巴比伦立起。[34]

神谕者将雪松碎屑含在口中，在仪式过程中净化他们的呼吸——这是一个不太为人所知的用途。国王通过援引《汉谟拉比法典》，将自己的功业与著名前辈的联系起来。很可能那处夺人眼球的摩崖石刻也在纪念他成功地将埃及军队逐出该地区。就像伟大的《吉尔伽美什史诗》中的同名主人公，以及亚述国王王家滚印上刻画的自身形象，尼布甲尼撒也展示了自己与狮子搏斗的场景。五百年后，罗马皇帝哈德良在同一地区至少镌刻了250处铭文，仿佛是要表明他可以与这位传奇的巴比伦统治者竞争。几乎可以肯定的是，一篇堪比《纳波波拉萨史诗》的同类作品已经问世，用以光大国王的英雄主义。贝罗索斯对此有所暗示，他讲述了在听闻父王死讯时，尼布甲尼撒如何从率军征伐埃及的战役中火速返回巴比伦："他仅与几个同伴出发，穿越沙漠赶回巴比伦。"相似的情节见于亚述国王埃萨尔哈顿的文本，后者在得知父王死讯后，不顾险恶的环境，丢下军队从境外星夜兼程赶回首都。[35]

尼布甲尼撒因洗劫耶路撒冷第一圣殿而闻名遐迩，还将部分耶路撒冷居民迁移至巴比伦，这是几百年来处置战败叛乱者的传统。亚述帝国时代，在撒玛利亚设立了一名亚述总督，而当地的一些以色列人被迁入亚述境内。大约四十年后，希西家屈从于亚述压力，辛纳赫里布将来自耶路撒冷的一小群犹太人挟至尼尼微。如今，在公元前609年，约西亚国王在试图保卫国家、抵抗埃及军队时阵亡，[36]到了他的长子约雅敬（公元前

608 年至公元前 598 年在位）统治犹大王国时，耶路撒冷是一座非常富庶的城市，最初他是法老内科的附庸。尽管他的先王需要向亚述、之后是埃及支付从全境收集而来的贡赋和税款，但这座城市从未被外国军队占领。尼布甲尼撒在叙利亚和巴勒斯坦击败埃及人后，[37] 将耶路撒冷国王作为巴比伦的傀儡纳入掌控；但在约雅敬死后，他的儿子约雅斤（公元前 597 年继位）年仅 8 岁，在登基后便发动叛乱，可能是迫于埃及新一轮的压力。约雅斤被押解到巴比伦。[38] 根据《以西结书》，他的被俘是耶和华对违背誓言的惩罚：

> 行这样事的人岂能逃脱呢？
> 他背约岂能逃脱呢？
> 他轻看向王所起的誓，背弃王与他所立的约。
> 主耶和华说：我指着我的永生起誓，他定要死在立他作王、巴比伦王的京都。*

《巴比伦编年史》简要记述了巴比伦的第一次行动，结果是册立约雅敬的另一个儿子西底家（公元前 596 年至公元前 586 年在位）作为附庸国王：

> 第七年，在基斯流月，阿卡德国王集结军队进军哈图。他扎营围攻犹大城，在亚达月第二天，他攻陷城市抓获其

---

* 《以西结书》17：15—16。——译注

国王（约雅斤）。一位他亲自选择的国王（西底家）被任命统治城市；他获取大量贡赋，将它们带回巴比伦。

这里强调的是耶路撒冷的财富，它的圣殿是数个世纪前所罗门修建的，其中积累的大部分财富据推测依然完好。在西底家统治的第四年，他或他的代表赶赴巴比伦，可能是在宗主面前重申他的效忠誓言，并确认他傀儡国王的身份。后续的压力被证明强大到难以抵抗；他向埃及人靠拢，寻求对抗巴比伦的军事援助，同时接见来自推罗、西顿、亚扪、摩押和以东的使节，结成联盟。密谋反对巴比伦的时机出现了：公元前595年，尼布甲尼撒统治的第十年，他不得不处理巴比伦尼亚内部的一场叛乱，未能率军出征。《巴比伦编年史》记载称，公元前595年他在巴比伦遭遇叛乱。次年，一名被指名的叛徒遭割喉处决，他涉嫌领导了一场阴谋，因此违背了忠诚誓言。这个叛徒的地产被没收。尽管在王室碑文中用流畅的散文虚言得到伟大神灵支持的功业，但巴比伦国王在他的根据地遭受了威胁。西底家的造反只是众多叛乱之一。因此在一项看似执行成功——贡赋定期缴纳——的政治安排九年后，尼布甲尼撒被迫第二次对耶路撒冷采取强硬措施，他在约公元前589年至公元前587年之间围困了该城：

犹大王西底家第九年十月，巴比伦王尼布甲尼撒率领全军来围困耶路撒冷。西底家十一年四月初九日，城被攻破。耶路撒冷被攻取的时候，巴比伦王的首领尼甲·沙利薛、三甲·尼波、撒西金-拉撒力、尼甲·沙利薛-拉墨，并巴比伦王其余的一切首领都来坐在中门。[39]

圣殿本身在尼布萨拉丹——尼布甲尼撒的一位重臣——的指挥下遭到彻底的洗劫。[40]特别是青铜陈设和家具被运往巴比伦。巴比伦人没有损坏他们从圣殿取出的器物，而是将它们拿去供奉巴比伦神祠中的巴比伦神灵，以象征臣服。[41]在一场巨细无遗的破坏中，圣殿建筑被焚毁，城墙被拆除。巴比伦人已经开始在耶路撒冷以北的米斯巴建立新的统治中心。这是一项战略政策的组成部分，旨在清洗犹大王国首都的民族和宗教情怀，正是二者令该城不服管控。为剪断与大卫王室的联系，一位名叫基大利的温和且经验丰富的行政官得到任命，身边有一群巴比伦顾问的辅助。宗教和军事高层人员被掳走并处决。西底家被瞽目。但王室家族的一名成员，在亚扪国王的帮助下，成功刺杀基大利并逃往埃及。巴比伦国王针对耶路撒冷的活动应放在他多次西征，讨伐叙利亚和巴勒斯坦诸国，并觊觎埃及的大背景下。[42]

来自《圣经》文献的详细信息，只提到了第一圣殿的毁灭。该事件不见于残碎且行文简练的《巴比伦编年史》，尼布甲尼撒也没有留下自己对事件的描述。也没有保存下来的史诗提供文学化视角。

这些事件标志着犹太人流放的开始：从耶路撒冷，从叙利亚的内拉布，从加沙和阿什凯隆，前往巴比伦。约雅斤被押走时强制迁出耶路撒冷的人口数量在《列王纪下》给出的数字是

1万人，在《耶利米书》则是3 023人；数字差异的原因我们只能猜测。耶路撒冷城在很大程度上失去了最优秀的公民。巴比伦尼布甲尼撒宫殿出土的配给清单表明，移居的犹大国王约雅斤及其家人，与其他人一样，获得定额的油料、大麦和椰枣。

被驱逐者定居在巴比伦村落，这些村庄有时以其原住地命名："犹太人村"、内拉布人村、加沙人村、阿什凯隆人村，以及推罗人村，这些都见于同时期楔形文字文献的记载。每个村子都在巴比伦尼亚中部分配到了田地，流放者在此租佃和耕作，从产出中缴纳税赋。国王"在囚徒（犹太人、叙利亚人和推罗人）抵达后，安排他们在巴比伦尼亚最适宜的土地上定居"。[43]

巴比伦书吏在他们为国家服务的过程中记录契约事务；他们继续在泥板上书写楔形文字，偶尔在泥板的一处边缘写上阿拉姆文的名字。他们档案的一部分被辨识出来自内拉布人村和犹太人村。[44]一两代人之后有机会返回耶路撒冷时，举家定居的犹太人不愿再回返，尽管有奋锐党的催促，后者希望他们返乡，以支援圣殿重建，但往往得到令其失望的回应。他们在巴比伦尼亚生息繁衍，差不多一个世纪后继续留在那里，遵照先知耶利米（《耶利米书》29:5—7）的建议劳作：

> 你们要盖造房屋，住在其中；栽种田园，吃其中所产的；娶妻生儿女……我所使你们被掳到的那城，你们要为那城求平安，为那城祷告耶和华；因为那城得平安，你们也随着得平安。

巴比伦尼亚在那个时代拥有比巴勒斯坦更高的生活水平，因此定居家庭在机会出现时也不愿从美索不达米亚返乡，就不难理解了。[45] 在一些案例中，考古发掘支持了耶路撒冷城内及周边城市遭受摧毁的推测；但同样存在一种土地荒芜废弃的文学主题，它主要暗示无国王统治。[46]《申命记》告诫希伯来人不得制作耶和华的偶像，这一点可以与本时期巴比伦官方印章不刻画人类形象的神灵放在一起考虑。[47]这种相似性或许令在巴比伦尼亚作为流放者生活的犹太人更容易融入。他们不必改名换姓，而且从那以后，犹太人使用巴比伦月名，无论生活在何方。

尽管摧毁阿什凯隆和之后的耶路撒冷本该为入侵埃及开启通道，但尼布甲尼撒接下来对推罗的围攻表明，其他海滨城市并没有因畏惧而屈服。推罗由一座陡峭的岛屿和一处大陆上的聚落组成。在没有船只的情况下，要攻占该城的两个部分是一项异常困难的任务。战役详情不明，因为尼布甲尼撒漫长统治的后期，没有留下王家铭文。推罗围城持续了十三年，想必消耗了巴比伦的部分军事资源，也表明它的军队并非战无不胜。当最终胜利来临之际，推罗国王巴力三世成为附庸，并列名为建造南宫而慷慨解囊的黎凡特统治者中间；推罗人被迁往巴比伦尼亚，那里的一座村落被命名为"推罗"，见于文献记载。[48]虽然长期围城困难重重，但推罗童话般的财富被运往巴比伦，大大扩充了尼布甲尼撒的国库。推罗殖民地或许要将它们的税赋转输巴比伦国王。[49]这场胜利的影响并不局限于西地中海，还导致后世宣称他曾"征服"伊比利亚。尼布甲尼撒来之不易的征服使他获得了胜利者的美誉，几个世纪后，希腊作家约瑟夫斯和斯特拉博将其描述为足迹远至赫拉克勒斯之柱（直布罗陀海峡）的胜利者。[50]

生活在巴比伦尼亚的以西结，将推罗的覆灭归因为耶和华的怒火，声称巴比伦是在背井离乡的犹太上帝的指示下行事：

> 主耶和华如此说：
> 我必使诸王之王的巴比伦王尼布甲尼撒
> 率领马匹车辆、马兵、军队，
> 和许多人民从北方来攻击你推罗。……
> 你靠自己的智慧聪明得了金银财宝，收入库中。
> 你靠自己的大智慧和贸易增添资财，又因资财心里高傲。
> 所以主耶和华如此说：
> 因你居心自比神，我必使外邦人，
> 就是列国中的强暴人临到你这里。[51]

以西结的坟墓位于伊拉克南部，就在什叶派圣城纳杰夫以北不远。许多学者认为，他的幻视场景，特别是耶和华的战车和与之相伴的复合生物——包括人面有翼公牛——都是在目睹巴比伦尼亚城市的盛大节庆活动时得到的灵感。

尼布甲尼撒四十三年统治的后期发生的战役和征服在编年史和王家铭文中均付阙如。但他可能至少发动过一次东征，并短暂控制了苏萨；各种线索的证据都很模糊。[52]在波斯湾湾头的阿加鲁姆岛（今费莱卡岛），尼布甲尼撒的实际掌控程度足够在那里留下了一段碑铭，它精心镌刻在一块料石上："巴比伦之王尼布甲尼撒的宫殿"，在献给太阳神的青铜碗上同样镌刻了铭文；不久之后，一位巴比伦总督在那里为纳波尼杜效命。[53] 据目前所知，尼布甲尼撒没有尝试入侵埃及。他的一个政策特征是，他有意不在巴比伦以外建造任何新王宫，这一点与亚述诸王的政策大相径庭，后者的总督们居住在他们所管辖的城市中明确可辨的宫殿内。尼布甲尼撒对耶路撒冷的处理，包括他在那里破坏了狂热抵抗和民族信仰中心，打破了大卫家族的传承，这样的安置方案从巴比伦视角而言是令人满意的。他以巨大的决心直面挫折和困境，包括附近城市博尔西帕领导的一场叛乱，尽管他没有入侵埃及，[54] 尼布甲尼撒采取了强有力的行动来限制埃及的野心，他围绕埃及边境设立了一系列行省，这些行省如果胆敢背叛，将遭受可怕的惩罚。

他的政策是令当地统治者被巴比伦顾问包围，而非安插巴比伦总督来负责，这在一段时间内是成功的，但最终不得不施加直接统治。通过宣传他美轮美奂的南宫收到的境外捐款，彰显了公共忠诚。许多地方统治者或他们的代表前往巴比伦，在新年庆典上更新忠诚誓言。融合伟大神灵和使用符号而非类人形象的潮流或许有助于理解为何耶利米称尼布甲尼撒是耶和华的仆人，以及为何纳波尼杜能够称居鲁士大帝为马尔杜克的仆人。[55]

离散的犹太人非常熟悉耶路撒冷陷落事件，以及提及它们的《圣经》文献，因此对尼布甲尼撒遗产的后期认知带来了显著影响。他在希伯来人中间"暴君"的恶名主要来自耶路撒冷，那里对美索不达米亚流放者悲惨困厄的猜测在《圣经》文献中被夸大，以鼓励流放者回归。[56] 因此，在包括《但以理书》在内的《圣经》文本中，暴行故事很快变形为导致巴比伦陷落的前因，将尼布甲尼撒刻板化为一个疯狂而残忍的国王，巴比伦的命运是对他的应有惩罚。人们将这位国王与纳波尼杜混为一谈，后者的个性完全不同，是该王朝的末代君主，他的儿子是伯沙撒，纳波尼杜的梦境在其公开展示的王家铭文中得到不寻常的详细记述，这与《但以理书》中的梦境建立起宽泛的联系。楔形文字文献没有记录尼布甲尼撒的梦境。美索不达米亚王名枯燥乏味的冗长和复杂很容易造成张冠李戴。其他传统将尼布甲尼撒二世视为一代雄主，因此后来巴比伦王位的僭号者们使用了他的名字：尼丁提－贝勒在公元前 552 年自称尼布甲尼撒三世，而一个亚美尼亚人在公元前 521 年采用了尼布甲尼撒四世的王名，两件事都发生在大流士一世时期。

对商业利润的追求在尼布甲尼撒时代方兴未艾；它们在伊丁－马尔杜克档案的记载中得到呈现，此人与商业家族埃吉比有关系，涉足贸易和农产品征税。[57] 泥板档案显示，商业活动一直持续到阿契美尼德王朝统治时期。其中在巴比伦出土的埃吉比档案见证了公元前 602 年至公元前 482 年这段时期内，多达五代人的销售、贷款、金融业务、司法判决、婚姻、收养和继承活动。[58] 该家族成员在乌鲁克神庙管理部门身居高位，表明乌鲁克和巴比伦之间由纳波波拉萨打造的紧密联系在他的后继者时代得到延续。那里至少发现了 1 700 份文本。

尼布甲尼撒最难以磨灭的遗产由他的宏伟建筑工程传递，它们至少在巴比伦尼亚的八大城市以及巴比伦本城动工。已发现数量惊人的刻有他名字的砖块。他的长篇铭文记载他识读出了两千年前的国王们留下的铭刻，因此它们依然可以被他博学的书吏们阅读。尽管在石质纪念碑上没有发现国王的形象，但黎巴嫩的摩崖石刻表明，人们并不反对在那里展示国王的形象。[59]

虽然他没有留下描述其军事行动的王家铭文，但尼布甲尼撒二世留下细致的楔形文字文献，展示了自己其他成就背后的组织结构。他的高级官员必须从他们执掌的省份或地区提供劳动力。[60]他在王宫雇佣了800名埃兰卫兵和14位埃兰建筑师。[61]通过征服和帝国各地年度税赋获取的财富补贴了规模巨大的建筑项目。他继续并完成了其父在塔庙"天地根基之家"上的项目，并装潢了大神庙"至高之所"。他为马尔杜克制造了一艘精美的新船，供他在节庆巡游时乘坐；他修缮了巴比伦的宏大城墙；他还继续建设其父开启的新宫项目，后者位于前代诸王曾经大兴土木的原址上，现在被称为南宫。[62]这座宫殿包含三个单元，其中一个设有一间巨大的王座厅。在他统治后期，他在城堡最北端的高耸土丘上建造了另一座王宫。现在被称为夏宫，下文将予以介绍。

在每年年头，适逢春分那天，巴比伦会举行新年庆典。它的目的是为接下来的一年更新王权，国王需前往城外的新年庆典神庙，它位于城堡区以北的郊外，以查看更新是否得到批准。在尼散月的前十一天，该月与巴比伦的星座"田地"（天马座方形区域）相关，一旦王权得到更新，国王会再次进入城堡区，人民通过途经城内七处或更多站点的游行庆祝他的统治。国王重新穿戴王袍、王冠和权杖。[63]城中心的建筑与沿巡游大道开展的那些游行活动——穿过雄伟的伊什塔尔门，拜访各处神庙——密切相关：神庙大门、街道和城墙扮演了宣扬国王权威的站点，与过去的荣耀联系在一起。在每一站，人们都会在著名雕像及其碑文前进行祈祷和朗诵，这增强了巴比伦在其人民和游客文化记忆中的知名度。[64]这类雕像中有两尊可能是在一千年前从马里掠夺来的，所刻画的人物是公元前3千纪马里的著名总督。后来这尊雕像得到改刻，它们被转型为可以向诸位大神陈情的半神。[65]这些站点被与《创世史诗》宣布的马尔杜克的一些神圣名字联系在一起，致敬他从其他神灵那里吸收的特殊神力。在他的神庙中，马尔杜克作为主宰坐在提亚马特之上，这位海神象征无序，还有各种被降服的复合生物——包括狮魔、狮龙和巨蛇——形象的座位。一座独立的神庙，或是大神庙中的一个房间（被译作"家"，也可以意指"房间"）是纯净土丘之屋，那里存放着马尔杜克华丽的庆典战车。

至高之屋神庙建筑群中的一组神祠是庆典的中心。纳波波拉萨和尼布甲尼撒二世在王家铭文中吹嘘自己的建筑工程，为它们恢复昔日荣光。但这些建筑大部分没有被发掘出来，因为它们被深深压在后期房址和墓葬之下。科德威的水深测量得到了一个非常惊人的深度（见图2.4）。因此仅一小段墙壁得到辨识，而公布的平面图几乎完全是一种复原方案。那里没有出土泥板，尽管在遗址以南的一处空间发现了不少。[66]

接下来的叙述结合了在本时期和几百年后塞琉古时代文献中的细节，其中可能包含根据不断变化的需求对仪式进行的调整。[67]少量细节散见于不同年代的诸多文献中，有些是完整的，有些是残碎的，导致许多不确定之处。由于此处列出的事件序列是从多个资料来源中收集的，它或许无法提供任何特定时期的准确日程表。尼布甲尼撒二世及其继承人涅里格利沙均对仪式进行了改进，以确保仪式的盛大效果。[68]很可能甚至从巴比伦第一王朝开始，仪式便不断得到调整，当时来自西方的风暴神阿达德是主角。根据不同记载，马尔杜克和提亚马特之战发生在节庆期间至少三个不同的日子。《创世史诗》的许多特征可以在各式各样的神名和情节中辨识出来。在不同的阶段，人们会吟诵祷文和咒语；人们会召唤行星和星座。驱魔师通过三种方式净化神庙：从底格里斯河边的一口井取水，从幼发拉底河边的另一口井取水，用这些水喷洒；用雪松油涂抹神庙门户；在神庙内斩杀一只羊，将其尸体"净化"，随后带走扔进河中。

第一天：主宰马尔杜克，在祭司和祭典歌伶的陪同下，从阿萨雷——"所有天界之神"——神祠出发，科德威在著名的深沟底部（见图 2.4）发掘出了这座神祠。马尔杜克的神像也许与《创世史诗》中宣布他的名字为"安沙尔"有关。神祠的雪松木屋顶梁被贴上金箔。

第二天：马尔杜克停驻在神祠前庭，安置在帷幕之间，在那里他的名字被宣布为麦斯（苏美尔语中"英雄"一词）。

第三天：马尔杜克停驻在纯洁的圣山，在那里，两个与地府有联系的凶悍神灵立在一个台子上，象征神之武器。[69]

第四天：马尔杜克进入命运神祠，他在之后的第八天和第十一天还将在这里停留。神的名字被宣布为"天地众神之王"。[70]还是在那一天，一位高级祭司祝福神庙（至高之所?），对话"田地"星座，并吟诵《创世史诗》。与此同时，在附近位于南宫与塔庙之间的"瓦兹的纳布"神庙，国王接受王权权杖。

第五天："至高之所"使用来自两条大河的水进行净化，为纳布从博尔西帕的到来做准备。游行队伍沿城市道路前进，顺着巡游大道走了很长一段，可能从伊什塔尔门出发。马尔杜克神像再次在"瓦兹的纳布"神庙停驻，在那里马尔杜克被宣布为阿萨卢希，还有一段献给神的苏美尔语祝祷，也是礼拜仪式的一部分。国王步入神庙，首次与神像会面。他卸下他的王家仪仗；他的耳朵被揪了两下；脸颊被打了一巴掌。如果他流下眼泪，主宰会很满意。如果他没有流泪，主宰会生气。国王跪在马尔杜克面前，宣称自己没有对崇拜和神祠犯下罪过，没有破坏城市的特权——免除市民的赋税和徭役，还禁止在城内携带武器——也没有忽视城墙。纳布神的雕像从博尔西帕乘船抵达，游行进入尼努尔塔神庙，后者紧挨城门和连接巴比伦与博尔西帕的运河。[71]

第六天：马尔杜克的御舟西西尔[*]——他的龙船将参加今天的活动，停泊在河道尽头处的高台。龙代表提亚马特，被马

---

[*] 西西尔是水手的保护神，或许也是船神，位列《创世史诗》中宣布的马尔杜克的众多别名之一。——译注

尔杜克如舵手般驾驭。名称上的关联或许暗示一场仪式表演，以宣扬神灵战胜混乱之力的战斗，但没有确切的证据表明演员进行了戏剧表演。或许在本阶段，马尔杜克的头衔"众神之恩利尔"将得到宣布，伊什塔尔门的釉砖上也记录了他的这一称号。

第七天：马尔杜克乘船——尼布甲尼撒的杰作之一——前往新年庆典神庙，[72] 那是一座祭庙。它坐落在城堡区城墙之外，可能周围是一座花园；众神集结于此，穿戴崭新的袍服。尼布甲尼撒的一首颂诗宣称，当纳布从尼努尔塔神庙前往"至高之所"时，他即是西西尔。尼布甲尼撒如此描述他为马尔杜克打造的御舟：

> 运送众神之主马尔杜克的西西尔船——它的船艏与船尾，它的尺寸，它的容量，它的侧舷，锄头徽记，狮龙——我用 14 塔兰同 12 明纳 * 的红金、750 件玛瑙材质的饰件，[73] 以及闪亮的青金石装饰它。

第八天：在活动的某个阶段，马尔杜克乘坐他的战车，这一华丽的载具有着许多拟人化部件，例如车轴和防尘板，是神话生物的形象。[74] 它由两匹经占卜选出的白马牵引。占卜师抓住马鬃和毛发，同时吟诵咒语，以请求对这一指派的授权：

---

* 塔兰同约合公制 30 千克，明纳约合公制 500 克，因此 1 塔兰同相当于 60 明纳。——译注

马啊，你是圣山的生灵，

你是昴星团中的高贵者

你像彩虹一样镶嵌在天空。

你生于圣山。

你进食纯净的刺柏，

你啜饮圣山的泉水。

你被用于伟大主宰马尔杜克的战车。

它的仪式［占卜师随后告诉祭司］：你用一根甜美的
［中空］芦苇秆对着马匹的左耳低吟三遍咒语；你在它面前
像供奉神灵一样呈上祭品。[75]

游行队伍抵达新年庆典神庙，在那里马尔杜克被宣布为神
庙之神。国王与一位女祭司在此举行圣婚仪式，展示国王的生
殖力，它象征整个国家的丰产。从尼布甲尼撒铭文提到的授权
献给不同神灵的贡品中列出的食品饮料，我们可以了解到一场
盛宴的菜单：

肥牛，羊，鱼串，野禽，鸭和鹅，芦苇鼠，蛋，蜂蜜，
酥油，牛奶，最好的油，"像水一样澄澈的"酒，啤酒，果
园的水果，包括苹果，无花果，石榴，葡萄，迪尔蒙椰枣
（最佳！），无花果干，葡萄干，丰富的蔬菜，地里的水果，
啤酒佳酿，蜂蜜，黄油，顶级压榨油，加椰枣的二粒小麦
甜啤酒，大麦啤酒，来自山区和其他地方的酒，大地和海

洋出产的所有好物。[76]

第九天：缺乏信息是否意味着国王和他的臣民依然在大吃大喝？

第十天：当马尔杜克离开那座神庙，他（以及推测还有国王）接受来自帝国各地的使节和高级代表的赠礼和致敬，他们将参加宴会并在神和国王面前宣誓效忠，亲自献上礼物和贡赋。为了人类的福祉，马尔杜克对混乱的胜利以及巴比伦对一个有序世界的掌控得到肯定。

第十一天：马尔杜克重返命运神祠；众神第二次集结，为国王议定来年的命运。人们为国王的健康、成功和长寿而吟诵祷文，同时进行献祭。

以上概述不过是对楔形文字中记载的最盛大节庆的速写。尼布甲尼撒二世致纳布的一首颂诗表达了纳布与马尔杜克之间特别亲密的关系，其中纳布拥有其他地方赋予马尔杜克的头衔："众神之恩利尔"和

> 天地众神之王
> 授予国王权杖和王位的神
> 人类的创造者
> 将王权托付尼布甲尼撒的神

但同一篇祷文也乞灵马尔杜克为尼布甲尼撒的创造者，他呼吁后者行使王权。[77]在另一首颂诗中，纳布也被乞灵为阿萨

雷、西西尔以及沙祖，并掌管命运泥板，接受了与《创世史诗》中马尔杜克相同的名号和角色，暗示史诗存在一个纳布扮演胜利英雄角色的版本。两位神灵的关系并不是对立的；他们的符号锄头与芦苇笔，在许多滚印上并列出现。

其他节日庆祝各类神灵崇拜，包括一个棕榈树节，其中伊什塔尔女神是宇宙大战中的胜利者；已知游行队伍会沿祭祀道路和运河前往博尔西帕和基什，但文献的篇幅或细节不足以像巴比伦新年庆典那样对其进行复原。[78] 巴比伦新年庆典是不同城市在每年不同时间进行其他庆祝活动的模板。[79] 在乌鲁克，伊什塔尔和安努的庆祝活动按照当地的版本。[80] 在巴比伦，每个月份都有一场召唤某个星座的特定仪式，取决于哪个星座位于"保护之域"的最高点，[81] 仪式专门保护"至高之所"免遭入侵，并抵御篡权。这些仪式涉及对破坏的替代，例如用火炙烤一块砖，然后扔进河里，或建造一座神祠并纵火焚烧，以替代"至高之所"。楔形文字教育依然是一项严肃事务："瓦兹的纳布"神庙贮藏了一批还原供奉物，它们是年轻书吏献给神的基础课本。每一件上面均写有本人的名字和一段简短祷告，向神请求长寿或子孙满堂。

从公元前 2 千纪后期或稍早开始，城市的有序布局以及开有八座城门的城堡区城墙就一直大体未变。城市布局的信息记录在拥有五块泥板篇幅的《巴比伦城志》中，它罗列了城市的名称和绰号，神祠及其神主的名字，城墙、运河、街道和城区的仪式名称。[82]

巴比伦宽阔的巡游大道拥有垫高的铺砖路面，和宏伟的伊什塔尔门——"王权的入口",经历了多个发展阶段。巡游大道沿线和伊什塔尔门上装饰的著名釉砖和狮龙及公牛浮雕图案,通常被归功于尼布甲尼撒;但之前有一个未施釉彩的版本。位于波斯波利斯的一座令人联想起巴比伦伊什塔尔门的仿制建筑据信由居鲁士大帝修造,在其一处施釉表面上有狮龙形象的残片。[83] 这表明一位阿契美尼德国王效仿了巴比伦的典范。

伊什塔尔门因其在柏林的辉煌重建而闻名于世,它毗邻大女神(宁玛)主神庙,由蓝釉彩砖装饰,在白色釉面上至少有一处尼布甲尼撒铭文。[84] 它称颂"伊什塔尔"(它被用于对所有女神的统称)为大女神南娜娅,并在巡游大道的一处墙壁上为她写下一篇奉献铭文。南娜娅是乌鲁克的大女神,晚近时期她在近东各地声望日隆,尽管她在巴比伦的神庙尚未发现。[85] 大门外壁的模制塑像有跃起的公牛,它有金色的体毛(带蓝色鬈曲)、蹄子和牛角;有狮子,白色的身体有着金色的鬃毛;以及马尔杜克的特殊生物,爪子和角白中带金的有鳞狮龙,被精妙地融入砖雕之中,镶嵌在两条几何图案带下方,中间被一道花蒂纹宽饰带隔开——所有图案均上蓝色、金色和白色的彩。公牛和狮龙形象是摹写或借鉴自一千五百多年前阿加德王朝统治者纳拉姆—辛(公元前 2254 至公元前 2218 年在位)在尼普尔树立的雕像。[86] 巴比伦伊什塔尔门上的这些图像反映的是马尔杜克而非伊什塔尔。

马尔杜克神庙"至高之所"是一座巨大的建筑群,包括三个大型内庭,总面积测量为 165 米 × 115 米。献给其他神灵的神祠也被容纳在内。屋顶包括拱跨和穹顶结构。[87] 祭祀和众多庆典的中心是马尔杜克的光辉雕像,它身穿有着彩色刺绣的服饰，金银材质的堆塑饰件光芒夺目，它的脖子上挂有用最上等的青金石制作的巨大滚印，上面的铭文是"马尔杜克的财富，至高之所的风暴神阿杜之印"，好像是在提醒我们，一千多年前，汉谟拉比之子萨姆苏-伊卢纳曾为风暴神庆祝新年，它的名字后来在《创世史诗》中让渡给了胜利的马尔杜克。这枚滚印是一个世纪前埃萨尔哈顿捐赠的。[88]

尼布甲尼撒二世描述南宫及其兴衰变迁：

> 在巴比伦，这座我最喜爱的城市里，有一座宫殿，该建筑是万民的奇迹，是大地的锚索，是一幢纯净的寓所，我的王家之居，位于巴比伦中心的巴别区，从城墙"恩利尔的赞许"一直延伸至东边的运河"愿它带来丰沛"，从幼发拉底河河岸延伸至名为"愿傲慢者不复兴盛"的巴比伦街道［沿着马尔杜克在盛大的新年庆典中走过的道路］，在那里巴比伦之王纳波波拉萨，生养我的父亲，用泥砖建造了它，并栖居其中。

> 但它的根基被洪水动摇，当巴比伦道路加固后，建筑四周变得过于低矮。

> 我清除了泥砖砌的宫墙，我挖开地基平台直到抵达地下水位。我为宫殿铺下［新］的地基，为防范地下水，我用沥青和烤砖将它砌得如山一般高。我用结实的雪松木横梁铺设屋顶。我在它的每个门上都固定了镶有铜带的雪松门扇、铜制的门槛和门框。在里面我堆满白银、黄金、宝石，它们都非常珍贵，数量巨大——财富和值得羡慕的物

品。我在里面存放宝箱，一座王家宝库。由于我不期望依靠其他城市支持我的王权，我没有在其他城镇建造王家宅邸，也没有在国内其他地方存放与王权相称的财富。难道我在巴比伦的王家建筑不足以装点我的王权吗？出于对我的神主马尔杜克的敬畏，我的心放在巴比伦，我的宝藏之城，我所钟爱之地。因此我设法发展我的王城，但不改变其街道，不削弱其地基，不因扩建宅邸而堵塞水道，城墙"恩利尔的防线"外侧沿线土地有490肘尺见方；我用沥青和烤砖建造了两道坚实的护堤，在两道护堤之间我建造了一座烤砖建筑。在其顶部我用沥青和烤砖建造了一座高大的宅邸，作为我的王宫，由此我提升了我父亲的宫殿，建造了一座更为华丽的王居。我用来自高山的粗壮雪松木、高大的冷杉，来自遥远国度的优质柏木铺设屋顶。门扇使用黄檀木、雪松、柏树、乌木和象牙，镶上金银饰带，用青铜包裹，我固定了门道两侧的银质门槛和铜质门楣，我将其顶部环绕一圈青金石材质的雉堞冠。我用沥青和烤砖打造的、如山峦般高耸的坚固内墙环绕宫殿。

在烤砖砌成的墙边，我建造了［另一道］高墙，使用从大山切割的坚固石块，我将它砌得如山高。我令王宫成为一个奇迹，我用财宝填满了它，让万民瞻仰。它的四周环绕着美景和王权那令人敬畏的光芒，邪恶和不义的人都无法进入其中。[89]

根据这篇铭文，宫殿似乎由两个部分组成，其一是府库，另一个是王家寓所。在巨大的王座厅，屋顶是高耸的穹顶，令人印象深刻，墙壁使用釉砖建造，上面布置有程式化的枣椰树和棕榈树图案的饰带，使用的颜色有两种深浅不一的蓝色以及白色和金色，饰带之间用长方形图案和行走的狮子图案的狭长条带隔开。

这座宫殿耗费大约十年时间修建。在他奉献的棱柱铭文中，尼布甲尼撒二世乞灵于马尔杜克：

> 马尔杜克啊，万国之主，请倾听我的祈祷！愿我享有我建造的宫殿！
>
> 愿我在巴比伦的宫殿安享晚年！愿我对衰老毫无怨言！愿我在此收到来自整个定居世界各地诸王的丰厚贡赋！愿我的子孙在此江山永固！

尼布甲尼撒本希望厚实的地基能够弥补不可避免的沉降。在为南宫建造整个地基平台后，他可能只在上面修造了发掘出的四座建筑中的前两座，二者各自拥有一处独立的入口和排水系统。紧邻盛大游行必须穿过的伊什塔尔门的，是最东边的宫殿，即居所区内的一座拱顶建筑。它旁边的建筑拥有最大的内庭和巨大的王座厅。之后或许一位晚近的国王（居鲁士大帝？）在周边建造了第三座宫殿，因为地基平台依然有空余，随后是（大流士一世建造的？）第四座宫殿。每座宫殿都拥有一个巴比伦风格的巨大中庭。最后，在整个建筑群旁边，在西入口外，阿塔薛西斯建造了一座迷人的列柱廊，那里一块石刻铭文的零碎残片中，以楔形文字用古波斯语记录了国王的名字（见图 10.3）。

　　巴比伦的许多国王都向公众展示过去著名统治者的雕像和浮雕，将自己与悠久而辉煌的文化联系在一起。其中一些雕像是从被征服的国度收集而来的。它们被安置在主要街道上，特别是门道周边。[90] 其中最著名的是那些幼发拉底河中游地区的早期国王：公元前 2000 年左右的马里总督普祖尔-伊什塔尔真人大小的角砾岩石像，可能是被汉谟拉比带回巴比伦的，出土于巡游大道东北段墙旁；一尊新赫梯时期的风暴神浮雕；公元前 8 世纪苏胡的"蜜蜂国王"沙马什-雷什-乌素尔的有铭石灰岩雕像；以及巨大的、未完工的"巴比伦之狮"，在亚述国王统治巴比伦时，它或许象征亚述晚期征服埃及（见图 7.9）。

　　在他统治的后期，尼布甲尼撒又建造了另一座宫殿——夏宫，位于城堡区内城墙之外，坐落在外城墙北角现在称为巴别的另一处土丘上。

> 　　我的内心驱使我为贮藏巴比伦的财富，建造一座邻近烤砖城墙的宫殿，那里有北风吹过，与巴比伦的（另一座）宫殿相媲美。

　　这座宫殿之所以被称为夏宫，是因为它的通风管道改善了房间内的空气流通，对夏季的酷热提供了些许宜人的缓解。泥板档案显示，乌鲁克和西帕尔等古城的大神庙供应了大量砖块以换取白银。这座宫殿完全是尼布甲尼撒个人的作品，因此他无需面对一座早期建筑沉降至地下水位的麻烦。他将宫殿建在"地府的胸膛之上"，建在一个高达60肘尺的巨大砖结构平台上。这个选址对建筑者而言可谓天赐；相反，例如城堡土丘上的尼努尔塔神庙在尼布甲尼撒一朝因洪水和沉降，不得不多次加高。

由于幼发拉底河流经城市中央，而水位因季节不同而变动

图 8.3　刻画哈拉布（阿勒颇）风暴神的玄武岩（？）石碑，背面有以赫梯象形文字书写的卢维语文本；出土于巴比伦。高 1.28 米。现藏伊斯坦布尔古代东方博物馆。Koldewey 1900: pl. 1

巨大，沿岸需要建造大规模堤防以阻止洪水威胁中心城区。在城市中心连通两岸的桥梁非常坚固地修建在石桥墩之上，由于幼发拉底河曾经改道，导致旧河床干涸，一块桥墩被发掘出来。在他的铭文中，尼布甲尼撒称是他父亲启动的桥梁工程。希罗多德记载，石桥曾经铁条和铅条加固。

尼布甲尼撒二世，或"一位在巴比伦统治的亚述国王"，或传说人物塞米拉米斯，希腊作者众说纷纭地将创造"巴比伦"空中花园——最初的古代世界七大奇迹之一——归功于他们。[91] 尼布甲尼撒本人的铭文没有提及花园。当科德威在巴比伦发掘时，他期望在尼布甲尼撒南宫旁边发现花园。令众多访问者和赞助人失望的是，他未能找到证据，因为"神话已经入侵考古学"。无奈之下，他推测南宫东北角曾有一座屋顶花园，或许能够俯瞰伊什塔尔门和巡游大道，那个角落实际上属于这座巨大建筑的翼厅，与众不同地使用烤砖和沥青灰浆建造，推测旨在应对不同寻常的水量。它的下层房间屋顶是拱顶结构，拱顶上铺设了石块，作为上层区域的地板。地面上有一口井，两侧有竖井，包含一个可以垂直提水的装置，或许是一条设计精妙的桶链，或是循环吊桶。科德威非常清楚，这些特征无一与希腊作家详细描述的花园布局或其提水设备吻合，这片区域的形状既不像一座剧场，也没有——像那些晚近作者明确指出的——一座渡渠从高处将水源引入。这座建筑的材料及其特殊的提水装置满足一座屋顶花园的概念，人们由此推测，王室家族可以在这里公开露面，并观看巡游，就像埃及的"亮相之窗"。在文献中发现了本时期的一座王家花园——刺柏花园，但

图 8.4 "蜜蜂国王"发白的石灰岩雕像,他是公元前 8 世纪幼发拉底河中游苏胡的地方统治者,雕像被作为战利品带回巴比伦,安放在巡游大道旁。他引入养蜂业,并宣称是汉谟拉比的后裔。注意马尔杜克和纳布的象征符号并列。这种多孔的石料因涂抹油膏而滑腻。高 1.18 米。现藏伊斯坦布尔古代东方博物馆。
Koldewey 1932

它位于"至高之所"南面的城堡区南侧,距离尼布甲尼撒的恢宏宫殿颇为遥远,并且不见任何空中花园应有的特征。[92] 无论如何,尼布甲尼撒作为花园建造者的声望继续在晚近时期播扬,人们将他与辛纳赫里布混为一谈,因为二人均曾攻打耶路撒冷,还将他与《但以理书》中的纳波尼杜搞混。

迦勒底王朝巴比伦诸王的统治持续不足一个世纪,但该朝前两代国王的声名在后世却非同凡响,这部分得益于他们的军事成就，包括洗劫耶路撒冷第一圣殿和围攻推罗，但同样也因他们在巴比伦城的恢宏建筑项目，这些工程得到从亚述大城市掠夺的战利品资助。

图 8.5　约公元前 2100 至公元前 2000 年间马里统治者普祖尔-伊什塔尔的等身闪长岩石像。可能被汉谟拉比从马里掳走，随后出现在巡游大道东北段墙边，与汉谟拉比父亲的雕像并列，在公元前 8/7 世纪部分重刻，以描绘一位保护性的、有魔法的半神。高 1.7 米。现藏伊斯坦布尔考古博物馆

9

从尼布甲尼撒二世驾崩至冈比西斯殒命

（公元前 561 年—公元前 522 年）

让我见识巴比伦！让我登上至高之所！让我前往巴比伦！

——《致马尔杜克祷辞》（Oshima 2011: 67）

巴比伦

阿梅勒-马尔杜克（以未-米罗达，
　　561—560）

涅里格利沙（涅加尔-沙拉-乌素
　　尔，559—556）

拉-阿巴希-马尔杜克（556）

纳波尼杜（纳布-纳伊德，555—539）　//吕底亚的克罗伊索斯（580—546）

　　（王储伯撒沙）　　　　　　　　//埃克巴坦那的米底人阿斯提阿格斯

　　　　　　　　　　　　　　　　//安都的居鲁士二世（559—530）

居鲁士大帝（539—530）

王储冈比西斯，巴比伦国王（538—537）

冈比西斯（530—522）

巴尔迪亚，尼布甲尼撒三世（522，在位三个月）

至尼布甲尼撒二世去世时，巴比伦王国已经扩张到将黎凡特地区及其腓尼基诸城邦收入囊中，但未能征服埃及。[1] 它继续消化纳波波拉萨的战果——亚述里亚。王朝末代君主纳波尼杜将阿拉伯半岛西北部纳入帝国版图。此时西北方是强大的吕底亚王国，位于今日土耳其西部，曾是涅里格利沙，可能还有纳波尼杜的军事目标，但二人均未能打到吕底亚首都萨迪斯。[2] 纳波尼杜征伐吕底亚得到一篇记录的暗示，它记载战俘被献给纳布神庙和涅伽尔神庙当奴隶，但攻克萨迪斯的却是居鲁士大帝。与此同时，操波斯语的各部落已经迁入伊朗西南部如今称为法尔斯的地区，给埃兰的城市带来了压力，特别是王国古都安善，后者临近居鲁士在帕萨尔加德建立的花园城市，此时他或许已经开始肇建位于波斯波利斯的著名礼仪中心。一些部落与埃兰人和米底人联手，帮助居鲁士夺取巴比伦城，因此纳波尼杜是最后一位本土巴比伦国王。居鲁士是来自埃克巴坦那（今哈马丹）附近地区的一位篡位者和征服者；他的儿子和继承人冈比西斯实现了对埃及的长期占领，那里曾在公元前6世纪中叶被阿舒尔巴尼拔短暂纳入亚述帝国。新一代征服者们言说的语言虽然是异域的，但他们依然在一些记录中使用巴比伦楔形文字，并且无意破坏巴比伦的文化延续性。

　　在纳波波拉萨和尼布甲尼撒的稳定统治之后，是三代试图延续王家血脉的短暂统治者，他们意欲实现尼布甲尼撒在南宫落成祭典时向马尔杜克表达的祈祷。[3] 他的儿子阿梅勒-马尔杜克（《圣经》中的以未-米罗达）得到《圣经》传统的赞赏，因为他释放了已经被囚禁三十七年之久的约雅斤，但后来却背上了"暴君"的名声。阿梅勒-马尔杜克的继位是有争议的，或许因为他据信曾试图在尼布甲尼撒离开巴比伦时夺取其父的王位。他曾遭监禁，并以囚徒身份用自己登基前的名字写下了一篇致马尔杜克的祷文：[4]

> 众神中只有马尔杜克解开奸人的骗局……
>
> 马尔杜克厌恶贼眉鼠眼之人。
>
> 他令火神吉拉烧毁诽谤之唇……
>
> 战胜行为可憎之人、战胜设局构陷我的人。

> 一个绝望而身负枷锁之人的祈祷，他是一个被邪恶束缚之人，
>
> 他向马尔杜克汇报。他向马尔杜克祈祷，愿他获释，如此一来人民和国家将会见识他的伟大。

一篇史诗风格文本的残篇，或许是纳波尼杜为诋毁尼布甲尼撒诸子而撰写的，将阿梅勒-马尔杜克描述成一个优柔寡断、未能履行对诸神的义务之人。这些都是篡位者对其前任的程式化指控。阿梅勒-马尔杜克被其连襟涅里格利沙刺杀，后者可能是普库杜部落首领之子；他通过迎娶尼布甲尼撒的一个女儿增强了自己对王朝的归属感。他同样安排自己的女儿嫁入博尔西帕的祭司世家。据考证，他就是《旧约》中提到名字的尼布甲尼撒时期前往耶路撒冷的官员。在他的四年统治期间，他在巴比伦城内和城市周边运河开展了小规模的建筑项目。他率军进

入北叙利亚及更远处，越过吕底亚王国边境，但未能抵达其首都萨迪斯——财富惊人的克罗伊索斯国王的驻地，克罗伊索斯的姐姐嫁入了以埃克巴坦那为首都的米底王族，由此建立的联盟可能削弱了巴比伦对几条贸易商路的掌控。[5]涅里格利沙的儿子拉-阿巴希-马尔杜克在王位上只坐了不足一年。延续尼布甲尼撒血脉的努力被纳波尼杜打断，此人没有已知的王族祖先，夺取王位并统治了十六年。

纳波尼杜曾在尼布甲尼撒和涅里格利沙的宫廷任职。此时他已年过半百甚至更老，并得到已成年的儿子伯沙撒的有力支持。与纳波波拉萨一样，纳波尼杜将自己描述为"一个无人［提拔他］的独子"，这种说法承认他是篡位者，并展示了一个白手起家者的某种自豪；但是《巴比伦王表》接受他作为紧随先王之后的王朝成员。可以预见的是，他宣称自己是在神主马尔杜克的全力支持下，被跃跃欲试的党羽拥立的。

纳波尼杜统治的时代在一篇后世文献《王朝预言》中被描述为"哈兰王朝"。[6]哈兰临近今日的乌法，是哈拿王国的数座王都之一，亚述晚期王室的一个支系就起源于此。[7]纳波尼杜的

图 9.1　涅里格利沙的一块泥砖上镌刻的楔形文字和字母体阿拉姆语铭文。楔形文字音节为古体，是约一千两百年前的类型。Rawlinson 1861: pl. 8: 5

母亲阿妲-古琵是一个对儿子拥有巨大影响力的强势女子，因三块刻有这对母子篇幅宏大、内容丰富的铭文的玄武岩石板而为人熟知，它们是在哈兰的大清真寺发现的。其中两块被调整位置，有铭文的一面朝下，用作东西入口的门槛，仿佛是要将他们的名字和异教信仰踏入泥土，踩下地府。在她年轻时，阿妲-古琵是阿舒尔巴尼拔及其继承者的忠诚臣民，那几位末代君主在亚述帝国的最后岁月将哈兰作为王都。她的名字显然是阿拉姆语，而明显的阿拉姆影响也见于她儿子的王家铭文，即便纳波尼杜文绉绉地使用巴比伦语。她是月神辛的虔诚信徒，辛在当地被称为伊勒泰里。她将儿子获得王位单独归功于月神，而这位神在梦中回应了她的祈祷，并对她现身。他预言纳波尼杜将重建他的神庙"欣喜之家"，那里在亚述覆灭时遭受破坏；纳波尼杜命中注定要安放替换神像，它按照阿舒尔巴尼拔时代流传下来的图样制作。[8] 阿妲-古琵死于纳波尼杜身在阿拉伯期间，在她死后，纳波尼杜为母亲撰写了一篇缅怀她生平的文章。他的母系背景有助于说明为何纳波尼杜对解释公元前 7 世纪后期的历史事件有如此大的兴趣，根据他的说法，当时马尔杜克选中米底作为他的代理人征服尼尼微和哈兰，以报复之前辛纳赫里布洗劫巴比伦——月神掌控着人间的事件：

> 我是阿妲-古琵，巴比伦之王纳波尼杜的母亲，辛、宁加尔、努斯库和萨达努纳*——我的诸神的崇拜者。从孩

---

* 宁加尔是月神的妻子，努斯库是恩利尔的副手，萨达努纳则是努斯库的妻子。——译注

提时代我就寻求他们的神佑……从亚述国王阿舒尔巴尼拔时代，直到吾儿，我的子宫遗子、巴比伦国王纳波尼杜统治的第九年，一百零四年间的幸福时光，以众神之王辛在我心中激发的崇敬之情——他令我个人兴盛：我双目明澈，我聪慧过人，我手脚灵活，我言辞得体，我饮食无碍，我血脉顺畅，我内心欢愉。我看到我的子孙后代四世同堂，枝繁叶茂。

纳波尼杜之子伯沙撒，他的名字恰如其分地意为"吾主啊，保佑国王！"，他因《圣经·但以理书》而闻名于世，书中他被张冠李戴地称为尼布甲尼撒的儿子和王储。在差不多3 000块泥板的日期中，出现的是伯沙撒而非国王的名字，这批泥板年代属于在纳波尼杜统治中期伯沙撒掌管巴比伦的岁月。此时他父亲在阿拉伯半岛，伯沙撒发布了一条关注神庙地产管理和缴税义务的诏令；它规定了批准租约的一般原则，并确定了各类工人的工资标准。[9]伯沙撒接管了通常认为只能由国王名义行使的职责；诏令同时列出了两位国王的名字。

纳波尼杜的女儿被任命为乌尔的月神女祭司。他撰写了一篇详细的铭文，讲述他如何遵从一个非常古老的先例，以及他如何根据自己对一条月亮预兆的解读而采取这一行动。已知安排女儿担任该职务的一位前代国王是库杜尔-马布克，他是汉谟拉比时代拉尔萨连续两代统治者的"父亲"，一个很有影响力的埃兰人。这一举动将为纳波尼杜提供一个监视美索不达米亚南部忠诚度的可靠线人，正如它曾为库杜尔-马布克发挥的作用。

纳波尼杜的王家铭文可以跻身所有美索不达米亚君主创作的最广博和最富于变化的作品行列。现存的涉及他统治的编年史仅见于两百多年后塞琉古时代抄录的副本。[10] 这些信息通常被视为可靠的，但《纳波尼杜编年史》并非如此，后者的历史价值疑问重重。另一篇棘手的文献是所谓的《伪文学书信》，其中包含来自往昔的评判，据推测目标指向一位名字不详的现任国王。它包装成一位前代君王写给另一位的书信（文本开头佚失），内容包括对乌尔、乌鲁克等城市祭司的抨击，讲述早期统治者如何直接因其对"至高之所"的态度而得到成功或失败，并将马尔杜克的惩罚与任何冒犯巴比伦众神的统治者联系起来。[11]

　　纳波尼杜强调他对最杰出、最成功的前辈的虔敬，他援引阿舒尔巴尼拔和尼布甲尼撒作为自己的典范。当他准备在各大城市修建大神庙时，他按照传统方式依靠占卜来选择吉日。他不时挖出前代国王的碑铭，并能够在原始文本中读出他们的名字：在哈兰是公元前3千纪中期阿加德王国的萨尔贡和纳拉姆-辛，在拉尔萨是汉谟拉比，在西帕尔是萨姆苏-伊卢纳，在乌尔是尼布甲尼撒一世，在阿加德是阿舒尔巴尼拔，凡此种种。现代学者有时称纳波尼杜是古物学家或考古学家。[12] 在每次发现时，他如此处理所获文物：虔敬地在铭文上涂抹油膏，举行祭祀，并重新将它们与那些神像安放在一起。一个案例展现了他这些活动的远期重要意义：在纳波尼杜修复西帕尔的一座神庙时，发现了近两千年前阿加德王国萨尔贡大帝的一尊残破的雕像，纳波尼杜修复并重新放置了它。随后他建立了对该石像的一项崇拜，直到居鲁士和冈比西斯时代依然得到保留。[13] 发现萨尔贡遗物具有特殊的意义，因为萨尔贡和纳波尼杜一样，王位并非继承而来，根据传说，他是被女神伊什塔尔选中登基的。

纳波尼杜的王家铭文给人一种极端虔诚的印象，汲汲于将自己修复神庙的建筑活动与传奇先王们之前的工程联系起来，他明显依赖梦境、幻视和预兆来指导他的政策。关于他，我们拥有数量惊人而内容多样的王家铭文，以一种炫耀深邃文学知识的风格撰写。他在苏美尔语和巴比伦语的书写技巧上造诣很高。他自称"众神智者马尔杜克的子嗣"以及"睿智的王侯"。他的部分铭文以第一人称书写，其中引用了一些伟大的文学作品，如《让我赞美智慧之主（马尔杜克）》以及天文预兆的神谕手册《那时安努和恩利尔》。在这一时期，神谕和天文学的主要手册得到重编和增订；同时流传的各版本使得占星师在引用、阐释和争论时拥有更大的灵活性。[14] 纳波尼杜对梦境的关注，以及对它们的解读，展现出对神谕这一分支的倚重。他对这些深奥学科热心而公开的参与，后来在居鲁士撰写的对他统治时期的韵文记述中，以及在《圣经·但以理书》中遭受了嘲讽。

纳波尼杜的首要任务之一是厘清尼尼微的毁灭和亚述帝国陷落的罪责归属。在他树立于伊什塔尔门旁显眼位置的巴比伦石碑上，他将马尔杜克选择米底国王来报复早前对巴比伦的洗劫，与尼尼微陷落的责任联系起来。他怪罪巴比伦的盟友在洗劫亚述大城市时造成的破坏，为此他写道："劫掠是马尔杜克憎恶之事。"[15] 在同一篇文本中，仿佛是要恢复辛纳赫里布的名誉，他宣称马尔杜克因负气而抛弃了巴比伦，[16] 任由这座伟大城市遭遇劫难；后文他又指认马尔杜克造成了亚述帝国的覆灭，咎由亚述对巴比伦的破坏，尽管他是一个憎恶劫掠的神。他的施罚工具是野蛮的乌姆-曼达——一个包含米底人在内的术语，他们再次失去了控制。纳波尼杜描述辛纳赫里布（只称其为"苏巴尔图国王"）如何牵着马尔杜克的手进入阿舒尔城，仿佛是陪伴他前往举办新年庆典的新地点。由此辛纳赫里布被呈现为马尔杜克的代理人。纳波尼杜的各种铭文中从未提及埃萨尔哈顿，后者声称在辛纳赫里布的洗劫之后自己曾修缮巴比伦。同样未提及阿舒尔巴尼拔在废黜兄长沙马什-舒姆-乌金之际劫掠巴比伦。因为劫掠巴比伦是对亚述国王之兄及其埃兰盟友背叛行为的正当惩罚。

纳波尼杜的统治可以划分为三个阶段：最初三年待在巴比伦，部署了许多大城市的建筑项目；之后十年花费在阿拉伯半岛西北，在绿洲大城泰玛建立基地并向南沿海岸线扩张；他重返巴比伦后的最后四年，安排了哈兰神庙的修复工程。

在纳波尼杜统治之初，巴比伦尼亚遭遇了饥荒和动荡，他将这些归咎于所有大城市居民的罪恶行为，包括巴比伦本城。在一篇文献中，国王的头衔"正义之王"，呼应了伟大的立法者汉谟拉比，文中列举了纳波尼杜即位时普遍存在的腐败和不公正行为，并描述他采取措施，通过恢复法律的有效执行遏制动荡。[17] 与尼布甲尼撒一样，纳波尼杜也记录自己修复和维护了巴比伦城墙"恩利尔的赞许"，同样将其描述为一个奇迹，但他大多数的建筑项目是在其他城市开展的。他的建筑铭文显示出对相关巴比伦尼亚神灵的传统虔敬。他的部分王家铭文提供了他个人生活的细节。

在他统治初期，纳波尼杜能够将亚述人掠夺的埃兰神像归还苏萨。他征伐吕底亚并抓获战俘，但未能夺取萨迪斯。在东南方，迪尔蒙岛（巴林）上的一位总督为他效命，继续监督贸易。[18] 纳波尼杜提到哈兰地区周边因米底人而局势不稳，但又记录了后来危险是如何消失的：他的盟友居鲁士攻克并洗劫了埃克巴坦那，纳波尼杜斯对该行动表示赞许。

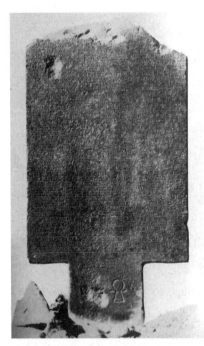

图 9.2 和 9.3　纳波尼杜的"巴比伦"石碑，玄武岩，对一尊刻有西顿女神塔尼特符号（位于下端接榫处）的巨型石像的二次加工。高度约 95 厘米以上。出土于伊什塔尔门附近。现藏伊斯坦布尔古代东方博物馆。Scheil 1896

一如尼布甲尼撒，为了他的新建筑项目，纳波尼杜也远征黎巴嫩山区以获取雪松木，他在奥龙特斯河西岸的森林获得了几场胜利；在西帕尔，他使用5 000根雪松木建造了太阳神神庙的屋顶、门扇和门道。在那里发现了一座神庙图书馆，书架上堆满了泥板。

在他统治的中间阶段，纳波尼杜离开巴比伦，率军南进泰玛。这座绿洲位于阿拉伯半岛西北部，曾被认为不存在青铜时代或早期铁器时代的遗存，纳波尼杜的到访没有引起人们的重视。但是，与预期大相径庭，最近的发掘揭露出一座始于汉谟拉比时代的有墙城镇。这些发现令人震惊。纳波尼杜本人也在泰玛的道路沿线及附近留下了很多活动的印记：一处摩崖石刻位于经过外约旦南部山区通往汉志道路的山口；巴比伦尼亚泥板中记录的他随行官员的名字，发现被刻写在泰玛绿洲附近的崖面和巨石上；遗址发现了一些刻有楔形文字献词的残石；[19]一座宫殿；一尊真人尺寸的砂岩材质国王雕像；附近岩石上刻有马尔杜克和纳布的符号。当地经济有能力供养国王驻跸：那时当地产酒，满足了宫廷宴飨。[20]纳波尼杜征服了若干阿拉伯部落，包括德丹，该部落的统治者被他杀死；他还朝麦地那进军，在主干道旁的帕达库（今日法达克）留下一处摩崖石刻。通过用楔形文字和其他字体镌刻如此众多的露天铭文，他宣称控制了汉志，并能够转移来自埃及的贸易。

纳波尼杜在阿拉伯半岛待了十年，留下伯沙撒治理巴比伦。对做出这一惊人决策的原因有几种推测。首先是与战略相关。[21] 尼布甲尼撒在卡切米什、在黎凡特以及在巴勒斯坦的胜利将埃及人赶回尼罗河谷，这意味着巴比伦国王现在可以掌控红海海岸的相当一部分地区，以及那里向东通往巴比伦的商路，阻止埃及人通过贸易从阿拉伯半岛获得香料、乳香和宝石。但是，需要国王亲自在离家如此遥远的地方驻扎十年来确立巴比伦的掌控吗？

第二种推测涉及国王的疾病和月神的影响。在犹地亚沙漠中的库姆兰发现的《死海古卷》之中有一篇《纳波尼杜的祈祷》。它讲述了人在泰玛的国王身患麻风病，被一位犹太医生治愈。这些残篇以阿拉姆文书写在皮纸上：

> 巴比伦纳波尼杜王的祝祷之辞，因神灵的旨意，这位伟大国王在泰玛［之时罹患］严重的皮肤病：
>
> "我，纳波尼杜，被恶疾折磨已有七年，当时神灵［关注我，治愈我］，我的罪行得到他的宽恕。一个犹太神谕者［从流亡中前来找我并说］：'讲述并记录这些事情，为至高神灵之名增光添彩。'"
>
> "于是我写道：'我在泰玛［因至高神灵的旨意］而罹患恶疾，［至于我，］七年来我向白银、黄金、青铜、黑铁、木料和黏土众神祈祷，因为我以为他们是神灵……'"[22]

纳波尼杜从阿拉伯半岛返回后，将月神擢升至众神中的最高地位，但他没有禁止其他对立神灵。根据通常附在条约等文献结尾的诅咒，月神会造成皮肤病。例如：

愿月神令他全身长满麻风，永不可治愈；愿［神灵］令他感染皮肤病，由此让他再也不得进入宫殿和神庙。[23]

由于有着浅黄色、布满陨石坑的表面，月亮被与皮肤病联系在一起，有可能纳波尼杜离开巴比伦是因为他无法再进入任何神庙，或参加新年庆典。一旦他被治愈，便可以返回，毫无困扰地面对巴比伦民众，并出席节庆活动，而不会造成污染。如此一来，他便有了前往哈兰的月神神庙的特殊理由，他承认自己长期忽视了这座神庙，于是建立了与月神的特殊关系。他个人对月神特具虔敬的理由并不意味着一场宗教改革；他统治时期的滚印和捺印没有显示出月亮符号出现频率的增加。[24]

这种阐释推断纳波尼杜试图在巴比伦万神殿中将月神提升到其他所有神灵之上，这在他后期的铭文中显而易见，他直到疾病痊愈才发展月神崇拜，而且在那之后他才特别关注哈兰和其他地方的月神崇拜，强调他母亲的宗教狂热。他最后四年的施政包括在乌尔和哈兰的建筑工程，两地都是月神崇拜的中心。乌尔的塔庙——乌尔-纳穆和舒尔吉在公元前 3 千纪后期建造——内有月神雕像，通过授予月神高级头衔来赞颂他："献给辛，天地众神之主，众神之王，众神之神。"在哈兰发现的铭文中，纳波尼杜宣称月神在他诞生时已选中他成为巴比伦国王，铭文是他以亡母名义撰写的。他对马尔杜克崇拜进行了一些调整。在位后期的铭文同样暗示国王尝试安抚"至高之所"的祭司，对马尔杜克崇拜口惠而实不至，它们清晰表明纳波尼杜试图将月神提升到超过马尔杜克的地位，但实际上并没有取代后者。

此时，居鲁士已从位于法尔斯的埃兰古都安鄯出发，率领一支军队发动符合巴比伦利益的征伐。纳波尼杜对居鲁士的敬仰以令人惊讶的直白表述在他的一篇碑铭中。它责备野蛮的米底人在哈兰周围制造了危险的局势，他使用模糊的不稳时期一词为借口，推迟修复那里献给月神的"欣喜之家"神庙。在一场梦中，马尔杜克用预言安慰他。[25]"马尔杜克，众神之恩利尔，以及辛，天地之光"向他现身，告诉他如下内容：

> "巴比伦之王纳波尼杜啊，用拉你战车的马匹运输砖块，建造欣喜之家并将伟大主宰辛安置在内，作为他的寓所。"我恭敬地告诉马尔杜克，众神之恩利尔："你命令我建造的神庙：米底人环伺，他们的军力过于强大。"马尔杜克告诉我："你谈到的米底人，他，他的土地和追随他的诸王将不复存在！"
>
> 三年过去后，马尔杜克提拔安鄯王居鲁士、他年轻的仆人攻打伊什图美古，他以少胜多，击败了米底人。他俘虏米底王伊什图美古（阿斯提阿格斯），将他带回自己国家。我敬畏伟大主宰马尔杜克和天地之光辛的话语，他们的命令纤毫不爽。我焦虑万分，我忧心忡忡，我愁容满面，我一丝不苟，我谨小慎微，我日理万机。我从幼发拉底河以外上海海滨埃及边境的加沙至下海*，召集我分散四方的

---

* 在古代美索不达米亚人的地理观念中，"上海"指地中海，"下海"指波斯湾。因为从巴比伦出发，需要越过高山才能抵达地中海滨，而前往波斯湾，则顺流而下，地势越来越低。——译注

军队、国王、诸侯、总督以及辛、沙马什和伊什塔尔托付给我的各路军队，重建欣喜之家……

　　纳波尼杜无愧于他的博学，给出了哈兰毁灭和重建的确切时间。这是经过深思熟虑的计算：时间间隔包括三个沙罗周期 *（每期十八年），[26] 暗示他象征性地运用了与月亮相关的年代学和天文学。当他在王家铭文中征引预兆、神谕和传统文学时，是在炫耀自己的学养。

　　父亲在外的十年间，伯沙撒全权掌控巴比伦，并安于王储头衔。当居鲁士攻占巴比伦城时，纳波尼杜已经回到巴比伦城定居，这位老人显然放心伯沙撒的有效治理。在巴比伦城，埃吉比家族商行的档案在纳波尼杜在位期间已经传到了第三代人，并继续不间断地记录，未受居鲁士登上巴比伦王位的影响，那时他们承担起为波斯主人征收赋税的新角色。商行领导人开始周游伊朗，与那里的城市建立良好关系。[27] 巴比伦尼亚人的档案登录工作在迦勒底王朝终结后仍在持续。

　　《圣经·但以理书》创作或抄写于巴比伦陷落之后约四个世纪，其中含有库姆兰发现的死海古卷中《纳波尼杜的祈祷》一文的某些特征。尽管但以理用尼布甲尼撒的名字替换了纳波尼杜，或许还用疯癫代替了皮肤病，[28] 但由于这段叙事包含纳波

---

* 天文学术语，是 18 年 11 天又 8 小时（大约 6 585.32 日）的日、月食周期，可以用来预测日、月食。经过一个沙罗周期，太阳、地球和月球回到原先基本相同的几何对应位置上，因而前一周期内的日、月食又会重新陆续出现。每个沙罗周期内约有 43 次日食和 28 次月食。——译注

尼杜之子伯沙撒，清楚地表明了国王名字的替换。库姆兰文献中提到了直接对应阿拉伯地名的泰玛以及纳波尼杜在当地的行营。与其他案例中的专名替换如出一辙，这样做的目标之一是吸引犹太读者对耶路撒冷第一圣殿的命运和造成大流放的国王产生兴趣。库姆兰文本中列出了制作神像的材料清单，并暗示这些材料并非神像，与《但以理书》第4章若合符契，后者在国王的梦境中提供了更多细节。[29] 至于《但以理书》第5章中著名的"墙上的文字"，曾得到伦勃朗精彩的描绘，*《纳波尼杜的祈祷》中犹太神谕者的角色令我们可以根据——巴比伦楔形文字手册中闻名的——文字游戏技巧进行解读。[30] 文字"弥尼，弥尼，提客勒，乌法珥新"可以有两种理解：一种是字面上的，"1明纳，1明纳，1舍客勒以及半明纳"；另一种是预言性的隐喻，"数数，数数，称重和分割"，影射巴比伦王权的终结。该故事被归类为启示录，意即一个预言性的梦境具有象征意义，指向世界末日或末世灾难前夕的最后审判：

> 并且有大艰难，从有国以来直到此时，没有这样的。……睡在尘埃中的，必有多人复醒。其中有得永生的，有受羞辱永远被憎恶的。[31]

公元前6世纪在巴比伦尼亚的流亡中度过大半人生并长眠于此的先知以西结写道：

---

* 指伦勃朗的著名油画《伯沙撒的盛宴》。——译注

在外有刀剑；在内有瘟疫、饥荒。在田野的，必遭刀
剑而死；在城中的，必有饥荒、瘟疫吞灭他。其中所逃脱
的就必逃脱，各人因自己的罪孽在山上发出悲声，好像谷
中的鸽子哀鸣。[32]

早先的一篇预言提供了先例，它出自巴比伦史诗《埃拉与
伊舒姆》作者做的梦，梦中盛怒的埃拉神威胁说：

我将覆灭此国，使其成为废墟。
我将摧毁城市，使之成为荒野。
我将夷平山峦屠戮牛群。
我将搅动大海灭亡水族。
我将掀开芦苇丛与墓穴，我将像吉拉那样焚烧它们。
我将杀死百姓不留活口。

这些引文生动地描绘了一个末世场景的临近，预示着地球
上人类命运的终结。居鲁士攻陷巴比伦标志着纳波尼杜统治的
谢幕。在此前后的那些事件我们只是通过稍晚年代撰写的文献
知晓，而且其中大多数从负面描述了纳波尼杜，相反居鲁士的
形象则是一个爱好和平的仁慈之人，有资格夺取城市，据信未
遭抵抗。[33] 这一理想化形象被希罗多德、色诺芬等希腊作家继
承，[34] 他们信从居鲁士的自我包装，或许是受到希腊哲学家对
理想王权和僭政局限性的兴趣启发。[35] 在楔形文字文献发现和
刊布之前，这些希腊版记录是关于居鲁士的波斯阿契美尼德王

朝统治的仅有证据，因此从中得出的英雄形象很容易与《圣经》里的形象产生冲突，同样引发争议的是，《圣经》中亚述人和巴比伦人被视为侵略成性和残暴无情的民族，他们的价值观据信与古代希伯来人和希腊人判然有别。这一点曾被描述为一个理论："将欧洲有别于世界其他地区的所有美德都归结为雅利安人的遗产，并将雅利安欧洲的胜利视为天命昭昭地引领人类历史的顶点。"[36] 它造就的种族主义观点甚至传播到了亚洲国家，在这些国家中，印度-雅利安/印度-伊朗语人群已得到承认。[37] 在该理论成熟之时，极少有人知道的是，居鲁士应该主要讲埃兰语，一种非雅利安语言。

居鲁士进军巴比伦时，纳波尼杜将美索不达米亚东部处于特别威胁下的城市的神像迁入巴比伦的安全场所；但它们没有保佑城市免于入侵。[38]《巴比伦编年史》讲述了居鲁士在底格里斯河东岸的乌佩（希腊语称奥皮斯）赢下一场激战，接踵而来的是洗劫和屠杀当地百姓。这份记录提供了与居鲁士在巴比伦登基后宣传的理想形象迥异的画面。他在巴比伦上游幼发拉底河畔的西帕尔等待，或许在改造河流支泓以削弱巴比伦的防御，直到他的将军"古提人"古巴鲁[39] 完成了突破城防、活捉纳波尼杜的危险任务。古巴鲁麾下的部队在他进入巴比伦的两天前俘虏了纳波尼杜，后者在西帕尔陷落后逃回巴比伦。[40]

约十八天后，即公元前 539 年 10 月，新国王凯旋入城："他的军队浩浩荡荡，如滔滔河水，不可计数，全副武装护卫他前进。"因此，居鲁士可以宣称自己是在欢呼声中不战而胜地进入巴比伦城的，不曾打断当地大神庙的庆典和仪式："我的大军和平地在巴比伦城内行进，整个苏美尔和阿卡德安堵如常。"居鲁士关于他和平进入巴比伦的说法乃是效仿萨尔贡二世，这一点不可照单全收。[41] 他打破了军役豁免和携带武器进入圣城的禁令。在之前的时代，我们已经看到，巴比伦人曾严重依赖外国盟友为自己作战，但不曾允许他们进入该城。现在居鲁士收买了昔日支持巴比伦的埃兰弓箭手和米底骑兵，放任他们进入圣城。[42] 居鲁士之前攻占埃克巴坦那和萨迪斯所获得的部分财宝，被用来在进攻巴比伦期间支付给他们以换取援助。守兵被部署在"至高之所"的大门，城市的祭祀活动没有中断。古巴鲁在涵盖巴比伦尼亚和叙利亚在内的面积广袤的"河外"行省任命地区长官。作为驻扎巴比伦的总督，他在接下来的几年里一直担任此职。

关于纳波尼杜在胜利者手中的结局有几种不同说法。在巴比伦度过短暂的阶下因岁月后，他可能被流放到卡尔玛尼亚（今天的克尔曼），那里距离王都帕萨尔加德和波斯波利斯不远。[43] 卡尔玛尼亚地区曾是新埃兰文化区的重要组成部分，也是阿契美尼德帝国的腹地，因此流放并不是一项严苛的惩罚。如果这个说法是正确的，那么居鲁士展现出了比他处决吕底亚的克罗伊索斯，或是——在转进西帕尔之前——洗劫奥皮斯并屠杀当地百姓更多的仁慈。

纳波尼杜的王室铭文必须尽可能地与有倾向性的记载区分开来，后者是在居鲁士登基后为他撰写的，目的是为居鲁士征服巴比伦辩护，表明他的篡夺得到了巴比伦诸神的认可，因为纳波尼杜不再得到他们的支持。因此他以传统方式诋毁了纳波尼杜。这些记录是巴比伦书吏在居鲁士的指示下为他面向巴比伦公众编撰的。纳波尼杜每一条所谓的劣迹都是可以在早期巴比伦和亚述王家铭文中找到的陈词滥调，用以为篡位者开脱，诸如未经正当授权便更改仪式惹恼众神，忽视神庙，未能维持法律和秩序，人民流离失所，以及笼统的德不配位云云。这类主题尽管是篡位者写下的标准辩解，但在过去曾被误解为特例，因为这次篡位者不是巴比伦人，而是一个来自埃兰和波斯异国的外族。[44]

人们对巴比伦城及其本土国王的敬畏之情溢于言表，纳波尼杜的纪念碑没有被从街道上移走，也没有在新朝肇建时将雕像毁容或迁移。看起来也无意移走数百枚镌刻有奠基铭文的泥筒，它们记录了纳波尼杜的活动，是他书写和放置的。大流士一世统治伊始，巴比伦起兵的叛乱国王均采用尼布甲尼撒的名字，但也声称是纳波尼杜的后裔：后者的名声并没有被波斯宣传所摧毁。

在居鲁士的统治下，得到保护性保管的神像被归还给它们原属的城市；西帕尔的太阳神神庙中的文学图书馆在城市陷落时幸存。尼布甲尼撒引入巴比伦和博尔西帕的卡里亚雇佣兵继续为新政权效劳。居鲁士在巴比伦的建筑工程没有提及纳波尼杜在城墙"恩利尔的赞许"上的施工，但他承认了早前阿舒尔巴尼拔的建设，此外人们可以在他的新王都帕萨尔加德的雕塑上发现亚述的影响。居鲁士在巴比伦尼亚各地也像本土国王般施政，在乌尔和乌鲁克留下了铭文砖。他委托编撰了居鲁士泥筒和《纳波尼杜诗传》以宣传他的统治权，正如下文将要讲述的，之后他便不再使用巴比伦楔形文字书写王家铭文，仿佛是确认他统治之下的军事活动不再与巴比伦公众有关。他的心思留在了帕萨尔加德的新宫和花园，但巴比伦依然是王权的基地。

在波斯波利斯发现了大量印有埃兰楔形文字而非古波斯文的泥板，代表了后继阿契美尼德诸王统治下的帝国行政。在帕萨尔加德的居鲁士宫殿，石头上的楔形文字铭文被篡改过，可能为了改动居鲁士的族谱以迁就大流士一世。然而，到底是居鲁士下令的改动，抑或篡位者大流士为宣称他的族谱上有一位居鲁士大帝的祖先而为，依然聚讼纷纭。[45]

色诺芬在公元前 4 世纪初创作了《居鲁士的教育》，他使用居鲁士这个显赫的名字来讲述一篇大半是虚构的故事，其中将居鲁士大帝与年代晚很多的僭号者小居鲁士的个性和事迹杂糅在一起，后者试图篡夺兄长阿塔薛西斯二世的王位，但功亏一篑。这种混淆令色诺芬得以编造关于居鲁士大帝攻占巴比伦的一份详细记述，这发生在约一百五十年前，并暗示这是僭号者居鲁士所为，尽管有色诺芬的支持，他的事业还是失败了。色诺芬描述了一位未具名的巴比伦国王如何在战斗中阵亡，影射了僭号者居鲁士，而非纳波尼杜的真实死亡情形。他笔下攻克巴比伦的细节因此可能是完全虚构的。

在一个人的一生中目睹两个大帝国——亚述和巴比伦——的覆灭，会引起人们的好奇心。是什么导致了两个帝国的衰落？它们的失败是由于末代统治者的行为（无论好坏）造成的，还是由于日益放纵的精英阶层的道德堕落？抑或因为疏忽或亵渎行为招致城市神灵的怒火，例如国王未能参加新年庆典？这些可怖的灾难根由是王权和僭政的本质？这些问题应是伊奥尼亚人和马其顿-希腊人质询的，因为他们的早期哲学家试图分析一位贤君、一个善的生活、一个好社会和好政府的特性。尼尼微和随后的巴比伦，以及希罗多德研究过的吕底亚，它们的动荡能够通过比较失败者和胜利者的作为得出解释吗？

《王朝预言》成书于塞琉古时期。它概述了某些统治时期，这些内容被视为预言，就好像它们尚未发生，只是将根据真实事件"命定"为好或坏。一如其他预言，文中没有点名。对纳波尼杜和居鲁士统治的描述如下：

> 一位叛乱诸侯将会崛起［缺损造成的空白］
>
> 他将建立哈兰王朝。
>
> 他将称王十七年。
>
> 他将比大地更强大，打断至高之所的庆典。
>
> 他将在巴比伦建墙。
>
> 他将对阿卡德策划阴谋。
>
> 一位埃兰国王将会崛起。他将夺走他的国王权杖。
>
> 他将废黜他，被赶下台的国王——
>
> 埃兰王将改变他的位置。
>
> 他将他安置在另一个国度。
>
> 那位国王将比大地更强大
>
> 而天下四方都要向他进贡。
>
> 在他的统治下阿卡德将会国泰民安。[46]

人们有时说巴比伦人是事实的收集者，清单的制作者，而非分析家，而讲希腊语的人们则想探究缘由。但这个论断过于简化。探究缘由的最显著案例是《萨尔贡之罪》一文，其中探讨了萨尔贡殒命沙场的可能原因，当时占卜据信提供了安全保障。[47]从本时期开始，越来越多的证据表明，包括编年史在内的早期楔形文字文献得到了修订，以提供涉及事件缘由的大体虚构的记载。在"至高之所"图书馆出土了很多这类文献，年代主要属于塞琉古时期和帕提亚早期。例如，一块现已残碎的泥板副本，虚构了沙马什-舒姆-乌金对夺取王位的将军纳波波拉萨的回应，尽管纳波波拉萨是后来的国王。[48]正如我们已经看到的，在汉谟拉比时代之前很早就出现了杜撰历史国王的虚构通信，旨在将灾难性事件归咎到特定国王身上。《纳波尼杜编年史》与《纳波尼杜诗传》相仿，嘲笑纳波尼杜极端虔诚到将女儿献给乌尔的月神，以及他研究神谕科学时故作高深。[49]

作为一个埃兰和波斯的混血后裔，而非闪族人，居鲁士其实并非首个登上巴比伦王位的外族；漫长而成功的加喜特王朝和转瞬即逝的埃兰王朝表明，一个外族人只要努力融入当地文化，很快就会被视为巴比伦人，并在之前的王朝谱系上找到位置。在夺取巴比伦之前，居鲁士已经被纳波尼杜誉为马尔杜克的年轻仆人。

希罗多德用希腊语讲述了居鲁士的出生和童年故事（《历史》I.107—130），与一个美索不达米亚版本颇为相似。简单说来，出身高贵、仍在襁褓中的居鲁士被交给一位牧人，让他将居鲁士遗弃在山间，因为梦中预言这个婴孩将篡夺王位。居鲁士获救并隐姓埋名地得到抚养，直到他的身份被公开，最终他确实夺取了王位。一个相似的故事见于巴比伦《阿加德的萨尔贡降生传奇》，发生在公元前3千纪的历史背景下，并与《圣经》中摩西诞生的故事共享一些主题。[50] 这个故事改编自传奇英雄吉尔伽美什的出生和童年，这个情节从未成为标准版巴比伦《吉尔伽美什史诗》的一部分，但可能成为摩西、阿加德的萨尔贡和塞琉古一世等英雄的模版，每个人都有他们自身特定的地理和历史背景，[51] 这个传奇无疑是被居鲁士传播的，目的是将自己与巴比伦的伟大历史联系起来。早在亚述帝国晚期，虚构的《吉尔伽美什书信》已经在马尔杜克与吉尔伽美什之间建立桥梁，称这位传奇英雄为"马尔杜克的挚爱"，以此将他纳入巴比伦的轨道，同时继续提及巴比伦尼亚南部的王城乌鲁克和乌尔，那是他最初的籍贯。[52]

苏萨、帕萨尔加德、安鄙和波斯波利斯这些王都均位于巴比伦尼亚以东，这标志了一场重大变迁。不同于加喜特人——他们在巴比伦尼亚之外没有王都——埃兰、波斯和阿契美尼德国王通过选择王都来标记自己版图的核心。巴比伦不可避免地失去了新统治者的部分关注，后者的主要注意力除了保持对纳波尼杜拱手让出的帝国的统治，还转向他在波斯故土的大本营。可能在大流士一世扩建之前，居鲁士已经使用过波斯波利斯的礼仪中心，[53] 或许还是波斯波利斯西城门处最近揭露的一座建筑的修造者；它由巴比伦尼亚工匠使用釉砖建造，上面描绘了与马尔杜克有关的浅浮雕图像（狮龙），表达了对巴比伦的特别致意。[54] 这部分规划意在将王权的盛大庆典从巴比伦迁移至阿契美尼德新都波斯波利斯，抑或单纯是复制它们呢？

居鲁士一名几乎可以肯定是埃兰语。他的家族是埃克巴坦那的米底国王阿斯提阿格斯的亲戚，当阿斯提阿格斯的军队向他倒戈时，居鲁士夺取了王位。在米底的支持下，居鲁士击败了克罗伊索斯，并效仿吕底亚使用金银钱币作为通货，但钱币是通过重量，也就是巴比伦衡制计量的，由此承认了巴比伦商业的广泛权威性。无论如何，这是一项实践的重大改变——用王家铸币厂生产的钱币取代了神庙控制下任何形式的称重金属。巴比伦人迟迟不愿接受这一变化。居鲁士在一些铭文中使用"安鄯之王"的头衔，在另一些场合使用"波斯之王"，坦承他背景中语言上的两条不同支属。当自称安鄯之王时，他将自己的真实或传说的祖先追溯到泰斯佩斯，当自称波斯之王时，则追溯到阿契美尼斯。[55] 在面向巴比伦读者的文本中，他承认马尔杜克是他的保护神。

居鲁士来自一个没有书面文字的背景，整个阿契美尼德时代也没有发现书面的波斯语文学。后来的波斯文学与巴比伦文学没有任何融合。埃兰语与波斯语没有亲缘关系，过去许多个世纪里埃兰语以楔形文字书写，但如今仅用于简短的王家铭文和波斯波利斯的行政目的，当地出土了数以万计的埃兰语泥板。古波斯语直到居鲁士身后不久才开始以一种楔形文字的变体书写。米底人使用的一种或多种语言似乎从未见于书面。埃兰、波斯、米底这三个种族和语言族群此时混居并通婚，这或许是居鲁士同时使用埃兰和波斯王家头衔的原因。希腊作家似乎不了解埃兰人，尽管埃兰语有着一个悠久的文书行政和王家铭文传统，他们或许将埃兰人视为米底人，后者是他们知晓的。

被称为《纳波尼杜诗传》的巴比伦文献是为居鲁士撰写的，以支持他宣称自己是伟大众神选中的正义统治者，并为被废黜的国王提供了一篇通俗记述。它取笑纳波尼杜的故作高深，特别是他释读与月亮有关的预兆，并指明了他对众神的冒犯。冒犯行为之一是指控纳波尼杜在巴比伦的马尔杜克神庙之上安放了一面月轮。为表明当地官员已经投奔居鲁士一方并继续为新政权效劳，文中提到两个高官，神庙总监泽里雅和王室秘书里穆特，他们改换了阵营；他们赞美新主人的辞令被全文引用，作为他们许下的新誓言："现在我们明白了国王告诉我们的话！"行政文书确认了二人与来自精英家族的众多同胞一样，继续为新政权工作。[56] 很早之前的案例——萨姆苏-阿杜时代的马里，汉谟拉比时代的拉尔萨——表明政权更迭不必然引发高层变动，因此居鲁士所为遵循了早前的美索不达米亚惯例。但他的司库米特里达塔有着波斯名字。

居鲁士泥筒是一篇桶形档案，[57] 用烘烤过的黏土制成，符合众多早前亚述和巴比伦奠基铭文的一种标准形制。它的文本以巴比伦文言和巴比伦字体撰写在一枚普通的泥筒上，后者并不公开展示，而是埋藏在砖结构之中，作为留给后世建造者的记录。最近才识别出两枚泥板残块（不是泥筒的组成部分）。这块泥板的文本不仅被抄录到相同形状的泥筒副本上，后者经烘烤藏入城墙墙体中，而且还被复制到其他媒介上，用于公开展示。因此，并非如这些残块被发现之前人们经常宣称的那样，它不是独一无二的文件。作为一篇文学作品，一位巴比伦书吏

（他的名字留存在一枚残块上）创作了这一近乎史诗体的文件，其中包含对《创世史诗》的几乎原文征引。文中唯一提到的神灵是马尔杜克，这篇铭文也是献给他的。尽管居鲁士统治苏萨并自称"安都之王"，但文本没有提到任何埃兰或波斯神祇。这肯定了主流理解，即波斯国王为巴比伦公众写下此文，并乞灵巴比伦主神。后来在埃及，冈比西斯和大流士在他们的埃及圣书字铭文中致敬埃及神灵，而大流士在波斯则感谢波斯神灵阿胡拉马兹达。语言和文字表明，居鲁士泥筒的目标读者仅限于

图 9.4　记录纳波尼杜建筑项目的奠基泥筒（右）；记录居鲁士大帝征服巴比伦的奠基泥筒（左）。二者均刻写巴比伦楔形文字。现藏阿斯莫林博物馆，馆藏编号 AN 262-857

巴比伦和巴比伦尼亚民众；它没有被翻译为其他语言。

这篇文献将居鲁士描述为正义的新王，列出了纳波尼杜不适合继续为王的理由。它应是写于居鲁士纪念自己的首场新年庆典前后，旨在合法化篡夺行为。纳波尼杜的恶行被以纯粹传统的词汇描述——未能合宜地举行祭仪、忽视神庙、招致神灵的愤怒和拒斥——在早期亚述和巴比伦的文本中，每当篡位者需要辩解自己的夺权时，都能找到类似辞令。

> 令众神之主恼火的是，纳波尼杜将苏美尔和阿卡德之地的众神带进巴比伦：根据马尔杜克的指令，我将神像毫发无伤地送还他们圣所中的神龛，令他们喜悦。

因此，纳波尼杜高瞻远瞩的安保措施被扭曲为像是对马尔杜克的冒犯。

居鲁士未能完全成功地败坏纳波尼杜的名声。在冈比西斯暴毙后，连续两位巴比伦王位的声索者都自称是纳波尼杜的儿子，这种说法不太可能发生在纳波尼杜被视为疯癫或失败者之后。相反，他是一位成功的国王，经受住了军事行动的考验，努力经营前辈赢得的帝国，至少将其扩张至汉志，并在北叙利亚巩固了对哈兰的控制。他的"世界之王"称号是受之无愧的。

居鲁士泥筒铭文提到，因居鲁士入侵而受到威胁的神像和各地民众，被允许和鼓励返回他们的原居地，居鲁士使用了与汉谟拉比在其法典中一模一样的说辞："我召集所有民众，将他们遣送回家乡。"那些城市均被指名，全部位于巴比伦尼亚东部，即距离居鲁士版图最近的地区；没有提到任何西部或南部城市。由此可见，他极为迫切地取悦和安抚东部地区民众。然而，《旧约》先知们的解读是，居鲁士这番话是为了面向更广阔的地域吸引人才和人力，以重建遭尼布甲尼撒洗劫的耶路撒冷圣殿。

涉及犹太定居者的大量记录最近在巴比伦尼亚东部和东南部的城镇重见天日，其中完全不见犹太人在居鲁士时期或之后迁回巴勒斯坦的迹象。也没有他们避免使用包含耶和华的复合名字的证据，这意味着他们没有被迫放弃或隐匿自己的信仰。犹太家庭继续在农田耕作，很多人向埃吉比商行的官方税吏缴纳税款。与之前的巴比伦人和亚述人一样，居鲁士也意识到，一个拥有农业腹地的人口稠密、避免兵戈的城市是财富之源，因此可以定期纳税。没有迹象表明居鲁士比同时期其他国王对外族神灵更加优容，在多神教社会，承认外族神灵是稀疏平常的。[58] 在以往的案例中，亚述国王曾向巴比伦归还一尊马尔杜克雕像，并允许被强制迁移的民众回归巴比伦尼亚，所以就此而言，居鲁士及其后继者仅仅是遵循了一个历史悠久的传统而已。[59]

居鲁士泥筒包含了一份史上遭最严重误用的文本，"有些文件的重要性并不在于它们说了什么，而在于人们误以为它们说了什么"，正如霍纳桑·桑普钦指出的，这些文件被不当地用于服务现代政治议程。[60]陈列在纽约联合国办公大楼中的居鲁士泥筒的复制品展示了文本内容是如何被曲解的，它被错误地宣称为一份独一无二的文件，是对人权和"自由"的首次阐述。

事实上，它与犹太流散社群的特殊待遇毫无瓜葛。直到两枚写有部分铭文的泥板残块被发现，才推翻了它所谓的独特性。[61]

居鲁士在巴比伦没有留下记录他统治后期作为的铭文。至于人们希望仰仗的编年史，显然在涅里格利沙统治时期已经终止；直到阿契美尼德王朝末期，巴比伦也没留存这类材料，也许是在那时，它们的编撰工作才恢复。[62]在巴比伦，阿契美尼德诸王的个人功业显然既没有以编年史，也没有以王家叙事铭文的形式记录下来。如此之长的记载空档导致当代学者过度依赖希腊文献。一些不太正式的记录继续在有机材料上书写。[63]

居鲁士以"四方之王"的身份南征北战，这令他无法在巴比伦履行常规仪式职责。他让儿子冈比西斯担任了一年"巴比伦之王"：《巴比伦编年史》记载冈比西斯在巴比伦"瓦兹的纳布"神庙接受册封，在那里他被授予王权权杖，作为其父的共治君主。冈比西斯也被称为"总督"；一些文档在纪年时将居鲁士和冈比西斯的名字并列。这重复了阿舒尔巴尼拔为其兄长沙马什-舒姆-乌金做的安排，其中后者被授予王权仪仗，但待遇仅视同城市总督。在居鲁士统治的余下岁月，我们不清楚城市的年度节庆如何举行。从那时起，巴比伦不再是其统治者的主要居所，因此重大节庆的国王亲临肯定是间歇性的。但城市的地位依然崇高，是各类文学活动——包括天文学和占卜术的大型手册，以及宗教仪式所需文本——的中心。

冈比西斯的名字是波斯语，他最为人所知的是征服埃及。他将卡里亚战俘带回巴比伦，他们加入了——由尼布甲尼撒引进巴比伦的——同胞行列。其中一些选用了巴比伦名字，但在大流士一世时期在巴比伦文献中仍被认定为卡里亚人。[64] 冈比西斯还因希腊作家讲述的在埃及杀死阿匹斯公牛的暴行而闻名。这是在假想的事件发生一个多世纪之后由希腊历史学家记录的几个亵渎神灵的传闻之一；其中一些已经被同时期非希腊语铭文和考古证据证实为严重夸大。

埃兰文化依然可见。它没有在波斯统治下消融，而波斯波利斯档案记录的波斯帝国行政主要使用埃兰语，以楔形文字书写在泥板上。几个世纪后，安提奥库斯三世在博尔西帕举行的王权庆典上，公开展示尼布甲尼撒的一件红紫相间的"埃兰"王袍。[65] 古巴鲁依然是巴比伦和河外行省的总督，扮演副王角色，直至大流士登基，那时他被乌什塔努取代。在此期间，官员和书吏依然可以查询旧档案以及公共纪念碑，新政权没有销毁旧文献，尽管档案库中可能留有一些"毒草"。[66]

此时的巴比伦城依然被纳波波拉萨和尼布甲尼撒建造的巨大建筑物主宰。城内没有任何可以归于纳波尼杜名下的新建筑。至于居鲁士和冈比西斯，由于王家铭文和编年史（如果有的话）不再以楔形文字书写，仅有年代晚很多的希腊史料提及巴比伦的建筑，因若干理由它们不足为据，更不用说混淆了巴比伦与尼尼微。[67] 城市宏伟的城墙上设有众多精美的城门，但它们拥有不止一个名字，有仪式性的和通俗的，因此甚至无法确定任何特定时期的城门数量。众多运河穿城而过，而郊外幼发拉底河的几条支泓令西方访问者感到困惑。巴比伦城址的航拍显示幼发拉底河流经城市的河道曾发生改变。那次改道对城市地基一定造成了可怕的破坏，改道时间一度被学者武断地定为公元前 5 世纪中期；如今这个年代不再可靠。[68] 城西的沼泽地或许是这次改道造成的，但目前尚未发现明确的证据。

可以肯定的是，用于仪式的街道和运河依然是举办盛大巡游的壮观背景。许多早前时代留下的石碑和雕像继续被公开展示，以提醒市民和访问者光辉的往昔延续至今；[69] 通过巴比伦文献和考古发掘，我们知晓了众多大神庙，同时无疑还有其他神庙等待发现。[70] 由于地下水位过高和大型建筑沉降等陈年痼疾造成的缺陷，肯定需要无休止的维修和重建。

冈比西斯死后，以巴比伦为中心爆发了一场叛乱。在他统治之初，冈比西斯就开始怀疑自己的亲兄弟巴尔迪亚，后者也被称为斯美尔迪斯（希罗多德对他的称呼），据称冈比西斯谋杀了巴尔迪亚并秘不发丧。之后大流士在贝希斯敦的长篇铭文中提到了事件后续，而希罗多德在一个世纪后提供了一份耸人听闻的记叙。谋杀的保密程度足以令一个名叫高墨达（大流士对他的称呼，同样也被称为斯美尔迪斯）的长相酷似巴尔迪亚之人，宣称自己就是巴尔迪亚；冈比西斯去世后，这个高墨达-巴尔迪亚-斯美尔迪斯夺取巴比伦王位并统治了三个月，直到大流士俘虏并处决他。彼此冲突的版本导致我们无法理清核心事件。但这一简短概述是为引介大流士一世，下一章将从他的统治开始。

居鲁士和冈比西斯没有试图禁止对美索不达米亚神灵的崇拜，也没有在巴比伦设立他们自己神灵的崇拜。祭司选拔的资料显示对一位新加入者族裔身份的司法担忧，因此波斯人据推测不能在美索不达米亚神庙负责宗教职务。[71] 波斯人和埃兰人在东方拥有王都，因此巴比伦不再是主要王城，也不再蠲免赋税。往昔的遗迹没有被清除，神庙书吏执着地继续以巴比伦楔形文字抄写文献，创作或改编新的文本，对旧的历史进行新的诠释。巴比伦人与波斯人的通婚是允许的。文学作品的主题是国王必须得到拥护，即便他犯错，因为他是伟大众神选择并支持的，这可以追溯到汉谟拉比时代的《吉尔伽美什史诗》，以及加喜特时期的《咏受难的正直之人》；这两部作品仍在流传。全新的外族统治者或许希望实现直接继承的理想，但在巴比伦历史的后期阶段，往往只能退而求其次。无论情形如何，他们都珍视巴比伦对其王权的正式承认。

10

从大流士一世至亚历山大，
从塞琉古王朝至帕提亚统治[1]

当伟大的国王或傲慢的皇帝

归于泥土，

整日的悲伤将填满一天，

因为它的生灵死去了。

但我们——我们与那些

只是安于命运的造物所想不同，

生命之力曾盘结于我们身上，

再次返诸生命之中。

——鲁德亚德·吉卜林《下葬》（1902）

　　占领巴比伦的阿契美尼德波斯人，从大流士一世时代起，修建波斯波利斯作为他们的主要礼仪中心，并保留苏萨作为王城。他们的行政档案以埃兰语楔形文字书写。他们对巴比伦的关注是精心预防叛乱和避免干扰税收上缴、节庆和学术活动。

两百年后，他们积累了一个比之前更大的帝国，却被马其顿的亚历山大击败，后者欣赏巴比伦文化，还将他的兴趣传递给了他的塞琉古希腊继承者。接下来塞琉古人的帝国延续了大约164年。在巴比伦，"至高之所"建立已久的图书馆及其天文学家、神谕师和确认王权的仪式，赋予了城市无法被波斯波利斯或安条克取代的权威。从塞琉古人手中夺取了巴比伦的帕提亚人继续尊崇巴比伦学术，那时，已有超过两千年顽强生命力的楔形文字及其文学，逐步让位于字母文字和有机书写材料。

纳波尼杜的统治结束后，在波斯的统治下，王权与巴比伦不再紧密联结。尽管一千年前的加喜特人同样是外族，而非来自美索不达米亚内部的闪族统治者，但他们一直将巴比伦视为圣城，在别处没有城市中心来分割他们的忠诚。但阿契美尼德王朝的统治是不同的：波斯人接管了几座埃兰王城，并在美索不达米亚以东建造自己的王都。因此巴比伦的某些文学和学术形式不再与一位被学者包围的国王直接相关：从此以后，不再有王家诏令推动在历法中置闰，这转而由神庙负责；从此以后，占卜的主要目的不再聚焦于国王个人的安危；从此以后，天文学可以拓宽眼界，不再与国王的需求绑定；现在，任何人都可以向天文学家咨询星座运势，但依赖天文事件的神谕师仍像以前一样受人尊敬：波斯大王仍然为他们的行动向巴比伦先知寻求建议。令人惊讶的是，从居鲁士占领巴比伦开始，这座城市适应了每一个外来政权。它继续庆祝自己的节日，继续吟诵《创世史诗》，继续研习古代典籍，继续在天文学领域取得重大发现，继续积累不曾中断的商人和律师档案。在巴比伦楔形文字文献中难觅波斯语词汇。

巴比伦的迦勒底占星师拥有巨大的国际声望。在约公元前1800年巴比伦第一王朝初期，相当多的人从事脏卜师职业；肝脏的黏土模型见证了他们的专业技能。随后，出现了一部这类预兆的书面手册。后来脏卜术逐渐失去了它们的特殊地位，让位于天文和地理预兆，相比天文学家兼占星师，脏卜师人数逐渐减少。最早的天文日志（称为"定期观测"）就是在这个时期开始记录巴比伦城日常事件的。[2]数理天文学发展成为一门抽象的学科。

在波斯统治下，根据需要宣布月首和闰月的职责移交给了神庙。[3]计算通过数学预测完成，而非依靠观测和天气状况。使用手册《犁星》和《那时安努和恩利尔》中保存的数据预测月食和日食依然至关重要。美索不达米亚继续使用巴比伦月名。间断性的政治和军事事件得到简要记录，当泥板保存状况较好时，可以确定事件的年代。

天文学家纳布-里曼努将自己的名字写在天文观测的数学计算表上，并在三个多世纪后的希腊作家中享有盛名。[4]巴比伦天文学家的职位主要是世袭的，因此学术仅在那里和其他少数几个城市得到发展；在新的文献类型中没有出现波斯语借词。巴比伦和乌鲁克发现的数理天文学文献时间跨度很长，大约从公元前400年直至公元前50年，但通常无法论定一篇文献的年代属于阿契美尼德还是塞琉古时期，尽管两个政权之间存在很大差异。纯数字文本的优势在于，不像楔形文字词汇，它们很容易转写到其他语言的书写系统中。

占星术与天文学关系密切。撑起占星"科学"的基本理念如此表述在一篇楔形文字文献中：

> 大地的迹象以及天空的那些迹象共同产生一个信号。天空和大地都会给我们带来预兆，互相独立但并无不同，因为天空与大地是相连的。天象凶则地象凶，地象凶则天象凶。

《创世史诗》中表述过这一基本理念，当马尔杜克切割提亚马特的身体，用镜相对称的两半塑造大地和天空时："他像对半剖开一条鱼以便风干那样剖开她的身体。"黄道，一个包含 12 段等分——各占 30 度角——的圆，代表一年的月份，每一段与一个星座相连，而每一小时则用 15 度代表。这个主题由此将时间与星座联系起来。它最早出现于公元前 5/4 世纪，大约同时，天宫图的新形式出现了：诞生预兆，又称生辰星盘。[5] 所有这些均受月亮"影响"。一些真实或想象的生物被赋名给黄道各段，它们早已得到刻画，始于公元前 2 千纪后期的授土碑，有些以图画形式见于一小类文献中的文字描述。[6] 身体部位与黄道十二宫生物名字之间造作而系统的对应带来医学上的运用，而其他关联则扩展了预测的范围。在微观黄道十二宫中，每段又分为十二个部分，于是这类关联变得越来越多。[7] 数据组合被用于预测范围广泛的各种主题，包括敌军进攻、大麦价格和天气。这种占星术理念，虽然与严肃的数学计算一同阐述，但已不再被现代西方学术视为可靠。[8]

1. 波斯阿契美尼德时期

（3 位短命的非波斯篡位者，9 位阿契美尼德统治者中列出
7 人）

尼布甲尼撒四世（521）

大流士一世（521—486）

薛西斯（485—465）

贝尔-希曼尼，沙马什-埃里巴（482）

阿塔薛西斯一世（464—424）

大流士二世（423—405）

阿塔薛西斯二世·阿萨息斯（僭号者居鲁士，404—359）

阿塔薛西斯三世·奥库斯（358—338）

大流士三世（335—331）

尽管阿契美尼德统治者没有像之前的加喜特人那样，吸收美索不达米亚文学，但传统神话、史诗、编年史、天文学和神谕汇编的知识继续在巴比伦尼亚内部流传。神庙学者在他们的图书馆内为众多古老的宗教、历史和叙事文献制作抄本和改编本。[9] 巴比伦和尼普尔发现的大量商业档案一如既往地记录着巴比伦尼亚西北部和东南部农场的经营状况。根据个人喜好，家庭里自由使用波斯语、巴比伦语或希腊语私名；这未必与民族自豪感有关。早前时代的公共纪念建筑并没有从巴比伦街道上移除。尽管南宫加建了一座列柱建筑，但主要的开发是在梅尔克斯区，即巡游大道、大神庙和塔庙——可能是为了避免下沉和沉降，这里离河流足够远——以东区域。该地区曾在加喜特

时代进行开发，挤满了商人的住宅和他们的家墓。它一直繁荣到帕提亚统治初期。[10]

御道和驿马最迟从公元前2千纪后期已经在近东发展起来；它们不是波斯人的发明，但在这个时期得到改进和扩展。[11]法律与秩序依然沿着传统路径来执行：《汉谟拉比法典》的前言继续用楔形文字进行抄写和研习，而通过一小块楔形文字残篇，我们得知了一部表述不同但内容相似的新法典，尽管官方通信语言是用墨水书写在皮纸上的标准化帝国阿拉姆语。而书写在泥板上的巴比伦楔形文字，使用的领域越来越少。印有国王肖像的金银币建立在一套巴比伦标准舍客勒衡制之上（60舍客勒等于1明纳，而非50兑1的"希腊"比率），此举肯定了巴比伦在贸易领域的中心地位。[12]大流士同样打造了自己的金银币，并以自己的名字命名为"大流士币"。他的钱币主要用于支付军饷，上面刻画了国王如一位射手形象的军姿。[13]在巴比伦尼亚，向货币经济的转型非常缓慢，因为人们安于使用纯度可验证的计重金属的传统。

在阿契美尼德王朝统治下，巴比伦城依然重要，尤其因为它贮藏着大量财富：从征服亚述中取得的，到尼布甲尼撒的一系列征服中获得的战利品和贡赋，再加上纳波尼杜和居鲁士的贡献。巴比伦城堡区南宫周围城墙和护城河的地面布局展示了这一核心区域得到多么完善的护卫，一支雇佣兵组成的卫戍部队驻扎在城内。大流士一世的石碑，以及贝希斯敦铭文的一块以巴比伦楔形文字书写的副本（或另一版本），与伊什塔尔门附近的纳波尼杜石碑比邻而立。在大宫殿的西端，增建的一座底层设有列柱的建筑或许是按波斯风格修建的；科德威发现了一块柱础和兽首形状柱头的残件，与波斯波利斯的柱础和柱头非常相似。但那里没有出现阿契美尼德建筑铭文，也没有供奉他们神灵的庙宇，亦不见对巴比伦文学的任何显著兴趣。

冈比西斯驾崩后，巴比伦爆发叛乱，至少有四个人在巴比伦文献中被视为国王。[14] 首先是高墨达，他自称为居鲁士之子、冈比西斯的兄弟。高墨达很快被杀，当时大流士——一个来自波斯官宦家族的篡位者——从米底杀向巴比伦一举擒获了他。接下来"纳波尼杜之子"尼丁提-贝勒登场，采用王名尼布甲尼撒（三世）和"巴比伦之王"头衔。他宣称自己是纳波尼杜的儿子，这表明与居鲁士的宣传相反，纳波尼杜在巴比伦享有良好的声誉。他出于安全考虑，将南方城市的宗教神像迁入巴比伦，或许是为了应对大流士集结军队，但到大流士俘虏他及手下贵族时，尼丁提-贝勒仅维持了几个月的统治，他们在巴比伦被钉死在木架上。公元前 521 年，一个名叫阿拉哈的亚美尼亚（乌拉尔图）人，[15] 自称尼布甲尼撒（四世）、"巴比伦之王"和"四方之王"，同样称自己是纳波尼杜的儿子。作为报复，大流士"摧毁"了巴比伦的城墙和城门，钉死了大约三千名社会上层人士。[16] 这些篡位者被大流士称为"骗子国王"，他们信奉伪神，这并非出于宗教狂热，或是试图将波斯神祇强加给被征服的民众，而是因为他们无力为叛军赢得胜利。大流士对连续三个叛乱者采取的行动记录于镌刻在埃克巴坦那附近贝希斯敦一处崖面上的三语宏篇铭文中，摩崖俯瞰一处狭窄的山口，每一位路过之人都能够看到。巴比伦版本的长篇文本中没有援引巴

铭文？

铭文？

图 10.1　大流士一世石碑顶部场景的残块，树立在巴比伦伊什塔尔门旁。参照贝希斯敦摩崖浮雕复原。after Seidl 1999; illustration by C. Wolff

比伦或其他城市文学作品的典故，也没有证据表明阿契美尼德波斯人或埃兰人有自己的书面文学。

　　大流士一世（名字意为"秉持美德"）遵循居鲁士确立的榜样，在巴比伦文献中使用"巴比伦之王"的当地头衔，在埃及使用埃及王家头衔，表现出务实和灵活的态度，彰显自己的掌控，并迎合每个特定民族。为了提醒市民他们失败的叛乱，他

图 10.2　贝希斯敦摩崖浮雕场景局部，刻画大流士一世践踏躺倒的叛军首领。
King and Thompson 1907: pl. XIII

将贝希斯敦摩崖浮雕的中心场景制作了一件复制品，放置在巴比伦巡游大道旁，紧邻北端的伊什塔尔门。

　　大流士被描绘为将脚踩在叛乱者高墨达仰卧的形象上，后者的双臂高举以示臣服，一如摩崖浮雕中展示的。但这里有一处明显的不同：阿胡拉马兹达的名字被主宰神的名字取代，这个名字在此时已被普遍用来指代马尔杜克，这个替换明显旨在面向巴比伦公众。[17]国王通过迎娶巴比伦的波斯总督古巴鲁之女，加强了他与巴比伦的联系。不同于娶了一位埃及夫人的居鲁士，大流士及其后人迎娶波斯女子作为正妻，但在娶二房时则灵活得多。

　　他的一些御名印章和王家铭文，特别是贝希斯敦摩崖，均镌刻三种或四种语言和字体：埃兰语是首要的，巴比伦语、古波斯语（他在书写时格外自豪），[18]以及阿拉姆语（在象岛是埃及圣书字）；大流士由此将他的权威和成就传播给整个帝国中的不同语言族群。

伊朗神祇阿胡拉马兹达在后来琐罗亚斯德教的书面传统中得到推崇，在贝希斯敦摩崖铭文中享有唯一指名神灵的崇高地位。阿胡拉马兹达最早见于公元前 7 世纪的一篇亚述神灵名单中，[19]因此推测那时他在亚述得到膜拜，但没有证据显示在巴比伦存在对他的崇拜。根据伊朗的其他纪念建筑，宽容的多神教在阿契美尼德时期继续存在。没有尝试强加任何形式的一神教；波斯神灵除了阿娜希塔（在阿塔薛西斯二世时期引入）之外，没有被引入巴比伦崇拜体系，巴比伦也没有神庙被关闭。[20]大流士统治时期，在供奉尼努尔塔的一座神祠中，安放了主宰神的一尊雕像，并配置有祠禄官满足供养所需。[21]阿契美尼德艺术中的一些美学元素，诸如有翼圆盘，体现了美索不达米亚的影响。[22]

当巴比伦工匠在波斯波利斯用釉砖创造了巴比伦伊什塔尔门的复制品时，[23]这或许是因为波斯波利斯试图替代或模仿巴比伦，成为庆祝王权的主要中心。大流士及其继承者治下波斯波利斯完成的海量建筑项目，给包括巴比伦人在内的臣民背上了沉重负担；巴比伦市民的受保护地位在阿契美尼德统治时期可能不再延续。在巴比伦尼亚中部发现了属于犹太定居者的楔形文字泥板档案，这一事实表明他们并非全部在此时返回了耶路撒冷。[24]

名字意为"驾驭英雄"的薛西斯在当地场合沿用"巴比伦之王"的头衔，他的儿子阿塔薛西斯后来亦如是。[25] 在他统治的第二年，公元前 484 年，薛西斯引入了一个每十九年设置七个闰年的固定制度，推测是根据巴比伦天文学家的建议，这个举动表明他掌控着历法秩序。[26] 这一改革肯定有利于他整个帝国的行政管理。在大流士时代，巴比伦是一个庞大行省的一部分；它的总督乌什塔努可能只保有这一职位不长时间，直到薛西斯将行省一分为二，将河外行省的西半部交给一个名叫塔塔努的人治理。

两位巴比伦人领导的叛乱被镇压。这导致众多高官被撤换，通常是被波斯人顶替，这场大清洗蔓延至其他一些北方城市。[27] 巴比伦及其同情者将蒙受苦难，但巴比伦的新年节庆活动仍在继续。在本时期前后，乌鲁克古老的伊南娜神庙被废弃，巴比伦主宰神和主宰女神连同他们来自巴比伦的祭司被驱逐，而两座巨大的新神庙落成，供奉天空之神安努。里面至少容纳有一座学术图书馆。这暗示薛西斯意图削弱巴比伦施加的集权化控制。[28] 乌鲁克成为一个主要竞争对手，无论是它恢宏壮丽的神庙，还是对图书馆和学术的重视和培育；但乌鲁克通过将它的仪式城门按照巴比伦城门的名字命名，还仿效主宰神马尔杜克的祭仪建立自己的新年庆典，向巴比伦的领导地位表达了敬意。[29]《乌鲁克王表》中的国王和圣贤名单可能是本时期编撰或抄录的，是乌鲁克为与巴比伦分庭抗礼所做的努力之一。[30]

至少三部商业档案，分别属于埃吉比、伊丁-马尔杜克和纳帕胡家族，在从本土统治向居鲁士和之后大流士政权的转型中持续记录不辍。但它们在本时期画上句号，作为薛西斯大清洗的一部分，这必定导致众多商人因未能适应变化而陷入贫困。

薛西斯不该背负的巴比伦宗教毁灭者的恶名，已经被从法律和行政文献中推导出的有力新证据所推翻，那些文献显示，他允许新的忠诚的本地行政团体崛起，而非用波斯人取代他们。所谓的暴行故事因希腊文献而长期流传，它们声称一尊身份不明人物的雕像被从"至高之所"移走（不是之前推测的马尔杜克或其他神像），一名祭司因阻止移除而被杀害。同样与之前观点相反的是，薛西斯没有阻止巴比伦庆祝新年，[31] 反倒引入一套全新而可靠的历法以规划庆祝活动。尽管西帕尔的一座储存楔形文字泥板的神庙图书馆在这一时期停用，但薛西斯并没有破坏巴比伦"至高之所"的图书馆。

薛西斯毁灭塔庙和蓄意破坏巴比伦神庙的故事属于暴行题材；希罗多德在数十年后描述了塔庙鼎盛时期的辉煌，但或许依靠的是一篇早期书面记录，如果他没有像有些人宣称的那样亲临巴比伦的话。正如之前章节已经讨论过的，[32] 塔庙无需人力因素也会坍圮，但尚不确定它何时衰败到无法使用的地步。

阿塔薛西斯一世与巴比伦的联系在他的希腊御医克特西亚斯撰写的记录中有所透露：有至少两名巴比伦女子为他生下儿子，其中之一可能是大流士二世的母亲。克特西亚斯的作品仅以后期摘录的形式保存下来，历史价值可疑，因为他利用暴行录令他的作品夺人眼球。这是一种新的文学体裁，即小说的发轫。[33] 克特西亚斯对阿契美尼德宫廷的情色描写给人的印象是，那是预期中的堕落东方人丑行的温床。克特西亚斯的作品和色诺芬的《长征记》及《居鲁士的教育》中绘声绘色描述的一些事件，既不见于贝罗索斯历史著作的残篇，也在《巴比伦编年史》和天文日志中阙如。[34] 两位希腊作家均表现出对尼尼微的陷落和征服巴比伦中涉及的人物有浓厚兴趣。

在阿塔薛西斯一世统治时期，印章戒指，一种希腊时尚，在巴比伦高官中流行开来。[35] 这一重大引入紧随希腊与波斯在公元前 448 年达成和平协议之后。因此，早在亚历山大征服巴比伦之前，希腊人已经在巴比伦留下了"印记"。

过去曾认为，一些犹太人在此时从巴比伦尼亚的流亡中回归了耶路撒冷。[36] 最著名的版本是希伯来经文《以西结书》，这是一部宫廷小说，女主人公才华横溢，充满爱的情趣，背景设定在大王"亚哈随鲁"在巴比伦的宫廷中。这个名字试图暗示薛西斯、阿塔薛西斯一世还是之后的一位阿塔薛西斯王，抑或有意模糊其词，我们不得而知。[37] 尽管故事的主要情节发生在巴比伦，而且显然在阿契美尼德王朝很受欢迎，但它使用了出自阿舒尔巴尼拔进攻苏萨的亚述战役，以及尼尼微的伊什塔尔的祭祀历法中的早期素材。[38]

如今被称为城堡档案的一组重要档案出土于城堡土丘，记录了巴比伦副总督的活动，他是一个名叫贝勒舒努的巴比伦本地人，隶属总督古巴鲁。[39] 通过这些档案可知，他已经是一位有产者和管理者，是少数跻身高级职务的巴比伦人之一。所涉及的财产位于巴比伦尼亚西北部；在尼普尔发现了属于同一时期的穆拉舒档案，记录巴比伦尼亚东南部的财产管理中的类似商业活动。那块地区同样在总督古巴鲁的管辖下。

从本时期至阿契美尼德统治结束大约有一百二十年，是"至高之所"下属天文学家的高产岁月。天文学家占据祠禄官职位，当职位被替代后可享受固定津贴，作为交换，他们有义务进行观测和记录，由此拓展他们对天体运动的理解；[40] 但是来自巴比伦各家族的祭司在巴比伦尼亚北部城市的所有主要神庙中均被替换掉了。[41]

在阿塔薛西斯一世时期写作的希罗多德，声称巴比伦塔庙有八层。他描述的其他特征，包括螺旋形阶梯，无法从同时期的楔形文字文献中得到证实。[42] 人们提出过至少十种不同的塔庙遗存复原方法。[43] 这位希腊历史学家或许依靠的是二手信息，考虑到在他写作时塔庙不太可能得到充分维护，并且可能很快便不再适合安全地记录天文观测——如果这确实曾是其功能的话。甚至在塔庙坍圮之后，楔形文字文献沿袭了关于它存在的详细知识，特别是一篇巴比伦神庙、城门和街道的珍贵名录，被称为《巴比伦城志》，以及"至高之所"泥板，其中含有塔庙的测量数据。

在大流士二世统治下，贝勒舒努继续他的事业，并晋升为叙利亚行省（被称为"河外行省"）的全权治理者，他在阿勒颇（哈拉布）地区为自己建造了一座带有大型花园的宫殿。[44] 附近的村庄归属于僭号者居鲁士有一半巴比伦血统的母亲。在国王的登基之年，巴比伦总督仿效希腊时尚，使用了一枚图章戒指，但它的盖面雕刻的是人狮搏斗母题，令人联想到亚述晚期王家印章的图案，而非希腊风格的设计。[45]

"至高之所"图书馆并没有在马尔杜克神庙（在深沟中的

发掘只挖到了它极小的一部分，见图 2.4）内发现，而是在南面邻近区域挖掘出来的；或许有不止一处收藏馆。[46] 它在本时期可能进行过"筛查"，为存放新文献和为破损的旧文献制作的抄本腾出空间，但大体繁荣如初，为学术研究提供了人员和设施。[47] 个别神庙学者一直活动到约公元前 69 年。这意味着在数百年间，人们保存、抄写和修订了各种各样的文本：编年史、史诗、天文日志和一些王家通信。乌鲁克的神庙图书馆和学者是巴比伦的主要竞争对手。巴比伦和乌鲁克的大图书馆是后来埃及亚历山大里亚和安纳托利亚西北帕加马建立的图书馆的前辈。

在大流士二世死后不久，他的儿子僭号者居鲁士从遥远的萨迪斯向巴比伦进军，希望推翻他的哥哥。他的盟友包括希腊作家色诺芬，后者率领着一支希腊雇佣兵。色诺芬的《长征记》或叫《万人远征记》提到，居鲁士破坏了巴比伦总督贝勒舒努的宫殿和花园。古希腊语学生通常会在学习的早期阶段阅读这本书，并且按照字面说法理解为一个伟大英雄的真实冒险故事。然而，书中的记录在许多方面令人生疑，因为色诺芬动笔时这些事件已过去了超过三十年；时间的流逝给了他改动细节、自吹自擂的机会。[48] 公元前 401 年僭号者居鲁士被击败并阵亡的战斗，色诺芬称发生地点名叫库纳克萨，但具体位置至今仍未确定。[49] 在僭号者死后，他的母亲处死了国王的妃子以及一个可能是国王女婿的人，随后她隐退或被流放至巴比伦或巴比伦尼亚。贝勒舒努设法在战后继续保有职位，而阿塔薛西斯二世·阿萨息斯保住了王位，在巴比伦巨大的南宫旁建造了一座列柱阁以示庆祝。它有着与波斯波利斯建筑相似的柱础，是在巴比伦发现的极少数波斯建筑遗迹之一。为了城内波斯人的福祉，阿塔薛西斯二世将对波斯女神阿娜希塔的崇拜引入巴比伦，这当然不是向巴比伦人强制推行波斯信仰，他们的宗教仍在继续。[50]

大约在这一时期，一位名叫基丁努[*]的著名天文学家生活在巴比伦。他可能发明了"系统 B"，该系统通过线性之字形函数描述了每颗行星的同步弧。[51]他在后世的希腊天文学家中享有盛誉。[52]一如从前，在紧邻"至高之所"南面的场所，泥板得到收集和抄录，以便查阅、保管和校订。

阿塔薛西斯三世的母亲是巴比伦人，或许与从前一样，是一场为加强统治家族与巴比伦——世界上最著名的城市——纽带的联姻。阿塔薛西斯三世主要因攻克西顿而闻名，他将那里的战俘放逐到巴比伦。他任命的河外行省总督与早前的那位同名，也叫贝勒舒努（色诺芬称他贝莱叙斯），造成了一些不幸的混淆；但值得注意的是，一个有着巴比伦名字的人在两个场合得到了任命。那时大部分高级职位被波斯人把持，波斯词汇被用来描述他们的官衔，例如"法官"。阿塔薛西斯之子阿尔塞斯在他短暂的统治期间恢复或延长了巴比伦人的税赋蠲免，这一举措让他赢得了一些民心。

亚历山大在尼尼微以东高加美拉的战役中击败大流士三世后，波斯阿契美尼德王朝的统治走向终点。[53]那时名叫马扎尤斯的波斯总督掌管河外行省和乞里齐亚行省，显然与第二位贝勒舒努是同代人，后者此时已升任巴比伦总督。[54]

---

[*] 希腊名西丹努斯，月球上的一座环形山以他的名字命名。——译注

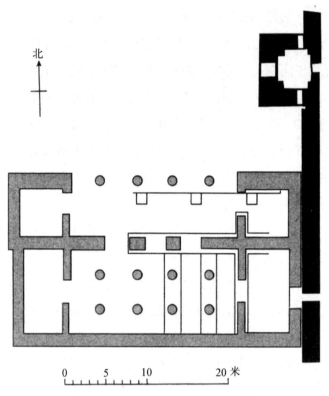

北

0 5 10   20 米

图 10.3　阿塔薛西斯二世建造的柱廊平面图，位于南宫西侧墙外。据 Koldewey 1931: pl. 28 改绘

2. 亚历山大与内战，公元前 331 年—公元前 305 年

马其顿的亚历山大三世（大帝）（331—323）

亚历山大四世与安提柯（内战 323 ？—305）

　　亚历山大从他的马其顿王国入侵了亚洲。他的首都佩拉位于今日塞萨洛尼基以西 40 公里，坐落在希腊半岛北部，距离巴比伦陆上行程约 2 760 公里。当时，马其顿王国拥有与希腊城邦相通的语言、神灵以及艺术和科学研究。人们可以如此在艺术形象中区分他们：马其顿人不蓄须，而南方的希腊人以胡须自矜。从亚历山大征服以降，两个群体几乎没有什么区别，"希腊化"一词适用于彼此。

公元前 331 年，亚历山大在高加美拉战役获胜，继续向巴比伦进军，[55] 一位迦勒底神谕师警告他不要从东面进入城市。这条路线是显而易见的，因为西面沼泽密布，对于一支习惯徒步行军的部队而言非常危险。亚历山大无视了这条建议，但值得注意的是他收到了警告：后来他在巴比伦染病和去世将被解释为忽视巴比伦专家的意见是多么危险的案例。此时期希腊作家使用"迦勒底"一词指称包括占卜师在内的学者，可能也更为宽泛地包含巴比伦市民。它也被用以称呼阿拉姆语。

亚历山大于高加美拉战役三周后进入巴比伦。据称他未经战斗便夺取了城市，是因为波斯总督马扎尤斯开城投降，后者也因此得到了奖赏，在马其顿政权下保留其作为巴比伦阿契美尼德最高官员的职位。在致巴比伦人的公开书面信息中，新国王许诺不擅闯民宅、不反攻倒算、不劫掠民财，如果属实，这表明他军纪如铁。马扎尤斯是众多在亚历山大统治下保留要职的波斯人之一：他的一个儿子有着巴比伦名字阿尔杜-贝勒。亚历山大继续留用他管理巴比伦，推测亚历山大想通过不打扰巴比伦的节庆、献祭和经济生活的顺利进行来赢得民心。马扎尤斯在巴比伦设立了一家铸币厂；他钱币的样品"双大流士币"在当地已有出土。他死于公元前 328 年，那时亚历山大依然在位。亚历山大在巴比伦仅逗留 34 天便出发前往苏萨和波斯波利斯，开启新的征途。民间流传着亚历山大大帝将波斯波利斯付之一炬的耸人听闻之言，但考古学证据表明，该"暴行故事"完全是夸大其词。[56]

亚历山大搬走了波斯波利斯和苏萨的惊人财富，最初是转移到埃克巴坦那，随后运抵巴比伦南宫，由此极大地增加了巴比伦的财富，给本地神庙带来了希望，尤其是巨大的塔庙"天地根基之家"，有望恢复昔日的荣光。斯特拉博写道："亚历山大偏爱巴比伦，因为在他眼里，巴比伦远超 [其他城市]，不仅在于城市规模，更在其他任何方面。"[57]但是，动员一万名劳动力重建巴比伦的计划从未付诸执行，而坍圮的塔庙再也没能重建。它被废弃在砖结构垮塌留下的巨大瓦砾之中。亚历山大的财务官哈帕卢斯无视为宗教事业投入资金的传统，挪用了巴比伦的海量财富满足自己挥金如土的生活。资金的消耗因政要亡故而加速，首先是亚历山大的亲密伙伴赫菲斯提昂，他在巴比伦的葬礼极尽奢华、蔚为壮观，随后是亚历山大自己，他的葬礼同样铺张。取代哈帕卢斯职务的是来自罗得岛的安提美尼斯，他恢复了古老的 10% 进口税，由此从富有的访客身上捞钱，这座伟大城市的庆典、节日和市场令他们陶醉。亚历山大可能在巴比伦城内使用尼布甲尼撒的砖块建造了一座希腊剧场；或者，这座剧场是之后时代的建筑。巴比伦肯定流出了一大笔资金用于建设亚历山大城的新港口，它位于底格里斯河与卡伦河交汇处，其规模可能是帝国最大的。港口位置距离当时的波斯湾湾头不远。它停泊了一支拥有千艘战船的舰队，后者有能力探索

图 10.4 马扎尤斯的钱币，这位胡须浓密的伊朗人在阿塔薛西斯三世、大流士三世和亚历山大时期担任巴比伦总督

阿拉伯半岛东海岸，促进苏萨与波斯湾的贸易。[58]

公元前 323 年重返巴比伦时，亚历山大病倒并去世，没有足够的时间享受在巴比伦的时光，或是参加那里的新年庆典。或许因为生病的缘故，他将主宰神马尔杜克等同于萨拉皮斯（一个希腊化的埃及神），视其为医疗之神。这一融合重拾了很早之前马尔杜克与阿萨卢希的融合，后者是苏美尔的医疗和咒语之神，塞琉古一世继续推动马尔杜克与萨拉皮斯的对等关系。[59] 按照巴比伦人的信仰，生病的国王采用了任命一个替补国王以期转移神怒的传统办法，至于那位替补，在被众神接纳为王之后将被处死。[60] 亚历山大与他的同伴无疑参与了某些巴比伦信仰和传统，但是他本人在病倒之前是否严肃对待了天文神谕则不得而知。无论如何，在巴比伦和亚述，一位忽视神谕后果的统治者将会丧命的观念根深蒂固；它可以追溯到公元前 3 千纪的国王纳拉姆—辛之死。

亚历山大在巴比伦统治期间，与这座城市的学术界进行了不限于占星术的接触。伟大的哲学家亚里士多德要求他的侄子卡利斯提尼向他提供巴比伦天文观测资料。[61] 至于巴比伦文学，已知在亚历山大的随员中存在对其的浓厚兴趣，因为罗得岛的欧德穆斯——曾在亚里士多德门下学习，并在印度为亚历山大效力——完成了《创世史诗》的希腊译本。他的译本曾被达马斯奇乌斯，公元6世纪初雅典学园的最后一任山长使用，之间有着惊人的八百年之隔。[62] 因此八百多年前，希腊学者就以某种形式了解了巴比伦《创世史诗》。自欧德穆斯时代起，在希腊数学论著中侦测出了若干巴比伦数学的特征。[63] "至高之所"图书馆及其学者无疑并非一个封闭的机构，希腊学者积极关注他们的工作。没有相反情况的证据：巴比伦人没有开始写剧本，也没有翻译柏拉图的著作。他们已经拥有自己的"智慧"对话，它们根植于智慧文学的悠久传统，探究忠诚、正直和好的生活等问题。

到了亚历山大大帝的继业者们为巴比伦王位而战的时期，塔庙已经完全废弃。它的废墟最终被印度和巴克特里亚提供的大象清运，堆放在霍美拉街区和其他地方，形成了土丘。现在原址空空如也，相反博尔西帕塔庙的遗迹依然耸立。那些喜欢"暴行故事"的外国人指责薛西斯造成了坍圮，他们不理解巴比伦城堡的长期沉降难题，以及高大砖结构建筑的弱点。[64] 一些希腊作家猜测，宏伟的塔庙覆盖着一座英雄冢，并称它为"主宰之墓"。这种推测可能源自将坚固的砖构塔庙与埃及石砌金字塔的对比，后者内部的墓室安葬已故法老的遗体。我们可以想象导游在巴比伦向轻信的游客讲述这些传说。任时光飞逝，岁月改变，有些事物依旧如初。

亚历山大的钱币设计部分地参考了塔尔苏斯（辛纳赫里布在那里建造了一座神庙，在里面安放神像以纪念其父之死）的钱币，通过在他的头部刻画出一对角，表明他至少口头上尊重伟大统治者的神性，呼应公元前3千纪的阿加德国王纳拉姆-辛。在他的旅途中，亚历山大可能曾目睹过纳拉姆-辛的摩崖石刻和其他石头纪念碑，它们已经有两千多年的历史了。从本时期开始，钱币大行其道，通常为记数使用，不再像早期各种形式的称重通货，特别是曾经的碎银块。

巴比伦市民保留了他们的仪式和行政惯例：引进马其顿月名的尝试未能取代传统的巴比伦月名。希腊瓦片最终替换了夏宫的早期屋顶，这是少数会改变天际线风景的变化之一，而最早形制的希腊剧场可能就建造于亚历山大统治时期或稍晚（见下文第11章）。作为重建"至高之所"的第一步，曾计划征收什一税以清理瓦砾，但这个项目可能因亚历山大去世和继业者战争打响而推迟。[65]

巴比伦人如何看待亚历山大及其遗产？《巴比伦王表》一如既往地简洁，对厘清马其顿统治者在巴比伦的混乱继承关系几乎毫无帮助。亚历山大从未能够庆祝新年庆典、正式接受王权。建立王朝的尝试令人绝望。亚历山大在世时没有诞下子嗣。坐上王位的婴孩亚历山大四世是他的遗腹子，也是唯一的儿子，由一位巴克特里亚公主生下，而这个婴孩的共治国王是亚历山大心智低能的同父异母兄弟。二人在巴比伦城内没有支持者，均被结怨的亲戚谋杀。巴比伦《吉尔伽美什史诗》明言，一位称职的国王应该拥有数位子嗣，以便在父亲去世后纪念他。亚历山大没有可以服众的继承人。这一缺憾的后果是公元前323年至公元前306年间的一系列战争，它们令当地陷入贫困，国库已经被不合时宜的铺张消耗殆尽。亚历山大拒绝了占星师关于入城的建议。在生命的最后阶段，他曾进军印度，在返回时没有充分了解伊朗海岸贫瘠的山区地带，损失了大部分的军队。他精疲力竭地回到巴比伦，染病，随后去世。显然众神不支持这位国王。

当塞琉古一世最终夺取王位时，他没有建立亚历山大崇拜，也没有留下任何已知的对那位英雄业绩的纪念物。没有男孩用那位伟大征服者的名字命名；直到公元前150年，巴比伦才有一位国王亚历山大·巴拉斯使用他的名字。这表明，图拉真到亚历山大去世之地的朝圣是后来才出现的现象之一，是当他声名的传奇在各地生根发芽之后才催生出来的，尽管他曾在巴比伦有现实经历。

1882年霍尔木兹德·拉萨姆发掘出包括14千克银锭在内的一批埋藏宝藏。它们是在亚历山大去世后的动荡岁月被藏匿起来的。[66]内战期间物价飞涨，但到了公元前300年至公元前140年间，物价回归正常并维持了稳定。[67]在内战期间，有力的角逐者之一是安提柯，这位独眼的军事指挥官签署了以他的名义和元帅头衔纪年的文件，篡夺了孩童国王的特权，尽管他没有自己称王。塞琉古曾在亚历山大麾下担任王家持盾卫队指挥官，在内战期间被提拔为伙友骑兵指挥官。他开启了新纪元，如今被称为塞琉古王朝，从公元前321/311年他与安提柯竞争起，文件开始使用他的名字纪年；他的纪元与短命的马其顿王朝的末期重合。[68] 安提柯和塞琉古都是顶尖的军事家，他们逐鹿巴比伦。那时在巴比伦的争斗旨在获取对宫殿的控制、对纳布神庙的控制，后者是众神授予王权之地。根据《巴比伦继业者编年史》记载，有几次必须给"至高之所"清理灰尘。但编年史和天文日志的撰写在这些兵荒马乱的岁月依然继续。

3. 塞琉古王朝，公元前 305 年—公元前 141 年

（12 位塞琉古国王列出 7 位）

塞琉古一世（305—281）

安提奥库斯一世（281—261）

安提奥库斯二世（261—246）

塞琉古二世（246—226/5 或 225/4）

塞琉古三世（225—222）

安提奥库斯三世（222—187）

安提奥库斯四世（175—164）

第一次帕提亚征服（141）

公元前 305 年在奥龙特斯河畔安条克加冕后，"征服者"塞琉古一世——名字在希腊语中意为"闪亮的白色"——还是将巴比伦作为王都。巴比伦城依然被富裕的农庄环绕。城镇和农场充斥着外族士兵和外国移居者，他们帮助劳作以增加税收。《巴比伦王表》在塞琉古时代继续保持记录。直到近期，塞琉古王朝的历史都聚焦于安纳托利亚，因为希腊文献提供了大量当

地信息。现在情况已经发生改变，随着研究集中在编年史和天文日志残篇，这些丰富的新史料正在产生惊人的成果。[69]

与马其顿国王一样，他们的塞琉古后继者看起来与波斯国王差异甚大；甚至在巴比伦他们也不留胡须，因此很容易将他们与蓄须的巴比伦人和波斯人区分开来。他们同情当地民众：高级官员的波斯头衔被去除；本地的巴比伦家族占据高级职务，并使用巴比伦官名。档案馆和图书馆继续像之前一样运转。巴比伦城在为国王和王权制度赢得神灵支持方面的声望并未衰减，自从预言了亚历山大之死，巴比伦天文学家和神谕师的权威毋容置疑。作为金融和礼仪中心，该城在此时并未丧失重要性，尽管某些商路的封锁导致粮食短缺，造成至少一场当地饥荒和随之而来的骚乱。公元前 274 年的天文日志记录称，"在巴比伦和周边城市的采购使用伊奥尼亚铜币"，暗示安纳托利亚与希腊的竞争主导了贸易。[70]

西亚的塞琉古王朝和埃及的托勒密王朝都是马其顿血统，他们是争夺西亚和阿拉伯半岛领土的对头。塞琉古及其直系继承人在巴比伦以西建立或重建的城市，都可以找到巴比伦主宰神崇拜。[71] 其中包括杜拉欧罗普斯、巴尔米拉、奥龙特斯河畔阿帕梅亚、埃德萨和奥龙特斯河畔安条克。主宰神这一称谓的模糊性允许宽泛的阐释——例如可被视为太阳神或风暴神，但这个头衔本身是巴比伦尼亚背景的，有别于西方的巴力。塞琉古对这一崇拜的推广加强了叙利亚属于巴比伦尼亚的说辞，表明那里不会轻易向托勒密王朝的入侵打开门户，在六次叙利亚战争中，击退托勒密人对亚洲的入侵颇费周折。

在夺取巴比伦控制权后，塞琉古自称"亚洲元帅"。以他的名字为文件纪年的新纪元已经在公元前 311 开始推广，[72] 并被刻在各种物品上，以传播认可度和熟悉度。他对保护巴比伦城的真正兴趣体现在安装量杆，它用于测量幼发拉底河水位，因此严重洪水的威胁可以得到预警。

两个误区影响了人们对巴比伦希腊化国王的认识。其一是认为国王不再庆祝新年庆典。最近得到研究的编年史和天文日志都提到了庆祝活动，它们一直持续至帕提亚时代之初。[73] 当国王缺席时，推测节日活动会进行调整。另一种假说是，为国王的福祉向神灵进献祷文的做法是新引入的；事实上，这种做法在很早之前的亚述和巴比伦国王时代颇为常见，而且并不意味着高阶的神性。[74] 整个塞琉古时期，巴比伦众神的祭仪不仅在巴比伦举办，还在乌鲁克、博尔西帕、库塔和尼普尔举办，而且至少还出现在其他城市的某些场合。[75]

各类楔形文字文献继续得到撰写和抄录：分属于至少二十部编年史的众多泥板被辨识出来，还有天文日志、天文表、历书、日书以及其他与占卜和医疗相关的文献。由于从成千上万枚幸存的残块中辨认它们比辨认文学文献相对容易，因此目前强调它们的数量优势可能产生误导。导致亚述覆灭和巴比伦征服的事件继续引起人们的极大兴趣，这些事件可以在塞琉古时代书写的楔形文字泥板上找到蛛丝马迹。

伊什塔尔门上模制的公牛和狮龙图案彩釉砖，以及巡游大道两边模制的雄狮图案彩釉砖，可能是在这一时期制作的，或许替换了其下方地层出土的素面砖。由于整个城堡土丘受到沉降影响，因此这些沉重的建筑需要经常翻新，但判定不同层位年代的证据几乎是空白。

随着底格里斯河下游一座新港口（名叫亚历山大城，之后改叫安条基亚，随后又叫查拉克斯·斯帕西努），以及底格里斯河中游塞琉西亚（曾经的乌佩）的新行政中心建成。幼发拉底河下游的活动不可避免地发生了转移。溯幼发拉底河而上往西方的贸易在泥板中证据不多，如今人们更青睐用皮纸书写的阿拉姆文，但巴比伦继续征收农业税，并通过仪式庆典和建筑维持它的名望。

塞琉古一世及其子安提奥库斯一世（因在军队中部署大象而闻名）占有巴比伦和博尔西帕周边幼发拉底河两岸的土地。这一举动想必非常不得民心；但两位国王尽力使自己融入本地传统。博尔西帕发现的一枚泥筒是整个塞琉古王朝唯一已知的巴比伦楔形文字王家铭文，几乎完全符合奠基泥筒的悠久传统。它记录了安提奥库斯一世——其父的共治君主——打算在巴比伦的"至高之所"和博尔西帕的纳布神庙开展建筑工程，其中强调纳布是马尔杜克之子。[76]希腊神阿波罗被视为纳布的希腊对应，阿波罗作为王朝的缔造者受到尊崇，因此博尔西帕的纳布神庙拥有特殊的意义。西方产的砖块被明确用来象征希腊-马其顿西方与巴比伦尼亚之间的联系。铭文结尾为他的继母斯特拉托尼克祈祷，她是塞琉古一世的第二任妻子，在他仍在位时已成为安提奥库斯一世的妻子。为了确立和维护世袭继承，塞琉古家族的子嗣在近两个世纪的时间里主要以两位伟大建国者的名字命名，这一政策导致了一些繁衍后代的问题。一个显著的例外是斯特拉托尼克父亲的名字，"围城者"德米特里，他在亚历山大麾下赢得赫赫威名。

塞琉古一世为希腊神阿波罗建立了一座神祠，位于奥龙特斯河畔安条克郊外。关于塞琉古的诞生，一个仅见于拉丁语文献记载的传说讲述了他母亲与阿波罗的亲密关系，后者由此成为王朝的神界缔造者。[77] 神性父母的传说可以将塞琉古与古代美索不达米亚那些宣称拥有神灵父亲的英雄联系在一起：吉尔伽美什、阿加德的萨尔贡和阿舒尔巴尼拔。[78] 安提奥库斯二世使用"神灵"的绰号，并印刻在他的钱币上，我们可以通过这个奇怪的故事、晚近传说中的蛛丝马迹，以及为塞琉古及其子嗣建立的崇拜加以理解。[79] 在塞琉古去世后，安提奥库斯一世意识到需要融入巴比伦美学惯例的传统，一个公开的迹象是，在他推出的钱币和印章上，塞琉古的额头上有突出的小角，似乎在宣称某种程度上的神灵地位。在这一点上，他效仿了亚历山大和很早之前的阿加德国王。[80]

取了父亲妻子的安提奥库斯一世可能成为撰写泥筒铭文的书吏开荤段子的对象，考虑到他本人无法读懂楔形文字。斯特拉托尼克的名字在巴比伦语中被一语双关地译为"Astarte-nīqu"（前半部分是爱之女神阿丝姐特，后半部分是巴比伦语"通奸"一词），在提到纳布神时，"继承人、儿子"这个词有两种写法，读音类似于阿波罗。[81] 斯特拉托尼克在去世前被视为王后，天文日志记录去世时间是公元前 256 年，同时还记载了安提奥库斯二世在"至高之所"向马尔杜克和纳布献祭。

没有发现任何可以确认王室家族在巴比伦生活的证据。据推测，他们在没有前往境外时，会寓居宏伟南宫的某处，但没有发现他们居住过的迹象。博尔西帕的泥筒铭文比照居鲁士泥筒，被视作将新王朝融入巴比伦传统的尝试。

各种故事表明，人们对三四个世纪前巴比伦和亚述的大动荡非常着迷。美索不达米亚历史和文学渗透进了塞琉古及其继承人统治的土地。新一代统治者——就像他们的臣民在之前的统治者时代所做的那样——猜测伟大帝国覆灭的原因，无疑是在继续思考为何众神允许这样的灾难发生，为什么神谕师不能阻止灾难的发生。举例来说，时代约属于本时期的阿默斯特纸莎草卷以阿拉姆文记录了一个关于晚期亚述宫廷的故事，可能是一篇早期文本的抄本。它讲述了一位亚述公主绝望而未遂的尝试，她试图仲裁兄弟阋墙，最终以阿舒尔巴尼拔洗劫巴比伦告终。《圣经·但以理书》的背景设定在尼布甲尼撒二世时期的巴比伦，提到了帝国的前后相继，以后见之明"预测"巴比伦将会沦陷于外族势力。它关涉纳波尼杜及其子伯撒沙统治时期巴比伦的覆灭，正如我们已经看到的。[82]

河道更深的底格里斯河受益于将舰队停泊在新港亚历山大城的决策——这座港市可以直通波斯湾。[83] 底格里斯河畔塞琉西亚由塞琉古一世在约公元前 307 年建立，这座新城将旧城镇乌佩改造为马其顿行政中心。它成为总督的主要驻节地，在那里，塞琉古政府在皮纸上使用阿拉姆文和希腊文记录（仅有保存下来的封泥证明这一点）；那里不使用泥板。由于幼发拉底河畔的巴比伦仍是溯河而上进入叙利亚及以西的贸易枢纽，以及传统楔形文字学术和宗教的主要中心，因此这两座城市的网络是互补的。致敬巴比伦神灵的盛大节庆继续吸引四面八方的商人和平民：巴比伦保有其特殊地位，从未如曾有人推测的那样降级为普通的省府。[84] 在这段时期，楔形文字文献记录了寓居巴比伦的王室的内部争斗，导致那里偶尔发生街头冲突。

与早前的观点相反，少有巴比伦人从巴比伦移居底格里斯河畔塞琉西亚。现在认为，希腊作者错误地理解了巴比伦的降级导致市民在公元前 275 年前后移居塞琉西亚，推测他们是为税赋蠲免和两座城市关系的条款前往协商的。对马其顿人而言，巴比伦旧城区，特别是垮塌塔庙周边的残垣断壁，相比塞琉西亚的新建筑看起来十分破败，但巴比伦人偏爱古迹。从巴比伦发现的泥板中获得的大量新信息表明，当时该城几乎没有丧失任何重要性。如果说在六次叙利亚战争期间，为了抵御托勒密王朝的入侵，国库消耗殆尽，那么来自广袤帝国的税收将提供补偿，而且物价确实保持了稳定。塞琉古及其继承者重建了众多曾在过去时代繁荣一时的城镇——比建造一座彻头彻尾的新城略实惠的政策。[85]

塞琉古一世在一座至少从亚述时代开始便已经存在的城镇原址上建立了奥龙特斯河畔安条克（今安塔基亚）。为了纪念他在那里的加冕典礼，他委托希腊雕塑家西库翁的欧提基德斯制作一尊雕像，后者的创新设计透露了在加冕礼上——就像在巴比伦一样——吟诵《创世史诗》的一个当地版本。雕像刻画了混乱势力的败北，在它之上，戴王冠的提喀（希腊语"运势"）优雅地端坐，用脚将他踩在下面。被征服的囚徒半浸在水中，双手上举，无疑刻画了当地奥龙特斯河变幻无常的水位。[86] 在

图 10.5　幸运女神雕像，手持象征胜利的一束棕榈，头戴王冠，庆祝击败混乱势力，后者被刻画为无须男子，下半身浸没在水中（奥龙特斯河？），女神一脚踩踏在他身上，这是对《创世史诗》主题的当地改编。一件青铜公共雕像的罗马大理石复制品，原件于约公元前 305 年由欧提基德斯为塞琉古一世在安条克制作。高 88 厘米。现藏梵蒂冈博物馆，馆藏编号 2672

巴比伦词汇中，混乱是提亚马特，大海和众神之母，她被马尔杜克击败。在安条克，性别根据当地情境而翻转：奥龙特斯河是男性，城市的幸运女神是女性。遵循这一路线，在罗马帝国时期，其他城市的后期统治者继续崇拜巴比伦的主宰神，庆祝马尔杜克战胜混乱势力，将同样的构图印在他们钱币的背面，并根据当地的理解调整性别。[87]

在塞琉古一世和安提奥库斯一世时期，一位名叫贝罗索斯的巴比伦学者是"至高之所"的最高管理者和高阶祭司。他的职位是世袭的，他与其父同时担任这一职务。他的管辖范围从马尔杜克神庙"至高之所"扩展到城内其他神庙以及市区，并对其他大城市施加影响。他的巨大官印的印文见于众多纪年泥板上，上面镌刻了马尔杜克的狮龙以及铭文"主宰神的财产"。[88]贝罗索斯无疑熟稔楔形文字，掌握希腊语和巴比伦语两种语言。他用希腊文为塞琉古王家赞助人撰写了一部非常重要的著作，向他们传授巴比伦历史、神话和宇宙学的精华。他的《巴比伦尼亚志》未能流传下来，但它曾被意译，或经改动、误读和误解，随后保存在不熟悉他背景的后世作者的简短摘录中。各种版本的《苏美尔王表》将埃里都或基什视为众神创造的第一座城市。而贝罗索斯将这一地位赋予巴比伦——部分正确，因为早在尼布甲尼撒一世时期，埃里都之名已被赋予巴比伦城内一个街区。[89]对《苏美尔王表》的重新诠释，已经在《创世史诗》中有所体现，这允许巴比伦拥有一个可以追溯到大洪水之前的神话往昔。[90]

现存的《巴比伦尼亚志》摘录已不再被归因于强烈的希腊化影响。贝罗索斯显然直接利用巴比伦编年史和纳波尼杜的巴比伦石碑（当时仍在巴比伦公开展示），[91] 以及哈兰泥筒文本为历史章节服务；他叙述创世时使用了《创世史诗》的一个版本，还有传统的《七贤神话》；[92] 而他的民族学信息是公元前 8/7 世纪亚述文献中的一种范例。[93] 贝罗索斯著作的天文章节讨论了宇宙论而非天文学，它建立在例如星表《犁星》以及天象观测手册《那时安努和恩利尔》中表述的理念之上，《犁星》已知的最晚一份抄本不早于公元前 312 年。[94] 在他的时代，马尔杜克神庙至少聘用了十四位天文学家——"《那时安努和恩利尔》的书吏"。[95] 贝罗索斯有意选择来自本土政权时代的传统知识，排除了在波斯和塞琉古政权下数理天文学发生的新进展。[96] 巴比伦词汇被转写为希腊字母，贝罗索斯使用过的这类词汇，以及据信从他的原始文本中摘录的那些，罗列在《俄克喜林库斯词汇表》中，该表被明确归于他名下。[97] 他的著作在亚历山大里亚图书馆有藏，该图书馆由托勒密一世或二世在公元前 3 世纪上半叶创立，彼时正值贝罗索斯活跃的时期，可能在帕加马图书馆也可以找到他的作品。在"至高之所"及其图书馆的庇护下，尽管政治和军事动荡，学术活动仍在继续。目标年文本预测来年月亮和五大行星周期的关联，对占星师而言是珍贵论著，可用于编撰天文日志和历书。大约在这个时期，人们在黏土上制作了"至高之所"泥板的副本，它是一篇测量学文字，给出了第 8 章所述的塔庙以及"至高之所"神庙某些部分的尺寸。

苏迪内斯是一位受人尊敬的巴比伦天文学家，还因其对石头的"科学"知识而著称，作为专家学者为安纳托利亚西北部的帕加马王国（公元前 269 年至公元前 197 年）阿塔卢斯一

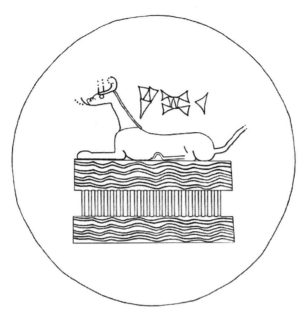

图 10.6 "至高之所"神庙高阶祭司／管理者的官印图案；可能曾被贝罗索斯及其继承者使用。Wallenfels 2017

世——欧迈尼斯二世之父——效力，他在帕加马建立了一座著名的图书馆，并且很可能将贝罗索斯《巴比伦尼亚志》的副本作为礼物，以鼓励和庆祝新图书馆的揭幕。[98] 为了使自己的图书馆成为世界上最著名的那座，帕加马与亚历山大里亚展开竞争。[99] 当它在公元 262 年被摧毁时，它的众多藏书——主要书写在皮纸上——被转移到亚历山大里亚，其中或许包括《巴比伦尼亚志》。贝罗索斯资料的抄本现在被辨识出来，表明巴比伦书吏依然对它们有兴趣；尽管这些资料已经很陈旧，但不曾被更新的文献类型所取代，而且它们在"至高之所"图书馆，或是依然树立在街道边展示的王家石碑上随时可以查阅。贝罗索斯文本的幸存片段强调了伟大帝国的覆灭，一如塞琉古时代早期的众多文学作品，透露出这一关注点不可简单归因于晚近时代引用他文本的人为选择。[100] 在后来，贝罗索斯被与罗马女先知联系起来；在《第一西比拉神谕》中可以发现他的文字的微弱回声，[101] 此外据普林尼记录，雅典人视贝罗索斯为声名卓著的天文学家，在那里为他树立了一尊雕像。[102] 他退隐到爱琴海的科斯岛，岛上曾有一座献给塔德莫（巴尔米拉）的主宰神的祭坛。[103]

安提奥库斯一世通过提拔儿子安提奥库斯二世担任共治君主，效仿他父亲确立的榜样，此举想必减轻了跨越这个广袤帝国的仪式和军事负担。继续他父亲的项目，在巴克特里亚赠送的大象的帮助下，安提奥库斯一世负责清理"至高之所"和塔庙"天地根基之家"的废墟，这或许受到他母亲的启发，她是一个巴克特里亚人。由于不习惯一座古代泥砖城市的遍地瓦砾，他在众目睽睽下绊了一跤，这不可避免地被解读为恶兆。公元前 275/274 年，人们模制了大量砖块用以重建或修复"至高之所"，但不清楚它们是否在那里投入使用。

安提奥库斯二世的妻子、塞琉古二世的母亲劳狄柯在她丈夫与托勒密二世的姐妹贝伦尼克缔结第二场获益颇丰的婚姻时并未被抛弃，这桩联姻标志着第二次叙利亚战争的结束，但未能阻止在第三次叙利亚战争中与埃及兵戎相见。劳狄柯被授予底格里斯河东岸巴比伦尼亚的庄园，延续了王室女性在当地拥有土地的亚述传统。[104] 安提奥库斯二世还向诸子赐予大量土地。在一次极为慷慨的捐赠中，他们及其母亲将这些土地献给了巴比伦、博尔西帕和库塔的神庙，免除了部分赋税。博尔西帕和库塔均临近巴比伦，因此，面对南方吉尔伽美什之城乌鲁克的崛起，这一举动增强了该地区的忠诚。所有权转让的某些阶段得到"至高之所"管理者的授权，并记录在主宰神马尔杜克神庙庭院中放置的一块授土碑上。在最初的转让之后大约一个世纪，公元前173年一篇书写在泥板上的文献，采取了一封长信的形式，是公元前236年"至高之所"管理者写给神庙理事会的。几十年后它以此人向"至高之所"理事会发表演说的形式抄录在泥板上。[105] 这类理事会在刺柏花园的"咨议之家"召开。[106] 随着与埃及关系恶化，南方城市乌鲁克的运势开始上升，与此同时两起不同年份于巴比伦街头发生的斗殴记录在天文日志。安提奥库斯的母亲斯特拉托尼克死于他在位期间的公元前254年，为她举行的祭祀表明国王利用这个机会在巴比伦举行了非常公开的纪念活动。

塞琉古二世继承了父亲的王位。他在几位强势的后宫女性身边长大，她们都决定为自己的儿子确保王位。由于与兄弟爆发内战，塞琉古二世的王位是在乌鲁克而非巴比伦册立的。这标志了巴比伦声望的低谷。在美索不达米亚古城中，乌鲁克是巴比伦的主要竞争对手。塞琉古二世在那里建造了一座献给天神安努和安图的宏伟新庙，而两位巴比伦高级官员转而使用希腊语名字。在塞琉古二世继位之初，叛乱和"恩主"托勒密三世——二人是姻亲——的入侵揭开了第三次叙利亚战争的序幕，托勒密成功打到巴比伦并围困城市，但被击退，未能夺取王位。就在塞琉古王朝陷入灾难边缘之时，在遥远的帕尔塔行省，帕提亚人抓住机会建立了自己的王朝，他们的国王在公元前 247/246 年沿用了创立者的名字阿萨息斯。因此，帕提亚王朝亦称安息王朝。帕提亚文献用于纪年的新纪元也开启于同一时间，有时在泥板上与塞琉古纪元的年份一起使用。

　　早期的帕提亚人是胡须浓密的骑手和射手，穿着宽松的裤子，是使用马镫的出色骑手，这令他们能够在马匹飞驰之际在鞍上转身向身后敌人使出帕提亚射术（回马箭），而不失去对马匹的掌控。他们曾加入大流士三世一方与亚历山大作战，他们的一些首领后来声称自己是阿塔薛西斯二世的后裔，这显示他们的忠诚不必与塞琉古王朝绑定。他们对巴比伦的兴趣出于对贸易的热情，因为他们在中国和西亚之间开辟了穿越中亚荒野的商路，并希望从前往巴比伦和西方城市的路线上获益。杂耍艺人、杂技演员和鸵鸟蛋是他们对外交关系的贡献，但丝绸贸易带来的收益才是他们的主要奖励。当帕提亚入侵美索不达米亚而塞琉古军队在西方作战之时，巴比伦备受困扰，这个动荡岁月导致了巴比伦的街头冲突。城市财政一度亏空，但新的财富迅速涌入。

　　公元前 224 年，在塞琉古三世继位伊始，"至高之所"的管理者向主宰神和主宰女神进献了 11 头公羊、1 000 只母羊和 11 只鸭子，以致敬新国王及其子嗣，还从王家府库动用资金献给伟大众神及塞琉古三世父子。[107] 在那个纷扰不安的时代，需要特殊措施重振忠诚和稳定。国王在位期间至少在巴比伦庆祝了一次新年庆典，并为活动提供补贴，这表明盛大节庆对重申王权和确保《创世史诗》在巴比伦神话的头排地位是何其重要。

　　他的继承人安提奥库斯三世因寓居尼布甲尼撒建造的宫殿

而闻名，当他被召唤至奥龙特斯河畔安条克加冕时，他仍住在巴比伦。据一块泥板记载，在他统治期间，曾使用一块巨大的木质书写板记录一系列天文观测，用于编写天文日志，表明泥板不再是记录最为重要的汇编文献的唯一媒介。[108]公元前205年，他参加了巴比伦新年庆典，而在其漫长统治的末期，他又出席了当地的祭祀活动。在仪式中，他展示或穿上了尼布甲尼撒二世的紫袍，并获赠金器和重达1 000金舍客勒的王冠。他访问了元日神庙（或许是新年庆典神庙的一个别名），并参加前往博尔西帕再返回巴比伦的仪式。这些行为展现了对虔诚和传统的投入。它们将国王与伟大的尼布甲尼撒二世联系起来，显示塞琉古国王依然将巴比伦城视为与成功统治相关的神灵崇拜的重要中心。从他的统治时期开始，在巴比伦新年庆典期间，人们会向伟大的神灵献上一头牛和几只羊，以祈求王室的安康。[109]

这些活动很有必要，因为安提奥库斯三世面临一名波斯总督领导的严重叛乱，后者成功夺取底格里斯河畔的塞琉西亚，这一行动引爆了第四次叙利亚战争。塞琉古政权的统治无疑延伸至巴比伦尼亚海岸之外的波斯湾和阿拉伯半岛东北部，但无法同时防守本土的所有方面。[110]一次成功的海军远征宣扬了安提奥库斯三世对底格里斯河港口的掌控，他通过接收来自盖拉的贡赋使巴比伦富裕起来，盖拉是一个设防的绿洲，一座惊人的城市，那里的家庭生活在地下，居住在从盐岩中挖出的空间里，以保护他们抵御极端的气候。其附庸国王向安提奥库斯进贡了500塔兰同白银、1 000塔兰同乳香和200塔兰同顶级没药——只是安提奥库斯三世如何威名远播，而巴比伦从中获利的财富如何巨大的一个例证而已，尽管此时威胁已经逼近腹地和其他地方。

位于海兰东部的港口城市亚历山大城是亚历山大大帝规划的，坐落在卡伦河汇入底格里斯河的河口处。现在更名为安条基亚，它是塞琉古王朝在整个波斯湾扩大贸易和政治控制的锁钥，塞琉古钱币上的船锚图标就反映了这一点。安条基亚位于埃兰行省境内，后者可以控制港口。在第五次叙利亚战争中，安提奥库斯三世的军队在对埃及的战争中大获全胜，但他却在掠夺一座主宰神的神庙后在埃兰被杀。在这一时期，一位率军在外的主帅如果资金耗尽，就会寻找一座富裕的神庙进行掠夺，以补充战争资金。

安提奥库斯四世重新奠基巴比伦城，或许赋予了它新的城邦地位，这将为希腊人和马其顿人提供正式公民身份。[111] 他在那里设了新的希腊殖民地，显然拥有独立的行政机构。希腊剧场及其附属体育馆使用回收的砖块建造，上面刻有尼布甲尼撒二世的铭文。剧场可能最初是由亚历山大建造的，但肯定在再奠基城市时以更大的规模进行了重建，经过数个阶段的重建和扩建，它继续使用至帕提亚时代。[112] 它的装饰风格具有明显的希腊特点，在灰泥饰面中发现的楣板残段包括一个重要的图案。[113]

安提奥库斯四世任命一位珠宝商人担任新的大祭司/管理者，兼具财政大臣的角色。他在第六次叙利亚战争中对埃及转瞬即逝的胜利为巴比伦财政提供了一个急需的支持。与父亲一样，他也死在埃兰行省的海兰地区。巴比伦全新的半希腊地位并未豁免接下来三任短命的国王——其中一个以马其顿英雄亚历山大命名——忽视他们对神庙的职责。因此，他们延续了这个王朝，在一个严重缩水的帝国中遭受各路敌人攻击，包括帕提亚人的蚕食，这导致了公元前 141 年的成功入侵。下巴比伦尼亚——海兰地区——分裂为半独立的集团。与此同时，巴比伦的商行继续在泥板上保留一些记录，而天文学家在泥板上用楔形文字记录他们的工作，定期撰写天文日志和严格以巴比伦为中心的编年史。它们，以及一些文学文献，有残篇存世。大多数档案和许多文学作品如今都书写在精美的书写板和皮纸卷轴上，它们以及棕榈叶中脉，早已腐蚀成灰，无法恢复了。[114]

11

从帕提亚首次征服至图拉真到访

（公元前 141 年—公元 116 年）[1]

　　巴比伦，迦勒底部落的首都，长期保有在全世界城市中最高的知名度。

　　　　　　　　　　——普林尼《自然史》VI.xxx.121（公元 1 世纪）

塞琉古晚期诸王

"征服者"德米特里二世（145—141 首度在位，巴比伦短暂被米特里达梯二世占领）

"西戴人"安提奥库斯七世（138—129，巴比伦短暂被弗拉特斯二世占领）

德米特里二世（129—125，巴比伦短暂被阿塔巴努斯一世占领）

帕提亚早期和其他背景国王，其中一些是巴比伦的统治者

（一个波斯王朝早期国王的选录，时间跨度约 474 年）

阿萨息斯一世（247/248—217，波斯的王朝缔造者）

米特里达梯一世（171—139/138，德米特里二世对巴比伦的统治中断）

弗拉特斯二世（139/138—128，安提奥库斯七世对巴比伦的统治中断）

阿塔巴努斯一世（128—124/123，巴比伦短暂被叙斯保西尼斯占领）

埃兰/麦桑的许斯保希尼斯（127—122）

叙斯保西尼斯统治巴比伦（124/123）

米特里达梯二世（124/123—88/87）

"屠牛者"戈塔泽斯一世（91/90—81/80）

奥斯罗伊斯（公元108—127/128年，对巴比伦的统治被图拉真打断）

罗马皇帝图拉真到访巴比伦（公元116年）

当帕提亚和埃兰人的周期性入侵打断王朝传承之时，塞琉古统治开始崩溃。帕提亚人花费了很长一段时间才得以巩固对巴比伦的统治，巴比伦的财富和贸易网络是如此诱人。资料稀少又令人困惑；偶尔塞琉古人和帕提亚人似乎在同一时期统治过巴比伦。

当帕提亚摆脱塞琉古王朝统治后，它启用了自己的纪年系统。安息纪元的首年是公元前247年，适逢安提奥库斯二世的统治在巴比伦结束，距离帕提亚国王入主巴比伦尚很遥远。阿萨息斯一世引入的纪元是一个意图的标志，是对塞琉古王朝及其纪年法的挑战，并鼓励后来的统治者将自己命名为阿萨息斯，这令现代历史学家迷惑不已。帕提亚首次占领巴比伦是短暂的，他们被塞琉古国王击退。直到公元前141年，一个大致连续的王朝才在巴比伦稳固下来，标志是米特里达梯一世在此庆祝新年，忠诚地尊崇城市的古老传统。撰写编年史和天文日志的传统仍在继续，不受权力更迭的影响。塞琉古人与帕提亚人之间频繁的军事冲突被天文日志记录在案，只要泥板的保存状况允许，就可以按照时间顺序排列这些记录。在米特里达梯死后，帕提亚人在巴比伦的统治继续在弗拉特斯二世治下维持了十载，直到安提奥库斯七世收复该城；巴比伦和其他城市的楔形文字档案通常同时使用两国的纪年。

麦桑独立统治者叙斯保西尼斯的王国位于巴比伦尼亚南方腹地，结合了当地海兰东南部与埃兰势力的复兴，这反映在其王国的名称之一——埃兰上。[2] 公元前 133 年，就在他宣布独立前不久，巴比伦发生严重骚乱，那时一个人提议对主宰神马尔杜克的一种新信仰，遭到神庙掌权集权的反对。动荡随之而来，催生各地的叛乱。在那一年，叙斯保西尼斯掠夺了"港口的船只及其货物"。他夺取了底格里斯河上亚历山大城的大港，在一场有某位巴比伦占星师出席的庆典上，他以自己的名字将该港更名为查拉克斯·斯帕西努，并"修复"了它，正如安提奥库斯五世在二十五年前所做的。[3] 作为一个贸易王国的独立而成功的统治者，他以与塞琉古国王类似的样式铸造自己的钱币；钱币正面他的面容明显剃光了胡子，似乎遵循了希腊习俗。巴林发现的一篇希腊铭文暗示与之前的塞琉古统治者一样，他统治着该岛（古代迪尔蒙）和费莱卡（古代阿加鲁姆，希腊名伊卡洛斯）。[4] 为表达对悠久历史遗产的欣赏，他将苏美尔总督古地亚的古代雕像搬到自己位于泰洛的王宫中，这座城市的历史可以追溯到苏美尔时代。古地亚是最伟大的苏美尔文学家之一，曾在公元前 3 千纪后期统治该地区。在巴比伦和乌鲁克，仍有学者能够阅读他的铭文，尽管叙斯保西尼斯在自己的钱币和泥砖铭文上使用阿拉姆文。[5]叙斯保西尼斯在公元前124/123年短暂使用过"巴比伦之王"头衔，之后他被一个短命的帕提亚僭号者驱逐，后者的继承人米特里达梯二世拥有一位巴比伦王位的强大竞争者，即"总督之督"戈塔泽斯。戈塔泽斯在米特里达梯二世死后更名为阿萨息斯，宣称自己是帕提亚王朝缔造者的后裔。因此巴比伦在公元前1世纪早期，仍然是吸引各路篡位者的磁石。

米特里达梯二世在叙斯保西尼斯之后于约公元前121年登上王位，在他治下，巴比伦的希腊剧场按照旧貌用泥砖完全重建。[6]这笔开支暗示着利润和繁荣。剧场是否用于舞台表演不得而知，但天文日志将公开宣布王家法令和战争结果的地点放在那里。发现了一份用希腊文写在黏土上的竞技比赛获胜者名单，年代为公元前109年前后，与这类比赛在希腊社会的风靡程度若合符契。这意味着在帕提亚统治下，体育竞赛受到公众的重视。但它们也曾在亚述时期（已知在公元前7世纪的尼尼微曾有"纳布的赛跑"）和埃及举办，因此人们不应过分强调这类活动的希腊性质。

巴比伦的名字没有变更。希腊作家证实，它依然被帕提亚国王用作王家行宫，而这也得到了当地出土的楔形文字文献的确认。我们还知道神庙的建筑风格没有改变，因此推测维修和重建遵循传统实践。巡游大道及其门道的布局、巴比伦的伊什塔尔神庙——在公元前19世纪由阿皮勒-辛重建——在帕提亚时代依然如故。[7]公元前80年的天文日志提到了新年庆典神庙，而公元前78年的则提到纳布神庙，那里是新年庆典期间向国王授予权杖之地。梅尔克斯区的街道布局至少从纳波波拉萨时代开始就未曾改变，依然拥有精致而宽敞的住宅，从阿契美尼德王朝至帕提亚王朝，继续享有繁荣。在那里发现了很多气派的墓葬。至少有一位帕提亚国王继续为国王和某位高官的安康而向伟大众神献祭，这些祭品依然以楔形文字记录在泥板上。[8]尼布甲尼撒二世在城堡区边缘建造了宏伟夏宫的最初版本，很多年过去了，如今希腊瓦片与装饰性瓦当使它呈现出地中海风情，取代了本土式样的屋顶，为天际线带来了细微但显眼的改变。[9]亚历山大辞世之地至少从塞琉古王朝晚期已经开始吸引朝圣者，从而提供了一份收入来源；公元前 2 世纪中叶，人们再度燃起对亚历山大英雄功业的兴趣，这反映为彼时王室的名字选择了德米特里和亚历山大，而非塞琉古和安提奥库斯。

在 19 世纪 60 年代，法国驻巴格达领事路易·德拉波特发现了一座容纳五个墓葬的帕提亚地窖，其中出土了尼布甲尼撒二世的一块泥砖（非常珍贵）、早期不同时代的滚印、花瓶、三足鼎、油灯、陶俑和面具。一尊雪花石膏雕像的眼窝和肚脐镶嵌了红宝石，它刻画了一位裸体女神，头戴的冠冕上有一枚青铜新月；红宝石在阿拉伯半岛东北的盖拉遗址也有发现，它令之前时代流行的一种红色宝石——红玉髓相形见绌。[10]在卢浮宫举办的一场巴比伦展览中，出自这座古墓的陪葬品在巴黎重聚，成为引人注目的展品。[11]

巴比伦学者在泥板上创作新的文本类型：星历表和程序文本，它们是利用月亮和行星现象的数据通过数学公式预测得出的，并描述了进行演算的方法；单个年份预测事件的摘要；试图通过前一相关时期的观测结果预测天体现象的历书。巴比伦和希腊背景的学者之间广泛的讨论和竞争表明，帕提亚早期是天文学发展的活跃时段。[12]

博物馆收藏的至少三份以楔形文字书写的泥板档案年代被确定为这一时期的巴比伦文本。其中之一是拉希美苏档案，属于公元前 1 世纪初，涉及古拉女神庙的白银买卖——这本身就表明巴比伦的神庙或神祠仍在继续供奉古拉女神。这些记录还提及"巴比伦女神"埃图卡拉玛神庙。部分泥板根据其内容，推测出自"至高之所"。另一份档案是穆舍兹布档案，这是一个占星师家族；它同时涵盖文学和档案文本。特别出人意料的是一项学术活动，它是根据亚述国王阿舒尔巴尼拔的谕令，从一块雪花石膏上的铭文抄录的，谕令要求将巴比伦和博尔西帕的泥板运往尼尼微图书馆。对这封信的回应也已发现。这表明，书吏们依然对阿舒尔巴尼拔的事迹有兴趣，并向后人传授，他们知道阿舒尔巴尼拔曾将巴比伦尼亚城市的楔形文字档案收集到尼尼微的图书馆。[13] 第三份档案或泥板组包括天文日志和相关文本。[14] 一些晚期泥板证实，用阿拉姆文和希腊文书写的文件并行不悖。[15]

上古时代的众多著名作品依然得到研读，例如苏美尔作品《苏美尔和乌尔挽歌》，创作于约一千七百年前，如今在公元前 287/286 年再次得到抄录。这表明，在晚期作品中寻找上古文学的余音不一定是错误的。已知年代最晚的天文日志于公元前 61 年写在泥板上，但其他天文文献继续使用到至少公元 41 至 42 年间。正如上一章所述，巴比伦天文学领域的纯数学文献很容易转写为其他语言，因为楔形文字中数字的复杂程度不及词汇。

在乌鲁克，文献抄录工作曾被认为在公元前 168 年左右已经停止，比巴比伦的时间早很多，直到发现一份年代属于公元 79/80 年的乌鲁克历书，比巴比伦出土的一份年代为公元 74/75 年的历书晚了约四年。[16] 这一发现生动说明从零碎信息中提炼出宏大结论的危险。

以下的文献清单展现了在帕提亚统治早期，巴比伦依然拥有内容多么广泛的泥板文献：

《犁星》的一份泥板抄本，写于公元前 2 世纪伊始的巴比伦。[17]

《那时安努和恩利尔》持续抄录至不早于公元前 1 世纪。[18]

《吉尔伽美什史诗》的最晚已知残篇年代约公元前 127 年。[19]

智慧文学《一只孤苦无依的鹪鹩》的一份抄本，年代是公元前 69 年。[20]

《巴比伦城志》的一份抄本，它罗列了巴比伦的神庙、街道和城门，写于公元前 61/60 年。

从一篇文献中抄出的致马尔杜克祷辞，写于公元前 34 年的巴比伦。[21]

无疑它们在数个世纪后已经不再有人阅读，那时新柏拉图主义哲学家达马斯奇乌斯——约公元 515 年成为雅典哲学学园的山长——知晓大部分或者全篇《创世史诗》，可能是通过亚历山大大帝时代欧德穆斯的希腊文译本。达马斯奇乌斯应该继承了欧德穆斯的兴趣，后者是雅典吕克昂学园亚里士多德的高足。这一联系建立在贝罗索斯时代，那时在巴比伦可以相对无障碍地阅读巴比伦文和希腊文。

在未纪年的文献中，有引人入胜的希腊-巴比伦双语泥板。它们展现了将巴比伦楔形文字转写为希腊字母的无以复加的难度。据推测，其年代大致为公元 1 或 2 世纪。[22] 这块双语泥板或许是巴比伦人为了尝试将希腊字母用作某些稳定的楔形文字文献——例如《巴比伦城志》——的语音表达式。这种转译或许具有一种魔法或祈祷价值，令一个讲希腊语的参与者能够学习和吟诵受苦者所需的一篇文本，它沿着《咏受难的正直之人》中神圣站点的路线：[23]

> 已经步入墓穴的我，再次走进日升之门。
>
> 在丰饶之门……
>
> 在神卫……之门，我的守护神（拉玛苏）向我走来。
>
> 在健康之门，我与健康相遇。
>
> 在生命之门，我获赐生命。
>
> 在日升之门，我跻身生者之列。
>
> 在光明惊奇之门，我的印记变得明晰。
>
> 在脱罪之门，我的束缚被解除。
>
> 在赞美之门，我的言辞变得深邃。
>
> 在无忧之门，我不再叹惋。

在清水之门，我得到清水洗礼。

在健康之门，我觐见马尔杜克。

在丰饶之门，我亲吻扎帕尼图姆的双脚。[24]

据西塞罗记载，雅典廊下派领袖、"巴比伦的"第欧根尼（约公元前 240 年至公元前 152 年）在公元前 156/155 年访问了罗马。第欧根尼一名是希腊语，但有巴比伦精英同时使用希腊语名字和巴比伦语名字的几个知名案例。[25] 近期一些学者推测楔形文字传统至这次访问时已经消亡，由此断定"巴比伦"所指是底格里斯河畔塞琉西亚，但鉴于有证据表明，在第欧根尼身后，巴比伦的学术研究至少持续了一个世纪，因此这种过度修正是不必要的。新的证据来自在赫库兰尼姆发现的纸莎草卷，第欧根尼的一篇文章重见天日，其中识读出他对自己音乐论著的长篇总结。[26] 在雅典，正如普林尼断言，贝罗索斯是备受推崇的天文学家，"由于他的预言令人赞叹，雅典人在体育馆内公开为他树立了一尊有着'镀金舌头'的雕像"，[27] 这尊雕像与其他著名人物的雕像比肩而立，他们都有着希腊语名字：贝罗索斯是唯一的外族。

楔形文字学术延续至公元纪元前最后一个世纪的事实，也支持了这样一种可能性，即西比尔神谕中的一条可能隐藏着真正的巴比伦材料，而贝罗索斯据信与该传统有联系。[28]

人们历来相信巴比伦哲学与希腊哲学之间的差异是如此之大，以至于塞琉古王朝的希腊统治将希腊主义的理性和逻辑引入了美索不达米亚，那里神谕和占星术的古老迷信据称被全新的和更好的思维方式所取代或压倒。自希腊文化以降，理性和逻辑构成了一种"认知超能力"，这种理念受到不同学科的学者质疑，查尔斯·F.凯特林就是其中的代表：

"逻辑是自信地走上一条有序的歧途。"

对巴比伦神谕和苏格拉底对话而言都至为关键的是，获得做出决定和抵达真理的信心：信心能赢得战争，并能确保天界神灵给予支持，从而克服优柔寡断。[29]巴比伦在塞琉古时代的文学、仪式、天文学和建筑学（直到剧场建成和夏宫屋顶铺设瓦片）没有显露希腊影响的迹象。与此同时，有很多证据表明希腊高层对巴比伦神谕颇有兴趣，色诺芬和亚历山大的事迹就是明证。[30]篇幅宏大的楔形文字语料库，作为巴比伦天文学和神谕师的数据库，以及为避免预期灾难而进行的仪式延续至帕提亚时代，并且未见希腊因素侵入的迹象。相反，巴比伦天文学的某些知识通过托勒密和其他以希腊语写作的学者传递了下去。[31]苏格拉底对话录塑造了早期希腊理性和逻辑的特征，这是在一场对话中探求伦理和善的生活问题的一种程式。宽泛的对话形式见于，例如在苏美尔语《舒鲁帕克的指示》以及巴比伦语《智慧的忠告》和《神正论》等作品中，而柏拉图的对话《克拉底鲁篇》展示的一种语言学论证技巧可以在古老的巴比伦作品中找到。[32]

主宰神崇拜广泛传播至巴比伦之外的富裕城市。在奥龙特斯河畔安条克，欧提基德斯制作的公开展示的著名雕像，描绘了击败代表混乱势力的大海的场景，援引了《创世史诗》的本地改编版（见第 10 章），此外这个母题被其他城市以其他媒介吸收。在杜拉欧罗普斯，一座主宰神神庙建立于公元前 33 年；那里发现的一枚罗马皇帝塞维鲁·亚历山大（公元 222 至 235 年在位）的珍贵都庞第（黄色金属黄铜制造的钱币）上面刻画了同一母题。[33] 神庙内的一段内墙上装饰的绘画，描绘了一位主持仪式的祭司头戴"迦勒底"祭司特有的白色高帽，这一形象也见于阿勒颇以北基利兹发现的一处石祭坛上。在奥龙特斯河畔阿帕梅亚，有一座献给主宰神的石祭坛；[34] 这座城市因其迦勒底神谕而闻名，在罗马帝国时期，新柏拉图主义哲学家曾援引和评论这些神谕。

巴比伦在公元 24/25 年时的地位依然重要到足以吸引巴尔米拉商人，"他们在巴比伦经商"；这些人捐献了一尊雕像，它的有铭残件在巴尔米拉出土，那里规模巨大的神庙在公元 32 年献给了主宰神。[35] 在神庙内部的墙壁上，石浮雕刻画了一个取自《创世史诗》的场景，人物身穿罗马服饰，其中代表混乱势力的海洋女神提亚马特以蛇形的下半身示人。[36] 由于巴尔米拉在罗马时期的石质建筑华丽恢宏，游客和学者倾向于推测它之前的历史是空白的；一块来自公元前 2 千纪的泥板的发现，以及其他楔形文字文献中以塔德莫之名对该地的提及，讲述了一个不同的故事，表明早在被高耸的石质建筑覆盖之前，这里就已经是一个泥砖建筑的绿洲城镇了。公元前 187 年，埃兰的一座主宰神神庙被安提奥库斯三世洗劫。在爱琴海的科斯岛，即贝罗索斯的退隐之地，巴尔米拉人向塔德莫的主宰神奉献了一座祭坛。[37] 在哈特拉，这座位于底格里斯河西岸沙漠中的迷人城市，图拉真未能攻克之地，那里的太阳神神庙被称为"至高之所"，或许建立于公元2世纪早期。在埃德萨（现代乌法）的一个案例中，战败的混乱势力形象，在一枚钱币上被描绘成献出乳房的女性，那里的叙利亚语文献证实，在基督徒占多数的人口中，人们依然庆祝新年节日。[38] 在这个伟大神话的某个版本中，纳布是参与其中的英雄神，这展现了巴比伦头衔"主

图11.1　杜拉欧罗普斯运势女神神庙出土的一块巴尔米拉石灰岩饰板，公元159年，刻画运势女神坐在一头狮形宝座上，被加冕为战胜混沌的胜利者，后者被描绘成一个献出右乳的女子，下半身没于水下。该母题源自《创世史诗》的一个版本，现藏耶鲁大学博物馆，馆藏编号1938.5313

宰神"是如何转变以适应当地传统的，暗示了两位巴比伦主神的融合。[39]

在亚述帝国覆灭后很久，阿舒尔、尼尼微和埃尔比勒的居民用不同的语言，通过合宜的日历和公共建筑，举办着各自版本的新年庆典。在许多城市，对主宰的崇拜依然延续，人们知道有各种版本的《创世史诗》在祭仪中使用；图像志补充了字母体文献，提供了例证。

公元 1 世纪中叶，罗马皇帝尼禄花费 400 万塞斯特斯购买了巴比伦罩毯，用于奢华的宴飨，证实了巴比伦纺织品的声誉和一个繁荣产业的存在，特别是纹样编织。[40]巴比伦剧场在公元 2 世纪得到修缮。至迟在 3 世纪，巴比伦仍拥有五座神庙，此时犹太社群栖居于城内。[41]在公元 2 世纪写作的希腊旅行家保萨尼阿斯，将巴比伦描述为只有祭司居住的地方，但是剧场

图 11.2　巴尔米拉主宰神神庙内部的一块石楣板局部，刻画一个身穿罗马服饰的英雄场景。胜利女神扮演战车上的弓箭手，击败了以半人半蛇的女性（？）形象出现的混乱势力。该母题源自《创世史诗》的一个版本。Marion Cox after Seyrig 1934 pl. 20

修缮的时间暗示，他与其他希腊和罗马访客一样，错误地将瓦砾遍布的街道、灰泥剥落的砖墙和大塔庙曾经矗立之地的大坑，理解为城市沦为废墟、遭到抛弃。

夏宫依然是可以访问的地点，亚历山大的幽灵在那里徘徊。公元 116 年罗马皇帝图拉真曾短暂控制巴比伦尼亚，并造访巴比伦，旨在瞻仰他的大偶像亚历山大去世之地。这位英雄的遗体，在巴比伦经埃及人的防腐处理，最终被运往埃及的亚历山大里亚，但在 439 年后，人们仍然知道他驾崩在巴比伦。图拉真"前往那里既是因为它的名气——尽管他只看到土丘、石堆以及废墟证明这一点——也因为亚历山大，他在亚历山大辞世的房间向其灵魂献祭"。[42] 巴比伦已成为向巴比伦的马其顿国王致敬的朝圣之地；瓦当的设计早于图拉真到访至少两个世纪，这表明朝圣者在图拉真来此祭祀之前很久已经前来。外国访问者依然能够进入尼布甲尼撒二世的宫殿，并在那里进行祭祀。

截至公元 116 年，还在使用的泥板即使有也已寥寥无几，而来到美索不达米亚的罗马人除了天文观测和占卜实践外，对巴比伦文学一无所知。它的图书馆和档案此时深埋于地下，等待一千五百年后的旅行者来发现。对罗马人而言，古代文学是希腊语，以一种字母体书写，他们自己的文字也是从中衍生出来的，而且他们从古希腊人那里仿制出自己的文学。巴比伦的深厚文化与其楔形文字书写系统如此紧密的结合，已然消逝。

附 录

《创世记》第 14 章第 1 至 16 节及其与汉谟
拉比在位初期的外国统治者之间的可能联系

　　本附录的历史背景已在第 3 章加以介绍。半个多世纪前，许多学者认为希伯来《圣经·创世记》第 14 章第 1 至 16 节涉及巴比伦历史，包含汉谟拉比时代楔形文字文献中出现过的那些名字残缺混乱的国王。[1] 之后相反的观点出现，主导了该主题，它解决这些问题的方法是直接否定这一可能。然而，随着越来越多的文献积累，特别是在马里发掘出来的那些，让-马里耶-杜朗认为人名 Arioch 与 Arriuk 可能是同一人，建议重返最初的观点。[2] 为支持该观点，我们可以建议不再将 Tidal 指认为历史上的赫梯国王图达利亚，而是前赫梯时代的一个位高权重之人，见下文描述。希伯来文对应英译的 Chedor-laomer 一名，首个词素 chedor- 曾被与埃兰语中的 kudur-联系起来，但第二个词素 laomer，依然未能在公元前 18 世纪文献——主要出自马里、里马赫土丘、舍姆沙拉、莱兰土丘和卡尼什——的几个埃兰领导人的名字中找到。这并不意外，因为那个时期埃兰有几位并立的统治者。他们通常以头衔——例如"大维齐"——而

非名字得到提及。

此处提供《创世记》第 14 章第 1 至 16 节内容的前半部分，采用《耶路撒冷圣经》译文：

> 当暗拉非作示拿王，亚略作以拉撒王，基大老玛作以拦王，提达作戈印王的时候，他们都攻打所多玛王比拉、蛾摩拉王比沙、押玛王示纳、洗扁王善以别，和比拉王；比拉就是琐珥。
>
> 这五王都在西订谷会合；西订谷就是盐海。
>
> 他们已经侍奉基大老玛十二年，到十三年就背叛了。
>
> 十四年，基大老玛和同盟的王都来在亚特律加宁，杀败了利乏音人，在哈麦杀败了苏西人，在沙微基列亭杀败了以米人，在何利人的西珥山杀败了何利人，一直杀到靠近旷野的伊勒巴兰。
>
> 他们回到安密巴，就是加低斯，杀败了亚玛力全地的人，以及住在哈洗逊他玛的亚摩利人。
>
> 于是所多玛王、蛾摩拉王、押玛王、洗扁王，和比拉王（比拉就是琐珥）都出来，在西订谷摆阵，与他们交战，就是与以拦王基大老玛、戈印王提达、示拿王暗拉非、以拉撒王亚略交战；乃是四王与五王交战。

暗拉非（Amraphel），或者是汉谟拉比一名，附有无法解释的后缀-el，或者是卡特纳国王阿穆德-皮-埃勒（Amud-pi-El），再加上字母 r 常常误释为 d；可能是两个名字的混淆。

示拿（Shinar），这个地名来自西加喜特部落名 Šamharu，后来用于统称巴比伦尼亚，已在公元前 16 世纪找到确证。[3]

亚略（Arioch），他（Arriuk）在上美索不达米亚听命于埃兰，统治底格里斯河上游的卡瓦胡姆（Kawalhum；后来的卡尔胡/尼姆鲁德）。[4]

以拉撒（Ellasar），可能是伊兰苏拉（Ilansura），或许位于底格里斯河上游，今天的哈桑凯伊夫（Hasankeyf）。[5]

基大老玛（Chedor-laomer），长期以来被视作一个埃兰名字的转译，或许是库杜尔-拉加马（Kudur-Lagamar），但目前尚未在整个历史上众多埃兰统治者的名字中找到。埃兰人在汉谟拉比时代似乎拥有数位并立的"统治者"。

埃兰，巴比伦人对伊朗西南部诸王国的称呼，主要以苏萨为基地。

提达（Tidal），长期以来被视为赫梯王室名字图达利亚的缩写，在前赫梯时代卡尼什的亚述商人殖民地出土的一块泥板上，找到了辨识 Tidal 的新证据。他是一位"酒侍长"，这是军事领导人的头衔。[6] 在那个时期，卡尼什被皮塔纳征服，后者是一个位置不明的城市库沙拉的国王，该城也是最早一批赫梯国王祖先的故乡。皮塔纳是汉谟拉比和萨姆苏-伊卢纳的同代人；在里马赫土丘出土的一块石碑上辨识出了他的印章。[7]

戈印（Goiim），希伯来《圣经》中的戈印"人"或许指称前王国时期的赫梯人、胡里人和安纳托利亚中部城邦的其他族群。[8]

何利人（Horites），即胡里人，始见于公元前 3 千纪后期的美索不达米亚北部。

亚摩利人，源出西闪米特族群，《圣经》将他们与巴比伦第一王朝时代联系在一起。之后该名称不再使用。

《创世记》中出现的其他美索不达米亚主题，以及被视为巴比伦尼亚背景的，有大洪水和巴别塔的故事，未必出自汉谟拉比王朝时期。

在叙利亚和巴勒斯坦的发掘中获取了反映卡特纳重要地位的证据。哈索尔、美吉多和希伯伦出土的楔形文字文献表明巴比伦知识在当地的存在。

杜朗在 2005 年已经指出，汉谟拉比时代楔形文字文献中的人名与《创世记》相关章节明显的一致性，得到了后续研究的支持。它将对"档案假说"提供些许助力，该假说断言，某些《圣经》文本吸收了最初在巴勒斯坦之外撰写的经过重新加工的记录。

注　释

前　言

1　三本展览图录，见 Finkel and Seymour 2008; Marzahn 2008; André-Salvini 2008；参见，例如 Seymour 2014; Thelle 2018. xiii。

1　绪论：大地与生民

1　关于这一点的意义，见 Feeney 2016: 1–44 and 199–235。

2　对诸多研究的介绍在 Potts 1997: 30–39。

3　一篇附有详尽参考文献的概述在 Ristvetand Weiss, introduction to Eidemand Ristvet 2011: xxxix–xli。

4　见 Cole 1994。

5　Ionides 1937.

6　本书中给出的英译文均为作者自己翻译，除非注明出处。

7　Zohary 1996.

8　Breniquet and Michel 2014.

9　一种与亚洲野驴杂交的混种野生驴，现已灭绝，见 Mitchell 2018: 87–95。

10　关于埃兰人的详备资料，见 Potts 2016 and Alvarez-Mon, Basello, and Wicks 2018。

11　见 briefly Stolper 2004: 61。

12　桔槔由一根垂直的立柱和围绕其顶端中心点运动的一根横杆组成。横杆一端悬挂着一只水桶，另一端系有重物作为配重。

13 见‘Inana and Shu-kale-tuda’, ETCSL，也见 Volk 1995。

14 译文参考 Cohen 2013: 177–198。

15 取决于确切的气候条件，见 Giovino 2007: 91–102。

16 哈拿王国后来被称为 Hanigalbat 或 Habigal；见 Podany 2002, Fales 2014，及 Da Riva 2017b。

17 Podany, 2016.

18 Oates and Oates 1976, quoting Adams 1965: 169.

19 Magee 2014: 204–213.

20 Feeney 2016: 37 and 235.

21 Barth 1969.

22 Black et al. 2004: 118.

23 Steinkeller 2003; Marchesi 2010.

24 Labat and Malbran-Labat 1995.

25 它们有时被贴上"正典"的标签，一个争论激烈的术语。参见 Lim 2017。

26 Frahm 2011.

27 一些学者倾向用术语"卷宗"描述某类别下的一个组群。所有这些组群可能是一个更大组群的残余。

28 Goddeeris 2002: 328 and 336.

29 Sallaberger 2013.

30 引自 The Books of Adam and Eve, Charles 1913: 152，感谢斯蒂芬妮·韦斯特提示这条资料。

31 关于枣椰树叶中脉见 Breton 1999: 112–13; Drewes and Ryckmans 2016. Also Hamidović 2014; Colonna d'Istria 2012: no. 48，亦见本书第 6 章以及图 6.3。

32 纸张由中国在公元 2 世纪前后发明。见 Munro 2014: 61。

33 见 Mumford 1961: 7–10; Finlayson 2014; also Goring-Morris and Belfer-Cohen 2014: 152; Schmidt 2010: 239–254。

34 见第 5 章。

35 马里出土的 Text A 2177，年代约公元前 1700 年。见 Jacquet 2012: 131–132。

36 "迦勒底人"一名被古代晚期的希腊作家用以指代占星师和天文学家，而非早前本地化的使用：描述一个巴比伦尼亚部落。它也用来指代阿拉姆语及其字体，见本书第 7 章。

37 Diod.Sic.II.9.4. 这一记载如果是正确的，不可能是针对巴比伦的塔庙，后者在亚历山大大大帝入主巴比伦之前已经坍圮。

38 Hdt I.181 f. 这是一个迷人的场景，但未必可靠。

39 Ambos 2013: 164–165.

40 译文改订自 Black et al. 2004: 314。

41 Biggs 2000; Böck 2013.

42 Grigson 2007: 106–107.

43 Dossin 1978: no. 129.

44 Lackenbacher 1982.

45 见第 6 章。

2　发现与发掘

1 Dalley 2003: 171–189.

2 引入它们来命名的时间不详。

3 或作城堡土丘，包括德国发掘者命名的两个区域——"南堡"和"主堡"，内城被包含在内。

4 也曾拼作 Omran。

5 亦被称为 Mujellibeh，令人困惑。

6 最近在大英博物馆辨识出的两块泥板残块，推测也来自城堡围墙区域。

7 关于早期河床变更的测年难题，见 Boiy 2004: 78–79。

8 早期造访者和发掘活动的详细记述可参 Lloyd 1947; Reade 2008a。

9 Asher 1907: 106.

10 包括赫梯语、胡里语、乌拉尔图语、埃兰语和古波斯语，以及它们各自的一些衍生语言。

11 Rogers 1915: I, 95–100.

12 大英博物馆登记号 129397。它提供了楔形文字音节的古体形式，与以后期形式写在泥板上的抄录本相近。

13 现在被识别为公元前 11 世纪的一块授土碑。

14 Rich 1839: 36 and 65. 雕像显然是玄武岩，而非花岗岩，见 Moorey 1999:

30。对其年代和意涵的一个全新推测见本书第七章。

15 Rich 1839: 10.

16 Daniels 1995: 81–93.

17 见 Cathcart 1994: 1–29 及 Daniels 1994: 30–57。

18 Ismail 2011: 87.

19 Stolper 1990: 195–205.

20 Michaux 1800: 86–87.

21 Larsen 1996.

22 Evers 1993.

23 Rassam 1897: 262.

24 Rassam 1897: 394.

25 Reade 1986: xxvi.

26 许多泥板现在确知出自巴比伦，个别档案尚在鉴别之中。

27 Rassam 1897: 267.

28 Reade 1993；一个更为客观的评述见 Ismail 2011: 99–106 and 227–229。

29 现在描述为"红色角砾岩"，见下文脚注 40。

30 Rassam 1897: 394.

31 乌海米尔是历史非常悠久的基什城的数个土丘之一，现在已知基什和博尔
   西帕一样，通过一条巡游大道与巴比伦连通。

32 见本书第 9 章。

33 Rassam 1897: 348.

34 Ismail 2011: 99–106, 124–130, 167–169, 176–179, 268. 1934 年巴格达国家博
   物馆成立后，一个更为公平的文物分配法开始执行。

35 一篇关于莱亚德工作背景的精彩描述，见 Larsen 1996。

36 伊拉克境内的地点包括阿舒尔城，亚述帝国的传统首都；乌鲁克，英雄吉
   尔伽美什的传奇城市。在叙利亚和土耳其还有其他地点。

37 Frame 1995: 278–323. 见本书第 8 章，图 8.4。

38 E.g. Cook 1903; Jeremias 1903; Ensor 1904; Grimme and Pilter 1907.

39 Dalley 2013.

40 Marzahn1994.这些红色角砾岩可能便是拉萨姆判定的用来围砌大水井的

"红色花岗岩"；若如是，那些水井或许是尼布甲尼撒二世时代建造的。

41 见 George 1992: 24 及 310–312。

42 Hauser 1999: 220，根据一部天文日志中的引文，年代确定为公元前 78 年（？）。

43 Labat and Malbran Labat 1995.

44 参见 Cooper 1991: 47–66。

45 参见 Larsen 1995: I, 95–106。

46 见 Cooper 1991。

47 值得一提的是，数码照片可以在笔记本电脑上操作，调整泥板表面的角度和亮度。

48 Pedersén 2005a.

49 缺乏兴趣是根据 al-Qaddūmī 1996 中收集的资料以及塔巴里所著的 9/10 世纪史书中推断而来的，后者的英译见 Rosenthal 1989。

50 Taylor 2011.

51 该方案提供的汉谟拉比在位时间为公元前 1784 年至 1742 年，见 Sallaberger and Schrakamp 2015: 303。

52 Oshima 2013: Theodicy line 297.

53 al-Qaddumi 1996：§§ 98 and 99（亚历山大时期），176 and 256（萨珊王朝）.

3 从最初的国王至大叛乱结束

1 年代数据依据 Barjamovic, Hertel, and Larsen 2012: 36。王朝的主要史源有：年名简略地提供了当年或上一年的主要军事或其他事件，用来确定档案的年份（见 Horsnell 1999）；编年史和王表（见 Glassner2004）。官方信件（无纪年）大体可以在 Altbabylonische Briefe series 中 Frankena, Kraus, Stol, Van Soldt, and Veenhof 整理的卷次中找到；行政和法律档案（有纪年）散见于各类出版物。文学和辞书文献很少标注年份。

2 主要王朝对照表，见 Frayne 1990: xxx–xxxi. 48。

3 见 Lambert 2011。早期城市的名称读作巴比伦的可能性很大，但尚未凿实。

4 年代属于乌尔第三王朝的一个版本，以及对稍晚更为知名的那些版本引证，见 Steinkeller 2003。

5 Maul 2018.

6 它们被称为告谕文件；见 Horsnell 1999: I, 149–172。

7 一个对基础经济问题的明智讨论，力主将多样性和灵活性纳入考虑，并强调坚实证据的缺乏，见 Larsen 2015: 273–280。

8 见 Brisch 2007: appendix 5, a letter-prayer of Sin-iddinam to Utu, lines 24–29。

9 Yener 2000: 72–75; 东方的来源见 Dercksen and Pigott 2017。

10 Walker 1980; Michel and Veenhof 2010; Hertel 2013: 74–75.

11 见 Teissier 1994: 63。Kültepe 遗址即古代卡尼什。

12 "阿卡德人"在此可能指巴比伦人和亚述人（？）；"舒巴里人"可能指胡里人。

13 Kt 79/k 101, 见 Hertel 2013: 73 n. 316。

14 Veenhof 1993.

15 Shear 1998.

16 Barjamovic and Larsen 2008: 153. See also Volk 2014–2016.

17 Dalley 2005a: 9–10.

18 Barrelet 1977: 57–58 n.

19 见 Bardet et al. 1984: 556，及 Klengel 1990。近期的分析表明英国的德文郡和康沃尔郡在此时同样是锡矿来源地。

20 见 Magee 2014: 176–177。

21 Livingstone 1986: 94–95, line 12.

22 Podany 2016: 69–98. 最迟在萨姆苏-伊卢纳统治时期，幼发拉底河中游城市的两个国王被称为 Yapah-Sumu-abum 和 Işi-Sumu-abum。

23 Potts 2016: 153 讨论了这位统治者，他名叫 Atta-hušu。

24 Frayne 1990.

25 Barberon 2012: 66.

26 Barberon 2012: annexe 2, pp. 251–252.

27 *nadītum* 和 *entum* 祭司扮演的确切角色尚未彻底弄清楚，或许在不同城市之间有所差异。

28 Barberon 2012: 30, 119, 123–125.

29 Pedersén 2005a: 11.

30 例如"收获"作为月名可能适合北方，而非南方，等等。

31 安泰普，今日加济安泰普，古称 ʿAinṭab。

32 Marchetti and Marchesi 2014.

33 Dalley 2005b; Samet 2014: 5–13.

34 关键词被误解的一个案例是动词 duākum（"作战"），过去翻译为"杀死"。亦见 also Barstad 1996。

35 他被称为"雅穆特巴勒之父"，这个亚摩利词可能指一片行使部落权利的区域。雅穆特巴勒是拉尔萨当地统治区的名字。见 Stol 1976: 68。

36 见 Steinkeller 2004: 34–35，及 Brisch 2007: 51–52。一片小型石圆盘上刻有他的铭文，出土于马里附近的特尔卡遗址，可能表明他在那里也有享有权威；见 Wilcke 1990。

37 我们是通过乌鲁克发现的一份行政记录得知的，见 Durand 1992。

38 代尔靠近今日的巴德拉。曾在巴比伦统治晚期的乌鲁克发现书写于代尔的泥板。中世纪时这里在叙利亚文学中是一个教育中心。见 Longrigg 1960: I, 870–871。

39 Steinkeller 2001.

40 Charpin and Durand 2013.

41 Potts 2016: 145.

42 关于使者，e.g., Sulaiman and Dalley 2012; 一个代理人案例，见 Eidem and Ristvet 2011: 2 and 25–26。

43 约在西帕尔东北 40 公里处，见 Gasche and Tanret 1998: 20 and map 6。

44 Archive of Tutu-nišu. 亦见 also Blocher 1988: 42。

45 Al-Rawi and Dalley 2000: nos. 97, 98, 106, 115, and 123.

46 火烧过的地层现在命名为地层 II；相继地层现在命名为 Ib。见 Larsen 2015: 40–41 and 75–79。

47 Larsen 2015: 97.

48 Pedersén 2005a: 37–53.

49 见 Eidem and Ristvet 2011: 311–320 中的相关探讨。

50 Brisch 2007: appendix 5, Sin-iddinam to Utu, line 29.

51 Charpin 1988: no. 371.

52 Falkenstein 1963: 56–71, English translation van Koppen 2006: 127–130.

53 位于底格里斯河畔的马尔吉乌姆，他的名字叫库杜祖卢什。见 van Dijk 1970: 63–65，及 de Boer 2013。

54 Charpin 1985: 52, texts TIM IV, nos. 33 and 34.

55 Durand 1988: no. 25.

56 Stol 1981: no. 32.

57 Eidem and Ristvet 2011: 19–22.

58 Kraus 1985: no. 37; Heimpel 2003: 507; Moorey 1978: 175–177.

59 Klengel 1990: 163–75. 关于早期拼写 "Halam" 见 Archi 2010: 3 n. 1。

60 见 Magee 2014: 166。

61 见 Hammond 2017。

62 Barberon 2012: 67.

63 Kraus 1984.

64 Van Soldt 1990: 172: 8'–10'.

65 Charpin 2000: 185–211.

66 尼尼微此时也被称为尼奈特；见 Wu 1994: 198–200。

67 Durand 1990: 291–293.

68 Durand 1990: 40–42, text A.266; Charpin and Durand 2013: 341–353.

69 Bonechi 1991; Cohen 2019.

70 信息主要来自马里和舍姆沙拉。见 Eidem and Laessøe 2001: no. 64；里马赫土丘即古代卡塔拉，见 Dalley, Hawkins, and Walker 1976; Langlois 2017: 29–31, 43–44。

71 Sasson 2015: 98–99.

72 Sasson 2015: 85–86.

73 Charpin 1988: nos. 327, 328, 376, and 384. 战斗发生在希里图姆，可能濒临西帕尔上游处幼发拉底河的北段支泓，时为齐姆里-里姆在位第十年。

74 Kupper 1954: no. 19.

75 他是西鲁克-图赫，统治时期与库杜祖卢什重合。见 Eidem and Laessøe 2001: no. 64。

76 Durand 1993; Schwemer 2001: 211–231.

77 Henkelman 2008: 443–445.

78 Dalley 2014.

79 见 Bonechi 1991; Potts 2016: 155–160。

80 将"基大老玛"年代系于本时期的过往尝试：见 Weippert 1976–1980；近期论著，见 Durand 2005; Charpin 2004: 225。曾被与基大老玛联系起来的文献，见 Foster 2005: 369–375。

81 Cohen 2019.

82 Horsnell 1999: II, 139–143.

83 关于 Sin-iddinam, Šamaš-hazir, 和 Balmunamhe；见 Kraus 1968。

84 见 Dalley 2005a: 4。

85 Wilson 1977: 105.

86 Frayne 1990: 591–592.

87 Frayne 1990: 290–293.

88 见 Abraham and van Lerberghe 2017: 4–7。

89 Charpin 1995.

90 Sallaberger 2006–2008.

91 关于中亚述王国时期马里的一个本土王朝，见 Kupper 1987–1990, Maul 1992, 及 Zadok 2017。

92 Durand 1988: no. 209.

93 Sollberger and Walker 1985: 257–264. 颂诗共有 74 行。

94 See Katz 2003: 420–428.

95 TCL 17, 76; translation van Koppen 2006: 130.

96 Wilcke 1989: 561.

97 *lugal* 一词只有"大人物"的意思，既可以指国王，也可以仅仅指一块农田的所有者；*lú* 这个词仅指"人"，但与一座城市的名字连用时可以指代城市的统治者。其他地方它可以指代任何男子，或更具体地用以定义一个来自社会上层的自由人。埃什努纳的统治者有时曾被称为"埃什努纳之人"，但在他自己的王家铭文中也被称为 *rubûm*（王公）。埃兰统治者可以被称为 *sukkalmah*，它在美索不达米亚语中可以释作"大维齐"，但在汉谟拉比时代似乎有"皇帝"或"大摄政"的含义；时代稍后，在更靠西的地方，*sukkal*

（"维齐"）一衔可以意指"书吏"。一座城市的 *énsi* 可能是它的统治者，有时译为"总督"，或者使用它的基本词义"耕夫"。

98　进一步的讨论在 Horowitz 1998: 193–198, 298–299。

99　在他在位第四十二年的年名中，有三例在他的王名前使用了神祇定义符。关于西马什克、马尔吉乌姆、埃什努纳和代尔这些地方国王的情况，见 de Boer 2013: 19–25。

100　Horsnell 1999: II, 164; Dalley and Yoffee 1991: no. 278: 11.

101　Winter 2008: 75–101.

102　Frayne 1990: 344, no. 10.

103　Borger 1979: I, 7 (BM 34914).

104　详见 Hurowitz 2013: 89–100。

105　Frahm 2011: 242.

106　Frame 1995: 295.

107　Hurowitz 2013.

108　Charpin 1988: no. 371.

109　Durand 1988: 365–366; Lambert 2007: 141.

110　初见 Charpin 1986; Stone 1977: 266–289。Gadd 1973: 220–227 提出了一个相似但不那么极端的观点。

111　它们被记载在四篇双语铭文中，见 Frayne 1990: 374–391, nos. 3, 5, 7, 8。

112　Frayne 1990: 380–383, no. 5.

113　参见 Blocher 2012。

114　Kepinski 2012: 149–150; Magee 2014: 165–166, 176–177.

115　一篇法令的残篇尚存；其他是从提及法令的年名中推断出来的。

4　法律、教育、文学和通往霸权之路

1　George 1997a.

2　Roth 1995: 71–142.

3　见 Ornan 2019。

4　它可能最初树立在西帕尔，"正义之主"太阳神之城。Ornan 2019 推测埃兰人在苏萨曾计划对它进行重大改造，以"翻新"石碑，但未能完成。

5 Black et al. 2004: 163–80. 77.

6 Slanski 2007: 37–69 推测象征物的含义随时间推移而变化。

7 Lambert 2013: 356–7: 'A unilingual/bilingual Account of Creation, Old Babylonian period'.

8 Civil 2011: 221–286.

9 Woods 2004: 49.

10 Seidl 2001. See Figure 7.2.

11 Roth 1995: 13–70.

12 Otto 1994 and Hurowitz 2013 分别对如何理解所谓法典提供了出色阐释。Westbrook 的不同观点表述在 Wells and Magdalene2009: xi–xx。

13 见 Kraus 1984; Veenhof 1997–2000; Charpin 2000。

14 Maul 2018: 33–34.

15 Starr 1983: 30 and no. 37. 占卜的结果可以通过仪式规避，这便有了抉择或自由意志的成分。

16 参见 Black et al. 2004: 304–310。

17 Wilcke 2007.

18 Wilcke 2007: 76.

19 极少发现泥封。它们的黏土可能重复用于晚期文件，或用来封堵屋顶的漏洞。

20 见 Paulus 2014: 175–179 及其在 pp. 578–9 的注释。

21 Høyrup 1990.

22 Lewis 1980: 93.

23 参见 van Soldt 2011。

24 Diod. Sic. II.29.3–4, 主要提及不同种类的占卜。Trans. Oldfather.

25 Cohen 2018.

26 特别见 Ziegler 2007。

27 Michalowski 2011: 47; Llop and George 2001–2.

28 Jeyes 1989: 4–6, 20; Maul 2018: e.g. 103.

29 这个时期可能是由驴和野驴的杂交品种牵引的四轮车，战车的功能主要是礼仪性的。

30 Lambert 2007: 24–25; 笔者自译。暂不确定为何城市的名字拼写是 Kasalluhhu;

这个词与"庭院清洁工"这一职业名称相近。

31　见 Lambert 2007: 141。

32　Guichard 2014a；亦见 Wasserman 2015。

33　Villard 2008.

34　蛇王座见于苏萨出土的印章，以及伊朗西南部的摩崖石刻。关于埃兰的蛇
　　王座，见 Potts 2016: 169–175 and 182。

35　尼纳祖也是埃什努纳的一位神灵，坐在蛇王座之上。

36　Lewis 1996; Ornan 2005: 49.

37　定位阿加德的众多不同尝试尚未取得共识。

38　Lewis 1996; Cooley 2013: 120–124。狮龙后来衍变为有角的龙。

39　Roth 1995: 57–70.

40　吉拉见于汉谟拉比后继者的年名之中。

41　Foster 2005: 97.

42　Asalluhi-mansum，他的苏美尔语名字意为"阿萨卢希神赐予的"。

43　Finkel 1988.

44　Abusch 2019 揭示了文本中涉及巴比伦建城及相关主题的章节是二次添加
　　的，但添加时间不明。

45　本段摘录来自《创造史诗》更为后人所知的书面版本，五号泥板。

46　《创世史诗》允许安努持有"众神之王"的头衔，又声称弓星座（伊什塔
　　尔）是所有神灵中至高无上的，这可能暗示安努和恩利尔属于上一代神
　　灵，可以保留他们的称号。《创世史诗》中有两行诗阐述了一种更为灵活
　　的理解："尽管黔首各有各的神，/ 对于我们而言，无论我们如何称呼他，
　　让他成为我们的神！"由此，每座城市宗教崇拜的各自特征得到承认，但
　　这并不影响诸位主神与马尔杜克在巴比伦同化的趋势。其他城市可以赋予
　　它们的最高神灵"众神之王"的称号，正如我们知道这发生在太阳神、月
　　神等神灵身上。

47　Tablet VI 72.

48　Oshima 2011: 240–241.

49　一封信件称马尔杜克为"巴比伦的神王"，年代约在汉谟拉比统治后期，
　　而非信中假托的早前拉尔萨一位统治者在位的时代。见 Brisch 2007: 75–

81。Oshima 2011: 45 采信了字面说法。

50　见 Lambert 2013: 367–8, 现存内容属于新亚述帝国和晚期巴比伦时代，但可能创作于很早之前。亦见 Streck and Wasserman 2008。

51　Al-Rawi 1992, 可能写于汉谟拉比的继承人萨姆苏–伊卢纳统治时期。

52　最终，马尔杜克之子、年轻的纳布神夺走了图图作为书写技艺之主和博尔西帕保护神的两个角色，博尔西帕后来被称为"第二巴比伦"。Frayne 1990: 354–355; Barberon 2012: 84–85.

53　Lambert 2013: 3 援引 Köcher 的观点认为年代属于公元前 9 世纪；Farber 2014: 16 认为这批泥板绝大多数来自公元前 13 世纪晚期图库尔提–尼努尔塔一世的战利品。

54　见 Annus 2001: xxxviii。苏萨发现的其他文学文本也是本时期晚期阶段创作的，因此阿比–埃舒统治期的事件可能比汉谟拉比统治时期的事件更受青睐。

55　或是位于埃利普附近；见 Rutten 1960: 25–6, no. 30: 14；及 Kupper 1959: D 11 line 6。

56　Lambert 2013: 34–44.

57　这部编年史的年代或许属于薛西斯在位时期。见 Glassner 2004: 263–9 no.38；及 Schaudig 2009。

58　见 Kämmerer and Metzler 2012: 13–21。或许哈拉布的军队在战胜埃兰时发挥了主要作用，见 Jean 1950: nos. 21, 71, 76。

59　Durand 1993: 41–61.

60　Hawkins 2000: vol. 1, ch. VIII: BABYLON 1; and vol. 3 pl. 209. 见图 8.3。

61　Oshima 2011: 191–197.

62　有说法称他拥有两位圣贤，这确保了阿比–埃舒学者国王的声望。见本书第 5 章注释 75。

63　因此，对任何创作阶段使用"标准版"一词都是误导性的，见 Frahm 2010。

64　曾经认为马尔杜克直到尼布甲尼撒一世时期才获得至高头衔，但现在知晓那些头衔在更早的时代已加诸马尔杜克。见 Kämmerer and Metzler 2012: 16–21。

65 Streck and Wasserman 2008.

66 见 Hurowitz 1997。关于尼努尔塔等同其他七位神灵，见 Streck, 1998–2001: §12。

67 Grayson and Novotny 2014: nos. 160–161.

68 Tenney 2016. Lambert 2013: 458 and 465 认为《创世史诗》是为蓄意冒犯恩利尔和尼普尔而创作的，或许是为了压制异端神话，此观点恐怕低估了美索不达米亚传统中可接受的多元性。

69 其前身 *ušumgallu* 龙图像有着狮子的脑袋、鹰的羽毛和利爪，守卫恩利尔和尼努尔塔的神庙埃库尔的门槛，年代属于萨尔贡帝国，即公元前 2334 至公元前 2218 年间。Westenholz 1987: 42, no. 17.

70 Foster 2005: 879.

71 Frame 1995: 73.

72 另一尊矗立在"至高之所"中的尼努尔塔神祠内。George 1997b; Hurowitz 1997.

73 Borger 1979: 7–8, for col. v.15（前言结尾处）。

74 George 1993a: 46.

75 George 1993b: 737. 他认为这与推测编撰于公元前 13 世纪前后的《巴比伦城志》有联系，后者是巴比伦城内神庙、街道等名称的汇编。见下文第 8 章。

76 见 Lim 2017: xviii，以《圣经》和次经文本为例。

77 Çagirgan and Lambert 1991–1993.

78 Kämmerer and Metzler 2012: 26–36.

79 一份课文摘要的清单，见 Kämmerer and Metzler 2012: 37，它们之中没有年代早至公元前 2 千纪的。

80 见 George 2009: nos. 2 and 3. 其他不同观点见 van Koppen 2011: 140–166。

81 Böck 2013; Biggs 2000.

82 见 Darshan 2016。

5 从大叛乱到第一王朝覆灭

1 见 Glassner 2004: 132。

2 这一共时关系根据公元前 12 世纪晚期的恩利尔-纳丁-阿普利的授土碑 BE

1/1, no. 83, late twelfth century. See Paulus 2014: ENAp 1; and Zomer 2019: 28–37。

3 Rositani 2014: 35–64，含早期参考文献。

4 指拉尔萨统治的区域。

5 van Soldt 1994: no. 53.

6 见 Dalley 2005a: 5。

7 乌鲁克王宫出土了该文本的草稿。见 Dalley 2010。

8 该假说得到这些论著的坚持：Stone1977; Charpin1986 and 2004; Pientka1998; Pientka-Hinz 2006–2008。这 一 推 论 可 以 追 溯 到 Birot 1974b: 271–272。Richter 2004: 280–281 表达了保留意见。

9 见 Dalley 2019; van Lerberghe and Voet 2009。

10 Barjamovic and Larsen 2008: 153.

11 Shear 1998: 187–189.

12 见 Bryce 2005: 268–269。

13 亦见本书第 6 章。

14 Spar 1988: no. 50，涉及萨姆苏-伊卢纳统治第二十四年试图收回汉谟拉比统治第三十四年时从王宫借出的白银。一份出自伊辛的古巴比伦语文本落款于三年后。亦见 Kaniuth 2017: 492 n. 3。

15 Horsnell 1999: I, 192.

16 van Lerberghe and Voet 2009; Abraham and van Lerberghe 2017.

17 Horsnell 1999: II, 35–36.

18 Armstrong and Brandt 1994.

19 Brinkman 1969.

20 Oates 1968: 30 n. 5.

21 Gasche, Armstrong, Cole, and Gurzadyan 1998. 一般而言，一处遗址的陶器类型未必与其他遗址吻合。例如，在哈拉杜姆，公元前 18 世纪至公元前 17 世纪的当地陶器更接近巴林而非美索不达米亚中部的式样。见 Kepinski 2012: 149–150。

22 Frayne 1990: 247–278.

23 Frayne 1990: 354–355.

24 Kraus 1984. Charpin 2010 认为安米－撒杜喀法令中提及拉尔萨是固化辞令，不再反映现实；但是，如下文所述，诏令在每次免除债务时都会得到更新并立即执行。

25 赫梯王朝统治的地域从哈图沙至西方的旧都库沙拉。

26 Durand 1997–2000: no. 733.

27 Podany 2016.

28 Podany 2002: 41.

29 Weszeli 2003–2005.

30 里姆－辛二世的一个年名。见 Rositani 2003: 16。

31 Potts 2016: 161.

32 De Graef 2013.

33 可能这是称呼埃什努纳及其周边，或泛指巴比伦尼亚。

34 萨布姆位置问题的讨论在 Stol 2006–2008。

35 "萨姆苏－伊卢纳时代的一座重要的军事前哨"：Moorey 1978: 176。

36 Frayne 1990: 382, no. 5.

37 在位第二十年的年名。

38 萨姆苏－伊卢纳堡被识别为迪亚拉河流域的考古遗址 Khafage mound B。

39 Richardson 2005: 306 指出，关于大叛乱后续的经济衰退没有切实证据。

40 Translations: Frayne 1990: 384–388. 该文本被抄写下来以记录国王在位第 24 年的事件。

41 马什坎－沙皮尔，一座曾被认为在本时期遭废弃的重要城市，现在知道它之后继续有人定居。见 van Lerberghe and Voet 2016。

42 见 Bryce 2005: 81。

43 亦拼作 Shahna。作为萨姆苏－阿杜的王都，它曾被命名为 Shubat-Enlil，位于阿普姆王国境内。

44 国王亚昆－沙尔，见 Eidem and Ristvet 2011。

45 Guichard 2014b: 154.

46 五年之后，在哈拿的一场叛乱后，一个年名提到哈拿国王雅迪－阿布姆；但没有战争破坏的迹象；他及后继统治者的档案在哈拿王国的特尔卡和哈拉杜姆发掘出土；不排除一次赫梯入侵的可能。

47 这一最后阶段对应屈尔台培的最末地层 1B。

48 Barjamovic, Hertel, and Larsen 2012: 40 and n. 140 with references.

49 Lacambre and Nahm 2015. 皮塔纳的出现标志着古赫梯王国崛起的前奏，该
王国由其子阿尼塔肇建。

50 Kraus 1977: no.1.

51 Horsnell 1999: II, 219.

52 见 Birot 1974a。

53 Jeyes 1989: 47–50 and no. 4.

54 见 Frayne 1990: 372。

55 Steinkeller 2001.

56 Van Lerberghe and Voet 2016: maps 1 and 2.

57 Frankena 1966: no. 4.

58 Kraus 1968: no. 80.

59 Kraus 1968: no. 85.

60 对运河规模的讨论，见 Horsnell 1999: II, 218 and 399–403。

61 Ionides 1937: 71 提供了对晚近时期如何用它控制水流的介绍。

62 Gasche and Tanret 1998: 11–13.

63 Arnaud 2007: 42–59，阿比–埃舒堡出土的泥板。

64 Teissier 1994: 63.

65 Frayne 1990: 374.

66 van Soldt 1994: nos. 50–52.

67 这些年名的先后见 Horsnell 1999: I, 51–81。

68 Abraham and van Lerberghe 2017; Van Lerberghe and Voet 2016.

69 Frankena 1966: no. 67.

70 King Ahušina. Horsnell 1999: I, 62 and II, 259，该年名最近才知道。

71 Horsnell 1999: II, 260–261，在其统治的第十九年前后。

72 Glassner 2004: no. 40: rev. 8'–10'.

73 Lambert 2007: no. 3.

74 Moortgat 1988: no. 494.

75 二人名叫吉米勒–古拉和塔基什–古拉，他们被完全纳入后期的一份所有

圣贤名单，他们宣称是一位早期圣贤的后裔，这个谱系——可以参照王表——主要通过塞琉古王朝时期的一份名单为我们知晓。见 Lenzi 2008: 137–169 esp. 141. 学术作品的传承通过一条"真实性链条"，这是苏菲派道统传统的远祖。

76 Horsnell 1999: II, 260–261 n. 94, translating CT 15 nos. 1–2, col. vii.

77 Frayne 1990: 406–407 no. 1001.

78 见 Foster 2005: 96，含相关文献；Streck and Wasserman 2012。

79 Frayne 1990: 405.

80 VS 22, 29: 35. 见 Klengel 1983。

81 Charpin 2010.

82 Frayne 1990: 404–405, no. 1.

83 要么是尼普尔的神庙，要么是巴比伦的同名神庙。George 1993a: 130–131 and 325–326 坚持认为本时期所有国王雕像都安放在巴比伦的生命之屋，汉谟拉比在里面为"世界之主"恩利尔建造了一间仓库，记有第 28 年年名的雕像表明国王献上了面包与啤酒之贡，这种贡赋在乌尔第三王朝时代通常用于资助尼普尔；见 Horsnell 1999: II, 309; Bahrani 2017: 143, 146. Spycket 1968: 86 认为这里提及的生命之屋在尼普尔。

84 见 Frayne 1992: 33–36。把 Udinim 读作 Kissik，也许就像把 Edina 读作 Kissik，见 Horsnell 1999: II, 319–320 n. 176。

85 Foster 2005: 85–88.

86 Veenhof 2005: no. 7.

87 Haas 1994: 113–115.

88 George 2009: no. 15

89 见 Wilson 1977: 93–114。在这篇文本与其他来源之间，王名的拼写存在一些重大差异。

90 见 Wilhelm 2009: 59–75 and Ornan 2012: 15–16。在一篇咒语中发现了祖先祭祀仪式的家庭版本：2014: 1–10 esp. 2–3。

91 Vallat 1993: text VS vol. 7, no. 67.

92 De Graef 2013: 272.

93 Van Lerberghe and Voet 2016.

94　Dalley 2009: no. 83: 15'.

95　Bryce 2005: 662–664. 越来越多的证明显示赫梯人从叙利亚的一处中心获取楔形文字的启蒙。

96　Bryce 2002: 59–60. 学习楔形文字的初级阶段可能是在一座叙利亚城市，大概是埃马尔为赫梯人组织的。在赫梯首都发掘所获的仪式和咒语文献中有古巴比伦方言的若干特征。参见 Watkins 2004: 552; Beckman 2014: 6。

97　Haas 1994: 83, 110, 113, 115, and 571.

98　Gurney 1977: 15.

99　Janssen 1991. 很难评估女性所写信件中发出的抱怨，因为她们总是抱怨被人忽视!

100　完整译文，见 Pritchard 1969: 526–528。

101　它们包括博尔西帕、伊辛，拉尔萨／雅穆特巴勒、伊达马拉兹、基苏拉、马尔吉乌姆、曼基苏姆和希图卢姆。

102　E.g., Podany 2002: 56.

103　见 Steele 2011: ch. 22; Cooley 2013: 124–129。

104　Reiner 1995: ch. 8.

105　早期的天文观测记录或许并非同样的程式。

106　参见 Cooley 2013。

107　见 Horowitz 2000。

108　晚期标准版汇编中的头 22 块泥板涉及月相观测和气象事件，接下来则是行星和恒星。见 Reiner and Pingree 1975。一些后期被编入《那时安努和恩利尔》的材料年代约属于本时期，但可能来自其前身；公元前 2 千纪末期以降的最终版汇编，已知数个略有差异的版本，它们内容广泛。完整的体例尚不明确。众多其他类型的天文文献，以及对其中一些的评述，见 Hunger 2011–2013。

109　这或许与爱琴海圣托里尼火山爆发有关：在那次大爆发沉积的火山灰中，发现了一根橄榄树枝，碳-14 测年结合树轮校正得到的年代数据为约公元前 1627 年。如果这一关联为真，它就确立了王朝的中限年代值。见本书第 2 章。

110　Tablet CBS 563 with colophon, 这是一种更广为人知的、通过身体净化的

驱魔仪式，即"浴室"的前身。见 Ambos 2013: 188–191。

111 在较早的材料中，可以辨识出独特的正字法和语音，表明文本是"使用南方原文编辑的"，意味着从海兰城市引入。见 Jeyes 1989: 8。

112 Kraus 1985: no. 150.

113 Kraus 1964: no. 2; Kraus 1977: no. 47 也是国王写的，涉及同样的威胁，其他保存较差的信件也是关于该主题的。

114 Klengel 1983: VS vol. 22, no. 20.

115 Podany 2016: 69–98.

116 Colbow 1994: 61–66.

117 Zomer 2019: 35.

118 参见 Richardson 2005。

119 Lambert 2007: 24–29. 桑哈鲁是一个加喜特部落的名字；伊达马拉兹可能指哈拿西北部地区。

120 Veenhof 2005: no. 8.

121 van Lerberghe 2008.

122 Kraus 1983: text VS 22: 83–92, no. 91.

123 Grayson 1975b: 156, chronicle 20.

124 Paulus 2014: 296–304.

125 Bryce 2005: 98–99 对这些史源做了未加批判的评估。

6 加喜特、海兰、伊辛和埃兰诸王

1 年代学序列仍存疑问；见 Brinkman 2017: 1–44。

2 在一份王表中，三位海兰国王的名字是缩写的：古勒基、佩什加勒和阿亚达拉。该缩写形式在本章中用于两位曾统治巴比伦的国王。这些名字是苏美尔语。

3 乌尔附近哈伯尔土丘出土的海兰泥板年代与舍延文献（Schøyen texts；Dalley 2009）属于同一时期，据此可以推算出他在巴比伦统治的年数。见 Calderbank et al. 2017。

4 另一种可能，阿贡二世的统治紧随萨姆苏-迪塔纳之后。

5 他们可能包括穆罕默德土丘出土的泥板上证实的统治者，见 Al-Ubaid

1983；或者那些统治者只是当地城市的首领。

6 它们包括一些从未统治过巴比伦的祖先的名字，忽略了时间的重叠，还可能给统治短暂者增加了年数，旨在开启一个新时代。见 Boiy 2012。

7 以考古学术语来讲，本章涵盖的漫长时期始于约青铜时代中期结束之时，跨越整个青铜时代晚期，结束于铁器时代早期。

8 尽管一些历史学家猜测海兰国王在萨姆苏-迪塔纳死后接管了巴比伦王权，但根据《古勒基沙尔史诗》推导的共时关系或许排除了这种可能。

9 这类文献大部分出自尼普尔和库里加勒祖堡，极少数出自巴比伦。

10 见 Brinkman 2017: 31–32。

11 这一变化是渐进和不连续的：没有清晰的转变时点。见 Horsnell 1999: I, 124 ff。

12 耶路撒冷附近的纳斯贝土丘，埃及的阿玛尔纳土丘，波斯湾的巴林，亚美尼亚的米沙摩尔，希腊的忒拜。

13 Zomer 2019: obv. 7' and 25'.

14 恩利尔-纳丁-阿普利的授土碑，BE 1/1, no. 83 (Paulus 2014: 521–524), 很晚之后的公元前 12 世纪的一篇文献。

15 见 Dalley 2020。

16 见 Brinkman 1976–1980。

17 另一种读法是"杜尼亚什的码头"。别处从未发现一个名叫杜尼亚什的神祇。

18 Podany 2002: 43–51. 尽管一份年代晚很多的楔形文字文献将哈拿之地与加喜特人划等号，但哈拿之地的统治者从未宣称征服过巴比伦尼亚中部的任何土地，他们也从未被纳入巴比伦王表。

19 哈拿最终被亚述征服，在至少一千年间：从约公元前 1750 年至公元前 7 世纪，它的王国地位一直得到承认。见 Podany 2016。

20 后期一位名叫阿贡的统治者可能是巴林国王，他的泥板在当地出土。

21 他的头衔 kakrime 推测是一个含义不详的加喜特词。

22 一份海兰文献中出现的人名布尔纳-布里亚什可能便是登基为王的同名加喜特人。见 Dalley 2009: 9, note following no. 16。

23 人们只知道这种文字是刻在极少数楔形文字泥板边缘上的附加文字，仅有一处是可以释读的。参见 Hamidović 2014。关于在埃及辨识出的年代属图特摩斯三世时期的南阿拉伯字母表，见 Fischer-Elfert and Krebernik 2016。

24　见 Dalley 2009: no. 7。使用的术语含糊不清。

25　关于其他城市也有这类做法的明确案例，见 CAD s.v. mihru A 1 a)。

26　Woolley 1965: 1–2.

27　出自底格里斯河畔的马什坎–沙皮尔；见 Stone et al. 1998; Campbell et al. 2018: 226。

28　BM 120960 和 VAT 16453 出土于巴比伦，见 Oppenheim, Saldern, and Barag 1988。来自埃里都的祭司要么指那座古老的南方城市，要么指巴比伦城内一个以它命名的街区。

29　Dalley 2005a: no. 7.

30　Marcus 1991.

31　Clayden 2011.

32　2016 年 6 月，奥胡斯史前历史博物馆和丹麦国家博物馆在《阿加德学报》上公布了检测结果。

33　Oppenheim 1966; Sollberger 1987.

34　Brinkman 2001: 73. 库里加勒祖一世在名叫帕尔萨的早期城镇原址上建造了这座全新的行政中心。

35　Moorey 1999: 160; Dalley 2019.

36　见 Calderbank et al. 2017。

37　见 Paulus 2018。

38　这是阿贡现存的唯一铭文，通过近一千年后亚述国王阿舒尔巴尼拔在尼尼微图书馆中保存的两份副本为我们所知；这篇长文分八栏书写，每栏约有 55 行，并非全文完整无损。

39　两座城镇靠近迪亚拉河上游，坐落在经扎格罗斯山脉通往伊朗的道路上；见 Fuchs 2017。

40　对雕像曾遭劫掠的推测缺乏证据支持。年代晚很多的《马尔杜克预言》声称马尔杜克巡游境外以促进贸易。

41　文本结尾处附有题跋，确认了该抄本属于公元前 7 世纪阿舒尔巴尼拔统治时期。

42 《库里加勒祖自传/捐献》的两份晚期抄本，一度被视为虚构性作品。见 Brinkman 2017: 32 and Paulus 2018。

43 Tablet I lines 141–143 in the edition of Kämmerer and Metzler 2012: 145–146.

44 同样出现在海兰国王乌拉姆–布里亚什的简短铭文中，它镌刻在巴比伦发现的一枚蛇纹石（？）权杖头上。

45 Steele 2011: ch. 22.

46 译文参考数个不同版本。

47 *Defeat of Enmešarra*, Lambert 2013: 294–295, rev.v.7–13.

48 加喜特人重复使用若干王名，由于缺乏详细信息，我们无法确定到底有多少国王被称为卡什提利亚什、阿贡或库里加勒祖，以及《巴比伦王表》中的早期名字哪些代表巴比伦统治者，而非入主巴比伦之前时代的祖先。在位年数可能带来误导。见 Boiy 2012: n. 1。

49 卡达什曼–恩利尔以下的加喜特诸王年代采用 Brinkman 2017: 36.

50 通常无法区分巴比伦第一王朝晚期与加喜特王朝早期甚至更晚的那些未纪年的文本。参见 Farber 2014: 9–10。

51 仅在公元前 703 年统治过一个月的国王马尔杜克–扎基尔–舒米二世或许是阿拉德–埃阿，那位库里加勒祖二世时代著名书吏的后人。见 Brinkman 1980–3b。

52 Tenney 2016.

53 Brinkman 2017: 33; Devecchi 2017: 122. Chronicle P 所记录的事件要比这一时期的事件晚得多，它或许是从这类来源中吸收了虚假史实。关于一处主要的龃龉，见 Llop and George 2001–2002: 1–23。

54 翻译段落选自柏林书信档案，译文参考 Potts 2016: 199 and 223。

55 战车驭手一词曾被认为是本时期前后印度–伊朗人带来的，直到它出现在舍赫纳（莱兰土丘）出土的一篇古巴比伦语文献中，比印度–伊朗系米坦尼统治者在文献中出现早两个世纪。见 Eidem and Ristvet 2011: no. 142。

56 Paulus 2014: 538–542.

57 Mitchell 2018: 100–107.

58 Cohen 2019.

59 关于它们被发现和回收的情形，一个震撼的故事，见 Sayce 1923: 251–252。

关于辞书和文学泥板，见 Izre'el 1997。赫梯语泥板案例，见 Beckman 1999。这批信件的英语翻译，见 Moran 1992。

60 已知风格属于汉谟拉比至萨姆苏-迪塔纳的时代；van Koppen and Lehmann 2012–2013; Radner and van Koppen 2009: 108, TD 9420, 尺寸 2.0 × 1.1 × 1.1 厘米。

61 不必与巴比伦当地联系，因为已知叙利亚或迦南国王都曾写下这类信件，例如出土于卡特纳、佩拉和哈索尔，这是另一种可能。Radner and van Koppen 2009 推测巴比伦必然牵涉其中，太武断。阿瓦里斯遗址在公元前 1783 年至公元前 1550 年间使用，但巴比伦国王与喜克索斯国王的年代学序列尚无法准确对应。

62 见 Redford 2003: 51, 75, 250。"桑加尔的首领"是库里加勒祖一世使用过的头衔，见于一枚镌刻埃及圣书字的红玉髓滚印，出土于亚美尼亚的米沙摩尔。见 Leclant and Clerc 1989: 350。

63 Moran 1992: nos. 1, 3, 5, 9, 10. 西顿发现的一块泥板亦见 Finkel 2006。

64 见 Bryce 2005: ch. 11。

65 KUB 21,38 rev. 7 ff. 见 de Roos 2006。

66 Izre'el 1997.

67 Ossendrijver and Winkler 2018.

68 该精英阶层被称为米坦尼人，似乎是印度-伊朗系民族，统治一群民族杂糅——包括胡里人和东闪族人——的臣民。参见 Wilhelm 2004: 96。

69 见 Kammenhuber 1987–1990: 371–372。

70 Hoffner and Beckman 2009: 137, no. 23, para 16.

71 Veldhuis 2008.

72 Moran 1992: no. 10.

73 受困于使用特定几个王名造成的混乱，例如王朝的数位国王使用库里加勒祖一名，直到最近才有突破，能够将许多特定铭文及其记录的事迹归属于正确的国王名下。

74 巴比伦书吏喜欢发明专名的复杂形式。

75 Bartelmus 2010.

76 泥砖建筑的长寿是众所周知的：例如在拉尔萨，始建于汉谟拉比时代之前的太阳神大神庙似乎存续超过一千年。见 Blocher 2012。

77 例如在阿达布和凯什，两地都是公元前 3 千纪宁玛神的主要崇拜中心。

78 Sternitzke 2017.

79 属于阿贡三世（？）统治时代；见 Magee 2014: 177–180。但是否存在第三位阿贡国王（三世）仍有争议。

80 库里加勒祖一世（或二世）所署巴林总督的曾孙名下的一枚有铭滚印。见 Porada and Collon 2016: 74, 1K 35。

81 Magee 2014: 180–182.

82 例如在内盖夫的提姆纳，矿场散布于死海以东约旦境内的费南干谷，以及在塞浦路斯；但每个矿场依然难以精确判定开采年代。

83 Aro 1970.

84 Brinkman 1981–1982: 74 no. 26. 马尔杜克名字的出现可能意味着巴比伦国王与这批文物的形成直接相关；布尔纳-布里亚什二世的一位官员的名字出现在一段刻铭中。亦见 Aruz, Benzel, and Evans 2008: 281–287。

85 他的名字是马尔杜克-纳丁-阿赫。见 Grayson 1972: 43 and Wiggermann 2008: 203–234。

86 Grayson 1972: 43.

87 Robson 2008: 175.

88 该地书写的一些泥板在乌鲁克出土。在基督教和伊斯兰教时代，与拜特·代拉亚以及巴杜拉亚一样，它是一个教育中心。见 Longrigg 1960。

89 George 2011: no. 61.

90 关于一本择日书的亚述抄本 ND 5545，见 Livingstone 2013。

91 Šubši-mešre-Šakkan. 见 Oshima 2014: 3–77。

92 Oshima 2014: tablet IV 73–74, 82.

93 参见 Bahrani 2017: 204。

94 即西帕尔、尼普尔、巴比伦、拉尔萨、乌尔、乌鲁克和埃里都。

95 Livingstone 2013: 179.

96 这一传统自身或许更为古老，而非一项发明出来的伪传统。从乌尔第三王朝时期开始出现的"圣贤运河"，写作 ÁB.GAL,NUN.ME, *apkallatu* 和 *pallukkatu*，是提及圣贤传统的最早的和孤立的证据，如果该词在后期没有改变意涵。见 Edzard and Farber 1974: 252–253。关于雕刻艺术中的鱼人圣贤例证，参见 Matthews 1990: nos. 129, 135, 136, 137, 140, 141, 144。其中两枚印章出土于波奥提亚地区的忒拜。

97 Porada 1948: 229–234.

98 见 Paulus 2017。它们有时被误导性地称为"界碑"。

99 对文献中土地租赁的不同解读，见 Paulus 2014: 205–215。

100 Hinke 1907; Seidl 1989.

101 Paulus 2014: 102–104 and n. 269.

102 Paulus 2014: 521–524.

103 见 Groß and Pirngruber 2014，表明没有清晰无疑的证据。关于该情境下的巴比伦尼亚，见 Dalley 2001 and Paulus 2014: 112–113。

104 Heltzer 1981. 关于阿赫拉穆与哈拉布的可能关系，见 Owen 1993; Archi 2010。

105 Farber 2014: 7–9.

106 Veenhof and Eidem 2008: 201.

107 Frame 1987: 111–118, no. 3.

108 Radner 2005: 187–190; Grayson and Novotny 2014: 215–217.

109 Machinist 2014; for a translation, see Foster 2005: 298–317.

110 Radner 2005: 187–190; Grayson and Novotny 2014: 215–217.

111 Michalowski and Rutz 2016.

112 Foster 2005: 318–323.

113 这一豁免地位免除了城市的各项赋税和职责，执行携带武器入城的禁令和军事义务。

114 参见 Roaf 1996: 425; Matthews 1990: 64–65。

115 Potts 2016: 176–177. 挖掘《创世记》第 14 节中"基大老玛"故事历史背景的早期尝试不再得到学界支持。见本书前文第 3 章，以及书末附录。关于舒特鲁克-纳洪特之子的《库杜尔-纳洪特史诗》，见 Foster 2005: 369–375。

116 Potts 2016: 213, 225–228. 埃兰与巴比伦关系的诸多细节依然模糊。

117 尼布甲尼撒一世时代的研究文献见 Frame 1995: 11–35; Brinkman 1998–2001a; Frahm2018。

118 见 Cline 2014。

119 见 Frame 1995: 5。

120 Oshima 2013: xiv–xvii and 2014; Frahm 2018: 29–33.

121 Heeßel 2017. 很多这类文献只是通过原作成书很久之后抄录的副本才为人所知。

122 Cohen 2015 揭示了怀疑论态度同样见于很早之前的文学作品，而且无法与历史事件建立联系。关键的最后一句有不同译法，例如"国王陛下像神灵一样引导凡人"。

123 Hunger 1992: no. 158.

124 这篇文献被称为《王权的种子》。见 Foster 2005: 376–380。

125 见 now Abusch 2019。

126 Seidl 1998–2001: 'Nabu B' § 3.1.

127 Paulus 2014: 503–510.

128 穆尔西利、图库尔提–尼努尔塔和库杜尔–纳洪特一世。

129 这篇文献记录在亚述出土的泥板上，但它声称内容源自一块巴比伦书写板。见 Neujahr 2012: 27–41；但需注意没有关于尼布甲尼撒一世"攻克苏萨"（p. 39）的正面证据。尼布甲尼撒本人的王家铭文只提到代尔。这篇文本的创作年代不排除属于新亚述帝国时期。

130 Foster 2005: 388–391.

131 以一种掠食动物形象示人的恶魔。

132 Frame 1995: 30.

133 George 1992.

134 参见最近的研究：Mofidi-Nasrabadi 2018 and Potts 2016: 214–223。

135 Walker 1982: 400 line 17.

136 Frame 1995: 50–63.

137 Magee 2014: 237, 256, 261.

138 可能是一个加喜特部落名字的缩写："巴齐家族"，令人忆起哈拿王国，那里的一位统治者曾使用加喜特名字。见 Cohen 2012。

139 见 Hunger and Steele 2018: 5。年代或许属于本时期或稍晚，可能由单一作者撰写。

140 Koch-Westenholz 1995. 成书年代不详，但显然是一部杂糅的作品。

141 Pedersén 1998: 110–112.

7 在亚述的阴影下

1 Grayson 1996: 31. 格雷森校订和翻译了公元前 858 年至公元前 745 年之间的几乎所有已知的亚述王家铭文，通常会涉及与巴比伦的关系。

2 以考古学术语而言，本时期大致对应从铁器时代 II 段晚期到铁器时代 III 段。

3 史料来源包括亚述王家铭文；《共时编年史》；《亚述名年官年代记》提供了对包括瘟疫在内的重大事件的简要通告。一些提及巴比伦的亚述官方信件，无一标注年份，而且往往残损；亚述条约、占卜和预言文本。《巴比伦编年史》在巴比伦尼亚编撰，而巴比伦史诗和神话得到抄写乃至可能修改；天文学与神谕类的手册和汇编也得到研究。

4 它的创作年代被认为大约在本时期内。Frahm 2010.

5 这一反战、反英雄主义主题或许曾在汉谟拉比时代出现过，根据对《阿古沙雅之歌》的一种解读。

6 Tablet IV.

7 Zadok 2017: I, 331–334.

8 Strabo, 16.1.6, trans. Jones 1961: 203, 在罗马时代写到"迦勒底人……特别关注天文学"，但这句话未必适用于迦勒底人进入美索不达米亚之前的历史早期。

9 Mitchell 2018: 26 and 95–100.

10 Cline 2014: 170 强调了一系列非线性因素。

11 Magee 2014: 44–45 and 214–222. 亦见 also Drewes and Ryckmans 2016。

12 Magee 2014: 225–227.

13 Kuehne 2017: 318–340.

14 古巴比伦文学作品断章。见 CAD s.v. parzillu 1b。

15 Woods 2004.

16 Woods 2004.

17 Da Riva and Frahm 1999–2000.

18 Grayson 1996: 227.

19 Zadok 2014.

20 Frame 1995: 304.

21 不要把苏胡与苏图和苏图人搞混。

22 他指名的城镇有拉希鲁、阿拉帕和伊杜,最后一个现在判定为扎布河下游
的萨图-卡拉,而非幼发拉底河中游的希特。见 Van Soldt 2008: 55。

23 1962 年于尼姆鲁德出土,彼时处在间隔年的我正在那里参加发掘。

24 Miglus 2000.

25 Grayson 1996: 106.

26 Grayson 1975b: no. 21.

27 Grayson 1996: 180.

28 例如,乌拉尔图国王梅努阿(约公元前 810 至公元前 785/80 年)从梅利
德(马拉提亚)收取贡赋,一座乌拉尔图军镇建立在幼发拉底河上游的卡
亚利德雷;亚述控制下的宗教中心库梅受到乌拉尔图人威胁。见 Salvini
1993–1997; Röllig 1980–1983。

29 Frame 1999.

30 关于本时期和后一阶段,两本书值得推荐:Brinkman 1984 and Frame 1992。

31 见 Fales 2014。

32 George 2011: 171–177.

33 De Jong 2007: 426–428; Neujahr 2012: 50–59. 该文献在塞琉古时代仍为人熟
知,可能为针对某位塞琉古国王而被重新使用。

34 亚述人在泥板上抄录它们,用于建立自己的图书收藏。书吏兼学者纳布-
祖库普-肯努的活动,参见 Baker and Pearce 2001。亚述在神谕和占星领域
特别依赖巴比伦专家。见 Maul 2018: 135–136, 184–188。

35 《那时安努和恩利尔》的最早存世抄本年代为公元前 718 年,见 Fincke
2016。现存最早的天文日志年代不再定为本时期,而是稍晚的公元前六世
纪初。

36 Fincke 2016: 130 提供的表格列出了这些手册的已知年代。她写道,无法翻
译的汇编内容包括"计算祭祀场所面积,天文现象,神灵的名字与具体品
格之间的联系,包括倒数在内的数学法则,以及历法泥板"。

37 Grayson 1975b: 130, line 22.

38 Cole 1996. 亦见 Magee 2014: 256; 档案年代主要处于约公元前 755 年至公元前 732 年间。

39 见 Waerzeggers 2012; Boiy 2012。

40 Brinkman 1998–2001b.

41 Tadmor 1994: 272.

42 对本时期的最新介绍，见 Luukko 2012: 特别是 xxviii–xxxiii。

43 Tadmor 1994: 160–161，这些大城是西帕尔、尼普尔、巴比伦、博尔西帕、库塔、迪尔巴特和乌鲁克。

44 Moorey 1978: 22.

45 Melville 2016: 62–73; Fuchs and Parpola 2001: xiv–xxii.

46 George 2003: I, 734–735; 笔者自译。

47 见 Cogan and Tadmor 1988: 253–263。

48 Cogan and Tadmor 1988: 260–263.

49 一部详细讲述梅罗达克-巴拉丹的活动及其与埃兰关系的新作，见 Potts 2016: 253–268。

50 见 Fales 2014。

51 Fuchs 2011.

52 Fuchs and Parpola 2001: no. 83.

53 Frame 1995: 147.

54 见 Kuhrt 1990。

55 Fuchs 1994: Annals lines 312–313, 320–321.

56 见 van der Kooij 1996。

57 Radner 2010; Malbran-Labat 2004: no. 4001.

58 Cole 1994.

59 或是他的继任者之一所为；见 Cogan and Tadmor 1988: 209。

60 Dietrich 2003: no. 2.

61 Luukko 2012: no. 103.

62 见 Pedersén 1998: 182; Moorey 1978: 178，亦见 Brinkman 1984: 53 n. 250。

63 与上文提到《乌鲁克预言》一样。一些学者认为它的成书年代属于本时期；见 Foster 2005: 867–869。

64 见 May 2012: 204–205；亦见 Bartelmus 2007: 287–302。

65 Tadmor, Landsberger, and Parpola 1989: 3–51.

66 Brinkman 1984: 53–54.

67 Ezekiel 17: 2.

68 Borger 2000: tablet III line 6.

69 May 2012.

70 见 Grayson and Novotny 2012: 23; Fales 2014。

71 在王家铭文中这些事件的先后顺序有时令人困惑；见 Grayson and Novotny 2012: 9–14。

72 Frahm 1997: 191.

73 Frame 1995: 154.

74 哈卢勒位于巴比伦以北底格里斯河畔，临近现代萨马拉。

75 见 West 1995，他将《伊利亚特》最终版本的成书时间定为公元前 7 世纪中叶。

76 该叙事的部分场景可与荷马史诗《伊利亚特》第 11 卷（见 West 1997: 375–6），以及《伊纳罗斯传奇》残篇中的一个段落对照，后者在埃及泰布图尼斯出土的纸莎草卷残页上发现，其中提到埃萨尔哈顿的名字。见 Hoffmann and Quack 2007: 64 and 107–117。

77 见 Grayson and Novotny 2012: 6。

78 Grayson and Novotny 2012: 221–222.

79 见 Grayson and Novotny 2014: 316 for the full text。

80 参见 Frame 1992: 55–56。

81 George 2005–2006: 79.

82 见 Frahm 2011: 349–360 for a full discussion。

83 见 George 1992: 248。

84 Grayson and Novotny 2014: no. 161.

85 Frahm 2011: 352–358.

86 Luukko and van Buylaere 2002: no. 65.

87 例如，"国王"拥有一个不同于其巴比伦形式的亚述写法；"路径"在亚述

语中是 *hūlu*，巴比伦语则是 *harrānu*；两种方言使用的动词有差异。

88　Leichty 2011: 203.

89　Knapp 2015: 310–331; Grayson and Novotny 2014: 26–29 质疑了之前的观点，即埃萨尔哈顿同父异母的兄弟是弑君的主谋。

90　晚近传奇故事中塞米拉米斯的名字和巴比伦的区位可能与公元前 7 世纪娜吉雅的事迹有关；见 Frahm 2016。

91　关于埃萨尔哈顿碑铭系年的调整，见 Leichty 2011: 6; Novotny 2015b, and 2015a。

92　这可能意味着阿舒尔巴尼拔把他们用作人牲献祭。

93　Leichty 2011: 225, 229, 244

94　Grayson and Novotny 2014: 28 n. 94.

95　Leichty 2011: 7.

96　Tadmor, Landsberger, and Parpola 1989.

97　Reynolds 2003: no. 158.

98　译文基于 Starr 1990: no. 74。

99　Porter and Radner 1998: 146.

100　Leichty 2011: 315–324, 以及她的通信等，见 Melville 1999。

101　贝尔-乌舍兹布是众多学者中的一位。

102　Frame 1992: 67; Leichty 2011: 6.

103　Cf. Herrmann and Laidlaw 2009: 25–26 and 114–115.

104　Leichty 2011: 198.

105　见 Bergamini 2013: 43–64。

106　Porter 1993: 53; Leichty 2011: 250–256.

107　Leichty 2011: 249 and fig. 16.

108　Leichty 2011: 229–330; Cavigneaux 2013.

109　Cole and Machinist 1998: no. 178; Landsberger 1965.

110　Cole and Machinist 1998: nos. 161–170 and 173–180.

111　Parpola 1997: no. 1.

112　Leichty 2011: 114.

113　Parpola and Watanabe 1988: 28–58.

114 尼托克丽丝是一位埃及公主的名字，她是普萨美提库斯一世的女儿，生活在公元前 600 年左右。希罗多德声称是她建造了巴比伦城内横跨幼发拉底河的大桥。见 Streck 1998–2001。

115 见 Melville 1999: 3。

116 Frahm 2011: 365–367.

117 George 2005–2006: 78.

118 Neu 1996: no. 14, 一篇胡里/赫梯双语文献包含巴比伦借词"建筑者"和"沟渠"。

119 它们很多保存在以阿拉姆文或埃及世俗体书写的纸莎草卷上，因埃及沙漠的干燥环境而幸存。

120 一篇概述，见 Schürer 1986: 232–239。

121 在他于公元 390 年前后转译为拉丁文的序言中。他所说的"迦勒底"，是指阿拉姆语。

122 Hoffmann and Quack 2007: 64.

123 Holm 2007: 193–224.

124 对其统治期史料来源的详细介绍见 Baker 2011a。

125 Oshima 2011: 342–343.

126 Da Riva and Frahm 1999–2000: 169–182.

127 Starr 1990: no. 280.

128 Lambert 2007: e.g. nos. 24 and 25.

129 ABL 301. See Moran 1991: 320–331.

130 Waerzeggers 2012: 293.

131 Novotny and Watanabe 2008.

132 见 Röllig 2009–2011。

133 以埃及世俗体书写，但使用的是阿拉姆语。阿默斯特纸草卷 63 号上的抄本可能是在公元前 400 年前后根据一份更古老的文本誊抄。完整译文见 Steiner1997: 322–327。

134 见 Dalley 2007: 170 and 183。

135 Adapted from Frame 1995: nos. B.6.32.1 and 2.

136 Frame 1995: 256–257.

137 根据一个加喜特先例，篮子可能是白银材质，献给神灵。见 Abraham and Gabbay 2013。

138 Frame 1992: appendix F, 296–306. 讨论了辨识坎达拉努的困难。他的名字对于国王而言很不寻常，这是一个称呼纯铜或青铜容器的词。

139 见 Frame 1992: 296–306。

140 Grayson 1983.

8 帝国：纳波波拉萨与尼布甲尼撒二世

1 本时期被历史学家和考古学家称为新巴比伦时期。王家铭文主要已经 Da Riva 和 Schaudig（见参考文献）校订。Brinkman 1998–2001a 提供了对纳波波拉萨统治的详细综述。《巴比伦编年史》提供了关键信息。

2 Jursa 2007b. 214

3 Hdt I.179 (178).

4 见 Spar and Lambert 1988: no. 44。该记载出自"至高之所"发现的一封公元 2 世纪的信件，可能是一个文学虚构。

5 Waerzeggers 2012: 297.

6 米底人的名字首次出现在公元前 835 年的一篇文献中。

7 Kataja and Whiting 1995: 7–9 no. 36.

8 Grayson 1975b: chronicle 3. 拉萨帕位于现代尼西宾以北。

9 它们应归属以埃兰文书写的米底人，而非来自苏萨地区的埃兰人。米底人是迁入伊朗西北部的移民，它们的王都位于埃克巴坦那（现代哈马丹），米底人可能不曾书写他们的口头语。

10 在撒玛利亚失陷后，美吉多作为以色列故土的总督驻地，见 Franklin 2019。

11 Da Riva 2014.

12 Da Riva 2013a.

13 Kuehne 2002. 这批泥板年代不早于尼布甲尼撒二世在位第三十四年，出土于卡特利穆堡的一座新建成的大型"后亚述风格"建筑，位于今日叙利亚哈布尔河畔的舍赫·哈马德。

14 Da Riva 2013b: 94, col. i 7–24.

15 Da Riva 2013b: 93–97.

16 Da Riva 2013b and 2008.

17 Cf. Potts 2016: 283–285.

18 Grayson 1975a: 78–86.

19 见 Ambos 2013: 1 and 155–211。

20 Da Riva 2014.

21 Ornan 2005 and Altavilla and Walker 2016 提供了众多例证。

22 见 Bergamini 2013。

23 George 2005–2006: 77; Keetman 2009.

24 Harper, Aruz, and Tallon 1992: 223–241.

25 Da Riva 2012a. 哈布勒·埃斯-萨赫尔段的残留墙址近期得到调查。

26 这两个词以词符书写时可以清晰区分开来：GÁN 表示 *ikû*（"田地"），E 表示 *īku*（围堰）。

27 Xenophon, Anabasis II.5.

28 见 Streck 1998–2001: 197。

29 见 Brosius 1996: 21–39。

30 Da Riva 2013a; 217.

31 Hackl and Jursa 2015.

32 Potts 2018 指出，一些卡里亚人可能是在亚述晚期从埃及前往巴比伦尼亚的。本时期的希腊哲学家和数学家毕达哥拉斯被认为得到一些曾在迦勒底人中间学习过的人的传授；见 Robson 2006-8。

33 尼布甲尼撒二世的舍延石碑几乎可以肯定是赝品。见 Dalley 2016: 754。

34 Da Riva 2012b.

35 Leichty 2011: 13. Dillery 2015: 274 and 282–283，对比了与安提奥库斯一世相关的一篇文本。

36 2 Kings 23: 29.

37 Grayson 1975b: chronicles 4 and 5.

38 见 Lipschits 1998。

39 Jeremiah 39: 1–3.《耶利米书》39: 3–14 提供的记载中，巴比伦官员的名字和职务均可以识别，见 Jursa 2010。

40 阿卡德名字是纳布-泽尔-伊迪纳。他头衔的希伯来文是"太宰"，指那些用于献祭和王室餐桌的动物的特派屠夫；在阿卡德文献中，他被指认为"膳夫"，是尼布甲尼撒宫廷的高级职务。

41 2 Chron 36: 10 and Ezra 1–6.

42 Lipschits 1998.

43 Berossus according to Joseph., Ap. I, 138, trans. van der Spek.

44 Pearce and Wunsch 2014. 这里给出的释读采信 Waerzeggers 2015b。所有这些泥板的来源不详，因此可能是一些个人档案的混合。

45 Barstad 1996: 66–67.

46 Wiesehöfer 2003.

47 Ornan 2005. Examples in Altavilla and Walker 2016.

48 为避免使用误导性的词"腓尼基人"，我遵循 Quinn 2018: ch. 2。

49 Schaudig 2008.

50 Röllig 2014–2016.

51 Ezekiel 26: 7–8.

52 Potts 2016: 285–289.

53 Potts 2009.

54 与贝罗索斯的说法和《以西结书》29: 17–21 中的预言相反。见 Streck 1998–2001: 199, 'Nebukadnezar II.A'。

55 Jeremiah 25: 9, 27: 6；亦见 Isaiah 44: 28。

56 Waerzeggers 2015b.

57 Wunsch 1993.

58 Wunsch 2000.

59 需要指出的是，若干过去被归于尼布甲尼撒名下的建筑项目或许应将年代更改为塞琉古王朝。因为存在许多阶段的修复和重建。

60 他们之中的一些人拥有从亚述政府沿用的官衔。见 Da Riva 2013a。

61 Pedersén 2005b.

62 Margueron 2013.

63 佐证出自一篇塞琉古时代文献，以及 Meyer 1962: 231–234 公布的一篇尼布甲尼撒的铭文；关于地名清单《巴比伦城志》提到的地点，见 George 1992；相关讨论见 Pongratz-Leisten 1994: 87–90, Beaulieu 2005, 及 Pongratz-

Leisten 2006–2008。

64　见 Jonker 1995; Young 1996; Oshima 2011: 65–68。

65　Sallaberger 2006–2008.

66　很多泥板属于更晚的时代；见 Clancier 2009: 142–144。

67　正如通常的情形，文本中存在缺损。

68　史料的校订版，见 Linssen 2003: 215–237。

69　他们名为恩美沙拉和恩比卢卢。

70　在苏美尔语中作 *Lugal-dimmer-an-ki-a*。

71　尽管残缺不全，已经辨识出一篇文献描述的为纳布制造圣船的是沙马什-舒姆-乌金。见 Frame 1995: 256–257。

72　"元日神庙"或许是这座神庙的别名。见 Linssen 2003: 85 n. 457。Kosmin 2018 将它与公元前 305 年塞琉古一世宣布新纪元开始的地点联系起来。

73　对音节 SÁ GÁLGUR 的这种读法是暂定的，如果正确，它描述的是莎草科植物油莎草块茎的形状，它在主根末端结出坚果形状、可食用的根瘤。见 CDA s.v. sagillatu。可能用于定义附着在物体终端的穿有珠子的流苏？

74　Lambert 1973: 277–280.

75　Lambert 2007: 83；笔者自译。"马鬃"一词也代表昴星团。同样的，某种咒语需要对一头献祭公牛的耳朵低吟，后者的皮革和筋腱随后将用于制造鼓，这面鼓在仪式中具有重要作用；Lenzi 2018.

76　这份清单引自 Schaudig 2001: text P2，它与尼布甲尼撒几篇铭文中缺损的清单内容相近。

77　Oshima 2014: 473–480.

78　见 Linssen 2003: 90–91; George 2003。

79　基于两分两至日，可以有四个"新年"。

80　见 Linssen 2003: 184–244。

81　这一释读对 *niširtu* 赋予"保护"而非"神秘"的意涵，正如该词在尼布甲尼撒众多关注城市防御的铭文中的含义。见 CAD and CDA s.v.。

82　Tintir 是巴比伦的名称之一，也是一篇文献的名字。关于这篇文献，见 George 1992。发现了对该文献的一篇评注。

83　见 Chaverdi and Callieri 2017: 394–397。发现地点在阿约里门，是城市边缘

的一处门道或神庙，位于波斯波利斯平台以西 3 公里处。

84 见 Marzahn 2008: 46–53。

85 George 1993a: nos. 794 and 1117.

86 Joannès 2011.

87 根据斯特拉博记载，建筑的屋顶是传统的泥砖拱壳顶。这类屋顶的例证偶尔在其他遗址有发现，例如乌尔和里马赫土丘。

88 Leichty 2011: 248–249.

89 Clay cylinder inscription BM 85, 4–30, ii.1–56.

90 Klengel-Brandt 1990; Garrison 2012. 认为这些石像被收藏进了一座"博物馆"的想法已被考古证据推翻。

91 见 Dalley 2013。

92 Clancier 2009: 117.

9 从尼布甲尼撒二世驾崩至冈比西斯殒命

1 本时期王家铭文的主要文本校订见 Da Riva 2012a and 2012b, 2013a, 2013b；纳波尼杜和居鲁士的铭文，见 Schaudig 2001; Dandamaev 1998–2001. 编年史：Grayson 1975b; 天文日志：livius.org。

2 这一信息来自《纳波尼杜编年史》的一残缺段落。见 p. 252. 248。

3 见 Da Riva 2008: 14–16。

4 试图篡夺父亲王位的说法仅见于年代晚很多的《利未记经解》。见 discussion by Oshima 2011: 316–317。他登基前的名字或许是纳布–舒马–乌金，但尚未凿实。

5 希罗多德提到一个名叫"拉比涅图斯"的人是公元前 585 年成功令米底人与吕底亚人达成和约的调停者，该年份对于将他考证为纳波尼杜或许过早，这个名字在巴比伦尼亚相当常见。见 Dandamaev 1998–2001。

6 关于《王朝预言》，见下文，以及 van der Spek 2003: text no. 5。

7 Fales 2014.

8 它们或许是在巴比伦制作的。见 Lee 1993: 131–136。

9 van Driel 2002: 166–171.

10 Schaudig 2001: 47; but see Waerzeggers 2015a.

11 Schaudig 2009: 15. 尽管这类作品创作于纳波尼杜统治终结时是合乎情理的，现存抄本年代属于薛西斯朝，可能使用或改编了一篇早期文本。

12 Schaudig 2003.

13 Sommerfeld 2009–2011; Schaudig 2003.

14 Hunger and Steele 2018; Koch-Westenholz 1999: 149.

15 Schaudig 2001: 516, 也被称为伊斯坦布尔石碑和玄武岩石碑。

16 该缘由似乎未被特别指出，但文本有缺损。

17 见 Schaudig 2001: 579–588，与 Lambert 和 Beaulieu 相反，他主张"正义之王"铭文可能应属于纳波尼杜，而非尼布甲尼撒二世。

18 通过泰玛附近发现的一处摩崖铭文获知。见 Potts 2009: 37。

19 Hausleiter and Schaudig 2016.

20 参见 Hausleiter 2010; Maraqten 1990: 17–31; Schaudig 2011–2013。

21 Magee 2014: 272–274.

22 Holm 2013: 336.

23 见 CAD s.v. saharšubbû 中的相关例证，及 Herbordt et al. 2019: no. 5。

24 Altavilla and Walker 2016: II, 118.

25 Schaudig 2001: 416–417.

26 关于这一月亮周期的详情，参见 e.g. Walker 1996: 52–53。

27 Baker 2004.

28 见 Newsom 2014。

29 Holm 2013: 336–343. 只有明显缺损处才在这里的译文中予以标示。

30 Gzella 2016.

31 Daniel 12: 1, 3.

32 Ezekiel 7: 15–17.

33 见 Wiesehöfer 2001: 42–44。

34 公元前 401 年，色诺芬支持的僭号者居鲁士试图与阿塔薛西斯二世争夺王位，以失败告终。人们认为色诺芬蓄意在《居鲁士的教育》中将他与居鲁士大帝的形象杂糅在一起。见下文第 10 章。

35 Wiesehöfer 2001: 43–51.

36 美索不达米亚背景下的雅利安人，见 Cooper 1993: 178，本段引文出处；

and Cooper 1991. 反对认为亚述人格外残暴的论辩，见 Frahm 2017: 8–9。

37 参见 Hoenigswald, Woodard, and Clackson 2006: 535; Jamison 2006: 673。

38 见 van der Spek 2014。

39 巴比伦语称古巴鲁为 Ugbaru（《纳波尼杜编年史》同时使用两种拼法），希腊文为 Gobryas，波斯文为 Gaubarva。他的名字是波斯语。

40 贝罗索斯报道称在博尔西帕被包围后，纳波尼杜在该城附近投降；《纳波尼杜编年史》称纳波尼杜在巴比伦被俘。

41 Kuhrt 1990.

42 一百五十年后色诺芬《居鲁士的教育》VII.5.30 对居鲁士攻克巴比伦的记述，见下文第 10 章。

43 这个说法见于《王朝预言》。Edition in van der Spek 2003: text 5, 311–334.

44 Kuhrt 1983.

45 见 Dandamaev and Lukonin 1989: 272–282; Stronach 2013; Henkelman 2011。

46 van der Spek 2003: text 5 col. ii.

47 见上文第 7 章。

48 Spar and Lambert 1988: no. 44，年代属于亚历山大大帝时期。

49 Schaudig 2001: 47；亦见 Waerzeggers 2015a。

50 见 Sommerfeld 2009–2011：§ 5.3。卡尼什出土的一篇萨尔贡的文学传奇故事表明，这类故事之一在公元前 2 千纪早期已经为人所知，因此并非晚近的发明。

51 见 Frayne 2010: 168–172 with references。

52 它出土于哈兰附近苏丹土丘的"图书馆"。见 George 2003: I, 117–119。

53 Godard 1965: 108–109 认为波斯波利斯的部分建筑工程在大流士登基前已经完工。

54 Chaverdi and Callieri 2017: 394–397.

55 见 Rollinger 2011–13; Stronach 2013。

56 Jursa 2007a.

57 Finkel 2013.

58 Henkelman 2008: 55–57.

59 Kuhrt 1983; van der Spek 2014: 246–247.

60 2015 年 3 月在面向大英图书馆之友的演讲中论及大宪章。

61 见大英博物馆网站居鲁士泥筒页面，www.britishmuseum.org / collection / object / W_1880-0617-1941。两枚残块属于一块泥板（而非泥筒），出土于巴比伦附近的达伊伦（Dailem），代表被抄录到大量泥筒上的"原始"文本。

62 Waerzeggers 2012: 297. 注意魏德纳"编年史"如今被视为一部在学堂创作的文学作品，《王朝年代记》则是与《苏美尔王表》有联系的作品，而 Chronicle P 是一部历史叙事诗。见 Waerzeggers 2012: 289 and 288 n. 15; and Waerzeggers 2015a。

63 Henkelman and Folmer 2016.

64 Zadok 2005.

65 见下文第 10 章。

66 Clancier 2009: 222.

67 Dalley 2013: 107–126.

68 见 Boiy 2004: 55–72, 78–98。

69 Klengel-Brandt 1990: 41–46 显示，众多雕像残块在城堡区多个地点出土，它们曾在仪式区域周围公开陈列。

70 George 1992.

71 Lohnert 2010.

10 从大流士一世至亚历山大，从塞琉古王朝至帕提亚统治

1 本章节依赖 Livius.org 的最新条目，不仅包括最近发现的编年史，对天文日志进行中的研究，以及 van der Spek 的诸多近期论著，包括 Goldberg and Whitmarsh 2016 中的条目；及 van der Spek 2009–11; Waerzeggers (various), Boiy 2004, Clancier 2009, Pedersén 2005a, and others. 275。

2 首部天文日志的一个更早年代现已被否定。

3 Steele 2011.

4 见 Röllig 1998–2001。纳布-里曼努在希腊语中被称为 Naburiannos。他的作品得到波塞冬尼乌斯的高度重视，后者来自奥龙特斯河畔阿帕梅亚，当地长期存在对主宰神的崇拜。

5 Fincke 2016: 133. 黄道符号可能直接由巴比伦尼亚传播至埃及，而非经过希腊中转；见 Ossendrijver and Winkler 2018: 410–411。关于库姆兰出土的 4QZodiac Calendar 中的巴比伦影响见 Jacobus 2014: 81–82。

6 Beaulieu et al. 2018.

7 Monroe 2016: 119–138.

8 最近 Ossendrijver 在一块泥板上识读出一份微积分类型的文献，其中的数字图表绘制了速度与时间的关系。

9 Waerzeggers 2015a: ch.5 猜测部分晚期泥板不是对早期版本的改写。这一点存在争议。

10 见 Invernizzi 2008a: 239–248，及 2008b: 251–275; 显示河道变迁及其发生年代的简图在 2008b: 530。

11 Radner 2002: 3–4.

12 van der Spek 2017.

13 Cool Root 1979: 116–118, 但这类钱币尚未在巴比伦发现。

14 Pearce and Wunsch 2014: xxxix, note with bibliography.

15 Beaulieu 2014: 17–26.

16 Hdt III.159.1.

17 Seidl 1999: 101–104.

18 大流士使用的字眼可以译作"雅利安语"或"伊朗语"。

19 见 Dandamaev and Lukonin 1989: 321。

20 Dandamaev and Lukonin 1989: 320–366; Henkelman 2008: 342.

21 Baker 2011b. 祠禄官的定义见第 6 章。

22 此时期没有涉及琐罗亚斯德教的证据。见 Messerschmidt 2006; Henkelman 2008。

23 见第 9 章。

24 见第 8 章。

25 见 Waerzeggers and Seire 2019 的多项研究。

26 它被误导性地称为默冬周期。参见 Jones 2017: 77–81。

27 博尔西帕、基什和西帕尔。见 Waerzeggers 2003: 4，及 Hackl 2018。

28 Beaulieu 2018a.

29 George 1995: 194.

30 见 Neujahr 2012。

31 Boiy 2004: 278.

32 见第 7 章、第 8 章。

33 参见 Morgan 2007: II, 552–564。

34 Da Riva 2017a.

35 印章戒指是通过纪年泥板上的印文得知的；见 Altavilla and Walker 2016: 21。

36 见第 8 章；Edelman 2005: 195。

37 《巴比伦塔木德》饶有兴味地提到这个故事有一个埃兰语版本；见 Epstein 1959。

38 亦见第 7 章；Dalley 2007，参考了 Gunkel 1917。

39 Stolper 1990. 在希腊语中，他们的名字分别是贝莱叙斯和戈布吕阿斯。

40 Beaulieu 2006a: 5–22. 关于祠禄官的定义见第 6 章。

41 Hackl 2018.

42 Hdt I. 180.

43 Vicari 2000.

44 Stolper 1987.

45 Altavilla and Walker 2016: 17, 85, and 173, no. 532.

46 见 Clancier 2009: 143。

47 Clancier 2009: 222; 231 n. 994; 233–239 对书写板和皮纸获得日益增长的青睐提出另一种解释。

48 参见 Azoulay 2004。

49 有人推测是希里图姆郊外，靠近穿越城郊的北墙一端，在那里，之前至少爆发过两场与潜在篡位者的战斗。见 Boiy and Verhoeven 1998: 21, 147–158, and map 5。

50 Dillery 2015: 46.

51 对它的阐释参见 Walker 1996: 60。

52 Hunger 1976–1980.

53 战场的名字包含了附近戈梅尔土丘的古代城镇以及濒临的戈梅尔河的名称。

54 Badian 2015.

55 van der Spek 2003.

56 Sancisi-Weerdenberg 1993.

57 Strabo, Geography XV.3.10.

58 一枚亚历山大式样的四德拉克马银币，约公元前 315 年铸造于巴比伦，发现于阿拉伯半岛中部 al-Ayun 的一处窖藏，表明在亚历山大去世后不久，巴比伦直接穿越大沙漠的贸易十分活跃。Potts 2010: 96.

59 van der Spek 2014.

60 Ambos 2005.

61 Beaulieu 2006b.

62 Dillery 2015: 235–240.

63 Friberg 2007.

64 当外族统治者尝试修缮时，他们可能没有认识到，事实上，晒干的泥砖比起烘烤的泥砖，其经受重载压力的性能要好得多。

65 Boiy 2010: 211–213.

66 几乎所有银锭都在发现后不久被奥斯曼当局熔化。

67 van der Spek 2006.

68 Boiy 2012.

69 Livius.org 网站频繁更新近期研究成果。

70 Pirngruber 2017: 107–120.

71 杜拉欧罗普斯发现的一块楔形文字泥板可能属于公元前 2 千纪中期；奥龙特斯河畔安条克发现的另一块泥板可能属于新亚述时期，现在均藏于普林斯顿。见 Di Giorgi 2016: 38。

72 Kosmin 2018 坚持这一新纪元是在元日神庙宣布的，后者被普遍视为新年庆典神庙（的一部分？）的别名。

73 新年庆典神庙在公元前 80 年的天文日志中仍被提及。

74 Mitsuma 2015.

75 van der Spek 2009–2011: 381. 1987 年在西帕尔发掘了一座神庙图书馆；见 Gasche and Tanret 2009–2011。

76 校订后的释读描述纳布下笔"于你崇高的书写板上，划定了天与地的疆域"；见 Stevens 2012。

77 Justin, Epitome of Philippic Histories of Pompeius Trogus 15.4.

78 几位希腊作家曾大致依据斯特拉托尼克的生平创作过剧本。见 Oxford Classical Dictionary 4th ed., 'Stratonice'。

79 van der Spek 2016a.

80 Dirven 2015.

81 Kosmin 2014.

82 见第 9 章。

83 冲积平原的海岸线无疑比如今靠北得多。

84 Nielsen 2015.

85 它们包括苏萨（欧拉约斯山麓塞琉西亚）、达马拉（杜拉欧罗普斯）以及奥龙特斯河畔安条克。底格里斯河畔塞琉西亚曾经是重要城镇乌佩，正如库里加勒祖堡曾是帕尔沙。

86 他不是有些描述中所称的"一位游泳者"。在古代，游泳者被刻画为全身浮在水面上。

87 见 Dalley 2014: 70–71。

88 Wallenfels 2017: no. 21

89 在阿拉伯历史学家塔巴里笔下，巴比伦与苏萨分享了世界上第一座城市的荣誉。见 Rosenthal's translation, al-Ṭabarī 1989: I, 341。

90 Dillery 2015: xxx and 235.

91 van der Spek 2008; Waerzeggers 2015a. 见上文图 9.2 和 9.3。

92 该神话仅得到不完整的和间接的引述。参见 Dillery 2015: 69。

93 例如萨尔贡二世写给众神的信，以及埃萨尔哈顿的一些战记。

94 Steele in press; Dillery 2015: 240.

95 van der Spek 2006: 277.

96 见 Steele 2013。

97 Schironi 2009. 文献残篇年代定为约公元前 1 世纪，但是含有很多早期材料；及 Schironi 2013。

98 见 Schmidt 2011–2013。他的名字尚未在楔形文字文献中得到确认。阿塔卢斯的儿子欧迈尼斯二世是帕加马图书馆的正式创建者。

99 Marck 2016: 243–244.

100 Da Riva 2014.

101 Lightfoot 2007: 216–219.

102 Pliny Natural History VII.37.123.

103 Drawing in Dalley et al. 1998: 115, fig. 55.

104 特别是埃萨尔哈顿的母亲娜吉雅，以及阿舒尔巴尼拔的妻子利巴莉-莎拉特；以拉希鲁为中心。

105 Jursa and Spar 2014: no. 148.

106 Boiy 2004: 204; Clancier 2009: 182–185.

107 van der Spek 2016a: 27.

108 Mitsuma 2013: 54.

109 Mitsuma 2015.

110 不仅包括伊卡洛斯岛（费莱卡），还有大陆上的盖拉（塔伊），该地位于今日科威特境内。参见 Kosmin 2013。

111 或者可能是安提奥库斯三世之举。Clancier 2009: 276.

112 van der Spek 2001; Potts 2011. 那里发现的两篇文献均无法精确定年。

113 André-Salvini 2008: 263, pls. 211–213.

114 乌鲁克王表和圣贤表可能在本时期撰写或抄录，是乌鲁克为与巴比伦竞争的努力之一。Neujahr 2012: 50–57，倾向原始版本的书写年代是尼布甲尼撒二世统治后期。

11 从帕提亚首次征服至图拉真到访

1 帕提亚国王的在位年代采自 Wiesehöfer 2001: 317；但仍存在一些不确定性。

2 他的王国有查拉塞尼、埃兰和麦桑等不同称呼。

3 它之前的名字先是亚历山大城，然后是安条基亚。

4 Kosmin 2013.

5 Clancier 2011: 761.

6 或是在米特里达梯三世时代。在哈利德丘，一座位于幼发拉底河中游的塞琉古后期军镇，发掘了一座体育馆，支持了体育馆比之前推测的更为常见的观点。见 Clarke and Connor 2016: V, ch. 3。

7　Boiy 2004: 81–92.

8　Mitsuma 2015.

9　见 Andre-Salvini 2008: 262 photo no. 209。

10　Al-Zahrani 2011: 172.

11　André-Salvini 2013: 196, fig. 10.

12　Clancier 2009: 233–237. 这与以往的观点大相径庭，曾经认为僵化、保守的
　　学者在不再与国际接轨的神庙中逐渐消亡。

13　Frame and George 2005.

14　Boiy 2004: 187.

15　Hackl 2016.

16　Hunger and de Jong 2014.

17　Hunger and Steele 2018: 130.

18　Fincke 2016: 119.

19　George 2003: 740 with n. 11.

20　Jiménez 2017: 330.

21　Oshima 2011: 83.

22　Boiy 2004: 292; Maul1991; George 1997a: Appendix, 137–143. Clancier 2009:
　　247 与其他学者一样，否定了 Geller 过晚的年代判定。

23　Oshima 2011: 65–68.

24　Tablet IV, 38–51.

25　参见 Beaulieu 1998–2001; Boiy 2005。

26　见 Janko 2002: 32。

27　Pliny, Natural History VII.37.123.

28　见第 10 章。

29　Maul 2018: 253–257; Mercier and Sperber 2017: 4, 197–199.

30　Maul 2018: 219.

31　详见 Pingree 1998: ch. 6, 125–137。

32　Erler 2011; Jiménez 2018: 87–105.

33　Kosmin 2011: pl. 28.

34　Dalley and Reyes 1998: 122 gives illustrations.

35　Boiy 2004: 54

36　对艺术作品中表现提亚马特的不同方式，见 Heffron and Worthington 2012。

37　见 Dalley 1998: 115, fig. 55，以阿拉姆语和希腊语的镌刻。

38　Segal 1970: 52–53. 钱币上的更多例证，见 Dalley 2014: 70–71。

39　Pomponio 1998–2001.

40　Pliny, Natural History VIII.lxxiv. 196.

41　Boiy 2004: 189.

42　Cass. Dio LXVIII.30; Wetzel, Schmidt, and Mallwitz 1957: 24 and pl. 23c.

附　录

1　对假定文本的翻译，见 Foster 2005: 369–375。

2　见 Durand 2005。

3　见 Wilhelm 2009–2011。

4　见 Charpin and Ziegler 2003: 226。

5　见 Eidem and Ristvet 2011: 25–26 and Astour 1992。

6　见 Wilhelm 2014–2016 and Barjamovic et al. 2012: 39, text Kt 89/K 379。

7　见 Lacambre and Nahm 2015 and Langlois 2017: 35–36。

8　见 Schachner 2011: 56–68。

参考文献

缩写

AOAT   Alter Orient und Altes Testament
ARM   Archives Royales de Mari
CAD   Chicago Assyrian Dictionary for *The Assyrian Dictionary of the Oriental
           Institute of the University of Chicago*, ed.
           A. Oppenheim, E. Reiner et al., Chicago: Oriental Institute, 1956–2010
CDA   *A Concise Dictionary of Akkadian*, ed. J. Black, A. George, and
           N. Postgate. 2nd (corrected) printing. Wiesbaden: Harrassowitz, 2000
CDLI   Cuneiform Digital Library Initiative
CLeO   Classica et Orientalia
CUSAS   Cornell University Studies in Akkadian and Sumerian
ERC   Éditions Recherches sur les Civilisations
ETCSL   Electronic Text Corpus of Sumerian Literature
KUB   Keilschrifturkunden aus Boghazköi
NABU   *Nouvelles Assyriologiques Brèves et Utilitaires*
NINO   Nederlands Instituut voor het Nabije Oosten
OBO   Orbis Biblicus et Orientalis
OLA   Orientalia Lovaniensia Analecta
PNAE   *Prosopography of the Neo-Assyrian Empire*
RAI   Rencontre Assyriologique Internationale
RIMAP   Royal Inscriptions of Mesopotamia Assyrian Periods
RIMBP   Royal Inscriptions of Mesopotamia Babylonian Periods
RIMEP   Royal Inscriptions of Mesopotamia Early Periods
RlA   *Reallexikon der Assyriologie*
SAA   State Archives of Assyria
SBL   Society of Biblical Literature
SEPOA   Société pour l'étude du Proche-Orient Ancien
TIM   Texts in the Iraq Museum
VS   *Vorderasiatische Schriftdenkmäler der Staatlichen Museen zu Berlin*,
           22 vols. Leipzig: J. C. Hinrich, 1907–17
WVDOG   Wissenschaftliche Veröffentlichung der Deutschen Orient-Gesellschaft

Abraham, K. and Gabbay, U. (2013) 'Kaštiliašu and the Sumundar Canal: A New Middle Babylonian Royal Inscription', *Zeitschrift für Assyriologie* 103: 183–195.

Abraham, K. and van Lerberghe, K. (2017) *A Late Old Babylonian Temple Archive from Dūr-Abiešuh. The Sequel.* CUSAS 29. Bethesda, MD: CDL Press.

Abu Assaf, A. (1992) 'Eine Alabastervase des Königs Salmanassar III im Nationalmuseum zu Damaskus', in *Von Uruk nach Tuttul. Eine Festschrift für Eva Strommenger*, ed. B. Hrouda, S. Kroll, and P. Spanos. Munich: Profil Verlag, 29–32.

Abusch, T. (2014) 'Notes on the History of Composition of Two Incantations', in *From Source to History: Studies on Ancient Near Eastern Worlds and Beyond, Dedicated to Giovanni Battista Lanfranchi*, ed. S. Gaspa, A. Greco, D. Morandi Bonacossi, S. Ponchia, and R. Rollinger. AOAT 412. Münster: Ugarit-Verlag, 1–10.

(2019) 'Some Observations on the Babylon Section of *Enūma Eliš*', *Revue d'Assyriologie et d'archéologie orientale* 113: 171–173.

Adams, R. (1965) *Land Behind Baghdad.* Chicago: Oriental Institute Publications.

al-Qaddūmī, Ghāda al-Hijjāwī (1996) *Book of Gifts and Rarities: Selections Compiled in the Fifteenth Century from an Eleventh-century Manuscript on Gifts and Treasures.* Cambridge, MA: Harvard Centre for Middle Eastern Studies.

Al-Rawi, F. (1992) 'A New Hymn to Marduk from Sippir', *Revue d'Assyriologie* 86: 79–83.

Al-Rawi, F. and Dalley, S. (2000) *Old Babylonian Texts from Private Houses at Abu Habbah, Ancient Sippir.* London: NABU Publications.

al-Ṭabarī (1989) *History*, Vol. 1: *General Introduction and From the Creation*, trans. F. Rosenthal. Albany: State University of New York Press.

Altavilla, S. and Walker, C. (2016) *Late Babylonian Seal Impressions on Dated Tablets in the British Museum, Part 2 Babylon and Its Vicinity.* NISABA 28. Messina: Di.Sc.A.M.

Al-Ubaid, I. (1983) Unpublished Cuneiform Texts from Old Babylonian Period Diyala Region, Tell Muhammad. MA diss., Baghdad University.

Alvarez-Mon, J., Basello, G., and Wicks, Y. (eds.) (2018) *The Elamite World.* London: Routledge.

al-Zahrani, A. A. (2011) 'Thaj and the Kingdom of Gerrha', in *Roads of Arabia: The Archaeological Treasures of Saudi Arabia*, ed. U. Franke, A. Al-Ghabban, J. Gierlichs, and S. Weber. Exhibition catalogue, Museum für islamische Kunst. Berlin: Wasmuth, 168–75.

Ambos, C. (2005) 'Missverständnisse bei Ersatzkönigsritualen für Ashurbanipal und Alexander den Grossen', in *Die Welt der Rituale: von der Antike bis heute*, ed. C. Ambos, S. Hotz, G. Schwedler, and S. Weinfurter. Darmstadt: Wissenschaftliche Buchgesellschaft, 96–101.

(2009) 'Eunuchen als Thronprätendenten und Herrscher im alten Orient', in *Of Gods, Trees, Kings and Scholars: Neo-Assyrian and Related Studies in Honour of Simo Parpola*, ed. M. Luukko, S. Svärd, and R. Mattila. Helsinki University Press, 1–7.

(2013) *Der König im Gefängnis und das Neujahrsfest im Herbst. Mechanismen der Legitimation des babylonischen Herrschers im 1. Jahrtausend v. Chr. und ihre Geschichte.* Dresden: Islet.

André-Salvini, B. (2008) *Babylone. À Babylone, d'hier et d'aujourd'hui.* Exhibition catalogue. Paris: Hazan; Musée du Louvre.

(ed.) (2013) *La Tour de Babylone.* Rome: CNR-Louvre.

Annus, A. (2001) *The Standard Babylonian Epic of Anzu.* SAA Cuneiform Texts III. Helsinki University Press.

Archi, A. (2010) 'Hadda of Halab and His Temple in the Ebla Period', *Iraq* 72: 3–17.

Armstrong, J. and Brandt, M. (1994) 'Ancient Dunes at Nippur', in *Cinquante-deux Réflexions sur le Proche-Orient Ancien, offertes en hommage à Leon de Meyer*, ed. H. Gasche. Mesopotamian History and Environment Occasional Paper 2. Leuven: Peeters, 255–263.

Arnaud, D. (2007) 'Documents à contenu historique', *Aula Orientalis* 25/1: 5–84.

Aro, J. (1970) *Mittelbabylonische Kleidertexte der Hilprecht-Sammlung Jena.* Berlin: Akademie-Verlag.

Aruz, J., Benzel, K., and Evans, J. M. (eds.) (2008) *Beyond Babylon: Art, Trade, and Diplomacy in the Second Millennium B.C.* Exhibition catalogue, Metropolitan Museum of Art. New Haven, CT: Yale University Press.

Asher, A. (ed. and trans.) (1907) *The Itinerary of Rabbi Benjamin of Tudela.* New York: Hakesheth Publishing.

Astour, M. (1992) 'The North Mesopotamian Kingdom of Ilanṣura', in *Mari in Retrospect*, ed. G. Young. Winona Lake, IN: Eisenbrauns, 1–35.

Azoulay, V. (2004) 'Exchange and Entrapment: Mercenary Xenophon?', in *The Long March: Xenophon and the Ten Thousand*, ed. R. Lane Fox. New Haven, CT: Yale University Press, 289–304.

Badian, E. (2015) 'Mazaeus', *Encyclopaedia Iranica*, https://iranicaonline.org/art icles/mazaeus.

Bahrani, Z. (2003) *The Graven Image.* Philadelphia University Press.

(2017) *Mesopotamia Ancient Art and Architecture.* London: Thames and Hudson.

Baker, H. (2004) *The Archive of the Nappāḫu Family.* Archiv für Orientforschung Beiheft 30. Vienna: Institut für Orientalistik der Universität Wien.

(2011a) 'Šamaš-šumu-ukin', in *PNAE*, Vol. 3, Part II: Š–Z, ed. H. D. Baker. Helsinki University Press.

(2011b) 'The Statue of Bēl in the Ninurta Temple at Babylon', *Archiv für Orientforschung* 52: 117–120.

Baker, H. and Pearce, L. (2001) 'Nabu-zuqup-kenu' in *PNAE*, Vol. 2, Part II: L–N, ed. H. D. Baker. Helsinki University Press.

Barberon, L. (2012) *Les religieuses et le culte de Marduk dans le royaume de Babylone*. Mémoires de NABU 14. Paris: SEPOA.

Bardet, G., Joannès, F., Lafont, B., Soubeyran, D., and Villard, P. (eds) (1984) *Archives administratives de Mari I*. ARM XXIII/1. Paris: ERC.

Barjamovic, G. and Larsen, M. (2008) 'An Old Assyrian Incantation against the Evil Eye', *Altorientalische Forschungen* 45: 144–155.

Barjamovic, G., Hertel, T., and Larsen, M. (2012) *Ups and Downs at Kanesh*. Leiden: NINO.

Barrelet, M.-T. (1977) 'Un inventaire de Kar-Tukulti-Ninurta', *Revue d'Assyriologie* 71: 51–92.

Barstad, H. (1996) *The Myth of the Empty Land: A Study in the History of Judah during the 'Exilic' Period*. Oslo: Scandinavian University Press.

Bartelmus, A. (2007) '*Talimu*: The Relationship between Aššurbanipal and Šamaš-šum-ukin', *SAA Bulletin* 16: 287–302.

(2010) 'Restoring the Past: A Historical Analysis of the Royal Temple Building Inscriptions from the Kassite Period', *Kaskal* 7: 143–172.

Barth, R. (1969) *Ethnic Groups and Boundaries: The Social Organization of Culture Differences*. Oslo: Universitetsforlaget.

Beaulieu, P.-A. (1998) 'Ba'u-asītu and Kaššaya, daughters of Nebuchadnezzar II', *Orientalia* 67: 173–201.

(1998–2001) 'Nikarchos', in *RlA*, Vol. 9, 315–316.

(2005) 'Eanna's Contribution to the Construction of the North Palace at Babylon', in *Approaching the Babylonian Economy*, ed. H. Baker and M. Jursa. AOAT 330. Münster: Ugarit-Verlag, 45–73.

(2006a) 'The Astronomers of the Esagil Temple in the 4th Century BC', in *If a Man Builds a Joyful House: Assyriological studies in honor of Erle V. Leichty*, ed. A. Guinan, M. de J. Ellis, A. Ferrara, S. Freedman, M. Lutz, L. Sassmannshausen, S. Tinney, and M. Waters. Cuneiform Monographs 31. Leiden: Brill, 5–22.

(2006b) 'De l'Esagil au Mouseion: l'organisation de la recherche scientifique au IVe siècle av. J.-C.', in *La Transition entre l'empire achéménide et les royaumes hellénistiques*, ed. P. Briant and F. Joannès. Persika 9. Paris: De Boccard, 17–36.

(2014) 'An Episode in the Reign of the Babylonian Pretender Nebuchadnezzar IV', in *Extraction and Control: Studies in Honor of Matthew W. Stolper*, ed. M. Kozuh, W. Henkelman, C. Jones, and C. Woods. Chicago: Oriental Institute, 17–26.

(2018a) 'Uruk before and after Xerxes: The Onomastic and Institutional Rise of the God Anu', in *Xerxes and Babylonia: The Cuneiform Evidence*, ed. C. Waerzeggers and M. Seire. OLA 277. Leuven: Peeters, 189–206.

(2018b) *A History of Babylon 2200 BC–AD 75*. Chichester: Wiley-Blackwell.

Beaulieu, P.-A., Frahm, E., Horowitz, W., and Steele, J. (2018) *The Cuneiform Uranology Texts: Drawing the Constellations*. Philadelphia: American Philosophical Society Transaction.

Beckman, G. (1999) *Hittite Diplomatic Texts*. 2nd ed. Atlanta, GA: Society of Biblical Literature.

(2014) *The Babilili Ritual from Hattusa (CTH 718)*. Winona Lake, IN: Eisenbrauns.

Bergamini, G. (1977) 'Levels of Babylon Reconsidered', *Mesopotamia XII*: 111–152.

(2013) 'Fondations dans l'eau', in *La Tour de Babylone*, ed. B. André-Salvini. Rome: CNR-Louvre, 43–64.

Biga, M. (2014) 'Inherited Space – Third Millennium Political and Cultural Landscapes', in *Constituent, Confederate and Conquered Space*, ed. E. Cancik-Kirschbaum and E. Christiane. Topoi 17. Berlin: de Gruyter, 93–110.

Biggs, R. (2000) 'Conception, Contraception, and Abortion in Ancient Mesopotamia', in *Wisdom, Gods and Literature: Studies in Assyriology in Honour of W. G. Lambert*, ed. A. George and I. Finkel. Winona Lake, IN: Eisenbrauns, 1–13.

Birot, M. (1974a) *Lettres de Yaqqim-Addu, gouverneur de Sagaratum*. ARM XIV. Paris: Geuthner.

(1974b) Review of J. J. Finkelstein, 1972, *Late Old Babylonian Documents and Letters*, Yale Oriental Series XIII, *Bibliotheca Orientalis* 31: 271–272.

(1993) *Correspondance des Gouverneurs de Qaṭṭunân*. ARM XXVII. Paris: ERC.

Birot, M., Kupper, J.-R., and Rouault, O. (1979) *Répertoire analytique I: Noms propres*. ARM XVI/1. Paris: Geuthner.

Black, J., Cunningham, G., Robson, E., and Zólyomi, G. (2004) *The Literature of Ancient Sumer*. Oxford University Press.

Blocher, F. (1988) 'Einige altbabylonische Siegelabrollungen aus Kiš im Louvre', *Revue d'Assyriologie* 82: 33–46.

(2012) 'Zum Zweck der Bastion Warad-Sins in Ur', in *Stories of Long Ago: Festschrift für Michael D. Roaf*, ed. H. Baker, K. Kaniuth, and A. Otto. Münster: Ugarit-Verlag, 45–56.

Böck, B. (2013) 'Medicinal Plants and Medicaments Used for Conception, Abortion, Fertility Control in Ancient Babylonia', *Journal Asiatique* 301/1: 27–52.

Boiy, T. (2004) *Late Achaemenid and Hellenistic Babylon*. Leuven: Peeters.

(2005) 'Akkadian-Greek Double Names in Hellenistic Babylonia', in *Ethnicity in Ancient Mesopotamia*, Papers read at the 48th RAI 2002, ed. R. Kalvelagen and D. Katz. Leiden: NINO, 47–60.

(2010) 'Temple Building in Hellenistic Babylonia', in *From the Foundations to the Crenellations: Essays on Temple Building in the Ancient Near East and Hebrew Bible*, ed. M. Boda and J. Novotny. AOAT 366. Münster: Ugarit-Verlag, 211–219.

(2012) 'The Birth of an Era', in *The Ancient Near East, A Life! Festschrift Karel van Lerberghe*, ed. T. Boiy, J. Bretschneider, A. Goddeeris, H. Hameeuw, G. Jans, and J. Tavernier. OLA 220. Leuven: Katholieke Universiteit, 43–58.

Boiy, T. and Verhoeven, K. (1998) 'Arrian, *Anabasis* VII.21.1–4 and the Pallukkatu Canal', in *Changing Watercourses in Babylonia: Towards a Reconstruction of the Ancient Environment in Lower Mesopotamia*, ed. H. Gasche and M. Tanret. Mesopotamia History and Environment Series II Memoirs IV. Ghent: University of Ghent, 147–158.

Bonechi, M. (1991) 'Relations amicales syro-palestinennes: Mari et Haṣor au XVIIIe siècle', in *Florilegium marianum. Recueil d'études en l'honneur de Michel Fleury*, ed. J.-M. Durand. Mémoires de NABU 1. Paris: ERC, 9–22.

Bongenaar, A. (1999) 'Silver and Credit in Old Assyrian Trade', in *Trade and Finance in Ancient Mesopotamia*, ed. J. Dercksen. Leiden: NINO, 55–83.

Borger, R. (1979) *Babylonisch-Assyrische Lesestücke*, Vol. 1. 2nd ed. Rome: Pontifical Biblical Institute.

(2000) 'Šurpu II, III, IV and VIII in Partitur', in *Wisdom, Gods and Literature: Studies in Assyriology in Honour of W. G. Lambert*, ed. A. George and I. Finkel. Winona Lake, IN: Eisenbrauns, 15–90.

Börker-Klähn, J. (1982) *Altvorderasiatische Bildstelen und vergleichbare Felsreliefs*. Mainz: P. von Zabern.

Breniquet, C. and Michel, C. (2014) *Wool Economy in the Ancient Near East and the Aegean*. Oxford: Oxbow.

Breton, J.-F. (1999) *Arabia Felix from the Time of the Queen of Sheba: Eighth Century BC to First Century AD*, trans. Albert Lafarge. Notre Dame, IND: Notre Dame University Press.

Brinkman, J. (1969) 'Ur: The Kassite Period and the Period of the Assyrian Kings', *Orientalia* 38: 310–348.

Brinkman, J. A. (1976–80) 'Kassiten', in *RlA*, Vol. 5, 464–473.

(1980–3a) 'Pešgaldaramaš', in *RlA*, Vol. 10, 436.

(1980–3b) 'Marduk-zakir-šumi II', in *RlA*, Vol. 7, 379.

(1981–2) 'The Western Asiatic Seals Found at Thebes in Greece: A Preliminary Edition of the Inscriptions', *Archiv für Orientforschung*, 28: 73–77.

(1984) *Prelude to Empire: Babylonian Society and Politics, 747–626 B.C.* Philadelphia: Occasional Publications of the Babylonian Fund.

(1998–2001a) 'Nebuchadnezzar I', in *RlA*, Vol. 9, 192–194.

(1998–2001b) 'Nabu-naṣir', in *RlA*, Vol. 9, 5–6.

(2001) 'Assyrian Merchants at Dūr-Kurigalzu', *NABU* no. 73.

(2017) 'Babylonia under the Kassites: Some Aspects for Consideration', in *Karduniaš: Babylonia under the Kassites*, ed. A. Bartelmus and K. Sternitzke. Berlin: de Gruyter, 1–44.

Brisch, N. (2007) *Tradition and the Poetics of Innovation: Sumerian Court Literature of the Larsa Dynasty (c. 2003–1763 BCE)*. AOAT 339. Münster: Ugarit-Verlag.

Brosius, M. (1996) *Women in Ancient Persia, 359–331 BC*. Oxford University Press.

Bryce, T. (2002) *Life and Society in the Hittite World*. Oxford University Press.

(2005) *The Kingdom of the Hittites*. 2nd ed. Oxford University Press.

Buchanan, B. (1966) *Catalogue of Ancient Near Eastern Seals in the Ashmolean Museum*, Vol. 1: *Cylinder Seals*. Oxford: Clarendon Press.

Çagirgan, G. and Lambert, W. (1991–3) 'The Late Babylonian Kislimu Ritual for Esagil', *Journal of Cuneiform Studies* 43–45: 89–106.

Calderbank, D., Robson, E., Shepperson, M., and Slater, F. (2017) 'Tell Khaiber: An Administrative Centre of the Sealand Period', *Iraq* 79: 21–46.

Campbell, S., Hauser, S., Killik, R., Moon, J., Shepperson, M., and Dolesalkova, V. (2018) 'Charax Spasinou: New investigations at the Capital of Mesene', *Zeitschrift für Orient Archäologie* 11: 212–239.

Cancik-Kirschbaum, E., van Ess, M., and Marzahn, J. (eds.) (2011) *Babylon: Wissenskultur in Orient und Okzident*. Topoi. Berlin Studies of the Ancient World 1. Berlin: de Gruyter.

Cathcart, K. (1994) 'Edward Hincks (1792–1866): A Biographical Essay', in *The Edward Hincks Bicentenary Lectures*, ed. K. Cathcart. University College Dublin, 1–29.

Cavigneaux, A. (2013) 'Les fouilles irakiennes de Babylone et le temple de Nabû-ša-hare', in *La Tour de Babylone*, ed. B. André-Salvini. Rome: CNR-Louvre, 65–76.

Charles, M. (1913) *The Books of Adam and Eve in the Apocrypha and Pseudepigrapha of the Old Testament in English*. Oxford: Clarendon.

Charpin, D. (1985) 'La chronologie des souverains d'Ešnunna', in *Miscellanea Babylonica. Mélanges offerts à Maurice Birot*, ed. J.-M. Durand and J.-R. Kupper. Paris: Editions Recherche sur les civilisations, 51–66.

(1986) *Le clergé d'Ur au siècle d'Hammourabi (XIXe–XVIIIe siècles av. J.-C.)*. Paris: Librairie Droz.

(1988) 'Lettres de Yarim-Addu à Zimri-Lim', in *Archives Epistolaires de Mari* 1/2, ed. D. Charpin, F. Joannès, S. Lackenbacher, and B. Lafont. ARMT XXVI/2. Paris: ERC, 159–186.

(1990) 'Une alliance contre l'Elam et le ritual du *lipit napištim*', in *Mélanges Jean Perrot*, ed. F. Vallat. Paris: ERC, 109–118.

(1995) 'La fin des archives dans le palais de Mari', *Revue d'Assyriologie* 89: 29–40.

(2000) 'Les prêteurs et le palais: les édits mîšarum des rois de Babylone et leurs traces dans les archives privées', in *Interdependency of Institutions and Private Entrepreneurs: Proceedings of the Second MOS Symposium*, ed. A. C. V. M. Bongenaar. Leiden: NINO, 185–211.

(2004) 'Histoire politique du Proche-Orient Amorrite (2002–1595)', in *Mesopotamien. Die altbabylonische Zeit, Annäherungen 4*. OBO 160/4. Fribourg: Academic Press, 25–480.

(2010) 'Un édit du roi Ammi-ditana de Babylone', in *on Göttern und Menschen. Beiträge zu Literatur und Geschichte des Alten Orients. Festschrift für Brigitte Groneberg*, ed. D. Shehata, F. Weiershäuser, and K. Zand. Cuneiform Monographs 41. Leiden: Brill, 17–46.

Charpin, D. and Durand, J.-M. (2013) 'La "suprématie élamite" sur les amorrites. Réexamen, vingt ans apres la XXXVIe RAI (1989)', in *Susa and Elam*, ed. K. de Graef and J. Tavernier. Leiden: Brill, 329–339.

Charpin, D. and Ziegler, N. (2003) *Mari et le Proche-Orient à l'époque amorrite: essai d'histoire politique*. Florilegium marianum V, Mémoires de NABU 6. Paris: SEPOA.

Chaverdi, A. and Callieri, P. (2017) 'Appendix: The Monumental Building of Tol-e Ajori', in *Persian Religion in the Achaemenid Period*, ed. W. Henkelman and C. Rédard. Wiesbaden: Harrassowitz, 394–397.

Civil, M. (2011) 'The Law Collection of Ur-Namma', in *Cuneiform Royal Inscriptions and Related Texts in the Schøyen Collection*, ed. A. George. CUSAS 17. Bethesda, MD: CDL Press, 221–286.

Clancier, P. (2009) *Les bibliothèques en Babylonie dans la deuxième moitié du 1er millénaire av. J.-C.* AOAT 363. Münster: Ugarit-Verlag.

(2011) 'Cuneiform Cuture's Last Guardians: The Old Urban Notability of Hellenistic Uruk', in *Oxford Handbook of Cuneiform Culture*. ed. K. Radner and E. Robson. Oxford University Press, 752–773.

Clarke, G. and Connor, P. (2016) *Jebel Khalid on the Euphrates*, Vol. 5. Sydney University Press.

Clayden, T. (2011) 'Glass Axes of the Kassite Period from Nippur', *Zeitschrift für Orient-Archäologie* 4: 92–135.

Cline, E. (2014) *1177 B.C., The Year Civilization Collapsed*. Princeton University Press.

Cogan, M. and Tadmor, H. (1988) *II Kings: Anchor Bible Commentary*. New York: Doubleday.

Cohen, Y. (2012) 'Where Is Bazi, Where Is Zizi? The List of Early Rulers in the *Ballad* from Emar and Ugarit, and the Mari Rulers in the Sumerian King List and Other Sources', *Iraq* 74: 137–152.

(2013) *Wisdom from the Late Bronze Age*. Atlanta, GA: Society of Biblical Literature.

(2015) 'The Problem of Theodicy – The Mesopotamian Perspective', in *Colères et repentirs divins: actes du colloque organisé par le Collège de France, Paris, les 24 et 25 avril 2013*, ed. J.-M. Durand, L. Marti, and T. Römer. OBO 278. Fribourg: Academic Press, 243–270.

(2018) 'Why "Wisdom"? Copying, Studying and Collecting Wisdom Literature in the Cuneiform World', in *Teaching Morality in Antiquity: Wisdom Texts, Oral Traditions, and Images*, ed. T. Oshima. Tübingen: Mohr Siebeck, 41–59.

(2019) 'Cuneiform Writing in "Bronze Age" Canaan', in *The Social Archaeology of the Levant: From Prehistory to Present*, ed. A. Yasur-Landau, E. Cline, and M. Yorke. Cambridge University Press, 245–264.

Colbow, G. (1994) 'Abrollungen aus der Zeit Kaštiliašus', in *Beiträge zur altorientalishen Archäologie und Altertumskunde, Festschrift für Barthel Hrouda*, ed.

P. Calmeyer, K. Hecker, L. Jakob-Rost, and C. Walker. Wiesbaden: Harrassowitz, 61–66.

Cole, S. (1994) 'Marsh Formation in the Borsippa Region and the Course of the Lower Euphrates', *Journal of Near Eastern Studies* 53: 81–109.

(1996) *Nippur IV: The Early Neo-Babylonian Governor's Archive from Nippur.* Chicago: Oriental Institute.

Cole, S. and Machinist, P. (1998) *Letters from Priests to the Kings Esarhaddon and Assurbanipal.* SAA XIII. Helsinki University Press.

Colonna d'Istria, L. (2012) 'Epigraphes alphabétiques du pays de la Mer', *NABU* no. 3/48: 61–62.

Cook, S. (1903) *The Laws of Moses and the Code of Hammurabi.* London: A. and C. Black.

Cool Root, M. (1979) *King and Kingship in Achaemenid Art: Essays on the Creation of an Iconography of Empire.* Leiden: Brill.

Cooley, J. (2013) *Poetic Astronomy in the Ancient Near East.* Winona Lake, IN: Eisenbraun.

Cooper, J. (1991) 'Posing the Sumerian Question, Race and Scholarship in the Early History of Assyriology', *Aula Orientalis* 9: 47–66.

(1993) 'Sumerian and Aryan: Racial theory, Academic Politics and Parisian Assyriology', *Revue de l'histoire des Religions*, CCX/2: 169–205.

Dalley, S. (1995) 'Bel at Palmyra and Elsewhere in the Parthian Period', *ARAM* 7: 137–151.

(2001) Review of R. Mattila, *The King's Magnates*, *Bibliotheca Orientalis* 58: 197–206.

(2003) 'Why Did Herodotus Not Mention the Hanging Garden?', in *Herodotus and His World*, ed. P. Derow and R. Parker. Oxford University Press, 171–89.

(2005a) *Old Babylonian Texts in the Ashmolean Museum.* OECT XV. Oxford: Clarendon Press.

(2005b) 'The Language of Destruction and Its Interpretation', *Baghdader Mitteilungen* 36: 275–285.

(2007) *Esther's Revenge at Susa.* Oxford University Press.

(2009) *Babylonian Tablets from the First Sealand Dynasty in the Schøyen Collection.* CUSAS 9. Bethesda, MD: CDL Press.

(2010) 'Old Babylonian Prophecies at Uruk and Kish', in *Opening the Tablet Box: Near Eastern Studies in Honor of Benjamin R. Foster*, ed. S. Melville and A. Slotsky. Leiden: Brill, 85–97.

(2013a) *The Mystery of the Hanging Garden of Babylon.* Oxford University Press.

(2013b) 'Gods from North-Eastern and North-Western Arabia in Cuneiform Texts from the First Sealand Dynasty, and a Cuneiform Inscription from Tell en-Nasbeh, c. 1500 BC', *Arabian Archaeology and Epigraphy* 24/2: 177–185.

(2014) 'From Mesopotamian Temples as Sacred Groves to the Date-Palm Motif in Greek Art and Architecture', in *Le Jardin dans l'Antiquité: introduction et huit exposés suivis de discussions*, ed. K. Coleman with P. Derron. Fondation Hardt, Entretiens sur l'antiquité classique 60. Vandœuvres: Fondation Hardt, 53–80.

(2016) review of Andre-Salvini, *La Tour de Babylone*, *Bibliotheca Orientalis* 72: 751–755.

(2020) 'The First Sealand Dynasty: Literacy, Economy, and the Likely Location of Dur-Enlil(e) in Southern Mesopotamia at the End of the Old Babylonian Period', in *Studies on the First Sealand and Kassite Dynasties*, ed. S. Paulus and T. Clayden. Proceedings of the 2016 RAI, Philadelphia. Boston, MA: de Gruyter.

Dalley, S., Hawkins, J., and Walker, C. (1976) *Old Babylonian Tablets from Tell al-Rimah*. London: British School of Archaeology in Iraq.

Dalley, S. and Reyes, A. (1998) 'Mesopotamian Contact and Influence in the Greek World (2)', in *The Legacy of Mesopotamia*, ed. S. Dalley. Oxford University Press, 107–124.

Dalley, S., Reyes, A., Pingree, D., Salvesen. A. and McCall, H. (1998) *The Legacy of Mesopotamia*. Oxford University Press.

Dalley, S. and Yoffee, N. (1991) *Old Babylonian Texts in the Ashmolean Museum: Texts from Kish and Elsewhere*. Oxford Editions of Cuneiform Texts XIII. Oxford: Clarendon Press.

Dandamaev, M. (1998–2001) 'Nabonid A', in *RlA*, Vol. 9, 6–11.

Dandamaev, M. and Lukonin, V. (1989) *The Culture and Social Institutions of Ancient Iran*. Cambridge University Press.

Daniels, P. (1994) 'Edward Hincks's Decipherment of Mesopotamian Cuneiform', in *The Edward Hincks Bicentenary Lectures*, ed. K. Cathcart. University College Dublin, 30–57.

(1995) 'The Decipherment of Ancient Near Eastern Scripts', in *Civilizations of the Ancient Near East*, Vol. 1, ed. J. Sasson, J. Baines, G. Beckham, and K. S. Rubinson. New York: Scribners, 81–93.

Da Riva, R. (2008) *The Neo-Babylonian Royal Inscriptions: An Introduction*. Guides to the Mesopotamian Textual Record 4. Münster: Ugarit-Verlag.

(2012a) 'BM 67405 and the Cross Country Walls of Nebuchadnezzar II', in *The Perfumes of Seven Tamarisks: Studies in Honour of W. G. E. Watson*, ed. G. Del Olmo Lete, J. Vidal, and N. Wyatt. AOAT 394. Münster: Ugarit Verlag, 15–18.

(2012b) *The Twin Inscriptions of Nebuchadnezzar at Brisa (Wadi esh-Sharbin): A Historical and Philological Study*. Archiv für Orientforschung Beiheft 32. Vienna: Institut für Orientalistik der Universität Wien.

(2013a) 'Nebuchadnezzar II's Prism (ES 7834): A New Edition', *Zeitschrift für Assyriologie* 103: 196–229.

(2013b) *The Inscriptions of Nabopolassar, Amel-Marduk, and Neriglissar*. Studies in Ancient Near Eastern Records 3. Berlin: de Gruyter.

(2014) 'Assyrians and Assyrian Influence in Babylonia (626–539 BCE)', in *From Source to History: Studies on Ancient Near Eastern Worlds and Beyond*,

Dedicated to Giovanni Battista Lanfranchi, ed. S. Gaspa A. Greco, D. Morandi Bonacossi, S. Ponchia, and R. Rollinger. AOAT 412. Münster: Ugarit-Verlag, 55–71.

(2017a) 'The Figure of Nabopolassar in Late Achaemenid and Hellenistic Historiographic Tradition: BM 34793 and CUA 90', *Journal of Near Eastern Studies* 76: 75–97.

(2017b) 'A New Attestation of Habigalbat in Late Babylonian Sources', *Welt des Orients* 472: 250–264.

Da Riva, R. and Frahm, E. (1999–2000) 'Šamaš-šum-ukin, die Herrin von Ninive und das babylonische Königssiegel', *Archiv für Orientforschung* 46–7: 156–182.

Darshan, G. (2016) 'The Calendrical Framework of the Priestly Flood Story in Light of a New Akkadian Text from Ugarit (RS 94.2953)', *Journal of the American Oriental Society* 136: 507–514.

de Boer, R. (2013) 'An Early Old Babylonian Archive from the Kingdom of Malgium?', *Journal Asiatique* 301/1: 19–25.

De Graef, K. (2013) 'The Use of Akkadian in Iran', in *Oxford Handbook of Ancient Iran*, ed. D. Potts. Oxford University Press.

de Jong, M. (2007) *Isaiah among the Ancient Near Eastern Prophets*. Leiden: Brill.

de Roos, J. (2006) 'Materials for a Biography: The Correspondence of Puduhepa' in *The Life and Times of Hattusili III and Tuthaliya IV*, ed. T. van den Hout. Leiden: NINO, 17–26.

Dercksen, J. and Pigott, V. (2017) 'Zinn', in *RlA*, Vol. 15, 301–304.

Devecchi, E. (2017) 'Of Kings, Princesses, and Messengers: Babylon's International Relations during the 13th Century', in *Karduniaš. Babylonia under the Kassites*, ed. A. Bartelmus and K. Sternitzke. Boston, MA: de Gruyter, 112–22.

Dietrich, M. (2003) *The Babylonian Correspondence of Sargon II and Sennacherib*. SAA XVII. Helsinki University Press.

Di Giorgi, A. (2016) *Ancient Antioch from the Seleucid Era to the Islamic Conquest*. Cambridge University Press.

Dillery, J. (2015) *Clio's Other Sons: Berossus and Manetho*. Ann Arbor: University of Michigan Press.

Dio Cassius (2014) *Roman History*, Vol. 7: *Books 61–70*, trans. E. Cary. Loeb Classical Library 176. Cambridge, MA: Harvard University Press.

Diodorus Siculus (1933) *Library of History*, Vol. 1, trans. C. H. Oldfather. Loeb Classical Library 279. Cambridge, MA: Harvard University Press.

Dirven, L. (2015) 'Horned Deities of Hatra: Meaning and Origin of a Hybrid Phenomenon', *Mesopotamia* 50: 243–260.

Dossin, G. (1978) *Correspondance féminine*. ARM X. Paris: Librairie orientaliste Paul Geuthner.

Drewes, A. and Ryckmans, J. (2016) *Les inscriptions sudarabes sur bois dans la collection de l'Oosters Instituut conservée dans la bibliothèque universitaire de Leiden*. Wiesbaden: Harrassowitz.

Durand, E. (1880) 'Extracts from Report on the Islands and Antiquities of Bahrein', *Journal of the Royal Asiatic Society* 12: 189–201.

Durand, J.-M. (1986) 'Fragments rejoints pour une histoire Elamite', in *Fragmenta Historiae Elamicae: Mélanges offerts à M.-J. Steve*, ed. L. de Meyer, H. Gasche, and F. Vallat. Paris: ERC, 111–128.

(1988) *Archives épistolaires de Mari 1/1*. ARM XXVI/1. Paris: ERC.

(1990a) 'Cité-état d'Imar', in *Mari Annales de Recherches Interdisciplinaires 6*. Paris: ERC, 39–92.

(1990b) 'Fourmis blanches et fourmis noires', in *Mélanges offerts à Jean Perrot*, ed. F. Vallat. Paris: ERC, 101–108.

(1992) 'Rapports entre l'Elam et Ourouk', *NABU* no. 62: 47–48.

(1993) 'Le mythologème du combat entre le dieu de l'orage et la mer en Mésopotamie', in *Mari Annales de Recherches Interdisciplinaires 7*. Paris: ERC, 41–61.

(1997–2000) *Les documents épistolaires du palais de Mari*. Paris: Cerf.

(2005) 'De l'époque amorrite à la Bible: le cas d'Arriyuk', Memoriae Igor M. Diakonoff. *Babel und Bibel* 2: 59–69.

(2013) 'La suprématie Elamite sur les Amorrites: Réexamen, vingt ans après la XXXVI RAI (1989)', in *Susa and Elam*, ed. K. De Graef and J. Tavernier. Leiden: Brill, 329–340.

Edelman, D. (2005) *The Origins of the 'Second' Temple: Persian Imperial Policy and the Rebuilding of Jerusalem*. London: Equinox.

Edzard, D.-O. and Farber, G. (1974) *Répertoire Géographique des Textes Cunéiformes, 2: Die Orts- und Gewässernamen der Zeit der 3. Dynastie von Ur*. Wiesbaden: Dr. Ludwig Reichert Verlag.

Eidem, J. and Laessøe, J. (2001) *The Shemshara Archives, Vol. 1: The Letters*. Copenhagen: Kongelige Danske Videnskabernes Selskab.

Eidem, J. and Ristvet, L. (2011) *The Royal Archives from Tell Leilan: Old Babylonian Letters and Treaties from the Lower Town Palace East*. Leiden: NINO.

Ensor, G. (1904) *Moses and Hammurabi*. London: Religious Tract Society.

Epstein, I. (ed.) (1959) *Babylonian Talmud, Tractate Megillah*. London: Soncino Press.

Erler, M. (2011) 'Chaldäer im Platonismus', in *Babylon. Wissenskultur in Orient und Okzident*, ed. E. Cancik-Kirschbaum, M. van Ess, and J. Marzahn. Topoi 1. Berlin: de Gruyter, 225–237.

Evers, S. (1993) 'George Smith and the Egibi Tablets', *Iraq* 55: 107–117.

Fales, M. (2014) 'The Two Dynasties of Babylon', in *From Source to History: Studies on Ancient Near Eastern Worlds and Beyond, Dedicated to Giovanni Battista Lanfranchi*, ed. S. Gaspa, A. Greco, D. Morandi Bonacossi, S. Ponchia, and R. Rollinger. AOAT 412. Münster: Ugarit-Verlag, 201–237.

Falkenstein, A. (1963) 'Inschriftenfunde Uruk-Warka 1960–61', *Baghdader Mitteilungen* 2: 56–71.

Farber, W. (2014) *Lamaštu: An Edition of the Canonical Series*. Winona Lake, IN: Eisenbrauns.

Feeney, D. (2016) *Beyond Greece: The Beginnings of Latin Literature*. Cambridge, MA: Harvard University Press.

Fincke, J. (2016) 'The Oldest Mesopotamian Astronomical Treatise: *Enūma Anu Enlil*', in *Divination as a Science*. Winona Lake, IN: Eisenbrauns, 107–46.

Finkel, I. (1988) 'Adad-apla-iddina, Esagil-kin-apli, and the Series SA.GIG', in *A Scientific Humanist: Studies in Memory of Abraham Sachs*, ed. E. Leichty, M. de J. Ellis, and P. Gerardi. Philadelphia: University Museum, 143–159.

(2006) 'Report on the Sidon Cuneiform Tablet', *Archaeology and History in Lebanon* 24: 114–120.

(2013) *The Cyrus Cylinder: The King of Persia's Proclamation from Ancient Babylon*. New York: I. B. Tauris.

Finkel, I. and Seymour, M. (2008) *Babylon: Myth and Reality*. London: British Museum.

Finlayson, B. (2014) 'Introduction to the Levant during the Neolithic Period', in *Oxford Handbook of the Archaeology of the Levant*, ed. M. Steiner and A. Killebrew. Oxford University Press, 123–133.

Fischer-Elfert, H.-W. and Krebernik, M. (2016) 'Zu den Buchstabennamen auf dem Halaham Ostrakon aus TT.99 (Grab des Sennefri)', *Zeitschrift für ägyptische Sprache und Altertumskinde* 143: 169–176.

Foster, B. (2005) *Before the Muses*. 3rd ed. Bethesda, MD: CDL Press.

(2014) 'Diorite and Limestone: A Sumerian Perspective', in *He Has Opened Nisaba's House of Learning: Studies in Honor of Ake Sjøberg*, ed. L. Sassmannshausen. Leiden: Brill, 51–56.

Frahm, E. (1997) *Einleitung in die Sanherib Inschriften*. Archiv für Orientforschung Beiheft 26. Vienna: Institut für Orientalistik der Universität Wien.

(2010) 'Counter-Texts, Commentaries, and Adaptations: Politically Motivated Responses to the Babylonian Epic of Creation in Mesopotamia, the Biblical World, and Elsewhere', in *Conflict, Peace and Religion in the Ancient Near East*, ed. A. Tsukimoto. Orient XLV. Tokyo: Society for Near Eastern Studies in Japan, 3–33.

(2011) *Babylonian and Assyrian Commentaries: Origins of Interpretation*. Münster: Ugarit-Verlag.

(2013) 'Creation and the Divine Spirit in Babel and Bible: Reflections on *Mummu* in *Enūma Eliš* I. 4 and *rûaḥ* in Genesis 1.2', in *Literature as Politics, Politics as Literature: Essays on the Ancient Near East in Honor of Peter Machinist*, ed. D. Vanderhooft and A. Winitzer. Winona Lake, IN: Eisenbrauns, 97–116.

(2016) 'Of Doves, Fish, and Goddesses: Reflections on the Literary, Religious, and Historical Background of the Book of Jonah', in *Sibyls, Scriptures, and*

Scrolls: John Collins at Seventy, ed. J. Baden, H. Najman, and E. Tigchelaaret. Leiden: Brill, 432–458.

(2017) 'Assyria and the South: Babylonia', in *A Companion to Assyria*, ed. E. Frahm. Hoboken, NJ: Wiley Blackwell, 286–98.

(2018) 'The Exorcist's Manual: Structure, Language, *Sitz im Leben*', in *Sources of Evil. Studies in Mesopotamian Exorcistic Lore*, ed. G. van Buylaere, M. Luukko, D. Schwemer, and A. Mertens-Wagschal. Leiden: Brill, 9–47.

Frame, G. (1987) *Assyrian Rulers of the Early First Millennium BC*, Vol. 1: *1114–859*. RIMAP 2. Toronto University Press.

(1992) *Babylonia 689–627 B.C.: A Political History*. Leiden: NINO.

(1995) *Rulers of Babylonia from the Second Dynasty of Isin to the End of Assyrian Domination (1157–612 BC)*. RIMBP 2. Toronto University Press.

(1999) 'My Neighbour's God: Aššur in Babylonia and Marduk in Assyria', *Bulletin of the Canadian Society for Mesopotamian Studies*, 34: 5–22.

Frame, G. and George, A. (2005) 'The Royal Libraries of Nineveh: New Evidence for King Ashurbanipal's Tablet Collecting', *Iraq* 67: 265–284.

Frankena, R. (1966) *Briefe aus dem British Museum*. Altbabylonische Briefe in Umschrift und Übersetzung 2. Leiden: Brill.

Franklin, N. (2019) 'Megiddo and Jezreel Reflected in the Dying Embers of the Kingdom of Israel', in *The Last Days of the Kingdom of Israel*, ed. S. Hasegawa, C. Levin, and K. Radner. Beihefte zur Zeitschrift für der alttestamentliche Wissenschaft, Band 511. Berlin: de Gruyter, 189–208.

Frayne, D. (1990) *The Old Babylonian Period (2003–1595)*. RIMEP 4 Early Periods. Toronto University Press.

(1992) *The Early Dynastic List of Geographical Names*. New Haven, CT: American Oriental Society.

(2010) *Gilgamesch, Ikonographie eines Helden*, ed. H.-U. Steymans. OBO 245. Fribourg: Academic Press, 168–172.

Friberg, J. (ca. 2007) *Amazing Traces of a Babylonian Origin in Greek Mathematics*. Hackensack, NJ: World Scientific.

Fuchs, A. (1994) *Die Inschriften Sargons II. aus Khorsabad*. Göttingen: Cuvillier Verlag.

(2011) 'Sargon', in *PNAE*, Vol. 3, Part II: *Š–Z*, ed. H. D. Baker. Helsinki University Press, 1239–1247.

(2017) 'Die Kassiten, das mittelbabylonische Reich und der Zagros', in *Karduniaš. Babylonia under the Kassites*, ed. A. Bartelmus and K. Sternitzke. Boston, MA: de Gruyter, 123–165.

Fuchs, A. and Parpola, S. (2001) *The Correspondence of Sargon II, Part III: Letters from Babylonian and the Eastern Provinces*. SAA XV. Helsinki University Press.

Gadd, C. (1973) *The Cambridge Ancient History*, Vol. I, Part 2: *Early History of the Middle East*, ed. I. Edwards, C. Gadd, and N. Hammond. 3rd ed. Cambridge University Press, 220–227.

Garrison, M. (2012) 'Antiquarianism, Copying, Collecting', in *Companion to the Archaeology of the Ancient Near East*, ed. D. T. Potts. Hoboken, NJ: Wiley Blackwell, 27–47.

Gasche, H. (2013) 'Le Südburg de Babylone: une autre visite', in *La Tour de Babylone. Études et recherches sur les monuments de Babylon*, ed. B. André-Salvini. Rome: Istituto di studi sulle civiltà dell'Egeo e del vicino Oriente, 115–126.

Gasche, H., Armstrong, J., Cole, S., and Gurzadyan, V. (1998) *Dating the Fall of Babylon: A Reappraisal of Second-Millennium Chronology*. Mesopotamia History and Environment Series II, Memoirs IV. Ghent: University of Ghent/Chicago: Oriental Institute of the University of Chicago.

Gasche, H. and Tanret, M. (1998) *Changing Watercourses in Babylonia: Towards a Reconstruction of the Ancient Environment in Lower Mesopotamia*. Mesopotamia History and Environment. Memoirs 5/1. Chicago: Oriental Institute of the University of Chicago.

(2009–11) 'Sippar', in *RlA*, Vol. 12, 528– 547.

George, A. (1992) *Babylonian Topographical Texts*. OLA 40. Leuven: Peeters.

(1993a) *House Most High*. Winona Lake, IN: Eisenbrauns.

(1993b) 'Babylon Revisited: Archaeology and Philology in Harness', *Antiquity* 67: 734–746.

(1995) 'The Bricks of Esagil', *Iraq* 57: 173–198.

(1997a) 'Bond of the Lands: Babylon, the Cosmic Capital', in *Die Orientalische Stadt. Kontinuität, Wandel, Bruch*, ed. G. Wilhelm. Saarbrücken: Druckerei und Verlag, 126–145.

(1997b) 'Marduk and the Cult of the Gods of Nippur at Babylon', *Orientalia* 66: 65–70.

(2000) 'Four Temple Rituals', in *Wisdom, Gods and Literature: Studies in Assyriology in Honour of W. G. Lambert*, ed. A. George and I. Finkel. Winona Lake, IN: Eisenbraun, 259–299.

(2003) *The Babylonian Gilgamesh Epic: Introduction, Critical Edition and Cuneiform Texts*. Oxford University Press.

(2005–6) 'The Tower of Babel: Archaeology, History and Cuneiform Texts', *Archiv für Orientforschung* 51: 75–95.

(2009) *Babylonian Literary Texts in the Schøyen Collection*. CUSAS 10. Bethesda, MD: CDL Press.

(2011) *Cuneiform Royal Inscriptions and Related Texts in the Schøyen Collection*. CUSAS 17. Bethesda, MD: CDL Press.

(2015) 'On Babylonian Lavatories and Sewers', *Iraq* 77: 75–106.

Giovino, M. (2007) *The Assyrian Sacred Tree*. OBO 230. Fribourg: Academic Press.

Glassner, J.-G. (2004) *Mesopotamian Chronicles*. Writings from the Ancient World 19. Atlanta, GA: Society of Biblical Literature.

Godard, A. (1965) *The Art of Iran*. London: Allen and Unwin

Goddeeris, A. (2002) *Economy and Society in Northern Babylonia in the Early Old Babylonian Period (c. 2000–1800 BC)*. OLA 109. Leuven: Peeters.

Goldberg, S. and Whitmarsh, T. (eds.) (2016) *Oxford Classical Dictionary*. Oxford University Press.

Goring-Morris, A. and Belfer-Cohen, A. (2014) 'The Southern Levant (Cisjordan) during the Neolithic Period', in *Oxford Handbook of the Archaeology of the Levant*, ed. M. Steiner and A. Killebrew. Oxford University Press, 147–169.

Grayson, A. (1972) *Assyrian Royal Inscriptions*, Vol. 1: *Records of the Ancient Near East*. Wiesbaden: Harrassowitz.

(1975a) *Babylonian Historical-Literary Texts*. Toronto University Press.

(1975b) *Assyrian and Babylonian Chronicles*. Texts from Cuneiform Sources 5. New York: J. J. Augustin.

(1983) 'Königslisten und Chroniken', in *RlA*, Vol. 6, 77–135.

(1987) *Assyrian Rulers of the Third and Second Millennia BC (to 115 BC)*. RIMAP 1. Toronto University Press.

(1996) *Assyrian Rulers of the Early First Millennium BC (858–745 BC)*. RIMAP 3/2. Toronto University Press.

Grayson, A. and Novotny, J. (2012) *The Royal Inscriptions of Sennacherib Part 1*. RIMAP 3/1. Winona Lake, IN: Eisenbrauns.

(2014) *The Royal Inscriptions of Sennacherib Part 2*. RIMAP 3/2. Winona Lake, IN: Eisenbrauns.

Grigson, C. (2007) 'Culture, Ecology and Pigs from the Fifth to the Third Millennium BC around the Fertile Crescent', in *Pigs and Humans. 10,000 Years of Interaction*, ed. U. Albarella, K. Dobney, A. Ervynck, and P. Rowley-Conwy. New York: Oxford University Press, 83–108.

Grimme, H. and Pilter, W. (1907) *The Law of Hammurabi and Moses: A Sketch*. London: Society for Promoting Christian Knowledge.

Groß, M. and Pirngruber, R. (2014) 'On Courtiers in the Neo-Assyrian Empire: *ša rēši* and *manzaz pāni*', *Altorientalische Forschungen* 14/2: 161–175.

Guichard, M. (2014a) *L'épopée de Zimri-Lim*. Florilegium marianum XIV, mémoires de NABU 16. Paris: SEPOA.

(2014b) 'Political Space – Local Political Structures in Northern Syria: The Case of the Country of Ida-maraṣ in the 18th Century BC', in *Constituent, Confederate and Conquered Space: The Emergence of the Mittani State*, ed. E. Cancik-Kirschbaum and E. Christiane. Topoi. Berlin Studies of the Ancient World 17. Berlin: de Gruyter, 147–160.

Gunkel, H. (1916) *Esther*. Tübingen: J. C. B. Mohr.

Gurney, O. (1977) *Some Aspects of Hittite Religion*. Oxford: Oxford University Press.

Gzella, H. (2016) 'The Scribal Background of the "Mene tekel" in Daniel 5', www .bibleinterp.com/articles/2016/04/gze408029.shtml.

Haas, V. (1994) *Geschichte der hethitischen Religion*. Leiden: Brill.

Hackl, J. (2016) 'New Additions to the Rahimesu Archive: Parthian Texts from the British Museum and the World Museum, Liverpool', in *Silver, Money and*

Credit: *Festschrift for R. van der Spek*, ed. K. Kleber and R. Pirngruber. Leiden: NINO, 87–106.

(2018) 'The Esangila Temple during the Late Achaemenid Period', in *Xerxes and Babylonia: The Cuneiform Evidence*, ed. C. Waerzeggers and M. Seire. OLA 277. Leuven: Peeters, 165–187.

Hackl, J. and Jursa, M. (2015) 'Egyptians in Babylonia in the Neo-Babylonian and Achaemenid Periods', in *Exile and Return*, ed. J. Stökl and C. Waerzeggers. Berlin: de Gruyter, 157–180.

Hamidović, D. (2014) 'Alphabetical Inscriptions from the Sealand', *Studia Mesopotamica* 1: 137–155.

Hammond, N. (2017) 'Pot Fragments Seal the Deal on Naming Lost Kings of Commerce', *The Times*, Saturday 22 April 2017.

Harper, P., Aruz, J., and Tallon, F. (eds.) (1992) *The Royal City of Susa: Ancient Near Eastern Treasures in the Louvre*. New York: Metropolitan Museum of Art.

Hauser, S. (1999) 'Babylon in arsakidischer Zeit', in *Babylon, Focus mesopotamischer Geschichte, Wiege früher Gelehrsamkeit, Mythos in der Moderne*, ed. J. Renger. Saarbrücken: Druckerei und Verlag, 207–239.

Hausleiter, A. (2010) 'Ancient Tayma', in *Roads of Arabia: The Archaeological Treasures of Saudi Arabia*, ed. U. Franke, A. Al-Ghabban, J. Gierlichs, and S. Weber. Exhibition catalogue, Museum für islamische Kunst. Berlin: Wasmuth, 102–124.

Hausleiter, A. and Schaudig, H.-P. (2016) 'Rock Relief and Cuneiform Inscription of King Nabonidus at al-Ḥāʾiṭ (Province of Ḥāʾil, Saudi Arabia), Ancient Padakku', *Zeitschrift für Orient-Archäologie* 9: 224–240.

Hawkins, J. David (2000) *Inscriptions of the Iron Age: Corpus of Hieroglyphic Luwian Inscriptions*, 3 vols. Berlin: de Gruyter.

Heeßel, N. (2017) 'Zur Standardisierung und Serialisierung von Texten während der Kassitenzeit am Beispiel der Opferschau-Omina', in *Karduniaš: Babylonia under the Kassites*, ed. A. Bartelmus and K. Sternitzke. Boston, MA: de Gruyter, 219–228.

Heffron, Y. and Worthington, M. (2012) 'Tiamat', in *RlA*, Vol. 13. 643–645.

Heimpel, W. (2003) *Letters to the King of Mari*. Winona Lake, IN: Eisenbrauns.

Heltzer, M. (1981) *The Suteans*. Naples: Istituto universitario orientale.

Henkelman, W. (2008) *The Other Gods Who Are: Studies in Elamite-Iranian Acculturation Based on the Persepolis Fortification Texts*. Achaemenid History IV. Leiden: NINO.

(2011) 'Cyrus the Persian and Darius the Elamite: A Case of Mistaken Identity', in *Herodotus and the Persian Empire*, ed. R. Rollinger, B. Truschnegg, and R. Bichler. CLeO 3. Wiesbaden: Harrassowitz, 577–634.

Henkelman. W. and Folmer, M. (2016) 'Your Tally Is Full! On Wooden Credit Records in and after the Achaemenid Empire', in *Silver, Money, Credit: A Tribute to Robartus J. van der Spek on the Occasion of His 65th Birthday*, ed. K. Kleber and R. Pirngruber. Leiden: NINO, 133–239.

Herbordt, S., Mattila, R., Parker, B., Postgate, J., and Wiseman, D. (2019) *Documents from the Nabu Temple and from Private Houses on the Citadel.* Cuneiform Texts from Nimrud VI. London: British Institute for the Study of Iraq.

Herodotus (2003) *The Histories*, trans. A. de Sélincourt. Harmondsworth: Penguin.

Herrmann, G. and Laidlaw, S. with H. Coffey (2009) *Ivories from the North West Palace (1845-1992).* Ivories from Nimrud VI. London: British Institute for the Study of Iraq.

Hertel, T. (2013) *Old Assyrian Legal Practices.* Leiden: NINO.

Hinke, W. J. (1907) *A New Boundary Stone of Nebuchadrezzar I from Nippur*, ed. H. Hilprecht. The Babylonian Expedition of the University of Pennsylvania, Series D: Researches and Treatises 4. Philadelphia: University of Pennsylvania.

Hoenigswald, H., Woodard, R., and Clackson, J. (2006) 'Indo-European', in *The Cambridge Encyclopaedia of the World's Ancient Languages*, ed. R. Woodard. Cambridge University Press, 534–550.

Hoffmann, F. and Quack, J. (2007) *Anthologie der demotischen Literatur.* Berlin: LIT Verlag.

Hoffner, H. and Beckman, G. (1999) *Hittite Diplomatic Texts*, 2nd ed. Atlanta, GA: Society of Biblical Literature.

Holm, T. (2007) 'The Sheikh Fadl Inscription in Its Literary and Historical Context', *Aramaic Studies* 5: 193–224.

   (2013) *Of Courtiers and Kings: The Biblical Daniel Narratives and Ancient Story Collections.* Winona Lake, IN: Eisenbrauns.

Horowitz, W. (1998) *Mesopotamian Cosmic Geography.* Winona Lake, IN: Eisenbrauns.

   (2000) 'Astral Tablets in the Hermitage, St. Petersburg', *Zeitschrift für Assyriologie* 90: 194–206.

Horowitz, W., Oshima, T., and Sanders, S. (2018) *Cuneiform in Canaan: The Next Generation.* Philadelphia: Eisenbrauns.

Horsnell, M. (1999) *The Year-Names of the First Dynasty of Babylon*, 2 vols. Hamilton: McMaster University Press.

Høyrup, J. (1990) 'Algebra and Naïve Geometry: An Investigation of Some Basic Aspects of Old Babylonian Mathematical Thought', *Altorientalische Forschungen* 17: 27–69, 262–354.

Hunger, H. (1976–80) 'Kidinnu', in *RlA*, Vol. 5, 589.

   (1992) *Astrological Reports to Assyrian Kings.* SAA VIII. Helsinki University Press.

   (2011–13) 'Sternkunde', in *RlA*, Vol. 13, 150–161.

Hunger, H. and de Jong, T. (2014) 'Almanac W22340a from Uruk', *Zeitschrift für Assyriologie* 104: 182–194.

Hunger, H. and Steele, J. (2018) *The Babylonian Astronomical Compendium MUL. APIN.* London: Routledge.

Hurowitz, V. (1997) 'Reading a Votive Inscription: Simbar-šipak and the Ellilification of Marduk', *Revue d'Assyriologie* 91: 39–45.

(2013) 'What Was Codex Hammurabi, and What Did it Become?', *Maarav* 18: 89–100.

Invernizzi, A. (2008a) 'Babylone sous domination Perse', in *Babylone*. Exhibition catalogue. Paris: Hazan–Musée du Louvre, 239–248.

(2008b) 'Les dominations Grecque et Parthe', in *Babylone*. Exhibition catalogue. Paris: Hazan–Musée du Louvre, 251–275.

Ionides, M. (1937) *The Regime of the Rivers Euphrates and Tigris*. London: E. and F. N. Spon.

Ismail, M. (2011) *Wallis Budge*. Kilkerran: Hardinge Simpole.

Izre'el, S. (1997) *The Amarna Scholarly Tablets*. Cuneiform Monographs 9. Groningen: Styx.

Jacobus, H. (2014) *Zodiac Calendars in the Dead Sea Scrolls*. Leiden: Brill.

Jacquet, A. (2012) 'Funerary Rights and the Cult of Ancestors during the Amorite Period', in *(Re-)constructing Funerary Rituals in the Ancient Near East*, ed. P. Pfälzner. Wiesbaden: Harassowitz, 123–136.

Jamison, S. (2004) 'Sanskrit', in *The Cambridge Encyclopaedia of the World's Ancient Languages*, ed. R. Woodard. Cambridge University Press, 673–99.

Janko, R. (2002) 'The Herculaneum Library: Some Recent Developments', *Estudios Clássicos* 121: 25–41.

Janssen, C. (1991) 'Samsu-iluna and the Hungry *Naditums*', *Northern Akkad Project Reports* 5: 3–39.

Jean, C.-F. (1950) *Lettres Diverses*. ARM II. Paris: Imprimerie Nationale.

Jeremias, J. (1903) *Moses und Hammurabi*. Leipzig: J. C. Hinrichs.

Jeyes, U. (1989) *Old Babylonian Extispicy: Omen Texts in the British Museum*. Leiden: NINO.

Jiménez, E. (2017) *The Babylonian Disputation Poems: With Editions of the Series of the Poplar, Palm and Vine, the Series of the Spider, and the Story of the Poor, Forlorn Wren*. Cultures and History of the Ancient Near East 87. Leiden: Brill.

(2018) '"As your name indicates": Philological Arguments in Akkadian Disputations', *Journal of Ancient Near Eastern History* 5: 87–105.

Joannès, F. (1982) *Textes Economiques de la Babylonie récente*. Paris: ERC.

(2011) 'L'écriture publique du pouvoir à Babylone sous Nabuchodonosor II', in *Wissenskultur in Orient und Okzident*, ed. E. Cancik-Kirschbaum, M. van Ess, and J. Marzahn, Topoi 1. Berlin: de Gruyter, 113–120.

Jones, A. (2017) *The Portable Cosmos*. Oxford University Press.

Jones, A. and Steele, J. (2018) 'Diodorus on the Chaldeans', in *The Scaffolding of Our Thoughts. Essays on Assyriology and the History of Science in Honor of Francesca Rochberg*, ed. J. Crisostomo, N. Heessel, and T. Abusch. Leiden: Brill, 333–352.

Jonker, G. (1995) *The Topography of Remembrance: The Dead, Tradition, and Collective Memory in Mesopotamia*. Leiden: Brill.

Josephus (1926) *Contra Apionem, in The Life; Against Apion*, trans. H. Thackeray. Loeb Classical Library 186. Cambridge, MA: Harvard University Press.

Jursa, M. (2007a) 'The Transition of Babylonia from the Neo-Babylonian Empire to Achaemenid Rule', in *Regime Change in the Ancient Near East and Egypt: From Sargon of Agade to Saddam Hussein*, ed. H. Crawford. London: British Academy, 74–92.

(2007b) 'Die Söhne Kudurrus und die Herkunft der neubabylonische Dynastie', *Revue d'Assyriologie* 101: 125–136.

(2010) 'Der neubabylonische Hof', in *The Achaemenid Court*, ed. B. Jacobs and R. Rollinger. Wiesbaden: Harrassowitz, 67–106.

Jursa, M. and Spar, I. (2014) *Late Babylonian Archival and Administrative Tablets in the Metropolitan Museum of Art*. Metropolitan Museum of Art Cuneiform Texts IV. Winona Lake, IN: Eisenbrauns.

Justin (2011) Epitome *of the* Philippic History *of Pompeius Trogus*, Vol. II: *Books 13–15. The Successors to Alexander the Great*, trans. J. Yardley. Oxford University Press.

Kammenhuber, A. (1987–90) 'Marduk', in *RlA*, Vol. 7, 370–372.

Kämmerer, T. and Metzler, K. (2012) *Das babylonische Weltschöpfungsepos Enūma eliš*, AOAT 375. Münster: Ugarit-Verlag.

Kaniuth, K. (2017) 'Isin in the Kassite Period', in *Karduniaš: Babylonia under the Kassites*, ed. A. Bartelmus and K. Sternitzke. Berlin: de Gruyter, 492–507.

Kataja, L. and Whiting, R. (1995) *Grants, Decrees and Gifts of the Neo-Assyrian Period*. SAA XII. Helsinki University Press.

Katz, D. (2003) *The Image of the Underworld in the Sumerian Sources*. Winona Lake, IN: Eisenbrauns.

Keetman, J. (2009) 'Form, Zweck, und Herkunft der verschiedenen Teile der Esangil-Tafel', *Revue d'Assyriologie* 103: 111–130.

Kepinski, C. (2012) 'Organization of Harrâdum, Suhum, 18th–17th Centuries B.C.', in *Organization, Representation and Symbols of Power in the Ancient Near East*, ed. G. Wilhelm. 54th RAI Würzburg. Winona Lake, IN: Eisenbrauns.

King, L. (1912) *Babylonian Boundary Stones and Memorial Tablets in the British Museum*. London: British Museum.

King, L. and Thompson, R. (1907) *The Inscription of Darius the Great at Behistun*. London: British Museum.

Klengel, H. (1983) 'Bemerkungen zu den altbabylonische Rechtsurkunden und Wirtschaftstexten aus Babylon (VS 22: 1–82)', *Altorientalische Forschungen* 10: 5–48.

(1990) 'Halab – Mari – Babylon. Aspekte syrisch-mesopotamischer Beziehungen im altbabylonischer Zeit', in *De la Babylonie à la Syrie, en passant par Mari. Mélanges offerts à M. Kupper*, ed. Ö. Tunca. Liège: Université de Liège, 163–175.

Klengel-Brandt, E. (1990) 'Gab es ein Museum in der Hauptburg Nebukadnezars II. in Babylon?', *Forschungen und Berichte* 28: 41–46.

Knapp, A. (2015) *Royal Apologetic in the Ancient Near East*. Atlanta, GA: Society of Biblical Literature.

Koch-Westenholz, U. (1995) *Mesopotamian Astrology*. Copenhagen: Museum Tusculanum Press.

(1999) 'The Astrological Commentary Šumma Sin ina tāmartišu, Tablet 1', in *La Science des Cieux. Sages, mages, astrologues*, ed. R. Gyselen. Res Orientales XII. Bures-sur-Yvette: Groupe pour l'étude de la civilisation du Moyen-Orient, 149–165.

Koldewey, R. (1900) *Die hethitische Inschrift gefundenen in der Königsburg von Babylon*. Leipzig: Hinrichs.

(1911) *Die Tempel von Babylon und Borsippa nach den Ausgrabungen durch die Deutsch-Orient Gesellschaft*. WDVOG 15. Leipzig: Hinrichs.

(1931) *Die Königsburgen von Babylon 1: die Südburg*. WVDOG 54. Leipzig: Hinrichs.

(1932) *Die Königsburgen von Babylon 2: die Hauptburg und der Sommerpalast Nebukadnezars im Hügel Babil*. WVDOG 55. Leipzig: Hinrichs.

Kosmin, P. (2011) 'The Foundation and Early Life of Dura-Europos', in *Dura-Europos. Crossroads of Antiquity*, ed. L. Brody and G. Hoffman. Chestnut Hill, MA: McMullen Museum of Art, Boston College, 150–176.

(2013) 'Rethinking the Hellenistic Gulf: The New Greek Inscription from Bahrain', *Journal of Hellenic Studies* 133: 61–79.

(2014) 'Seeing Double in Seleucid Babylonia: Re-Reading the Borsippa Cylinder of Antiochus I', in *Patterns of the Past: Epitedeumata in the Greek Tradition: Festschrift for Oswyn Murray*, ed. A. Moreno and R. Thomas. Oxford University Press, 173–198.

(2018) *Time and Its Adversaries in the Seleucid Empire*. Cambridge, MA: Harvard University Press.

Kraus, F. (1964) *Briefe aus dem British Museum*. Altbabylonische Briefe 1. Leiden: Brill.

(1968) *Briefe aus dem Archive des Shamash-hazir*. Altbabylonische Briefe IV. Leiden: Brill.

(1977) *Briefe aus dem British Museum*. Altbabylonische Briefe VII. Leiden: Brill.

(1983) 'Spät-altbabylonische Briefe aus Babylon (VS 22: 83–92)', *Altorientalische Forschungen* 10: 49–63.

(1984) *Königliche Verfügungen in altbabylonische Zeit*. Leiden: Brill.

(1985) *Briefe aus kleineren westeuropäischen Sammlungen*. Altbabylonische Briefe X. Leiden: Brill.

Krecher, J. and Müller, H.-P. (1975) 'Vergangenheitsinteresse in Mesopotamien und Israel', *Saeculum* 26: 13–44.

Kuehne, H. (2002) 'Thoughts about Assyria after 612 BC', in *Of Pots and Plans: Papers on the Archaeology and History of Mesopotamia and Syria Presented to David Oates in Honour of His 75th Birthday*, ed. L. Al-Gailani-Werr, J. Curtis, and A. McMahon. London: NABU Publications, 171–175.

(2017) 'Early Iron in Assyria', in *Overturning Certainties in Near Eastern Archaeology: Festschrift in Honor of K. Aslihan Yener*, ed. Ç. Maner, M. Horowitz, and A. Gilbert. Leiden: Brill, 318–340.

Kuhrt, A. (1983) 'The Cyrus Cylinder and Achaemenid Imperial Policy', *Journal for the Society for Old Testament Studies* 25: 83–97.

(1990) 'Alexander and Babylon', in *Achaemenid History Workshop V*, ed. H. Sancisi-Weerdenburg. Groningen University Press, 121–130.

Kupper, J.-R. (1954) *Correspondance de Bahdi-Lim*. ARM VI. Paris: Imprimerie nationale.

(1959) 'Lettres de Kiš', *Revue d'Assyriologie* 53: 19–38, 177–182.

(1987–90) 'Mari post-mariotes', in *RlA*, Vol. 7, 389–390.

Labat, R. (1994) *Manuel d'épigraphie akkadienne*. 6th ed., rev. F. Malbran-Labat. Paris: Paul Geuthner.

Labat, R. and Malbran-Labat, F. (1995) *Manuel d'épigraphie akkadienne*. Paris: Paul Geuthner.

Lacambre, D. and Nahm, W. (2015) 'Pithana, an Anatolian Ruler in the Time of Samsu-iluna of Babylon: New Data from Tell Rimah (Iraq)', *Revue d'Assyriologie* 109: 17–28.

Lackenbacher, S. (1982) 'Un text vieux-babylonien sur la finition des textiles', *Syria* 59: 129–149.

(1998) 'Les lettres de Yanṣib-Addu', in *Archives épistolaires de Mari 1/2 Part III*, ed. D. Charpin, F. Joannès, S. Lackenbacher, and B. Lafont. ARM XXVI. Paris: ERC, 359–370.

Lambert, W. (1973) 'Antediluvian Kings and Marduk's Chariot', in *Symbolae biblicae et Mesopotamicae Francisco Mario Theodoro de Leagre Böhl*, ed. M. Beek. Leiden: Brill, 271–280.

(2007) *Babylonian Oracle Questions*. Winona Lake, IN: Eisenbrauns.

(2011) 'Babylon: origins', in *Wissenskultur in Orient und Okzident*, ed. E. Cancik-Kirschbaum, M. van Ess, and J. Marzahn. Topoi 1. Berlin: de Gruyter, 71–76.

(2013) *Babylonian Creation Myths*. Winona Lake, IN: Eisenbrauns.

Landsberger, B. (1965) *Brief des Bischofs von Esagila an König Asarhaddon*. Amsterdam: Noord-Hollandsche Uitg. Mij.

Langlois, A.-I. (2017) *Les archives de la princesse Iltani découvertes à Tell al-Rimah (XVIIIe siècle av. J.-C.) et l'histoire du royaume de Karana/Qaṭṭara*. Mémoires de NABU 18, Archibab 2. Paris: SEPOA.

Larsen, M. (1995) 'The "Babel/Bibel" Controversy', in *Civilizations of the Ancient Near East I*, ed. J. Sasson and J. Baines. New York: Scribner, 95–106.

(1996) *The Conquest of Assyria*. London: Routledge.

(2015) *Ancient Kanesh*. Cambridge University Press.

Layard, H. (1853) *Discoveries in the Ruins of Nineveh and Babylon*. London: John Murray.

Leclant, J. and Clerc, G. (1995) 'Fouilles et travaux, Metzamor', *Orientalia* 64/3: 225–355.

Lee, T. (1993) 'The Jasper Cylinder Seal of Aššurbanipal and Nabonidus' Making of Sin's Statue', *Revue d'Assyriologie* 87: 131–136.

Leichty, E. (1986) *Catalogue of the Babylonian Tablets in the British Museum VI*. London: Trustees of the British Museum.

(2011) *The Royal Inscriptions of Esarhaddon, King of Assyria (680–669 BC)*. RINAP 4. Winona Lake, IN: Eisenbrauns.

Lenzi, A. (2008) 'The Uruk List of Kings and Sages and Late Mesopotamian Scholarship', *Journal of Ancient Near Eastern Religions* 8: 137–169.

(2018) 'Material, Constellation, Image, God: The Fate of the Chosen Bull According to KAR 50 and Duplicates', in *The Scaffolding of Our Thoughts: Essays on Assyriology and the History of Science in Honor of Francesca Rochberg*, ed. J. Crisostomo, N. Heessel, and T. Abusch. Leiden: Brill, 58–96.

Lewis, B. (1980) *The Sargon Legend: A Study of the Akkadian Text and the Tale of the Hero Who Was Exposed at Birth*. Boston, MA: American Schools of Oriental Research.

Lewis, T. (1996) 'CT13.33–34 and Ezekiel 32: Lion-Dragon Myths', *Journal of the American Oriental Society* 116: 28–47.

Lightfoot, J. (2007) *The Sibylline Oracles*. Cambridge University Press.

Lim, T., (2017) 'An Indicative Definition of the Canon', in *When Texts Are Canonized*, ed. T. Lim. Brown Judaic Studies. Atlanta, GA: Society of Biblical Literature, 1–24.

Linssen, M. (2003) *The Cults of Uruk and Babylon: The Temple Ritual Texts as Evidence for Hellenistic Cult Practices*. Leiden: Brill-Styx.

Lipschits, O. (1998) 'Nebuchadrezzar's Policy in "Hattu-Land"', *Ugarit Forschungen* 30: 468–487.

Livingstone, A. (1986) *Mystical and Mythological Explanatory Works of Assyrian and Babylonian Scholars*. Oxford: Clarendon Press.

(2013) *Hemerologies of Assyrian and Babylonian Scholars*. CUSAS 25. Bethesda, MD: CDL Press.

Llop, J. and George, A. (2001–2) 'Die babylonische-assyrische Beziehungen und die innere Lage Assyriens in der Zeit der Auseinanderetzung zwischen Ninurta-tukulti-Aššur und Mutakkil-Nusku nach neuen keilschriftlichen Quellen', *Archiv für Orientforschung* 48–49: 1–23.

Lloyd, S. (1947) *Foundations in the Dust: A Story of Mesopotamian Exploration*. Oxford University Press.

Lohnert, A. (2010) 'Reconsidering the Consecration of Priests', in *Your Praise Is Sweet: A Memorial Volume for Jeremy Black*, ed. H. Baker, E. Robson, and G. Zólyomi. London: British Institute for the Study of Iraq, 183–191.

Longrigg, S. (1960) 'Badra', *Encyclopaedia of Islam*, Vol. 1: A–D, ed. H. A. R. Gibb and editorial committee, 3rd ed. Leiden: Brill, 870–887.

Luukko, M. (2012) *The Correspondence of Tiglath-pileser III and Sargon II from Calah/Nimrud*. SAA XIX. Helsinki University Press.

Luukko, M. and van Buylaere, G. (2002) *The Political Correspondence of Esarhaddon*. SAA XVI. Helsinki University Press.

Machinist, P. (2014) 'Tukulti-Ninurta-Epos', in *RlA*, Vol. 14, 180–181.

Magee, P. (2014) *The Archaeology of Prehistoric Arabia*. Cambridge University Press.

Malbran-Labat F. (2004) 'Inscription no. 4001', in *Kition dans les Textes*, ed. M. Yon. Paris: ERC, 345–354.

Mallowan, M. (1966) *Nimrud and Its Remains*. London: Collins.

Maraqten, M. (1990) 'The Aramaic Pantheon at Tayma', *Arabian Archaeology and Epigraphy* 7: 17–31.

Marchesi, G. (2010) 'The Sumerian King List and the Early History of Mesopotamia', in *Ana turri gimilli. Studi dedicati al Padre Werner R. Mayer, S.J.*, ed. M. Biga and M. Liverani. Vicino Oriente, Quaderno V. Rome University Press, 231–248.

(2017) 'Appendix 5: Inscriptions from the Royal Mounds of A'ali (Bahrain) and Related Texts', in *The Royal Mounds of A'ali in Bahrain: The Emergence of Kingship in Early Dilmun*, ed. S. Terp Laursen. Denmark: Jutland Archaeological Society – Moesgaard Museum, 425–432.

Marchetti, N. (2014–16) 'Tilmen Höyük', in *RlA*, Vol. 14, 48–50.

Marck, C. (2016) *In the Land of a Thousand Gods: A History of Asia Minor in the Ancient World*. Princeton University Press.

Marcus, M. (1991) 'The Mosaic Glass Vessels from Hasanlu, Iran: A Study in Large-Scale Stylistic Trait Distribution', *The Art Bulletin* 73: 536–560.

Margueron, J.-C. (2013) 'Le Palais de Nabuchodonosor à Babylone', in *La Tour de Babylone*, ed. B. André-Salvini. Rome: CNR-Louvre, 77–114.

Marzahn, J. (1994) *The Ishtar Gate: The Processional Way: The New Year Festival of Babylon*. Berlin: Staatliche Museen zu Berlin, Vorderasiatisches Museum.

(2008) 'Koldewey's Babylon', in *Babylon*, ed. M. Seymour. London: British Museum Exhibition Catalogue, 46–53.

Marzahn, J., Schauerte, G., Müller-Neuhof, B., Sternitzke, K., Wullen, M., and Strzoda, H. (2008) *Babylon: Mythos und Wahrheit*. Exhibition catalogue. Munich: Hirmer.

Matthews, D. (1990) *Principles of Composition in Near Eastern Glyptic of the Later Second Millennium B.C.* Göttingen: Vandenhoek and Ruprecht.

Maul, S. (1991) 'Neues zu den 'Graeco-Babyloniaca', *Zeitschrift zur Assyriologie* 81: 87–107.

(1992) *Die Inschriften von Tall Bderi*. Die Ausgrabungen von Tall Bderi 1. Berliner Beiträge zum Vorderen Orient Texte 2. Berlin: Reimer.

(2018) *The Art of Divination in the Ancient Near East: Reading the Signs of Heaven and Earth,* trans. B. McNeil and A. Edmonds. Waco, TX: Baylor University Press.

May, N. (2012) 'Ali-talīmu – What Can Be Learned from the Destruction of Figurative Complexes', in *Iconoclasm and Text Destruction in the Ancient Near East and Beyond*, ed. N. May. Chicago Oriental Institute Seminars 8. Chicago: Oriental Institute, 187–230.

McMeekin, S. (2010) *The Berlin-Baghdad Express: The Ottoman Empire and Germany's Bid for World Power 1898–1911.* London: Allen Lane.

Melville, S. (1999) *The Role of Naqia/Zakutu in Sargonid Politics.* SAA Studies IX. Helsinki University Press.

(2016) *The Campaigns of Sargon II King of Assyria, 721–705 BC.* Oklahoma University Press.

Mercier, H. and Sperber, D. (2017) *The Enigma of Reason: A New Theory of Human Understanding.* London: Allen Lane.

Messerschmidt, W. (2006) Review of Curtis and Tallis, *Forgotten Empire, Bryn Mawr Classical Review.*

Meyer, G. (1962) 'Zur Inschrift des Nebukadnezar am Ischtar-Tor', in *Durch vier Jahrtausende altvorderasiatischer Kultur*, 2nd ed. Berlin: Vorderasiatisches Museum, 231–234.

Michalowski, P. (2011) *Correspondence of the Kings of Ur: An Epistolary History of an Ancient Mesopotamian Kingdom.* Winona Lake, IN: Eisenbrauns.

Michalowski, P. and Rutz, M. (2016) 'The Flooding of Ešnunna, the Fall of Mari: Hammurabi's Deeds in Babylonian Literature and History', *Journal of Cuneiform Studies* 68: 15–43.

Michaux, A. (1800) 'Cabinet des Antiques de la Bibliothèque nationale', *Magasin Encyclopédique ou Journal des Sciences, des Lettres et des Arts* 6/3: 86–87.

Michel, C. and Veenhof K. (2010) 'The Textiles Traded by the Assyrians in Anatolia (19th–18th Centuries BC)', in *Textile Terminologies in the Ancient Near East and Mediterranean from the Third to the First Millennia BC*, ed. C. Michel and M.-L. Nosch. Oxford: Oxbow, 210–271.

Miglus, P. (2000) 'Das Thronpodest des Salmanassar III aus Kalhu und die damalige babylonische Politik der Assyrer', in *Variatio delectat: Iran und der Westen: Gedenkschrift für Peter Calmeyer*, ed. R. Dittmann, B. Hrouda, U. Low, P. Matthiae, R. Mayer-Opificius, and S. Thurwachter. AOAT 272. Münster: Ugarit-Verlag: 447–467.

Mitchell, P. (2018) *The Donkey in Human History.* Oxford University Press.

Mitsuma, Y. (2013) 'Large Wooden Writing Board Mentioned in the Astronomical Diary -213', *NABU* no. 54.

(2015) 'The Offering for Well-Being in Seleucid and Arsacid Babylon', *Archiv für Orientforschung* 53: 117–127.

Mofidi-Nasrabadi, B. (2018) 'Elamite Architecture', in *The Elamite World*, ed. J. Alvarez-Mon, G. Basello, and Y. Wicks. London: Routledge, 507–530.

Monroe, M. Willis (2016) 'Micro-Zodiac in Babylon and Uruk: Seleucid Zodiacal Astrology', in *The Circulation of Astronomical Knowledge in the Ancient World*, ed. J. Steele. Leiden: Brill, 119–138.

Moorey, P. Roger (1978) *Kish Excavations 1923–1933.* Oxford: Clarendon Press.

(1999) *Ancient Mesopotamian Materials and Industries: The Archaeological Evidence.* Oxford: Oxford University Press.

Moortgat, A. (1988) *Vorderasiatische Rollsiegel.* Berlin: Gebr. Mann Verlag.

Mora, C. (2010) 'Seals and Sealings of Karkamiš Part III', in *Luwian and Hittite Studies Presented to J. David Hawkins*, ed. I. Singer. Tel Aviv University Press, 170–181.

Moran, W. (1991) 'Assurbanipal's Message to the Babylonians (ABL 301)', in *Ah, Assyria ... Studies in Assyrian History and Ancient Near Eastern Historiography Presented to Hayim Tadmor*, ed. M. Cogan and I. Eph'al. Scripta Hierosolymitana 33. Jerusalem: Magnes Press, 320–331.

(1992) *The Amarna Letters*. Baltimore, MD: Johns Hopkins University Press.

Morgan, J. (2007) 'Fiction and History: Historiography and the Novel', in *A Companion to Greek and Roman Historiography*, Vol. 2, ed. J. Marincola. Chichester: Wiley Blackwell, 552–564.

Mumford, L. (1961) *The City in History: Its Origins, Its Transformations, and Its Prospects*. New York: Harcourt, Brace and World.

Munro, A. (2014) *The Paper Trail: An Unexpected History of the World's Greatest Invention*. London: Allen Lane.

Neu, E. (1996) *Das hurritische Epos der Freilassung 1: Untersuchungen zu einem hurritisch-hethitischen Textensemble aus Hattusha*. Studien zu den Bogazköy-Texten XXXII 14. Wiesbaden: Harrassowitz.

Neujahr, M. (2012) *Predicting the Past in the Ancient Near East: Mantic Historiography in Ancient Mesopotamia, Judah, and the Mediterranean World*. Brown Judaic Studies 354. Providence, RI: Brown Judaic Studies.

Newsom, C. A. (2013) 'Now You See Him, Now You Don't: Nabonidus in Jewish Memory', in *Remembering Biblical Figures in the Late Persian and Early Hellenistic Periods: Social Memory and Imagination*, ed. D. Edelman and E. Ben Zvi. Oxford University Press, 270–282.

(2014) *Daniel: A Commentary*. Louisville, KY: Westminster John Knox Press.

Nielsen J. (2015) 'I Overwhelmed the King of Elam: Remembering Nebuchadnezzar in Persian Babylonia', in *Political Memory in and after the Persian Empire*, ed. J. Silverman and C. Waerzeggers. Atlanta, GA: Society for Biblical Literature, 53–73.

Novotny J. (2015a) 'On the *Šēdus, Lamassus*, and *Rābiṣus* Mentioned in Esarhaddon's Babylon Inscriptions', *NABU* 3: 127–128.

(2015b) 'New Proposed Chronological Sequence and Dates for Composition of Esarhaddon's Babylon Inscriptions', *Journal of Cuneiform Studies* 67: 145–168.

Novotny, J. and Watanabe, C. (2008) 'After the Fall of Babylon: A New Look at the Presentation Scene on Assurbanipal's Relief BM ME 124945-6', *Iraq* 70: 105–125.

Oates, D. (1968) *Studies in the Ancient History of Northern Iraq*. Oxford University Press.

Oates, D. and Oates J. (1976) 'Early Irrigation Agriculture in Mesopotamia', in *Problems in Economic and Social Archaeology*, ed. G. de Sieveking, I. Longworth, K. Wilson, and G. Clark. London: Duckworth: 109–135.

Oppenheim, A. (1966) 'Mesopotamia in the Early History of Alchemy', *Revue d'Assyriologie* 60: 29–45.

Oppenheim, A., Saldern, A., and Barag, D. (1988) *Glass and Glassmaking in Ancient Mesopotamia*. New York: Corning Museum of Glass.

Ornan, T. (2005) *The Triumph of the Symbol: Pictorial Representation of Deities in Mesopotamia and the Biblical Image Ban*. Fribourg: Academic Press.

(2012) 'The Life of a Dead King', *Bulletin of the American Schools of Oriental Research*, 366: 1–23.

(2019) 'The Relief on the Hammurabi Louvre Stele Revisited', *Journal of Cuneiform Studies* 71: 85–109.

Oshima, T. (2006) 'Marduk the Canal-Digger', *Journal of the Ancient Near Eastern Society* 30: 77–88.

(2011) *Babylonian Prayers to Marduk*. Tübingen: Mohr Siebeck.

(2013) *The Babylonian Theodicy*. SAA Cuneiform Texts IX. Helsinki University Press.

(2014) *Babylonian Poems of Pious Sufferers: Ludlul bēl nēmeqi and the Babylonian Theodicy*. Tübingen: Mohr Siebeck.

Ossendrijver, M. (2016) 'Ancient Babylonian Astronomers Calculated Jupiter's Position from the Area under a Time-Velocity Graph', *Science* 351/6272: 482–484.

Ossendrijver, M. and Winkler, A. (2018) 'Chaldeans on the Nile: Two Egyptian Astronomical Procedure Texts with Babylonian Systems A1 and A2 for Mercury', in *The Scaffolding of Our Thoughts: Essays on Assyriology and the History of Science in Honor of Francesca Rochberg*, ed. C. Cristostomo, A. Escobar, T. Tanaka, and N. Veldhuis. Leiden: Brill, 382–419.

Otto, E. (1994) 'Aspects of Legal Reforms and Reformulations in Ancient Cuneiform and Israelite Law', in *Theory and Method in Biblical and Cuneiform Law: Revision, Interpolation and Development*, ed. B. Levinson. Journal for the Study of the Old Testament Supplement Series 181. Sheffield Academic Press, 160–196.

Owen, D. (1993) 'Some New Evidence on Yahmadiu = Ahlamu', in *The Tablet and the Scroll. Near Eastern Studies in Honor of William W. Hallo*, ed. M. Cohen, D. Snell, and D. Weisberg. Bethesda, MD: CDL Press, 181–184.

Parpola, S. (1997) *Assyrian Prophecies*. SAA IX. Helsinki University Press.

Parpola, S. and Watanabe, K. (1988) *Neo-Assyrian Treaties and Loyalty Oaths*. SAA II. Helsinki University Press.

Paulus, S. (2014) *Die babylonische Kudurru-Inschriften von der kassitischen bis zur frühneubabylonische Zeit: untersucht unter besonderer Berücksichtigung Gesellschafts- und rechtshistorischer Fragestellungen*. AOAT 51. Münster: Ugarit Verlag.

(2017) 'The Babylonian *Kudurru*-Inscriptions and Their Legal and Socio-Historical Implications', ed. A. Bartelmus and K. Sternitzke, *Karduniaš: Babylonia under the Kassites*. Boston, MA: de Gruyter, 229–244.

(2018) 'Fraud, Forgery, and Fiction: Is There Still Hope for Agum-kakrime?', *Journal of Cuneiform Studies* 70: 115–166.

Pearce L. and Wunsch, C. (2014) *Documents of Judean Exiles and West Semites in Babylonia in the Collection of David Sofer*. CUSAS 28. Bethesda, MD: CDL Press.

Pedersén, O. (1998) *Archives and Libraries in the Ancient Near East 1500–300 B.C.* Bethesda, MD: CDL Press.

(2005a) *Archive und Bibliotheken in Babylon. Die Tontafeln der Grabung Robert Koldeweys 1899–1917*. Saarbrücken: Druckerei und Verlag.

(2005b) 'Foreign Professionals in Babylon: Evidence from the Archive in the Palace of Nebuchadnezzar II', in *Ethnicity in Ancient Mesopotamia*, ed. W. van Soldt, R. Kalvelagen, and D. Katz. Leiden: NINO, 267–272.

(2009) 'Assyrians in Babylon', in *Of Gods, Trees, Kings and Scholars: Neo-Assyrian and Related Studies in Honour of Simo Parpola*, ed. M. Luukko, S. Svärd, and R. Mattila. Helsinki University Press: 1–7.

Pientka, R. (1998) *Die spätaltbabylonische Zeit. Abi-ešuh bis Samsu-ditana. Quellen, Jahresdaten, Geschichte*. IMGULA 2. Münster: Rhema.

Pientka-Hinz, R. (2006–8) 'Samsu-iluna', in *RlA*, Vol. 11, 642–647.

Pingree, D. (1998) 'Legacies in Astronomy and Celestial Omens', in *The Legacy of Mesopotamia*, ed. S. Dalley. Oxford University Press, 124–137.

Pirngruber, R. (2017) *The Economy of Late Achaemenid and Seleucid Babylonia*. Cambridge University Press.

Pliny the Elder (1951) *Natural History*, Vol. VI: *Books 20–23*, trans. W. H. S. Jones, Loeb Classical Library 392. Cambridge, MA: Harvard University Press.

(1956) *Natural History*, Vol. VII: *Books 24–27*, trans. W. H. S. Jones, Loeb Classical Library 393. Cambridge, MA: Harvard University Press.

(1963) *Natural History*, Vol. VIII: *Books 28–32*, trans. W. H. S. Jones, Loeb Classical Library 418. Cambridge, MA: Harvard University Press.

Podany, A. (2002) *The Land of Hana: Kings, Chronology and Scribal Tradition*. Bethesda, MD: CDL Press.

(2016) 'The Conservatism of Hana Scribal Tradition', in *Cultures and Societies in the Middle Euphrates and Habur Areas in the Second Millennium BC 1. Scribal Education and Scribal Traditions*, ed. S. Yamada and D. Shibata. Studia Chaburensis 5. Wiesbaden: Harrassowitz, 69–98.

Pomponio, F. (1998–2001) 'Nabû', in *RlA*, Vol. 9, 16–24.

Pongratz-Leisten, B. (1994) *Ina Šulmi Īrub*. Baghdader Forschungen 16. Mainz: von Zabern.

(2006–8) 'Prozession(sstrasse) A', in *RlA*, Vol. 11, 98–103.

Porada, E. with Buchanan, B. (1948) *Corpus of Ancient Near Eastern Seals in North American Collections*, Vol. 1: *The Collection of the Pierpont Morgan Library*. New York: Pantheon Books.

Porada, E. and Collon, D. (2016) *Catalogue of the Western Asiatic Seals in the British Museum: Cylinder Seals IV*. London: British Museum Press.

Porter, B. (1993) *Images, Power, and Politics: Figurative Aspects of Esarhaddon's Babylonian Policy*. Philadelphia: American Philosophical Society.

Porter, B. and Radner, K. (1998) 'Aššur-ahu-iddina', in *PNAE*, Vol. I, Part I: *A*, ed. K. Radner. Helsinki University Press.

Potts, D. (1997) *Mesopotamian Civilization: The Material Foundations*. London: The Athlone Press, 30–39.

(2009) 'The Archaeology and Early History of the Persian Gulf in Antiquity', in *The Persian Gulf in History*, ed. L. Potter. New York: Palgrave Macmillan, 27–56.

(2010) 'Old Arabia in Historic Sources', in *Roads of Arabia: The Archaeological Treasures of Saudi Arabia*, ed. U. Franke, A. Al-Ghabban, J. Gierlichs, and S. Weber. Exhibition catalogue, Museum für islamische Kunst. Berlin: Wasmuth, 86–101.

(2011) '*The Politai and the Bīt Tāmartu: The Seleucid and Parthian Theatres of the Greek Citizens of Babylon*', in *Babylon: Wissenkultur in Orient und Okzident*, ed. E. Cancik-Kirschbaum, M. van Ess, and J. Marzahn. Topoi 1. Berlin: de Gruyter, 239–252.

(2016) *Archaeology of Elam*, 2nd (rev.) ed. Cambridge University Press.

(2018) 'The Carian Villages', *Cuneiform Digital Library Bulletin*: 1–7.

Pritchard, J. (1969) *Ancient Near Eastern Texts Relating to the Old Testament*, 3rd ed. with Supplement. Princeton University Press.

Quinn, J. (2018) *In Search of the Phoenicians*. Princeton University Press.

Rabbi Benjamin of Tudela (1907) *The Itinerary of Rabbi Benjamin of Tudela*, trans. and ed. A. Asher. New York: Hakesheth Publishing Co.

Radner, K. (2002) *Die neuassyrischen Texte aus Tall Šeh Hamad*. Berlin: Dietrich Reimer Verlag.

(2005) *Die Macht des Namens: altorientalische Strategien zur Selbsterhaltung*. Wiesbaden: Harrassowitz.

(2010) 'The Stele of Sargon II of Assyria at Kition', in *Interkulturalität in der Alten Welt*, ed. R. Rollinger, B. Gußler, M. Lang, and I. Madreiter. Wiesbaden: Harrassowitz, 429–449.

Radner, K. and van Koppen, F. (2009) 'Ein Tontafelfragment aus der diplomatischen Korrespondenz der Hyksosherscher mit Babylonien', Beiträge in M. Bietak and I. Forstner-Müller, 'Der Hyksospalast bei Tell ed-Dabʿa. Zweite und dritte Grabungskampagne', *Aegypten und Levante* 19: 91–120.

Rassam, H. (1897) *Asshur and the Land of Nimrod, being an Account of the Discoveries Made in the Ancient Ruins of Nineveh, Asshur, Sepharvaim, Calah, Babylon, Borsippa, Cuthah, and Van, Including a Narrative of Different Journeys in Mesopotamia, Assyria, Asia Minor, and Koordistan*. New York: Eaton and Mains.

Rawlinson, H. (1861) *The Cuneiform Inscriptions of Western Asia*, Vol. 1. London: British Museum.

Reade, J. (1986) 'Rassam's Babylonian Collection: The Excavations and the Archives', in *Catalogue of the Babylonian Tablets in the British Museum*, Vol. VI: *Tablets from Sippar I*, ed. E. Leichty. London: British Museum, xii–xxxvi.

(1993) 'Hormuzd Rassam and His Discoveries', *Iraq* 55: 39–62.

(2008a) 'Early Travellers on the Wonders: Suggested Sites', in *Babylon: Myth and Reality*, ed. I. Finkel and M. Seymour. London: British Museum Press, 112–117.

(2008b) 'The Search for the Ziggurat', in *Babylon: Myth and Reality*, ed. I. Finkel and M. Seymour. London: British Museum Press, 124–125.

Redford, D. (2003) *The Wars in Syria and Palestine of Thutmose III*. Leiden: Brill.

Reiner, E. (1995) *Astral Magic in Babylonia*. Philadelphia: American Philosophical Society.

Reiner, E. and Pingree, D. (1975) *Babylonian Planetary Omens*, Vol. 1: *The Venus Tablet of Ammi-ṣaduqa*. Bibliotheca Mesopotamica 2/1. Malibu: Undena Publications.

Renger, J. (ed.) (1999) *Babylon: Focus mesopotamische Geschichte, Wiege früher Gelehrsamkeit; Mythos in der Moderne*. Topoi 1. Saarbrücken: Druckerei und Verlag.

Reynolds, F. (2003) *The Babylonian Correspondence of Esarhaddon and Letters to Assurbanipal and Sin-šarra-iškun from Northern and Central Babylonia*. SAA XVIII. Helsinki University Press.

Rich, C. (1839) *Narrative of a Journey to the Site of Babylon in 1811*. London: Duncan and Malcolm.

Richardson, S. (2005) 'Trouble in the Countryside *ana tarṣi* Samsuditana: Militarism, Kassites and the Fall of Babylon', in *Ethnicity in Ancient Mesopotamia: Papers Read at the 48th RAI*, ed. W. van Soldt, K. Kalvelagen, and D. Katz. Leiden: NINO, 273–289.

Richter T. (2004) *Untersuchungen zu den lokalen Panthea Süd- und Mittel-babyloniens in altbabylonischer Zeit*. 2nd (rev.) ed. Münster: Ugarit-Verlag.

Roaf, M. (1996) *Art and Architecture of the Ancient Orient*, ed. H. Frankfort. 5th (rev.) ed. New Haven, CT: Yale University Press.

Robson, E. (2006–8) 'Pythagoras', in *RlA*, Vol. 11, 134–135.

(2008) *Mathematics in Ancient Iraq: A Social History*. Princeton University Press.

Rogers, R. (1915) *A History of Babylonia and Assyria*. 6th ed. New York: Abingdon Press.

Röllig, W. (1980–3) 'Kumme', in *RlA*, Vol. 6, 336–337.

(1998–2001) 'Nabu-rīmannu', in *RlA*, Vol. 9, 32.

(2009–11) 'Sardanapal(l)os', in *RlA*, Vol. 12, 36–37.

(2014–16) 'Tyros A', in *RlA*, Vol. 14, 250–253.

Rollinger, R. (2011–13) 'Teispes', in *RlA*, Vol. 13, 508–509.

Rositani, A. (2003) *Rīm-Anum Texts in the British Museum*. Nisaba 4. Messina: Dipartimento de Scienze dell'Antichità.

(2014) 'More Rīm-Anum's Texts from the *bīt asīrī*', in *Semitica*. Cahiers publiés par l'Institut d'Études Sémitiques du Collège de France 56. Paris: Éditions Jean Maisonneuve – Librairie d'Amérique et d'Orient, 35–64.

Roth, M. (1995) *Law Collections from Mesopotamia and Asia Minor*. Atlanta, GA: Scholars Press.

Rutten, M. (1960) 'Un lot de tablettes de Manana III', *Revue d'Assyriologie* 54: 19–40.

Saggs, H. (1988) *The Greatness That Was Babylon: A Survey of the Ancient Civilization on the Tigris-Euphrates Valley*. 2nd rev. ed. London: Sidgwick and Jackson.

Sallaberger, W. (2006–8) 'Puzur-Eshtar', in *RlA*, Vol. 11.

(2013) 'The Management of Royal Treasure: Palace Archives and Palatial Economy in the Ancient Near East', in *Experiencing Power, Generating Authority: Cosmos, Politics, and the Ideology of Kingship in Ancient Egypt and Mesopotamia*, ed. J. Hill, P. Jones, and A. Morales. Philadelphia: Pennsylvania University Press, 219–255.

Sallaberger W. and Schrakamp, I. (eds) (2015) *History and Philology: Associated Regional Chronologies*. ARCANE III. Turnhout: Brepols.

Salvini, M. (1993–7) 'Menua', in *RlA*, Vol. 8, 63–64.

Samet, N. (2014) *The Lamentation over the Destruction of Ur*. Winona Lake, IN: Eisenbrauns.

Sancisi-Weerdenberg, H. (1993) 'Alexander and Persepolis', in *Alexander the Great: Reality and Myth*, ed. J. Carlsen. Rome: L'Erma di Bretschneider, 177–188.

Sasson, J. (2015) *From the Mari Archives*. Winona Lake, IN: Eisenbrauns.

Sayce, A. (1923) *Reminiscences*. London: Macmillan.

Schachner, A. (2011) *Hattuscha, Auf der Suche nach dem sagenhaften Grossreich der Hethiter*. Munich: C. H. Beck.

Schaudig, H.-P. (2001) *Die Inschriften Nabonids von Babylon und Kyros' des Grossen samt den in ihrem Umfeld entstandenen Tendenzschriften*. AOAT 256. Münster: Ugarit-Verlag.

(2003) 'Nabonid, der Archäologe auf dem Königsthron', in *Festschrift für Burkhart Kienast: zu seinem 70. Geburtstag dargebracht von Freunden, Schülern und Kollegen*, ed. G. Selz. AOAT 274. Münster: Ugarit-Verlag, 447–497.

(2008) 'A Tanit-Sign from Babylon and the Conquest of Tyre by Nebuchadrezzar II', *Ugarit Forschungen* 40: 533–545.

(2009) 'The Colophon of the Sippar Text of the Weidner Chronicle', *NABU* no. 15.

(2011–13) 'Tēmā', in *RlA*, Vol. 13, 513–515.

(2016/18) 'Cuneiform Texts from Tayma, Seasons 2004–2015', in *Tayma II: Inscriptions from the Saudi-German Excavations*, Part I, ed. M. Macdonald, H. Schaudig, R. Eichmann, A. Hausleiter, and M. Al-Najem. Riyadh: Saudi Commission for Tourism and National Heritage, 2–20.

Scheil, V. (1896) 'Inscription de Nabonide', *Recueil de Travaux rélatifs à la philology et à l'archéologie égyptiennes et assyriennes* 18: 15–29.

(1902) *Délégation en Perse. Mémoires Tome IV. Textes élamites – sémitiques.* 2nd series. Paris: Ernest Leroux.

Schironi, F. (2009) *From Alexandria to Babylon: Near Eastern Languages and Hellenistic Erudition in the Oxyrhynchus Glossary* (P. Oxy 1802 + 4812). Berlin: de Gruyter.

(2013) 'The Early Reception of Berossos', in *The World of Berossus*, ed. J. Haubold, G. Lanfranchi, R. Rollinger, and J. Steele. CLeO 5. Wiesbaden: Harrassowitz, 235–254.

Schmidt, K. (2010) 'Göbekli Tepe – the Stone Age Sanctuaries', *Documenta Praehistorica* 37: 239–254.

(2011–13) 'Sudines', in *RlA*, Vol. 13, 242–243.

Schürer, E. (1986) *The History of the Jewish People in the Age of Jesus Christ*, III/1, rev. G. Vermes, F. Millar, and M. Goodman. Edinburgh: T&T Clark.

Schwemer, D. (2001) *Die Wettergottgestalten Mesopotamiens und Nordsyriens im Zeitalter der Keilschriftkulturen.* Wiesbaden: Harrassowitz.

Sciandra, R. (2012) 'The Babylonian Correspondence of the Seleucid and Arsacid Dynasties: New Insights into the Relations between Court and City during the Late Babylonian Period', in *Organization, Representation and the Symbols of Power in the Ancient Near East*, ed. G. Wilhelm. Winona Lake, IN: Eisenbrauns, 225–256.

Segal, J. (1970) *Edessa 'the Blessed City'.* Oxford: Clarendon Press.

Seidl, U. (1989) *Die babylonischen Kudurru-reliefs: Symbole mesopotamischer Gottheiten.* OBO 87. Freiburg: Universitätsverlag.

(1998–2001) 'Nabû B', in *RlA*, Vol. 9, 24–29.

(1999) 'Ein Monument Darius' I aus Babylon', *Zeitschrift für Assyriologie* 89: 101–114.

(2001) 'Das Ringen um das richtige Bild des Šamaš von Sippar', *Zeitschrift für Assyriologie* 91: 120–132.

Seymour, M. (2014) *Legend, History and the Ancient City Babylon.* London: I.B. Tauris.

Shear, I. (1998) 'Bellerophon Tablets from the Mycenaean World? A Tale of Seven Bronze Hinges', *Journal of Hellenic Studies* 118: 187–189.

Slanski, K. (2007) 'Rod and Ring: Icon of Righteous Kingship and Balance of Power between Palace and Temple', in *Regime Change in the Ancient Near East and Egypt from Sargon of Agade to Saddam Hussein*, ed. H. Crawford. Proceeding of the British Academy 136. Oxford University Press, 37–69.

Sollberger, E. (1987) 'A Bead for Sennacherib', in *Language, Literature, History, Philological and Historical Studies Presented to Erica Reiner*, ed. F. Rochberg-Halton. American Oriental Society 67. New Haven, CT: American Oriental Society, 379–381.

Sollberger, E. and Walker, C. (1985) 'Hammurapi à Mari et à Sippar', in *Miscellanea Babylonica: Mélanges offerts à Maurice Birot*, ed. J.-M. Durand and J.-R. Kupper. Paris: ERC, 257–264.

Sommerfeld, W. (2009–11) 'Sargon von Akkade', in *RlA*, Vol. 12, 48–49.

Spar, I. (1988) *Tablets, Cones and Bricks of the Third and Second Millennia B.C.* Cuneiform Texts in the Metropolitan Museum of Art 1. New York: Metropolitan Museum of Art.

Spar, I. and Jursa, M. (2014) *The Ebabbar Temple Archive and Other Texts from the Fourth to the First Millennium B.C.* Cuneiform Texts in the Metropolitan Museum of Art 4. New York: Metropolitan Museum of Art.

Spar, I. and Lambert, W. (2005) *Literary and Scholastic Texts of the First Millennium BC.* Cuneiform Texts in the Metropolitan Museum of Art 2. New York: Metropolitan Museum of Art.

Spycket, A. (1968) *Les statues de culte dans les textes mésopotamiens, des origines à la 1er dynastie de Babylone.* Paris: J. Gabalda.

Starr, I. (1983) *Rituals of the Diviner.* Malibu: Undena Publications.

(1990) *Queries to the Sungod: Divination and Politics in Sargonid Assyria.* SAA IV. Helsinki University Press.

Steele, J. (2011) 'Making Sense of Time: Observational and Theoretical Calendars', in *Oxford Handbook of Cuneiform Culture.* ed. K. Radner and E. Robson. Oxford University Press, 470–485.

(2013) 'The "Astronomical Fragments" of Berossos in Context', in *The World of Berossus*, ed. J. Haubold, G. Lanfranchi, R. Rollinger, and J. Steele. CleO 5. Wiesbaden: Harrassowitz, 99–113.

(in press) 'Citation and Use of MUL.APIN in the Neo-Assyrian and Late Babylonian Periods', in *Proceeding of RAI 2016*, ed. G. Frame. Philadelphia: Eisenbrauns.

Steiner, R. (1997) 'The Aramaic Text in Demotic Script', in *The Context of Scripture*, ed. W. Hallo and K. Lawson Younger. Leiden: Brill, 309–27.

Steinkeller, P. (2001) 'New Light on the Hydrology and Topography of Southern Babylonia in the Third Millennium', *Zeitschrift für Assyriologie* 91: 22–84.

(2003) 'An Ur III Manuscript of the Sumerian King List', in *Literatur, Politik und Recht in Mesopotamien. Festschrift für Claus Wilcke*, ed. W. Sallaberger, K. Volk, and A. Zgoll. Orientalia Biblica et Christiana 14. Wiesbaden: Harrassowitz, 267–292.

(2004) 'A History of Mashkan-shapir and Its Role in the Kingdom of Larsa', in *Anatomy of a Mesopotamian City: Survey and Soundings at Mashkan-shapir*, ed. E. Stone and P. Zimansky. Winona Lake, IN: Eisenbrauns, 26–42.

Sternitzke, K. (2017) 'Bestattungen in der Kassiten- und Isin II-Zeit', in *Karduniaš: Babylonia under the Kassites*, ed. A. Bartelmus and K. Sternitzke. Untersuchungen zur Assyriologie und vorderasiatischen Archäologie 11. Boston, MA: de Gruyter, 351–420.

Stevens, K. (2012) 'Collations to the Antiochus Cylinder (BM 36277)', *NABU* no. 35.

Stol, M. (1976) *Studies in Old Babylonian History*. Leiden: NINO.

(1981) *Letters from Yale*. Altbabylonische Briefe IX. Leiden: Brill.

(2006–8) 'Sabum B', in *RlA*, Vol. 11, 479–480.

Stolper, M. (1987) 'Belšunu the Satrap', in *Language, Literature, and History: Philological and Historical Studies Presented to Erica Reiner*, ed. F. Rochberg-Halton. New Haven, CT: American Oriental Society, 389–402.

(1990) 'The Kasr Archive', in *Achaemenid History IV: Centre and Periphery*, ed. A. Kuhrt and H. Sancisi-Weerdenburg. Proceedings of the Groningen 1986 Workshop on Achaemenid History. Leiden: NINO, 195–205.

(2004) 'Elamite', in *The Cambridge Encylopaedia of the World's Ancient Languages*, ed. R. Woodard. Cambridge University Press: 60–94.

Stone, E. (1977) 'Economic Crisis and Social Upheaval in Old Babylonian Nippur', in *Mountains and Lowlands: Essays in the Archaeology of Greater Mesopotamia*, ed. L. Levine and T. C. Young. Bibliotheca Mesopotamica 7. Malibu: Undena Publications, 266–289.

Stone, E., Lindsley, D., Pigott, V., Harbottle, G., and Ford, M. (1998) 'From Shifting Silt to Solid Stone: The Manufacture of Synthetic Basalt in Ancient Mesopotamia', *Science* 280: 2091–2093.

Strabo (1961) *Geography*, Vol. 7: *Books XV–XVI*, trans. H. L. Jones. Loeb Classical Library 241. Cambridge, MA: Harvard University Press.

Streck, M. (1998–2001a) 'Nebukadnezar II', in *RlA*, Vol. 9, 194–206.

(1998–2001b) 'Ninurta', in *RlA*, Vol. 9, 512–522.

(1998–2001c) 'Nitokris', in *RlA*, Vol. 9, 590–591.

Streck, M. and Wasserman, N. (2008) 'The Old Babylonian Hymns to Papulegarra', *Orientalia* 77: 335–358.

(2012) 'More Light on Nanaya', *Zeitschrift für Assyriologie* 102: 183–201.

Stronach, D. (2013) 'Cyrus and the Kingdom of Anšan: Further Perspectives', *Iran* 51: 55–69.

Sulaiman, M. and Dalley, S. (2012) 'Seven *Naptanum*-Texts from the Reign of Rim-Sin I of Larsa', *Iraq* 74: 153–165.

Tadmor, H. (1994) *The Inscriptions of Tiglath-Pileser III, King of Assyria*. Jerusalem: Israel Academy of Sciences and Humanities.

Tadmor, H., Landsberger, B., and Parpola, S. (1989) 'The Sin of Sargon and Sennacherib's Last Will', *SAA Bulletin* 3/1: 3–51.

Taylor, J. (2011) 'Tablets as Artefacts, Scribes as Artisans', in *Oxford Handbook of Cuneiform Cultures*, ed. K. Radner and E. Robson. Oxford University Press, 5–31.

Teissier, B. (1994) *Sealings and Seals on Texts from Kültepe Karum Level 2*. Leiden: NINO.

Tenney, J. (2016) 'The Elevation of Marduk Revisited: Festivals and Sacrifices at Nippur during the High Kassite Period', *Journal of Cuneiform Studies* 68: 153–180.

Thelle, R. (2018) *Discovering Babylon*. London: Routledge.

Vallat, F. (1993) 'Kuk-našur et Ammi-ṣaduqa', *NABU* no. 39.

van der Kooij, A. (1996) '"The Story of Genesis 11.1–9 and the Culture of Ancient Mesopotamia", Review of C. Uehlinger, *Weltreich und 'eine Rede', eine neue Bedeutung von sogenannten Türmbauerzählung*(1990)', *Bibliotheca Orientalis* 53/1–2: 27–38.

van der Spek, R. (2001) 'The Theatre of Babylon in Cuneiform', in *Veenhof Anniversary Volume: Studies Presented to Klaas R. Veenhof on the Occasion of His Sixty-Fifth Birthday*, ed. W. van Soldt, J. Dercksen, N. Kouwenberg, and T. Krispijn. Leiden: NINO, 445–456.

(2003) 'Darius III, Alexander the Great, and Babylonian Scholarship', in *A Persian Perspective: Essays in Memory of Heleen Sancisi-Weerdenburg*, ed. W. Henkelman and A. Kuhrt. Achaemenid History XIII. Leiden: NINO, 289–346.

(2006) 'The Size and Significance of the Babylonian Temples under the Successors', in *La Transition entre l'empire achéménide et les royaumes hellenistiques*, ed. P. Briant and F. Joannès. Persika 9. Paris: De Boccard, 261–307.

(2008) 'Berossus as a Babylonian Chronicler and Greek Historian', in *Studies in Ancient Near East View and Society: Presented to Marten Stol*, ed. R. van der Spek and G. Haayer. Bethesda, MD: CDL Press, 277–318.

(2009–11) 'Seleukiden', in *RlA*, Vol. 12, 369–383.

(2014) 'Cyrus the Great, Exiles, and Foreign Gods: A Comparison of Assyrian and Persian Policies on Subject Nations', in *Extraction and Control, Studies in Honor of Matthew W. Stolper*, ed. M. Kozuh, W. Henkelman, C. Jones, and C. Woods. Studies in Ancient Oriental Civilization 68. Chicago: Oriental Institute, 233–264.

(2016) 'The Cult for Seleucus II and His Sons in Babylon', *NABU* no. 27.

(2017) '*Manûtu ša Babili*: The Babylonian Sub-division of the Mina', *NABU* no. 20.

van Dijk, J. (1970) 'Remarques sur l'histoire d'Elam et d'Ešnunna', *Archiv für Orientforschung* 23: 63–71.

van Driel, G. (2002) *Elusive Silver*. Leiden: NINO.

van Koppen, F. (2006) 'Letters from Southern Mesopotamia', in *The Ancient Near East, Historical Sources in Translation*, ed. M. Chavalas. Maldon, MA: Blackwell, 127–130.

(2011) 'The Scribe of the Flood Story and His Circle', in *Oxford Handbook of Cuneiform Culture*, ed. K. Radner and E. Robson. Oxford University Press, 140–166.

van Koppen, F. and Lehmann, M. (2012–13) 'A Cuneiform Sealing from Tell ed-Dab'a and Its Historical Context', *Aegyten und Levante* 22–23: 91–94.

van Lerberghe, K. (2008) 'The Clergy and the Religious Institutions of Nippur in the Later Old Babylonian Period', in *Studies in Ancient Near Eastern World View and Society: Presented to Marten Stol*, ed. R. van der Spek. Bethesda, MD: CDL Press, 127–130.

van Lerberghe, K. and Voet, G. (2009) *A Late Old Babylonian Temple Archive from Dūr-Abiešuh*. CUSAS 8. Bethesda, MD: CDL Press.

(2016) 'Dūr-Abiešuh and Venice: Settlements in-between Great Rivers', in *Libiamo ne' lieti calici: Ancient Near Eastern Studies Presented to Lucio Milano on the Occasion of His 65th Birthday*, ed. P. Carò, E. Devecchi, N. De Zorzi, M. Maiocchi, and S. Ermidoro. Münster: Ugarit-Verlag, 557–562.

van Soldt, W. (1990) *Letters in the British Museum*, vol 1. Altbabylonische Briefe XII. Leiden: Brill.

(1994) *Letters in the British Museum*, vol 2. Altbabylonische Briefe XIII. Leiden: Brill.

(2008) 'The Location of Idu', *NABU* no. 55.

(2011) 'The Role of Babylon in Western Peripheral Education', in *Babylon: Wissenskultur in Orient und Okzident*, ed. E. Cancik-Kirschbaum, M. van Ess, and J. Marzahn. Topoi 1. Berlin: de Gruyter, 197–211.

Veenhof, K. (1993) 'On the Identification and Implications of some Bullae from Acemhöyük and Kültepe', in *Aspects of Art and Iconography: Anatolia and Its Neighbors. Studies in Honor of Nimet Özgüç*, ed. M. Mellink, E. Porada, and T. Özgüç. Ankara: Türk Tarih Kurumu, 645–657.

(1997–2000) 'The Relation between Royal Decrees and Laws in the Old Babylonian Period', *Jaarbericht. Ex Oriente Lux* 35–36: 49–84.

(2005) *Letters in the Louvre*. Altbabylonische Briefe XIV. Leiden: Brill.

Veenhof, K. and Eidem, J. (2008) *Mesopotamia: The Old Assyrian Period*, ed. M. Wäfler. OBO 160/5. Fribourg: Academic Press.

Veldhuis, N. (2008) 'Kurigalzu's Statue Inscription', *Journal of Cuneiform Studies* 60: 25–51.

Vicari, J. (2000) *La Tour de Babel*. Paris: Presses Universitaires de France.

Villard, P. (2008) 'Les cérémonies triomphales', in *Les armées du Proche-Orient ancien: IIIe–Ier mill. av. J.-C.*, ed. P. Abrahami and L. Battini. Oxford: Hadrian Books, 257–270.

Volk, K. (1995) *Inanna und Šukaletuda: zur historisch-politischen Deutung eines sumerischen Literaturwerkes*. Wiesbaden: Harrassowitz.

(2014–16) 'Wachstafel', in *RlA*, Vol. 14, 609–613.

Waerzeggers, C. (2003–4) 'The Babylonian Revolts against Xerxes and the End of Archives', *Archiv für Orientforschung* 50: 150–173.

(2010) 'Babylonians in Susa: The Travels of Babylonian Businessmen to Susa Reconsidered', in *The Achaemenid Court*, ed. B. Jacobs and R. Rollinger. Wiesbaden: Harrassowitz: 777–813.

(2012) 'The Babylonian Chronicles: Classification and Provenance', *Journal of Near Eastern Studies* 71: 285–298.

(2015a) 'Facts, Propaganda, or History? Shaping Political Memory in the Nabonidus Chronicle', in *Political Memory in and after the Persian Empire*, ed. J. Silverman and C. Waerzeggers. Atlanta, GA: Society for Biblical Literature, 95–124.

(2015b) Review of L. Pearce and C. Wunsch, *Documents of Judean Exiles and West Semites in Babylonia in the Collection of David Sofer* (2014), Strata 33: 179–94.

(2018) 'Cuneiform Writing and Control at the Exilic Village of Yahudu in Babylonian, c. 570–480 BC'. Delivered at University College London on 19 February 2018.

Waerzeggers, C. and Seire, M. (eds.) (2019) *Xerxes and Babylonia: The Cuneiform Evidence*. OLA 277. Leuven: Peeters.

Walker, C. (1980) 'Some Assyrians at Sippar in the Old Babylonian Period', *Anatolian Studies* 30: 15–22.

(1982) 'Babylonian Chronicle 25: A Chronicle of the Kassite and Isin II Dynasties', in *Zikir Šumim: Assyriological Studies Presented to F. R. Kraus*, ed. G. van Driel, T. Krispijn, M. Stol, and K. Veenhof. Leiden: Brill, 398–417.

(1995), appendix in D. Collon, *Ancient Near Eastern Art*. London: British Museum, 230–238.

(1996) *Astronomy before the Telescope*. London: British Museum Press.

Wallenfels, R. (2017) 'The Office Seal of the Šatammu of E-Sangil during the Hellenistic Period: A Résumé', *NABU* no. 21.

Wasserman, N. (2015) 'On the Author of the Epic of Zimri-Lim and Its Literary Content', *Archiv für Orientforschung* 53: 52–56.

Watkins, C. (2004) 'Hittite', in *The Cambridge Encyclopaedia of the World's Ancient Languages*, ed. R. Woodard. Cambridge University Press, 551–575.

Weippert, M. (1976–80) 'Kedor-laomer', in *RlA*, Vol. 5, 543–544.

Wells, C. and Magdalene, R. (2009) *Law from the Tigris to the Tiber: The Writings of Raymond Westbrook*, Vol. 1. Winona Lake, IN: Eisenbrauns.

West, M. (1995) 'The Date of the *Iliad*', *Museum Helveticum* 52/4: 203–219.

(1997) *The East Face of Helicon*. Oxford University Press.

Westenholz, A. (1987) *The 'Akkadian' Texts, the Enlilemaba Texts, and the Onion Archive: Old Sumerian and Old Akkadian Texts in Philadelphia*, Part II. Copenhagen: Carsten Niebuhr Institute.

Weszeli, M. (2003–5) 'Pferd', in *RlA*, Vol. 10, 469–481.

Wetzel, F., Schmidt, E., and Mallwitz, A. (1957) *Das Babylon der Spätzeit*. WVDOG 62. Berlin: Gebr. Mann.

Wiesehöfer, J. (2001) *Ancient Persia*. 2nd ed. London: I. B. Tauris.

(2003) 'The Medes and the Idea of the Succession of Empires in Antiquity', in *Continuity of Empire: Assyria, Media, Persia*, ed. G. Lanfranchi, M. Roaf, and R. Rollinger. Padua: S.a.r.g.o.n. Editrice e Libreria: 391–396.

Wiggermann, F. (2008) 'A Babylonian Scholar in Assur', in *Studies in Ancient Near Eastern World View and Society Presented to Marten Stol*, ed. R. van der Spek and G. Haayer. Bethesda MD: CDL Press, 203–234.

Wilcke, C. (1989) 'Genealogical and Geographical Thought', in *DUMU-E₂-DUB-BA-A. Studies in Honor of A. W. Sjøberg*, ed. H. Behrens, D. Loding, and M. Roth. Philadelphia: University Museum, 557–571.

(1990) 'Kudur-mabuk in Terqa', in *De la Babylonie à la Syrie, en passant par Mari: Mélanges offerts à Monsieur J.-R. Kupper à l'occasion de son 70e anniversaire*, ed. Ö. Tunca. Université de Liège, 179–181.

(2007) *Early Ancient Near Eastern Law: A History of Its Beginning*. Rev. ed. Winona Lake: Eisenbrauns.

Wilhelm G. (2004) 'Hurrian', in *Cambridge Encyclopaedia of the World's Ancient Languages*, ed. R. Woodard. Cambridge University Press, 95–118.

(2009) 'Die Götter der Unterwelt als Ahnengeister und altanatolischen Quellen', in *JHWH und die Götter der Völker, Symposium zum 80-Geburtstag von Klaus Koch*, ed. F. Hartenstein and M. Rösel. Neukirchen-Vluyn: Neukirchener Verlag, 59–75.

(2009–11) 'Šanhara', in *RlA*, Vol. 12, 11–12.

(2014–16) 'Tuthalija', in *RlA*, Vol. 14, 66–75.

Wilson, R. (1977) *Genealogy and History in the Biblical World and the Ancient Near East*. Yale University Press.

Winter, I. (2008) 'Touched by the Gods: Visual Evidence for the Divine Status of Rulers in the Ancient Near East', in *Religion and Power: Divine Kingship in the Ancient World and Beyond*, ed. N. Brisch. Chicago: Oriental Institute, 75–101.

Woods, C. (2004) 'The Sun-God Tablet of Nabu-apla-iddina Revisited', *Journal of Cuneiform Studies* 56: 23–103.

Woolley, C. Leonard (1965) *The Kassite Period and the Period of the Assyrian Kings*. Philadelphia: Publications of the Joint Expedition of the British Museum and of the University of Pennsylvania to Mesopotamia.

Wu, Y. (1994) *A Political History of Eshnunna, Mari and Assyria during the Early Old Babylonian Period (from the End of Ur III to the Death of Šamši-Adad)*. Changchun: Institute for the Study of Ancient Civilizations.

Wunsch, C. (1993) *Die Urkunden des babylonischen Geschäftsmannes Iddin-Marduk zum Handel mit Naturalien im 6. Jahrhundert v.Chr.* Cuneiform Monographs 3. Groningen: Styx.

(2000) *Das Egibi-Archiv*. Cuneiform Monographs 20. Groningen: Styx.

Xenophon (1914) *Cyropaedia*, trans. W. Miller. Cambridge, MA: Harvard University Press.

(2001) *Anabasis*, trans. C. Brownson, rev. J. Dillery. Cambridge, MA: Harvard University Press.

Yang, X. (2002) *White Tiger*. Hong Kong: Chinese University.

Yener, K. (2000) *The Domestication of Metals: The Rise of Complex Metal Industries in Anatolia*. Leiden: Brill.

Young, J. (1996) 'Memory/Monument', in *Critical Terms for Art History*, ed. R. Nelson and R. Shiff. Chicago University Press, 234–247.

Zadok, R. (2005) 'On Anatolians, Greeks and Egyptians in "Chaldean" and Achaemenid Babylonia', *Tel Aviv* 32: 76–106.

(2014) 'Hit in Suhu', *Kaskal* 11: 1–22.

(2017) 'A Cylinder Inscription of Aššur-ketta-lēšir II', in *'Now It Happened in Those Days': Studies in Biblical, Assyrian, and Other Ancient Near Eastern Historiography Presented to Mordecai Cogan on His 75th Birthday*, Vol. 1, ed. A. Baruchi-Unna, T. Forti, S. Ahituv, I. Eph'al, and J. Tigay. Winona Lake, IN: Eisenbrauns: 309–340.

Ziegler, N. (2007) *Les musiciens et la musique d'après les archives de Mari.* Mémoires de NABU 10, Florilegium marianum 9. Paris: ERC.

Zohary, D. (1996) 'The Mode of Domestication of the Founder Crops of Southwest Asian Agriculture', in *The Origins and Spread of Agriculture and Pastoralism in Eurasia*, ed. D. Harris. University College London Press, 142–158.

Zomer, E. (2019) *Middle Babylonian Literary Texts from the Frau Professor Hilprecht Collection, Jena.* Wiesbaden: Harrassowitz.

译名对照表

A

Abban 阿班

Abdi-Ami 埃布迪-埃米

Abi-ešuh 阿比-埃舒

Abi-ešuh-ili 阿比-埃舒-伊利

Abu Dhabi 阿布扎比

Abu Dibbis 阿布迪比斯

Achaemenes 阿契美尼德王朝

Across the River（Eber-Nari）河外行省

acrostic 藏头诗

Adad 风暴之神阿达德

Adad-apla-iddina 阿达德-阿普拉-伊迪纳

Adad-nirari II 阿达德-尼拉里二世

Adad-nirari III 阿达德-尼拉里三世

Adad-šuma-iddina 阿达德-舒马-伊迪纳

Adad-šuma-uşur 阿达德-舒马-乌素尔

Adanšu-likšud son of Sin-nahrari 辛-纳赫拉里之子阿丹舒-利克舒德

Adda-guppi 阿妲-古琵

Addu 阿杜

Adnana 阿德纳纳

Advice to a Prince, Mirror of Princes 《给一位王侯的建议》,《王侯镜鉴》

Aegean 爱琴海

Afghani, Afghanistan 阿富汗

Agade 阿卡德帝国

Agarum, Ikaros (modern Failaka) 阿加鲁姆，伊卡洛斯（今日法莱卡）

Agum 阿贡

Agum-kakrime II 阿贡-卡克里梅二世

Agushaya, Agušaya 阿古沙雅

Ahasuerus 亚哈随鲁

Ahiqar 阿希卡尔

Ahlamu 阿赫拉穆人

Ahmose I 阿赫摩斯一世

Ahura-mazda, Assara-mazaš 阿胡拉马兹达

Akhenaten 埃赫那吞

akītu-festival 新年庆典

Akkad, Akkadian 阿卡德

Alalakh 阿拉拉克

Alashiya 阿拉西亚

Alcaeus 阿尔凯奥斯

Aleppo 阿勒颇

Alexander Balas 亚历山大·巴拉斯

Alexander III the Great 亚历山大三世
（大帝）

Alexander IV 亚历山大四世

Alexandria 亚历山大里亚

Alman 阿尔曼

almanacs 历书

al-Ṭabarī 塔巴里

Amanus 阿玛努斯山脉

Amarna 阿玛尔纳

Amarna Letters 阿玛尔纳书信档案

Amarna period 阿玛尔纳时期

Amel-Marduk（Evil-Merodach）阿梅
勒-马尔杜克（以未-米罗达）

Amenophis III 阿蒙诺菲斯三世

Amherst Papyrus 阿默斯特纸莎草卷

Ammi-ditana 安米-迪塔纳

Ammi-madar 安米-马达尔

Ammi-ṣaduqa 安米-撒杜喀

Ammon 亚扪

Amnan-Yahrur 安南-雅鲁尔

Amorites 亚摩利人

Amraphel 暗拉非

Amud-pi-El 阿穆德-皮-埃勒

Amurru 阿穆鲁

Amurru-tillati 阿穆鲁-提拉提

Amytis 阿米媞丝

Anabasis《长征记》

Anahita, Anaitis 阿娜希塔

Anam 阿纳姆

Anatolia 安纳托利亚

Andrae, Walter 沃尔特·安德雷

Annals of Thutmoses III《图特摩斯三世
年代记》

Anshan, Anzan 安鄯

Anshar 安沙尔

Antep, Gaziantep（'Aintab）安泰普，加
济安泰普

Antigonus 安提柯

Antimenes of Rhodes 罗得岛的安提美
尼斯

Antimenidas 安提美尼达斯

Antiochia 安条基亚

Antioch-on-the-Orontes（Antakya）奥龙
特斯河畔安条克（安塔基亚）

Antiochus I 安提奥库斯一世

Antiochus II 安提奥库斯二世

Antiochus III 安提奥库斯三世

Antiochus IV 安提奥库斯四世

Antiochus V 安提奥库斯五世

Antiochus VII 安提奥库斯七世

anti-Semitism 反犹主义

Antu 安图

Anu 安努

Anunnaki 安努那基

anzahhu 玻璃

Apamea-on-the-Orontes 奥龙特斯河畔
阿帕梅亚

Apil-Sin 阿皮勒-辛

Apis bull 阿匹斯公牛

Apollo 阿波罗

Apsu 阿普斯（地下水域）

Aqer Quf 阿盖尔·库夫

Arabia 阿拉伯半岛

Arabian Gulf 波斯湾

Arabs 阿拉伯人

Arad-Ea 阿拉德–埃阿

Arahtu 阿拉赫图河

Aram 阿拉姆王国

Aramaic language 阿拉姆语

Aramean 阿拉姆人

Arbela 阿尔贝拉

Arioch, Arriuk 亚略

Aristotle 亚里士多德

Armenia 亚美尼亚

Arrapha 阿拉帕

Arsaces 阿萨息斯

Arsaces I 阿萨息斯一世

Arsacid 安息王朝

Arsacid Era 安息时代

Arses 阿尔塞斯

Artabanus I 阿塔巴努斯一世

Artaxerxes I 阿塔薛西斯一世

Artaxerxes II, Arsaces 阿塔薛西斯二世·阿萨息斯

Artaxerxes III 阿塔薛西斯三世

Aruru 阿鲁鲁

Aryan 雅利安

Asalluhi 阿萨卢希

Asarre, Asari 阿萨雷

Ashkelon 阿什凯隆

Ashur 阿舒尔城

Ashurbanipal 阿舒尔巴尼拔

Aššur 阿舒尔神

Aššur-dan III 阿舒尔–丹三世

Aššur-etel-ilani 阿舒尔–埃特勒–伊拉尼

Aššur-nadin-šumi 阿舒尔–纳丁–舒米

Aššur-uballiṭ I 阿舒尔–乌巴利特一世

Aššur-uballiṭ II 阿舒尔–乌巴利特二世

Astarte 阿丝妲特

astrologer 占星师

astronomers 天文学家

astronomical diaries 天文日志

astronomy 天文学

Astyages 阿斯提阿格斯

Athens 雅典

Atra-hasis 阿特拉哈西斯

Attalus I 阿塔卢斯一世

Autobiography/Donation of Kurigalzu《库里加勒祖自传 / 捐献》

Avaris（Tell el-Dabʿa）阿瓦里斯（达卜阿土丘）

Ayadaragalama, Ayadara 阿亚达拉加拉马

Ayyalatum 艾雅拉图姆

B

Baʿal 巴力

Baal III 巴力三世

Babil 巴别

Babyloniaca《巴比伦尼亚志》

Babylonian Chronicle《巴比伦编年史》

Babylonian Chronicle of Successors《巴比伦继业者编年史》

Babylonian King-List《巴比伦王表》

Babylonian World Map《巴比伦世界地图》

Bactria 巴克特里亚

Baghdad 巴格达

Bahrain 巴林

Balbi, Gasparo 加斯帕罗·巴尔比

Bardiya 巴尔迪亚

China 中国

Choga Zambil 乔加赞比尔

Christianity 基督教

Cicero 西塞罗

Cilicia 乞里齐亚

coins, coinage 钱币

Constantinople 君士坦丁堡

Counsels of Wisdom《智慧的忠告》

Cratylus 克拉底鲁

Crete 克里特

Croesus 克罗伊索斯

Crusades 十字军

Ctesias 克特西亚斯

Ctesiphon 泰西封

Cunaxa 库纳克萨

Cyaxares 库亚克萨列斯

cylinder seals 滚印

Cyprus 塞浦路斯

Cyropaedia《居鲁士的教育》

Cyrus Cylinder 居鲁士泥筒

Cyrus II the Great 居鲁士二世（大帝）

Cyrus the Pretender 僭号者居鲁士

D

Dagan 大衮

Daily Mail《每日邮报》

Damara 达马拉

Damascius 达马斯奇乌斯

Damascus 大马士革

Damiq-ilišu 达米克-伊利舒

Darius I 大流士一世

Darius II 大流士二世

Darius III 大流士三世

date palms 枣椰树

date palm frond midribs, date palm sticks, tally sticks 枣椰树叶中脉

Day One temple 元日神庙

de Beauchamp, Joseph 约瑟夫·德·博尚

Dead Sea Scrolls《死海古卷》

decipherment 破译

Dedan 德丹

Defeat of Enutila, Enmešarra, and Qingu《埃努提拉、恩美萨拉和金古的战败》

Delaporte, Louis 路易·德拉波特

Delitzsch, Friedrich 弗里德里希·德利施

Demetrius II 德米特里二世

Demetrius 德米特里

Der 代尔

Descent of Ishtar《伊什塔尔下地府》

Deuteronomic, Deuteronomy《申命记》

Diagnostic Manual (Sakikku)《诊断手册》

Dilbat 迪尔巴特

Dilmun 迪尔蒙

Diodorus Siculus 西西里的迪奥多鲁斯

Diogenes of Babylon 巴比伦的第欧根尼

diorite 闪长岩

Dispute between the Date-Palm and the Tamarisk《枣椰树与柽柳斗嘴》

Diviner（bārûm）占卜师

Diyala 迪亚拉河

Dravidian 达罗毗荼语

Dura Europus 杜拉欧罗普斯

Dur-Abi-ešuh 阿比-埃舒堡

Dur-Kurigalzu 库里加勒祖堡

Dur-Yakin 雅金堡

Dynastic Prophecy《王朝预言》

E

Ea 埃阿

Eanna 埃安娜

East India Company 东印度公司

East India House Inscription of Nebuchadnezzar
II 尼布甲尼撒二世东印度公司大楼
碑铭

Ecbatana（Hamadan）埃克巴坦那（哈
马丹）

Edessa（Urfa）埃德萨（乌尔法）

Edom 以东

E-dukuga 纯净土丘之屋

Egibi 埃吉比

Egypt 埃及

E-hulhul 欣喜之家

Ekallate, Ekallatum 埃卡拉图姆

Ekur 埃库尔

Elam, Elymais 埃兰

Eldred, John 约翰·埃德雷德

Elephantine 象岛

Emar 埃马尔

Enki 恩基

Enlil 恩利尔

Enlil-nadin-ahi 恩利尔-纳丁-阿希

Enlil-nadin-apli 恩利尔-纳丁-阿普利

Enmeduranki 恩美杜兰基

entum-priestess 恩唐女祭司

Enūma Anu Enlil《那时安努和恩利尔》

Epic of Adad-šuma-uṣur《阿达德-舒马-
乌素尔史诗》

Epic of Anzu《安祖史诗》

Epic of Atrahasis《阿特拉哈西斯史诗》

Epic of Creation《创世史诗》

Epic of Erra and Ishum《埃拉和伊舒姆
史诗》

Epic of Etana《埃塔纳史诗》

Epic of Gilgamesh《吉尔伽美什史诗》

Epic of Gulkišar《古勒基沙尔史诗》

Epic of Kudur-nahunte《库杜尔-纳洪特
史诗》

Epic of Nabopolassar《纳波波拉萨史诗》

Epic of Tukulti-Ninurta《图库尔提-尼努
尔塔史诗》

Eponym Chronicle《亚述名年官年代记》

Erbil 埃尔比勒

Erech 以力

Eriba-Marduk 埃里巴-马尔杜克

Eridu 埃里都

Esagil Tablet 至高之所泥板

Esagila, Esagil, Esangil, Sangil 至高之所

Esarhaddon 埃萨尔哈顿

Esarhaddon's Succession Treaty《埃萨尔哈
顿传位协定》

Eshnunna 埃什努纳

Esther 以斯帖

Etel-pi-Marduk 埃特尔-皮-马尔杜克

E-temen-anki 天地根基之家

E-tur-kalama 埃图卡拉玛神庙

Eudemus of Rhodes 罗得岛的欧德穆斯

Eumenes II 欧迈尼斯二世

eunuchs 宦官

Eutychides of Sicyon (sculptor) 西库翁的
欧提基德斯

Exorcist's Manual《驱魔人手册》

Ezekiel 以西结

Ezida 埃兹达

F

Failaka 费莱卡岛

Falaj（qanat）坎儿井

Fertile Crescent 新月沃地

Fifth Syrian War 第五次叙利亚战争

First Sealand Dynasty 海兰第一王朝

First Sibylline Oracle《第一西比拉神谕》

Flood, Deluge 大洪水

Flower, Samuel 塞缪尔·弗劳厄

Founding of Eridu《埃里都的建城》

Fourth Syrian War 第四次叙利亚战争

G

Gadde 运势女神

gagùm 隐修所

Gaugamela 高加美拉

Gaumata 高墨达

Gaza 加沙

Gedaliah 基大利

Genealogy of the Hammurabi Dynasty《汉谟拉比王朝族谱》

German Oriental Society 德国东方学会

Gerrha 盖拉

Gilgamesh 吉尔伽美什

Girra 吉拉

Girra and Elamatum《吉拉与埃兰女人》

glass 玻璃

glazed bricks 彩釉砖

Goal Year Texts 目标年文本

Gomel river 戈梅尔河

Gotarzes 戈塔泽斯

Governor（šakkanakku）总督

grand vizier（sukkalmah）大维齐

Greece 希腊

Greek alphabet 希腊字母

Grotefend, Georg 格奥尔格·格罗特芬德

Gubaru 古巴鲁

Gudea 古迪亚

Gujarat 古吉拉特

Gula 古拉

Gulf 波斯湾

Gulkišar, Gulki 古勒基沙尔，古勒基

Gutians, Gutium 古提人

Guzana（Tell Halaf）古扎纳（哈拉夫土丘）

Gymnasium（palaistra）体育馆

H

Habbaniyah 哈巴尼亚赫

Habur river 哈布尔河

Hadrian 哈德良

Halab 哈拉布

Halule 哈卢勒

Haman 哈曼

Hamath 哈马特

Hammurabi 汉谟拉比

Hana, Hanigalbat, Habigal 哈拿

Hanging Garden 空中花园

Harpalus 哈帕卢斯

Harradum 哈拉杜姆

Harran 哈兰

Harran Cylinder of Nabonidus 纳波尼杜

哈兰泥筒

Hasankeyf 哈桑凯伊夫

Haşor 哈索尔

Hatra 哈特拉

Hattu 哈图

Hattusha 哈图沙

Hattusili I 哈图西利一世

Hattusili III 哈图西利三世

Hebrew 希伯来

Hebron 希伯伦

Hejaz 汉志

Hellenization, Hellenistic 希腊化

Hephaistion 赫菲斯提昂

Herculaneum 赫库兰尼姆

Herodotus 希罗多德

Hezekiah 希西家

Hincks, Edward 爱德华·欣克斯

Hiritum 希里图姆

Hit 希特

Hittite 赫梯

Homera 霍美拉

Homs 霍姆斯

Hurabtil 胡拉卜提勒

Hurrians 胡里人

Hyksos 喜克索斯人

Hymn to Marduk《致马尔杜克颂诗》

hymnic-epic dialect 颂歌史诗体

Hyspaosines 叙斯保西尼斯

I

Ibbi-Sin 伊比-辛

Iberia 伊比利亚

Idamaraz 伊达马拉兹

Iddin-Marduk 伊丁-马尔杜克

Igigi 伊吉吉

Ilansura 伊兰苏拉

Iliad《伊利亚特》

Iltani 伊勒塔尼

Ilteri 伊勒泰里

Iluni 伊卢尼

Ilurugu 伊卢鲁古

Imgur-Enlil 恩利尔的赞许

Inanna 伊南娜

Inaros 伊纳罗斯

India 印度

Indo-Aryan 印度-雅利安

Indo-European 印欧语

Indo-Iranians 印度-伊朗人

Instructions of Shuruppak《舒鲁帕克的指示》

Inzak 因扎克

Ionia 伊奥尼亚

Iran 伊朗

Iraq 伊拉克

Ishtar 伊什塔尔

Ishtar Gate 伊什塔尔门

Isin 伊辛

Işi-Sumu-abum 伊锡-苏穆-阿布姆

Islam 伊斯兰

Israel 以色列

Ištumegu 伊什图美古

Itti-Marduk-balaṭu 伊提-马尔杜克-巴拉突

J

Jehoiakim 约雅敬

Jehoiakin 约雅斤

Jerusalem 耶路撒冷

Jews 犹太人

Job 约伯

Jonah 约拿

Josephus 约瑟夫斯

Josiah 约西亚

Judah 犹大王国

Judaism 犹太教

Judeans 犹太人

Jumjumiya 朱姆朱米亚村

juniper garden 刺柏花园

K

Kadašman-Enlil I 卡达什曼–恩利尔一世

Kadašman-Enlil II 卡达什曼–恩利尔二世

Kadašman-Harbe 卡达什曼–哈贝

Kadašman-Turgu 卡达什曼–图尔古

Kaiser Wilhelm II 德皇威廉二世

Kalhu 卡尔胡

Kämpfer, Engelbert 恩格尔伯特·坎普弗

Kandalanu 坎达拉努

Kanesh（Kültepe）卡尼什（屈尔台培）

Kara-indaš 卡拉–因达什

Karduniaš, Kar-(an)duniaš（Quay of Duniaš）卡杜尼亚什

Kar-Nergal 卡–涅加尔

Karun 卡伦河

Kasr（Qasr）城堡土丘

Kasr Archive 城堡档案

Kassite 加喜特

Kaštiliaš IV 卡什提利亚什四世

Kaštiliaš of Hana 哈拿的卡什提利亚什

Kawalhum 卡瓦胡姆

Kayalidere 卡亚利德雷

Kazallu，Kasalluhhu 卡扎卢

Kesh 凯什

Khabur river 哈布尔河

Khorsabad 霍尔萨巴德

Kidinnu 基丁努

kidinnūtu 豁免地位

Kikalla 基卡拉

Killiz 基利兹

king-lists 王表

Kish 基什

Kisurra 基苏拉

kittum 正义

Koldewey, Robert 罗伯特·科德威

Ku'ara 库阿拉

Kudur-Enlil 库杜尔–恩利尔

Kudur-mabuk 库杜尔–马布克

Kudur-nahunte 库杜尔–纳洪特

kudurru 授土碑

Kuduzuluš 库杜祖卢什

Kullab 库拉布

Kumme 库梅

Kurigalzu I 库里加勒祖一世

Kurigalzu II 库里加勒祖二世

Kurû 库鲁

kusarikku 牛头人

Kush 库什

Kuššara 库沙拉

Kutha 库塔

Kuwait 科威特

Lydia 吕底亚

L

La-abâši-Marduk 拉–阿巴希–马尔杜克

Labynetus 拉比涅图斯

Lagamal-gamil 拉加马勒–加米勒

Lagash 拉加什

lahamu 人首牛身兽

Lahiru（La'ir）拉希鲁（拉伊尔）

Lamashtu 拉玛苏

Laodice 劳狄柯

lapis lazuli 青金石

Larsa 拉尔萨

Latin 拉丁文

Law codes 法典

Layard, Austen Henry 奥斯汀·亨利·莱亚德

Lebanon 黎巴嫩

Legend of Sargon of Agade's Birth《阿加德的萨尔贡降生传奇》

Lesbos 莱斯博斯

Letter of Gilgamesh《吉尔伽美什书信》

Levant, Levantine 黎凡特

Libbali-šarrat 利巴莉–莎拉特

Louis XIV 路易十四

Louvre 卢浮宫

Ludlul bēl nēmeqi《让我赞美智慧之主（马尔杜克）》

Lugal-Dukuga 卢伽尔–杜库加

lunar eclipses 月食

Luvian, Luwian 卢维语

Lyceum School in Athens 雅典吕克昂学园

M

Macedon 马其顿

magic 魔法

magicians 魔法师

Magna Carta《大宪章》

Malgium 马尔吉乌姆

Manichean 摩尼教

Mankisum 曼基苏姆

Mar-biti 马尔–比提

Mar-biti-ahhe-iddina 马尔–比提–阿海–伊迪纳

Mar-biti-apla-uṣur 马尔–比提–阿普拉–乌素尔

Marduk Prophecy《马尔杜克预言》

Marduk-apla-iddina 马尔杜克–阿普拉–伊迪纳

Marduk-nadin-ahhe 马尔杜克–纳丁–阿赫

Marduk-zakir-šumi I 马尔杜克–扎基尔–舒米一世

Marduk-zakir-šumi II 马尔杜克–扎基尔–舒米二世

Marhashi 马哈什

Mari 马里

The Marriage of Martu《马图的婚礼》

Mashkan-shapir 马什坎–沙皮尔

Maysan 麦桑

Mazaeus 马扎尤斯

Medes, Media, Median 米底

Medīna 麦地那

Megiddo（Armageddon）美吉多

Melid（Malatya）梅利德（马拉提亚）

Meli-šipak 梅利-西帕克

Meluhha 麦鲁哈

Memphis 孟斐斯

Menua 梅努阿

Merkes 梅尔克斯

Merneptah 梅内普塔

Merodach-Baladan I 梅罗达克-巴拉丹
　一世

Merodach-Baladan II 梅罗达克-巴拉丹
　二世

Meslamta-ea 梅斯拉姆塔-埃阿

Minoans 米诺斯

mīšarum 债务废除令

Mithradates I 米特里达梯一世

Mithradates II 米特里达梯二世

Mithradates III 米特里达梯三世

Mitridata 米特里达塔

Mittanian 米坦尼

Mizpeh 米斯巴

Moab 摩押

month-names 月名

Mordecai 末底改

Mosaic law 摩西律法

Moses 摩西

Muati 穆阿提

Mukin-zer 穆金-泽尔

Mul.Apin（*Plough Star*）《犁星》

mules 骡子

Murashu 穆拉舒

Mursili I 穆尔西利一世

Mušezib-Marduk 穆舍兹卜-马尔杜克

mušuššu-dragon 蛇形狮龙

Muslim 穆斯林

Myceneans 迈锡尼

Myth of Inanna and Her Gardener Shukaletuda
《伊南娜和她的园丁舒卡莱图达》

Myth of Labbu《拉布的神话》

Myth of The Seven Sages《七贤神话》

N

Nabonidus 纳波尼杜

Nabonidus Chronicle《纳波尼杜编年史》

Nabopolassar 纳波波拉萨

Nabu, Nebo 纳布

Nabu-apla-iddina 纳布-阿普拉-伊
　迪纳

Nabu-mukin-apli 纳布-穆金-阿普利

Nabu-mukin-zeri 纳布-穆金-泽里

Nabu-of-Vats 瓦兹的纳布

Nabu-rimannu, Naburiannos 纳布-里
　曼努

Nabu-šarru-usur 纳布-沙鲁-乌苏尔

Nabu-šuma-iškun 纳布-舒马-伊什昆

Nabu-šuma-lišir 纳布-舒马-利希尔

Nabu-šuma-ukin 纳布-舒马-乌金

nadītum-priestess 纳迪图女祭司

na-gauge 量杆

Nagitu 纳吉图

Nanay, Nanaya 南娜娅

Nappahu 纳帕胡

Naqia, Zakutu 娜吉雅（扎库图）

Naram-Sin of Agade 阿加德的纳拉
　姆-辛

National Museum of Antiquities, Iraq 伊
　拉克国家古代博物馆

Nazi-maruttaš 纳兹－马鲁塔什

Nebuchadnezzar 尼布甲尼撒

Nebuchadnezzar I 尼布甲尼撒一世

Nebuchadnezzar II 尼布甲尼撒二世

Nebuchadnezzar III 尼布甲尼撒三世

Nebuchadnezzar IV 尼布甲尼撒四世

Nebusaradan 尼布萨拉丹

Necho II 尼科二世

Neirab 内拉布

Nejef 纳杰夫

Nemetti-Enlil, Nimit-Enlil 恩利尔的
防线

Nergal 涅加尔

Nergal-šarra-uṣur 涅加尔－沙拉－乌素尔

Neriglissar 涅里格利沙

Nero 尼禄

New Year Festival Temple 新年庆典
神庙

Nidinti-Bēl 尼丁提－贝勒

Niebuhr, Carsten 卡斯滕·尼布尔

Nile, Nile Delta 尼罗河

Nimrud 尼姆鲁德

Nin-azu 尼纳祖

Nineveh, Ninet 尼尼微

Nin-gal 宁加尔

Nin-mah 宁玛

Ninurta 尼努尔塔

Ninurta and the Stones (Lugal-e)《尼努尔塔
与石头》

Nippur 尼普尔

Nitocris 尼托克丽丝

Nubian 努比亚人

Nusku 努斯库

O

Old Persian 古波斯语

Old Testament《旧约》

Oman 阿曼

omens 预兆

Opis 奥皮斯

oracles 占卜

Ordeal of Marduk《马尔杜克的磨难》

Orontes 奥龙特斯河

Osroes 奥斯罗伊斯

Oxyrhynchus Glossary《俄克喜林库斯词
汇表》

P

Padakku（Fadak）帕达库（法达克）

Padan 帕丹

Palmyra（Tadmor）巴尔米拉（塔德莫）

Parable of the Tower《塔的寓言》

parchment 皮纸

Parsa 帕尔萨

Partha 帕尔塔

Parthian 帕提亚

Parthian Era 帕提亚纪元

Paruṭu 帕鲁突

Pasargadae 帕萨尔加德

pašittu-demon 索命魔

Pausanias 保萨尼阿斯

Pegasus 天马座

Pella 佩拉

Pergamum 帕加马

Persepolis 波斯波利斯

Persia, Persian, Persians 波斯

Pešgaldarame, Pešgal 佩什加勒达拉梅，

佩什加勒

Petubastis 佩图巴斯提斯

Phraates II 弗拉特斯二世

Pietro della Valle 皮耶特罗·德拉瓦莱

Pillars of Hercules（Straits of Gibraltar）赫拉克勒斯之柱（直布罗陀海峡）

Pirates of Penzance《彭赞斯的海盗》

Pithana 皮塔纳

Plato 柏拉图

Pleiades（zappu）昴星团

Pliny Natural History《普林尼自然史》

Poem of the Righteous Sufferer《咏受难的正直之人》

Posidonius 波塞冬尼乌斯

Prayer of Nabonidus《纳波尼杜的祈祷》

Prayer to the Gods of Night《夜神祷文》

prebends, prebend holders 祠禄官

prism inscription of Nebuchadnezzar II 尼布甲尼撒二世棱柱铭文

Processional Way（mašdahu）巡游大道

Proclamation of Telepinu《铁列平敕令》

Psammetichus I 普萨美提库斯一世

Psammetichus II 普萨美提库斯二世

Ptolemaic Canon《托勒密王表》

Ptolemies 托勒密王朝

Ptolemy I 托勒密一世

Ptolemy II 托勒密二世

Ptolemy III 托勒密三世

Ptolemy, astronomer 天文学家托勒密

Pudu-Hepa 普杜-赫芭

Pul, Pulu 普鲁

Puqudu 普库杜

Puzur-Eshtar 普祖尔-伊什塔尔

Pythagoras 毕达哥拉斯

Q

Qaṭna 卡特纳

Qumran 库姆兰

R

Rahimesu 拉希美苏

Ramesses II 拉美西斯二世

Ramesses X 拉美西斯十世

Ramessid dynasty 拉美西斯王朝

Rapiqum 拉皮库姆

Raṣappa（Rusapu）拉撒帕

Rassam, Hormuzd 霍尔木兹德·拉萨姆

Rawlinson, Henry 亨利·罗林森

Rembrandt 伦勃朗

Renan, Ernst 厄内斯特·勒南

Rich, Claudius 克劳迪乌斯·里奇

Rim-Sin I 里姆-辛一世

Rim-Sin II 里姆-辛二世

Rimum 里穆姆

Rimut 里穆特

river ordeal 河审

Roman empire 罗马帝国

Romans 罗马人

Rome 罗马

roof tiles 瓦片

royal roads 御道

S

Saba（Sheba）萨巴（示巴）

Sabium 萨比乌姆

Sabum 萨布姆

Sadarnunna 萨达努纳

Šagarakti-Šuriaš 沙加拉克提–舒里亚什

Sages（apkallu）圣贤

Saggaratum 萨加拉图姆

Saggil-kīnam-ubbib 萨吉勒–基南–乌比布

Samaria 撒玛利亚

Šamaš-eriba 沙马什–埃里巴

Šamaš-mudammiq 沙马什–穆丹米克

Šamaš-reš-uṣur 沙马什–雷什–乌素尔

Šamaš-šum-ukin 沙马什–舒姆–乌金

Samharu, Shamharu 桑哈鲁

Šamši-Adad V 沙马什–阿达德五世

Samsu-Addu 萨姆苏–阿杜

Samsu-ditana 萨姆苏–迪塔纳

Samsu-iluna 萨姆苏–伊卢纳

Sangar 桑加尔

Sarapis 萨拉皮斯

Sardanapalos 萨达纳帕洛斯

Sardis 萨迪斯

Sargon I the Great of Agade 阿加德帝国
的萨尔贡一世（大帝）

Sargon II of Assyria 亚述的萨尔贡二世

saros cycle 沙罗周期

šatammu 府库官 / 司铎

School of Athens 雅典学园

scribal curriculum 书吏学堂

Sea Peoples 海上民族

Sealand 海兰

Second Book of Chronicles《历代志下》

Second Book of Kings《列王纪下》

Second Syrian War 第二次叙利亚战争

Seleucia-by-Eulaios 欧拉约斯山麓塞琉
西亚

Seleucia-on-the-Tigris 底格里斯河畔塞
琉西亚

Seleucid 塞琉古王朝

Seleucid Era 塞琉古纪元

Seleucus I 塞琉古一世

Seleucus II 塞琉古二世

Seleucus III 塞琉古三世

Semiramis 塞米拉米斯

Sennacherib 辛纳赫里布

Seven Wonders of the Ancient World 古
代世界七大奇迹

Severus Alexander 亚历山大·塞维鲁

shaduf 桔槔

Shalmaneser I 沙尔马尼塞尔一世

Shalmaneser III 沙尔马尼塞尔三世

Shamash 沙马什

Shapiya 沙皮亚

Shazu 沙祖

Shehna 舍赫纳

Sheikh Fadhl Inscription 谢赫法德赫
题记

Shemshara 舍姆沙拉

Shitullum 希图卢姆

Shubarean 舒巴里人

Shulgi 舒尔吉

Shumaliya 舒马利亚

Shuqamuna, Shuqamunu 舒卡穆纳

Shuruppak 舒鲁帕克

Shushinak 舒希纳克

Sibylline Oracles 西比拉神谕

Sidon, Sidonian 西顿

signet rings 印章戒指

Simbar-Shipak, Simbar-šipak 辛巴尔-西帕克

Sin of Sargon《萨尔贡之罪》

Sin 辛

Sinai 西奈半岛

Sin-iddinam 辛-伊迪纳姆

Sin-ina-tāmartišu《当皓月当空》

Sin-kašid 辛-卡什德

Sin-muballiṭ 辛-穆巴利特

Sin-šar-iškun 辛-沙尔-伊什昆

Sin-šumu-lišir 辛-舒穆-利希尔

Sippar 西帕尔

Sippar-Yahrurum 西帕尔-雅鲁鲁姆

Sirsir 西西尔

Šitti-Marduk 西提-马尔杜克

Siwe-palar-huhpak 西威-帕拉尔-胡帕克

Six Syrian Wars 六次叙利亚战争

Sixth Syrian War 第六次叙利亚战争

Siyatum 西雅图姆

Smerdis 斯美尔迪斯

Smith, George 乔治·史密斯

Socratic dialogues 苏格拉底对话录

solar eclipse 日食

Southern Palace 南宫

Strabo, *Geography* 斯特拉博《地理学》

Stratonice 斯特拉托尼克

Subartu 苏巴尔图

successors of Alexander（diadochi）继业者

Sudines 苏迪内斯

Suhu 苏胡

suhurmašu 羊头鱼

SUKKAL 维齐

sukkalmah 大维齐

Sultantepe 苏丹土丘

Sumerian King-List《苏美尔王表》

Šumma ālu《如果一座城市》

Summer Palace 夏宫

Sumu-abum 苏穆-阿布姆

Sumu-la-El 苏穆-拉-埃勒

Suppiluliuma I 苏皮卢利乌马一世

Suppiluliuma II 苏皮卢利乌马二世

Susa 苏萨

Sutean, Suteans, Sutu 苏图人

Šutruk-Nahunte I 舒特鲁克-纳洪特一世

Synchronistic Chronicle《共时编年史》

Syriac 叙利亚语

T

Tadmor 塔德莫

Taharqa 塔哈尔卡

Tale of Ahiqar《阿希卡尔传奇》

Tale of Aššurbanipal and Šamaš-šum-ukin《阿舒尔巴尼拔和沙马什-舒姆-乌金传奇》

Talmussu 塔尔穆苏

Tamil 泰米尔语

Tarbiṣu 塔尔比苏

Tarsus 塔尔苏斯

Tattanu 塔塔努

Tayma, Tayman, Teman 泰玛

Tebtunis 泰布图尼斯

Teispes 泰斯佩斯

Tell al-Rimah 里马赫土丘

Tell Leilan 莱兰土丘

Tell Muhammad 穆罕默德土丘

Telloh 泰洛

Terqa 特尔卡

Te-umman 特-乌曼

textiles 纺织品

theatre 剧场

Theodicy《神正论》

Third Dynasty of Ur 乌尔第三王朝

Third Syrian War 第三次叙利亚战争

Thutmoses III 图特摩斯三世

Tiamat 提亚马特

Tidal 提达

Tiglath-pileser I 提格拉特-皮勒塞尔
一世

Tiglath-pileser III 提格拉特-皮勒塞尔
三世

Tilmen Höyük 蒂尔曼土丘

Timna 提姆纳

Tintir《巴比伦城志》

Tishpak 提什帕克

Topography of Nippur《尼普尔城志》

Tower of Babel 巴别塔

Trajan 图拉真

Transjordan 外约旦

treaties 条约

Tudhaliya I 图达利亚一世

Tudhaliya IV 图达利亚四世

Tukulti-Ninurta I 图库尔提-尼努尔塔
一世

Tukulti-Ninurta II 图库尔提-尼努尔塔
二世

Tur Abdin 图尔阿布丁山脉

Turanian 图兰人

Tutankhamun 图坦卡蒙

Tuttul 图图尔

Tutu 图图

Tyche 提喀

Tyre 推罗

U

Ubar-Tutu 乌巴尔-图图

ubšukkinakki 议事厅

Udinim 乌迪尼姆

ugallu 狮魔

Ugarit 乌加里特

Uhaimir 乌海米尔

Ulam-Buriaš 乌拉姆-布里亚什

Ulaya 乌拉亚河

Ulu Burun 乌鲁布伦

Umman-manda 乌曼-曼达

Underworld 冥界

Untaš-napiriša 昂塔什-纳皮里沙

Upe 乌佩

Ur 乌尔

Urartu 乌拉尔图

Urash 乌拉什

Ur-Namma 乌尔-纳穆

Uršigurumaš 乌尔希古鲁马什

Urtaku 乌尔塔库

Uruk 乌鲁克

Uruk King-List 乌鲁克王表

Uruk Prophecy 乌鲁克预言

Ushtanu 乌什塔努

ušumgallu-dragon 狮龙

V

Venus 金星

Versailles 凡尔赛宫

Verse Account of Nabonidus《纳波尼杜诗传》

W

Wadi Faynan 费南干谷

Warad-Sin 瓦拉德-辛

Wayiqrah Rabbah《利未记经解》

Weidner 'Chronicle' 魏德纳 "编年史"

winged disc 有翼圆盘

wisdom literature 智慧文学

writing-boards 书写板

X

Xenophon 色诺芬

Xerxes 薛西斯

Y

Ya 雅

Yadih-abum 雅迪-阿布姆

Yahdun-Lim 亚赫顿-里姆

Yahweh 耶和华

Yamhad 雅姆哈德

Yamutbal, Emutbal 雅穆特巴勒

Yapah-Sumu-abum 亚帕赫-苏穆-阿布姆

Yemen 也门

Z

Zababa 扎巴巴

Zagros Mountains 扎格罗斯山

Zarpanitu, Zarpanitum 扎帕尼图姆

Zedekiah 西底家

Zeriya 泽里雅

ziggurats 塔庙

Zimri-Lim 齐姆里-里姆

zodiac 黄道

Zoroaster 琐罗亚斯德

"方尖碑" 书系

第三帝国的兴亡：纳粹德国史
　　［美国］威廉·夏伊勒

柏林日记：二战驻德记者见闻，1934—1941
　　［美国］威廉·夏伊勒

第三共和国的崩溃：一九四〇年法国沦陷之研究
　　［美国］威廉·夏伊勒

新月与蔷薇：波斯五千年
　　［伊朗］霍马·卡图赞

海德里希传：从音乐家之子到希特勒的刽子手
　　［德国］罗伯特·格瓦特

威尼斯史：向海而生的城市共和国
　　［英国］约翰·朱利叶斯·诺里奇

巴黎传：法兰西的缩影
　　［英国］科林·琼斯

末代沙皇：尼古拉二世的最后 503 天
　　［英国］罗伯特·瑟维斯

巴巴罗萨行动：1941，绝对战争
　　［法国］让·洛佩　　［格鲁吉亚］拉沙·奥特赫梅祖里

帝国的铸就：1861—1871：改革三巨人与他们塑造的世界
　　［美国］迈克尔·贝兰

罗马：一座城市的兴衰史
　　［英国］克里斯托弗·希伯特

1914：世界终结之年
　　［澳大利亚］保罗·哈姆

（更多资讯请关注新浪微博@译林方尖碑，
微信公众号"方尖碑书系"）

方尖碑微博　　　　方尖碑微信